Schriften des Betriebs-Beraters
Band 104

Der Weg zur börsennotierten Aktiengesellschaft

Leitfaden für das Going Public von Unternehmen

von

Sebastian Korts
Rechtsanwalt, Fachanwalt für Steuerrecht, MBA

und

Petra Korts
Rechtsanwalt, Fachanwalt für Steuerrecht, MBA

beide Köln

2., überarbeitete und erweiterte Auflage 2001

Verlag Recht und Wirtschaft GmbH
Heidelberg

Die Deutsche Bibliothek – CIP-Einheitsaufnahme

Korts, Sebastian
Der Weg zur börsennotierten Aktiengesellschaft : Leitfaden für das going public von Unternehmen / von Sebastian Korts und Petra Korts. – 2., überarb. und erw. Aufl.. – Heidelberg : Verl. Recht und Wirtschaft, 2001

(Schriften des Betriebs-Beraters ; Bd. 104)

ISBN 3-8005-1255-6

ISBN 3-8005-1255-6

Gesamtherstellung: HVA Grafische Betriebe GmbH, 69123 Heidelberg

∞ Gedruckt auf säurefreiem, alterungsbeständigem Papier, hergestellt aus chlorfrei gebleichtem Zellstoff (TcF-Norm)

Printed in Germany

Vorwort

Die Kapriolen insbesondere der am Neuen Markt notierten Unternehmen haben im letzten Jahr deutlich gezeigt, dass der Weg eines Unternehmens zu einer börsennotierten Aktiengesellschaft sehr gut begleitet sein muss. Eine Einführung am Aktienmarkt kann aus vielerlei Gründen scheitern; die Analysten bewerten die Equity Story nicht so enthusiastisch wie die Aktionäre dieses gerne sehen; es wird nicht nur die Idee des Produktes bewertet, sondern auch dessen tatsächliche Umsetzung am Markt, welche sich in konkreten Umsatzzahlen und in Gewinn ausdrücken lassen muss. New Economy ist kein Zauberwort mehr für Erfolg sondern allenfalls ein Indikator, die tatsächliche Lage des Unternehmens zumindest an den Kriterien der Old Economy zu messen.

Die Unternehmen werden viel kritischer untersucht als dieses noch anlässlich der ersten Auflage dieses Buches vorgenommen wurde. Dieses gilt gleichermaßen für die Phase vor einer Börseneinführung wie bei der Einführung selbst und setzt sich konsequent danach fort. Der Unternehmer muss daher deutlich mehr Sensibilität aufbringen, um die einzelnen Schritte seines unternehmerischen Erfolges zu planen. Gleichzeitig bringen weitere neue gesetzliche Regelungen noch mehr Pflichten aber auch Gestaltungsmöglichkeiten mit sich. Die verschiedenen Reformen der steuerlichen Reformen, intern auch als Reparatur- und Nachbesserungsgesetze bezeichnet, verlangen aufwendige Steuerplanung. Insgesamt war es daher notwendig, das Buch an diese Situation anzupassen und es in einer zweiten Auflage vorzulegen.

Köln, im Septemer 2001

Die Verfasser

Inhaltsverzeichnis

I. Einführung

Die Bundesrepublik verändert sich. Diese Aussage hat ihre besondere Bedeutung für das mittelständische Unternehmen. An dieses und seine Leiter werden eine Vielzahl von neuen Anforderungen gestellt. Die Unternehmenspolitik wird durch eine neue globale Denkweise bestimmt. Unternehmen wie Daimler-Chrysler oder Deutsche Bank plus Bankers' Trust, als Beispiele, wachsen zu einem Konzern mit einer Konzernleitung in Deutschland zusammen. Die Produkte eines Unternehmens werden im Regelfall über die Landesgrenzen und über die Grenzen der Europäischen Union vertrieben und seine Wettbewerber sind international. Der Ausdruck „every business is local" meint längst, dass der Produktionsstandort nur ein zufälliger Faktor im Vertrieb geworden ist.

Die rechtlichen Bedingungen ändern sich laufend. Das Dritte Finanzmarktförderungsgesetz (Gesetz zur weiteren Fortentwicklung des Finanzplatzes Deutschland) ist zum 1.4.1998 in Kraft getreten[1]. Das StückAG (Gesetz über die Zulassung von Stückaktien) ist am 25.3.1998 verkündet worden und somit zum 26.3.1998 in Kraft getreten[2]. Das KonTraG (Gesetz zur Kontrolle und Transparenz im Unternehmensbereich) ist zum 1.7.1998 in Kraft getreten[3]. Das Gesetz zur Verbesserung der Wettbewerbsfähigkeit deutscher Konzerne an internationalen Kapitalmärkten und zur Erleichterung der Aufnahme von Gesellschafterdarlehen (Kapitalaufnahmeerleichterungsgesetz – KapAEG) ist am 24.4.1998 in Kraft getreten. Inzwischen ist der EURO in der Buchhaltung längst Realität geworden. Das HGB-Reformgesetz ist mit Wirkung zum 22.6.1998 in Kraft getreten[4]. Seit dem 1.3.1998 können Aktiengesellschaften ihre Abschlüsse nach amerikanischen Bilanznormen (US-GAAP) oder den Regeln des International Accounting Standard (IAS) erstellen. Das Kapitalgesellschaften und Co-Richtlinie-Gesetz greift seit dem 24.2.2000[5].

1 BGBl. I 1998, 529; weiterführend dazu *Meixner*, NJW 1998, 1896 ff.

2 BGBl. I 1998, 590; s. dazu *Kopp*, BB 1998, 701.

3 BGBl. I 1998, 786.

4 BGBl. I 1998, 1474; s. dazu *Lingemann/Wasmann*, BB 1998, 853, und *Hommelhoff*, BB 1998, 2567, und BB 1998, 2625.

5 BGBl. I 2000, 154.

Im Rahmen dieser neuen marktpolitischen und rechtlichen Anforderungen muss der Unternehmer seinen Standpunkt täglich neu überprüfen und mitunter neu definieren.

Ein möglicher Schritt wird oftmals sein, dass sich der mittelständische Unternehmer aus Sachzwängen heraus aufgefordert fühlt, sein Unternehmen zu vergrößern. Der Spielraum der Eigenfinanzierung des Unternehmens ist längst ausgereizt. In den seltensten Fällen kann der Unternehmer in dieser Situation auf eigenes Kapital zurückgreifen. Seine Hausbank wird oftmals nicht von einem Vorstand vertreten, der bereit ist, unternehmerisches Risiko zu vergrößern. Absicherungswünsche aus dem privaten Bereich sind manchmal nicht zu erfüllen, oft will man auch einen bestimmten Teil des privaten Vermögens außerhalb jeglichen Risikos halten. – Selbst wenn die Hausbank jedoch die Kreditwünsche erfüllt, bleibt ein ungutes Gefühl. Denn zukünftig hat der Unternehmer seine Geschäftspolitik stets an den Belangen der sicherungsgebenden Bank auszurichten, die in erster Linie an der Kreditrückführung und nicht an weiterer Expansion interessiert ist. Der Spielraum der Banken wird enger. Zum einen ist die Definition, ab welchem Kriterium Mittelstand anfängt, sehr relativ geworden. Zum anderen greifen die Beschlüsse von Basel II und geben den Banken auch im Hinblick auf die verschärften Anforderungen des § 18 KWG (Kreditwesengesetz) keinen Spielraum.

Häufig hat das Unternehmen einen Markt für sich entdeckt und erschlossen, der dem konservativen Denken seiner Bank nicht leicht zugänglich ist. Keine noch so gewissenhaft arbeitende Bank kann sicher voraussagen, ob die Geschäftserweiterung in den Bereich der neuen Medien lediglich die Marotte des Juniorchefs oder die einzige Chance des gesamten Unternehmens ist, angesichts des weltweiten Wettbewerbs zu überleben. Eine Niederlassung in südamerikanischen Ländern wird gleichermaßen ängstlich betrachtet wie eine solche in den asiatischen.

Einziger Ausweg in dieser Situation ist die Zuführung von neuem Kapital, das bilanziell keine Belastung darstellt. Daher kann insbesondere Unternehmen mit konkreten Zukunftsaussichten nahegelegt werden, über eine Umwandlung in eine Aktiengesellschaft mit der Option des späteren Börsengangs nachzudenken, d.h. das Unternehmen in seinem rechtlichen und wirtschaftlichen Outfit so zu verändern, dass es sich seinem Produkt anpasst. Alternativ zu der Kapitalerhöhung und gleichzeitig ergänzend zu der Kapitalerhöhung muss der Weg gesehen werden, die Kapitalstruktur des Unternehmens über Mitarbeiterbeteiligungsmodelle oder ganz allgemein über vorbörsliche Kapitalzuführungen zu stärken.

Dennoch ist nicht für jedes Unternehmen das Rezept einer börsennotierten Aktiengesellschaft richtig. Jedes Unternehmen hat seine eigene Philosophie und Kultur sowohl hinsichtlich seiner Produkte wie hinsichtlich des Unternehmensstils. Aber jedes Unternehmen, das Geldanleger für sich interessieren möchte, tut gut daran, sich in seinem Finanzmarktverhalten wie eine bereits börsennotierte Aktiengesellschaft zu verhalten. Dazu gehört eine überprüfbare Finanzpolitik, eine Unternehmenssicherung hinsichtlich der Kontinuität der Unternehmensführung selbst, eine Absicherung des Unternehmens auch hinsichtlich möglicher Erbfälle und des Finanzbedarfs des Erben. Möglicherweise ergibt sich darüber eine strategische Allianz, die weiteren unternehmerischen Spielraum eröffnet.

In jedem Fall gilt: Im Sinne der vorgestellten Anforderungen wird sich die „Kleine Aktiengesellschaft" oder die Aktiengesellschaft oder auch die KGaA genauso wie GmbH & Co. KGaA – entweder als Ziel oder als Zwischenschritt – als die richtige Unternehmensform erweisen.

Für den Unternehmer, der sich nicht sicher ist, wie der Weg seines Unternehmens in den nächsten Jahren verläuft, ist dieses Buch geschrieben. Ihm und seinen Beratern soll der vorliegende Band einen Überblick über die speziellen Fragen geben, die auf dem Weg zur börsennotierten Aktiengesellschaft zu beachten sind. Durch die Einfügung von erprobten praktischen Formulierungen soll eine handfeste Hilfe für Zwischenschritte angeboten werden.

So wird auf die Inhalte der neuen Gesetze eingegangen. Es wird ein Überblick über die verschiedenen Märkte und Börsenplätze gegeben. Ein ausführliches eigenes Kapitel ist der Gesellschaftsform der GmbH & Co. KGaA gewidmet. Die Kapitalerhöhung der Aktiengesellschaft wird abstrakt und anhand eines ausführlichen Formulars vorgestellt. Verschiedene durch die Verfasser in der Praxis verwendete Formulare zeigen die Umwandlung in die AG, sei es von einem

Einzelunternehmen, einer Personengesellschaft oder einer GmbH auf. Letztlich zeigt Fachvokabular die angelsächsischen Fachtermini auf, die dem Unternehmer auf seinem Weg begegnen werden.

Neu hinzugekommen ist ein ausführlicher Teil zu den Gestaltungsmöglichkeiten der Mitarbeiterbeteiligung.

Teile der Informationen dieses Buches kann der Unternehmer unmittelbar einsetzen und verwirklichen. Teile dieses Buches dienen der gedanklichen Vorbereitung. Der Unternehmer muss sich mit großem Vorlauf auf sein Ziel vorbereiten. Zum einen ist es die Überlegung, ob das Unternehmen den Weg grundsätzlich gehen will – und sich daher schon von seinem äußeren Erscheinungsbild, also in gesellschaftsrechtlicher, personeller Form und auch etwa durch die Einrichtung einer Marketingabteilung vorbereitet. In dieser Phase findet die Bereinigung des Unternehmens dahin statt, dass lediglich die Unternehmensteile in den Vordergrund geschoben werden, die für die nachfolgenden Phasen von äußerstem Interesse sind. Bereits hier kann es sich ergeben, dass das Unternehmen sich aufteilt, dass also etwa unrentable Vorarbeiten bei Halbfertigprodukten ausgegliedert und im Wege des Outsourcing an andere Unternehmen gegeben werden. Die Entwicklungsabteilung des Unternehmens wird oftmals in eine eigene Tochtergesellschaft ausgegliedert und deren Kapitalbedarf über ein Darlehen bei der Muttergesellschaft bilanziert. Möglich ist auch die Entscheidung, einen Teilbereich auszugliedern und durch einen Spin-Off den Börsengang vorzubereiten. Es muss in dieser Vorphase ein Zeitraum von vielleicht zwei Jahren gegeben sein, in denen das Unternehmen eine gesunde Struktur aufweist. Das Unternehmen kann keine anderen Daten präsentieren als die, die es in den letzten Jahren selbst erarbeitet hat, und es kann auch nur mit dem Management an den Start gehen, das in den letzten Jahren ein gutes Betriebsergebnis erreicht hat.

II. Die neuen gesetzlichen Regelungen

1. Das Gesetz zur Kontrolle und Transparenz im Unternehmensbereich (KonTraG)

Das Gesetz zur Kontrolle und Transparenz im Unternehmensbereich wurde vom Bundesrat am 27.3.1998 angenommen. Gemäß Artikel 14 des Gesetzes trat dieses am 1.5.1998 in Kraft. Die im KonTraG enthaltenen Regelungen zur Änderung des Handelsgesetzbuchs sind erstmals auf die Geschäftsjahre anzuwenden, die nach dem 31.12.1998 beginnen. Die Rotation des Wirtschaftsprüfers ist erstmals auf das Geschäftsjahr anzuwenden, das nach dem 31.12.2001 beginnt.

Ziel des Gesetzes ist die Verbesserung der Komplexe Aufsichtsrat, Stimmrechtsdifferenzierungen, Eigenerwerb von Aktien, Stock Options-Programme und Vollmachtsstimmrecht der Banken. Daneben sind Vorschriften aufgenommen worden, die die Qualität der Abschlussprüfung verbessern sollen. Im Einzelnen ist hinsichtlich des Vorstands die Einrichtung eines Risikomanagements sowie die Verstärkung der Berichtspflicht an den Aufsichtsrat zu nennen[1].

Die Arbeit des Aufsichtsrats verändert sich wie folgt: Zukünftig werden auf die zulässige Zahl von 10 Mandaten die Position des Vorsitzenden doppelt berechnet und die Sitzungsfrequenz bei den börsennotierten Gesellschaften auf vier Sitzungen im Jahr heraufgesetzt. Im Vorschlag an die Aktionäre zur Wahl von neuen Aufsichtsratsmitgliedern müssen deren übrige gesetzliche Mandate und ihre hauptberufliche Tätigkeit angegeben werden. So sollen Überlastungs- und Wettbewerbssituationen rechtzeitig erkannt und vermieden werden. Schließlich sind neue Regelungen zum Ablauf des Prüfungsauftrags, mit dem Herzstück der Beauftragung durch den Aufsichtsrat, Gesetz geworden.

Gestärkt wird mit dem Gesetz außerdem die Kontrolle der Unternehmensleitung durch die Hauptversammlung. So wird die Aus-

1 Siehe zu den Auswirkungen auf das AktienG: *Claussen*, BB 1998, 177 ff.

übung des Vollmachtsstimmrechts der Kreditinstitute stärker an den Interessen der Aktionäre ausgerichtet. Diese sind auf die alternativen Möglichkeiten der Stimmrechtsausübung hinzuweisen. Kreditinstitute dürfen ihre Vollmachtsstimmrechte in einer Hauptversammlung nicht ausüben, wenn sie dort zugleich Stimmen aus einer Eigenbeteiligung von mehr als 5% ausüben. Abgebaut werden mit dem Gesetz Stimmrechtsdifferenzierungen, die dem Grundsatz „one share one vote“ widersprechen. Höchststimmrechte sind bei börsennotierten Gesellschaften nicht mehr zulässig. Mehrfachstimmrechte dürfen künftig nicht mehr begründet werden. Bestehende Mehrfachstimmrechte sollen nach fünf Jahren gegen einen angemessenen Ausgleich ihres Wertes entfallen.

Für die Rechnungslegung und Abschlussprüfung ergeben sich die nachfolgenden Änderungen. Im Lagebericht ist auf Risiken künftiger Entwicklungen hinzuweisen, die Regelungen zur Bilanzierung eigener Aktien wurden erweitert. Bei der Abschlussprüfung sind Bestimmungen zu beachten, die die gegenseitige Unabhängigkeit garantieren sollen. Der Prüfer muss nach einer Reihe von Jahren ausgewechselt werden, wenn er in einem zu hohen Prozentsatz an der zu prüfenden Gesellschaft Einnahmen bezogen hat oder in einem Zeitraum von 10 Jahren mehr als sechsmal den Bestätigungsvermerk gezeichnet hat. Der Prüfungsvermerk wird in neuer Form vorgenommen und der Prüfer haftet weit höher als bisher[2].

Die Darstellung der verschiedenen Möglichkeiten von Stock-options, deren Einführung durch dieses Gesetz verbessert wurde, bleiben einem separaten Kapitel zugeordnet.

2. Die Finanzmarktförderungsgesetze

Mit den am 1.4.1998 in Kraft getretenen Regelungen des 3. Finanzmarktförderungsgesetzes wurden folgende Aspekte umgesetzt. Im Wertpapierhandelsrecht wurden Regelungen zum Prospekt novelliert und die Haftung für fehlerhafte Beratung wurde auf 3 Jahre verkürzt; die aktienrechtlichen und wertpapierhandelsrechtlichen

---

2 Ausführlich dazu: *Graf*, BB 2001, 562 ff.

Mitteilungspflichten wurden angeglichen und Regelungen zur Aufsicht über den Verkaufsprospekt ist dem Bundesamt für Wertpapierhandel eingeräumt worden. Im Börsenrecht wurde die Haftung für fehlerhafte Börsenzulassungsprospekte grundlegend umgestaltet. Der Weg der Preisbildung bei Neuemissionen durch das Bookbuilding Verfahren wurde als Angabe der Details in den Verkaufsprospekt geregelt. Weiter wurde eingeführt, dass auch der Lagebericht in den Zulassungsbericht aufzunehmen ist. Weiter wurde eine gesetzliche Regelung für den Vorgang des De-Listing eingeführt. Nicht zuletzt wurde durch die Neufassung des § 7a Abs. 2 BörsG die Xetra-Klausel geschaffen.

Mit dem 4. Finanzmarktförderungsgesetz soll dem Problem entgegengetreten werden, dass sehr erfolgreiche Gesellschaften keine Aktiensplits mehr durchführen können, da der geringste zulässige Betrag des Grundkapitals, nämlich 1 Euro, nicht gehalten werden kann. Soweit eine dauernde Notierung von über 100 Euro vorliegt, so soll unter den kleinsten Betrag ein Aktiensplitt ermöglicht werden.

Im gleichen Gesetz ist die Halbjahresdividende und die Vierteljahresdividende angesprochen. Nach § 58 Abs. 4 AktG gibt es nur die Jahresdividende. International erwarten Anleger eine kürzere Ausschüttungsfrist.

3. Das Kapitalaufnahmeerleichterungsgesetz (KapAEG)

Die deutsche Bundesregierung hat am 13.2.1998 dieses Gesetz beschlossen[3]. Juristischer Ansatzpunkt ist, dass deutsche Unternehmen mit einem Abschluss nach deutschem Bilanzrecht feststellen mussten, dass eine Zulassung bei der New Yorker Börsenaufsichtsbehörde SEC nicht in Betracht kommt. Daimler Benz hatte 1993 daher beschlossen, einen Konzernabschluss mit Überleitung nach US-GAAP vorzulegen. Das Gesetz bestimmt nunmehr in § 292a HGB, dass ein börsennotiertes Unternehmen, das Mutterunternehmen ei-

3 Vertiefend hierzu: *Giese/Rabenhorst/Schindler*, BB 2001, 511 ff.

nes Konzerns ist, unter gewissen Voraussetzungen einen Konzernabschluss und einen Konzernlagebericht nach international anerkannten Rechnungslegungsgrundsätzen mit befreiender Wirkung aufstellen und offenlegen kann. Gemeint sind die International Accounting Standards (IAS) bzw. die US-amerikanischen Generally Accepted Accounting Principles (US-GAAP). Ein Konzernabschluss nach deutschem Recht ist sodann nicht mehr notwendig[4].

Wegen des Hinweises, dass ein solches Gesetz die Rechnungslegungsgrundsätze aufweichen würde, ist die Regelung des § 292a HGB gemäß Art. 5 KapAEG befristet, sie wird letztmalig für das am 31.12.2004 endende Geschäftsjahr angewendet. Weiterhin wird eine GmbH Beteiligung bis einschließlich 10% aus dem Recht des Eigenkapitalersatzes herausgenommen[5].

4. Das Gesetz zur Regelung der nennwertlosen Aktie

Im Rahmen der Umstellung der gegenwärtigen Aktien, die auf Grund gesetzlicher Regelungen ausschließlich als Nennwertaktien möglich war, ist durch die Einführung der nennwertlosen Aktien die Möglichkeit geschaffen worden, Umstellungsprobleme bei der Einführung des Euro zu vermeiden.

Da die zweite gesellschaftsrechtliche Richtlinie des Rates (sog. Kapitalrichtlinie 77/91/EWG) vom 13.12.1976 für Aktiengesellschaften ein Grundkapital vorschreibt, an dem die Aktien beteiligt sein müssen, ist sie als die Einführung der unechten nennwertlosen Aktie zu verstehen. Der Aktionär bleibt quotal beteiligt[6]. Negative Konsequenzen wurden im BRAK-Ausschuss nicht befürchtet[7].

---

4 *Baumbach/Hopt*, HGB, § 292 a Rdnr. 1.
5 Vgl. *Baumbach/Hopt,* HGB, § 292 a Rdnr. 3; *Heintzen*, BB 1999, 1050.
6 Vgl. die Darstellung des Diskussionsstandes bei *Heider*, AG 1998, 1.
7 Stellungnahme BRAK-Ausschuss Gesellschaftsrecht, BRAK Mitteilungen 5/1997, 187 ff.

5. Das EURO-Einführungsgesetz[8]

Die Einführung des Euro sollte durch das Gesetz[9] so einfach wie nur möglich gestaltet werden. In gesellschaftsrechtlicher Hinsicht sind folgende Aspekte zu nennen. Für Gründungen muss seit dem 1.1.1999 der EURO gewählt werden. Für die Aktiengesellschaft muß ein Grundkapital von mindestens 50.000 EURO gewählt werden. Altgesellschaften müssen DM Beträge umstellen. Hierzu bieten sich einfache Umrechnungen ebenso an wie Kapitalerhöhungen oder Kapitalherabsetzungen[10].

6. Die Takeover-Gesetze

Der Wert der Übernahmen im Jahr 2000 ist auf ca. 935 Mrd. gegenüber dem Vorjahr (389 Mrd. DM) gestiegen. Besonders hervorzuheben war die Übernahmeschlacht Mannesmann/Vodafone mit einem Volumen von ca. 388 Mrd. DM. In diesem Zusammenhang hat die Abfindung des scheidenden Vorstandes mit 60 Mill. DM dem Wort Mitarbeiterbeteiligung eine neue Dimension gegeben. Allein 80 Transaktionen mit einem Umsatzvolumen der verkauften Unternehmen von über 1 Mrd. DM ergeben ein Kaufpreisvolumen von 719 Mrd. Im Jahr 1999 waren 76 Transaktionen für rd. 307 Mrd. DM verantwortlich. Die Gesamtanzahl der Transaktionen beläuft sich im Jahr 2000 auf ca. 2000 gegenüber ca. 1.850 Transaktionen im Jahr 1999.

Neben den gewollten und freiwilligen Verkäufen von Unternehmen oder Anteilen von Unternehmen sind in diesen Zahlen auch die Übernahmen enthalten, die als feindliche Übernahme bezeichnet werden.

Möglichkeiten zur Abwehr solcher Übernahmen sind durch poison pills gegeben. Damit werden die Maßnahmen bezeichnet, die es dem Übernehmer schwer oder wirtschaftlich unsinnig machen, eine Ge-

8 Vgl. *Hakenberg*, BB 1998, 1491; s. auch *Geyrhalter/Haß*, Der EURO in der Wirtschaftspraxis, 1. Aufl. 1999.

9 BGBl. I 1998, 1242.

10 *Geyrhalter/Haß*, Der EURO in der Wirtschaftspraxis, 66 ff.

sellschaft zu übernehmen. Als solche sind nur beispielhaft genannt die Vinkulierung von Namensaktien, der Ankauf eigener Aktien (bis 10 %), die genehmigte Kapitalerhöhung mit Bezugsrechtsausschluss und auch die wirtschaftliche Abwertung durch Verkauf von Beteiligungen. All diese Maßnahmen sind umstritten. Zum einen setzen sie den wirtschaftlichen Wert der Anteile selbst herab, zum anderen ist fraglich, ob Vorstand und Aufsichtsrat der Gesellschaft einen eigenen, möglicherweise von den von den Aktionären abweichenden Willen haben dürfen. Nach § 76 Abs. 1 AktG ist der Vorstand verpflichtet, ausschließlich im Unternehmensinteresse zu handeln. Trotz der verschiedenen Ansichten, wie dieses Merkmal auszulegen ist, besteht Einigkeit, dass darunter jedenfalls die Interessen der Anteilseigner, die Interessen der Stakeholder (Arbeitnehmer und sonstige Gläubiger) sowie die Interessen des Gemeinwohls zu verstehen ist[11]. Die gesetzliche Regelung sei ausreichend und mit dem Business Jugdement Rule[12] des amerikanischen Recht vegleichbar, denn damit sind gegenwärtig alle unternehmenswertsteigernden Abwehrmaßnahmen erlaubt[13]. Eine gesetzliche Regelung, vergleichbar dem City Code of London besteht nicht.

Für dieses Spannungsverhältnis soll ein deutsches Übernahmegesetz verabschiedet werden. Die Geschichte dieser Bemühungen ist lang. Die Börsensachverständigenkommission beim Bundesministerium der Finanzen hatte mit Datum vom 14.7.1995, geändert durch die Bekanntmachung vom 28.11.1997 einen Übernahmekodex vorgelegt[14]. Von den 933 börsennotierten inländischen Gesellschaften hatten bis zum April 2000 lediglich 540 Gesellschaften, davon 79 Unternehmen des DAX-100 den Kodex anerkannt. Das Bundesministerium der Finanzen hatte später mit Datum vom 29.6.2000 einen Diskussionsentwurf „Entwurf eines Gesetzes zur Regelung von Unternehmensübernahmen“ vorgelegt. Dieser war insbesondere unter dem Gesichtspunkt der Übernahmeschlacht Vodafone/Mannesmann diskutiert worden. Verfassungsrechtliche und europarechtliche Bedenken wurden beispielsweise gegen die Mindestpreisregeln

11 *Hüffer*, AktG, § 76 Rdnr.12; *Wiese/Demisch*, DB 2001, 849, 850.

12 *Kirchner*, AG 1999, 481, 483.

13 *Wiese/Demisch*, DB 2001, 849, 851.

14 Vgl. hierzu auch die Überlegungen in juristischer und ökonomischer Hinsicht von *Kirchner/Ehricke*, AG 1998, 105 ff.

für freiwillige Übernahmeangebote als Verstoß gegen die Niederlassungsfreiheit diskutiert. Der vom Rat der europäischen Union am 19.6.2000 verabschiedete gemeinsame Standpunkt zu einer europäischen Übernahmerichtlinie ist vom europäischen Parlament bereits behandelt worden und kann im Jahr 2001 verabschiedet werden. Voraussetzung ist eine Einigung über noch strittige Punkte. Seit dem 12.3.2001 liegt auf nationaler Ebene ein Referentenentwurf „Entwurf eines Gesetzes zur Regelung von öffentlichen Angeboten zum Erwerb von Wertpapieren und von Unternehmensübernahmen" vor. Dieses Gesetz soll den Übernahmekodex zum Jahreswechsel 2001/2002 ablösen[15].

Der Anwendungsbereich dieses Gesetzes soll erheblich ausgeweitet werden. Dieses soll sämtliche öffentliche Angebote zum Erwerb von Aktien inländischer Kapitalgesellschaften oder Kommanditgesellschaften auf Aktien einbeziehen. Damit ist dieser Gesetzesvorschlag eng an die vorgesehene EU-Übernahmerichtlinie angelehnt.

Um die Wertpapierinhaber der Zielgesellschaft ausreichend zu informieren, muss der Bieter die Aktionäre der Zielgesellschaft unverzüglich in deutscher Sprache umfassend über das Angebot, dessen Finanzierung und seine finanzielle Lage nach einem erfolgreichen Angebot informieren. Der Vorstand der Zielgesellschaft ist verpflichtet, zu dem Angebot Stellung zu nehmen. Er muss zudem die Arbeitnehmer sofort über das Angebot informieren. Etwaige Stellungnahmen des Betriebsrats zur Übernahme hat der Vorstand seiner Stellungnahme beizufügen. Zugleich wurden die bisher vorgesehenen Bestimmungen zur Einberufung einer Hauptversammlung der Zielgesellschaft, um Abwehrmaßnahmen zu beschließen, erleichtert. Dem Bieter steht es frei, den Aktionären der Zielgesellschaft eine Geldleistung oder Aktien anzubieten, die zum Handel an einer europäischen Börse zugelassen sind. Der Bieter kann den Aktionären der Zielgesellschaft jedoch dann eine Geldleistung anbieten, wenn er in einem zeitlichen Zusammenhang mit der Übernahme innerhalb der letzten drei Monate vor der Abgabe des Übernahmeangebotes mindestens 5 % der Aktien oder Stimmrechte erworben hat. „Hierdurch soll ein Angleichen an die Zielgesellschaft

15 Vgl. die Stellungnahme zum Referentenentwurf von *Körner*, DB 2001, 367 ff. unter Einbeziehung europäischen Rechts.

unter Ausgrenzung der Minderheitsaktionäre verhindert werden", heißt es zur Begründung. Die Pflicht zur Geldleistung besteht auch dann, wenn der Bieter während der Angebotsfrist außerhalb des Übernahmeverfahrens Aktien gegen Geld erwirbt.

Die Bestimmung der Gegenleistung wird detailliert geregelt. Regelungen finden sich zusätzlich in der „Verordnung über öffentliche Angebote zum Erwerb von Wertpapieren und über Unternehmensübernahmen", die als Anhang dem Referentenentwurf beigefügt ist. Hat der Übernehmer im Vorfeld Aktien der Zielgesellschaft außerhalb der Börse erworben, muss er den anderen Aktionären bei einem nachfolgenden Übernahmeangebot oder bei einem Pflichtangebot, das ab 30 % der Stimmrechte fällig wird, mindestens 85 % des höchsten von ihm gezahlten Preises anbieten. Mit dieser Bestimmung sollen Paketzuschläge berücksichtigt werden. Sind die Aktien dagegen über die Börse erworben, hat er den anderen Aktionären den höchsten von ihm gezahlten Preis ohne einen Abschlag anzubieten.

Minderheitenschutz wird nicht mehr als absolutes Bleiberecht verstanden, sondern es soll das „Squeeze out" eingeführt werden. Damit kann ein Aktionär, dem mindestens 95 % einer Gesellschaft gehören, die Minderheitsaktionäre gegen Barabfindung ausschließen. Wenn ein Übernehmer seine Beteiligung innerhalb der letzten sechs Monate auf Grund eines öffentlichen Angebots erlangte, das von 90 % der Aktionäre angenommen wurde, ist dieser Preis maßgeblich für die Barabfindung beim Squeeze out[16].

Diskutiert wird in allen Publikationen weiterhin, ob der Vorstand des Unternehmens bei einer Übernahme stillhalten soll, so der Vorschlag, oder ob er sich gegen den Übernehmer wehren darf[17]. Nach dem gegenwärtigen Vorschlag hat die Unternehmensführung alle Handlungen zu unterlassen, die geeignet sind, den Erfolg des Angebots zu verhindern; es wird einzig die Suche nach einem konkurrierenden Übernahmegebot „white knight" zugelassen. Der Vorschlag für die Neutralität stützt sich auf den City Code on Takeovers and Mergers, der für die Londoner Börse gilt. Nach der gegenteiligen

16 Vgl. *Vetter*, DB 2001, 743 mit vertiefenden Ausführungen.

17 *Kallmeyer*, AG 2000, 553 f.; *Kirchner*, AG 1999, 484 ff.

Diskussionsmeinung sollte das Gesetz die Möglichkeit einräumen, dass der Vorstand sich von der Hauptversammlung bis zu 18 Monate im Voraus die Zustimmung zu Gegenmaßnahmen einholt. In vielen großen Unternehmen liegt die Mehrheit des Stimmrechts über das Depotstimmrecht der Banken, bei diesen. Mit dieser Hausmacht fällt es den Vorständen möglicherweise leicht, Vorratsbeschlüsse zur Abwehr zu erwirken.

Seit Februar 2001 hatte in Brüssel der EU-Ministerrat, Parlament und Kommission die Übernahmerichtlinie beraten. Am 5.7.2001 wurde die EU-Übernahmerichtlinie im Europäischen Parlament abgelehnt. Die zunächst auch von der deutschen Regierung unterstützte liberale Richtlinie hatte Vorständen die Sorge bereitet, dass sie im internationalen Verkehr ähnlich wie Mannesmann übernommen werden könnten. Veranlasst über die Sorge des Verlusts der Mitbestimmung der Arbeitnehmer in den Aufsichtsräten in den dann übernommenen Betrieben wurde die Richtlinie zu Fall gebracht. – Aufgrund der Steuerreform 2000 sind unter bestimmten Voraussetzungen Gewinne aus der Veräußerung von Anteilen an Kapitalgesellschaften von Kapitalgesellschaften steuerfrei (ob auch gewerbesteuerfrei, ist noch nicht entschieden). Daher bestand erhöhter Handlungsbedarf, für die zu erwartende Übernahmewelle in 2002 gerüstet zu sein. Am 11.7.2001 hat das Bundeskabinett den „Entwurf eines Gesetzes zur Regelung von öffentlichen Angeboten zum Erwerb von Wertpapieren und von Übernahmen“ gebilligt. Nach diesem Entwurf sind Maßnahmen der Abwehr gegen Übernehmer zulässig. Diese müssen von der Hauptversammlung genehmigt werden, wozu diese einen Vorratsbeschluss mit einer Laufzeit bis zu 18 Monaten vornehmen kann. Zugleich wurde die Regelung aufgenommen, dass ein Aktionär mit einer Mehrheit von 95 % den Minderheitsaktionär herauskaufen kann – squeeze out-an.

7. Das Kapitalgesellschaften- und Co-Richtlinie-Gesetz

Der Bundestag hat am 16.12.1999 den Regierungsentwurf des Kapitalgesellschaften- und Co-Richtlinie Gesetzes (KapCoRiLiG) in der Fassung der Empfehlung des Rechtsausschusses in dritter Lesung beschlossen. In seiner Sitzung am 4.2.2000 hat der Deutsche Bundesrat den Gesetzentwurf gebilligt. Das Gesetz ist zum 9.3.2000 in Kraft getreten[18].

Der Europäische Gerichtshof hatte mit Urteil vom 29.9.1998 festgestellt, dass die Nichtoffenlegung von Abschlüssen in Deutschland nicht ausreichend sanktioniert ist, und dass die Regelungen der antragsberechtigten Personen nicht EU-Richtlinienkonform waren. Der neu gefasste § 335 HGB und der neu hinzugefügte § 335 a HGB sehen nunmehr eine von jedermann einsehbare Hinterlegung der Abschlüsse von allen Kapitalgesellschaften einschließlich der Gesellschaften in der Rechtsform & Co. vor. Für alle gilt eine einheitliche Offenlegungsfrist von 12 Monaten. Unterschieden wird hinsichtlich neu definierten Größenklassen zwischen kleinen, mittelgroßen und großen Kapitalgesellschaften hinsichtlich verschiedenen Erleichterungen des Veröffentlichungsumfangs. Vorgelegt werden muss allerdings nicht die Steuerbilanz sondern die Handelsbilanz. Durch diese Möglichkeit wird die Kontrolle des Unternehmens für außenstehende Interessenten größer. Bereits jetzt werden Daten raumübergreifend von großen Gesellschaften abgefragt. Der Unternehmer muss bereits jetzt die Weichen stellen, damit die veröffentlichten Zahlen in sein Konzept des Investor Relation passen. Diese Bilanzen dienen der Einordnung in Bonitätsratings, die von Lieferanten und Abnehmern eingeshen werden können. Sie spielen über § 18 KWG eine große Rolle im Verkehr mit Banken und um im Rahmen der Möglichkeit nach US-GAAP oder IAS bilanziern zu können, sind hier frühzeitig Entscheidungen zu treffen.

Weitere Änderungen dieses Gesetzes ergeben sich in Bezug auf das Aktiengesetz. Danach ist der Prüfungsbericht des Abschlussprüfers für den Bericht über die Beziehungen zu verbundenen Unternehmen, § 312 AktG, nicht mehr dem Vorstand sondern dem Aufsichtsrat vorzulegen (§ 314 Abs. 1 AktG). Für den Prüfer ergibt sich die Pflicht der Teilnahme und des Berichtes bei den Verhandlungen des Aufsichtsrats oder eines Ausschusses. Durch diese Änderung des § 314 Abs. 4 AktG wird ein Versäumnis des KonTraG nachgeholt, das in den §§ 170 Abs. 3, 171 Abs. 1 S. 2 AktG, § 321 Abs. 5 HGB schon eine entsprechende Rechtslage für die Jahresabschlussprüfung geschaffen hat.

---

18 BGBl. I 2000, 145 ff.

8. Das Gesetz zur Namensaktie und zur Erleichterung der Stimmrechtsausübung (NaStraG)

Neben diesen Anforderungen an den Unternehmer durch andere Gesetze sind Neuerungen im Aktienrecht zu beachten. Bedingt durch die Veränderungen u.a. im technischen und verfahrensmäßigen Bereich und die Globalisierung ist es notwendig geworden, auch die gesetzlichen Voraussetzungen für den Aktienmarkt zu schaffen. Mit Datum vom 15.1.2001 ist das Gesetz zur Namensaktie und zur Erleichterung der Stimmrechtsausübung (Namensaktiengesetz – NaStraG) in Kraft getreten.

Dieses Gesetz beinhaltet im Wesentlichen folgende wichtige Änderungen:

Viele Gesellschaften sind zu der Namensaktie zurückgekehrt. Die elektronische Datenverarbeitung macht eine namensmäßige Erfassung und Verwaltung der Aktionäre möglich. Die Einbeziehung der Namensaktie in die Girosammelverwahrung (Abwicklungs- und Verwahrsystem CASCADE) bei dem Clearstream Banking und die Entwicklung elektronischer Aktienregister ist begünstigt worden[19]. Dadurch ist offenbar geworden, dass die gesetzlichen Vorschriften nicht mehr mit den heutigen technischen Vorschriften der Girosammelverwahrung und der elektronischen Verwaltung in Übereinstimmung zu bringen waren[20]. Darüber hinaus ist für Gesellschaften die in Amerika notiert werden die Namensaktie als „registered shares“ notwendig geworden. Weiter haben die Gesllschaften die Kommunikation mit ihren Aktionären unter dem Gesichtspunkt des Investor relation ausnutzen können. Weiter konnten Haltefristen (lock up period) durch diese Maßnahmen leichter kontrolliert werden. Daher wurden diese Bestimmungen im Gesetz wie nachfolgend skizziert verändert.

In § 67 AktG wird zum einen die Bezeichnung Aktienbuch ausgetauscht durch Aktienregister. Die in das Aktienregister aufzunehmenden Daten werden neu gefasst. Die Angabe des Berufs wird ausgetauscht durch die Angabe des Geburtsdatums. Aus datenschutz-

---

19 *Goedecke/Heuser*, BB 2001, 369, 369.

20 Vgl. *Grumann/Soehlke*, DB 2001, 574, 580.

rechtlicher Sicht der Gesellschaft dienen diese Daten der genauen Identifikation der Aktionäre und können darüber hinaus dazu dienen, Veränderungen im Kreise der Mitgesellschafter anzuzeigen. Des Weiteren wird im Entwurf nunmehr von Adresse gesprochen, womit die postalische Anschrift gemeint ist. Da das Tatbestandsmerkmal „Adresse" offen ist, kann der Aktionär eine Büroadresse, einen Zustellungsbevollmächtigten und künftig auch eine e-mail Adresse angeben, sofern nicht aus besonderen Gründen eine zustellungsfähige Anschrift benötigt wird (amtliche Begründung zu § 67 Abs. 1 AktG).

Nach der neuen Formulierung des § 67 Abs. 3 S. 1 AktG geschieht die Umschreibung im Aktienregister auf Mitteilung und Nachweis hin. Die Austragung des Veräußerers und die Eintragung des Erwerbers erfolgt im Wege der automatischen Einspeisung der Daten der Wertpapiersammelbank in das elektronische Aktienregister. In dieser Datenübermittlung liegt die Mitteilung zur Umschreibung. Hier kann auch anstelle des Erwerbers treuhänderisch das Kreditinstitut oder eine Aktionärsvereinigung als Treuhänder eingetragen werden. Der erforderlichen Nachweispflicht wird nunmehr Genüge getan durch eine automatisierte Plausibilitätsprüfung bei der Umschreibung. Laut amtlicher Begründung darf die Gesellschaft dabei grundsätzlich auf die Richtigkeit einer automatisierten Mitteilung durch das Kreditinstitut vertrauen, wobei in Zweifelsfragen die Umschreibung anzuhalten ist und nachgefragt werden muss. Grundsätzlich hat der Vorstand die Umschreibung unverzüglich nach Dateneingang vorzunehmen, wobei er unmittelbar vor der Hauptversammlung zur Vermeidung technischer Schwierigkeiten die Umschreibung stoppen kann. Diese Frist sollte jedoch keinesfalls länger als sieben Tage sein, vorbehaltlich einer Regelung in der Satzung.

§ 67 Abs. 4 AktG geht vom Leitbild des vollständigen Aktienregisters aus und regelt den Inhalt der für die Führung des Akienregisters erforderlichen Daten. Hierbei geht es nicht nur um die Mitteilung bei Erwerb und Veräußerung (einschließlich Schenkung und Universalsukzession), sondern auch bei Adressen- oder Namensänderungen während der Haltezeit und um die erstmalige Umstellung auf Namensaktien oder bloße Depotübertragungen.

Nach § 67 Abs. 6 AktG hat der Aktionär nur noch ein Auskunftsrecht hinsichtlich seiner eigenen Daten. „Die Formulierung ‚Auskunft' deutet auf eine klassische Einsicht vor Ort hin, künftig dürfte auch die Online-Einsicht über das Internet in Betracht kommen. Zur Identifikation des Einsichtsbegehrenden können Kontrollnummern, Aktionärsnummern, Codewörter o.ä. verwendet werden, was auch bei telefonischer Auskunft gilt" (amtliche Begründung zu § 67 Abs. 6 AktG). Für nicht börsennotierte Gesellschaften ist diese Begrenzung des Einsichtsrechts dispositiv.

Die Gesellschaft kann die Daten im Aktienregister für alle ihre aktienrechtlichen Aufgaben verwenden, ferner für Investor-Relationsmaßnahmen soweit der Aktionär nicht widerspricht. Über dieses Recht ist der Aktionär gemäß § 67 Abs. 6 AktG zu unterrichten[21].

Die erleichterte Durchführung der Hauptversammlung durch Änderungen im Stimmrecht ist der zweite große Block der Veränderung.

Durch Änderungen in den §§ 125, 128 AktG wird die Unterrichtungspflicht der Gesellschaft gegenüber den Namensaktionären geregelt.

Hier wird durch Neuformulierungen der Weg geebnet, Informationen, Anweisungen und Einberufungen zur Hauptversammlung elektronisch auszutauschen. Der namensmäßig bekannte Aktionär wird unmittelbar kontaktiert, die depotverwaltende Bank leitet die Information an die Inhaberaktionäre weiter und an solche Namensaktionäre an deren Stelle sie im Aktienregister steht.

Die elektronische Stimmrechtsvollmacht ist das Schlagwort zu den Änderungen des § 135 AktG. Dieser wurde derart geändert, dass Inhaber und Namenaktien weitgehend gleichgestellt werden. Weiter wird bei den Bankenvollmachten auf die Schriftform der Vollmacht verzichtet. Damit reicht ein Fax, eine e-mail oder der Verzicht auf jegliche Form. Damit wurde jedoch noch nicht der Wechsel vom bisherigen System der persönlichen Stimmabgabe auch durch Vertreter zur elektronischen Stimmabgabe (e-voting) vollzogen. Bei den Normalvollmachten bleibt es bei der Schriftform, soweit nicht Satzungen etwas anderes bestimmen.

Hier sei darauf hingewiesen, dass die Richtlinie 2000/31/EG des Europäischen Rates vom 8.6.2000 über bestimmte rechtliche Aspek-

21 Ausführlich hierzu *Noack*, DB 2001, 27 ff.

te der Dienste der Informationsgesellschaft, insbesondere des elektronischen Geschäftsverkehrs im Binnenmarkt („Richtlinie über den elektronischen Geschäftsverkehr") im AblEG Nr. L 178 v. 17.7.2000 S. 1 bis zum 17.1.2002 umzusetzen ist und durch das am 17.5.2001 in Kraft getretene Signaturgesetz und die Richtlinie 1999/93/EG des Europäischen Parlaments und Rates vom 13.12.1999 über gemeinschaftliche Rahmenbedingungen für elektronische Signaturen, für elektronischen Rechtsverkehr und für elektronische Signaturen im AblEG Nr. L 13 v. 19.1.2000 S. 12 umgesetzt wurde. Nach diesen Regelungen wird § 126 BGB nach dem deutschen Signaturgesetz in der Form geändert, dass sodann auch ohne Satzungsregelung die Vorlage einer digital signierten Datei die Normalvollmacht darstellt.

Stimmrechtsvertreter, die von der Gesellschaft benannt werden gab es bereits bisher[22]. Nach Erfahrungen mit fehlenden Einzelanweisungen bei der Deutsche Telekom AG auf ihrer Hauptversammlung 1997 wurden diese nur noch so eingesetzt, dass diese nur bei jeweiliger Einzelanweisung benutzt wurden. Nunmehr enthält § 134 Abs. 3 S. 3 AktG Regelungen zum Nachweis der Stimmrechtsvollmacht und zur Ausübung des Stimmrechts durch einen von der Gesllschaft benannnten Vertreter.

Im Hinblick auf diese Neuerungen haben einige Gesellschaften bereits Vorratsbeschlüsse gefasst, um diese Neuerungen einzusetzen.

Bei der Durchführung der Hauptversammlung ist gemäß § 129 Abs. 4 AktG das Teilnehmerverzeichnis nicht mehr in Papierform zu führen und auszulegen, die Unterzeichnung durch den Vorsitzenden entfällt.

Anonymität ist durch das NaStraG für die Aktionäre möglich. Nach § 137 Abs.7 AktG kann die depotführende Bank oder eine Aktionärsvereinigung als Treuhänder in das Aktienregister eingetragen werden. Andererseits ist es möglich die Aktien als so genannten freien Meldebestand ohne eingetragenen Aktionäre im Aktienregister zu führen. In diesen Fällen kann der Bevollmächtigte das Stimmrecht im Namen dessen, den es angeht, ausüben[23].

---

22 *Hüffer*, AktG, § 134 Rdnr. 25.

23 Vgl. *Grumann/Soehlke*, DB 2001, 574, 578.

Mit der Bündelung dieser Maßnahmen wird es nun möglich, von der vor der Hauptversammlung erteilten Weisung bei der Stimmabgabe abzurücken und ein System zu praktizieren, dass ein abwesender Aktionär seinem Stimmrechtsvertreter während der laufenden Hauptversammlung Weisungen erteilen kann. Damit ist ein Modell möglich, welches in den USA als „proxy-voting" bekannt ist. Der Stimmrechtsvertreter wird per Internet instruiert, während der abwesende Aktionär die Hauptversammlung gleichzeitig im Fernsehen oder im Internet verfolgt. Denkbar ist für die depotverwaltende Bank die Durchführung eines electronic brokerage, indem diese im Internet eine Maske bereitstellt, wo der jeweilige Aktionär seine Weisungen durch anklicken bestimmter Inhalte vermittelt. Das Bildschirmformular ist durch § 128 Abs. 2 S. 5 AktG gedeckt.

Im Fluss bleiben die Überlegungen der Durchführung einer virtuellen Hauptversammlung, sei es als Internet-Hauptversammlung oder einer Tele-Hauptversammlung jeweils mit oder ohne Beteiligung an einer Präsenz-Hauptversammlung[24].

Im Weiteren enthält der Gesetzesentwurf die folgenden Änderungen: Neben den Veränderungen bei der Namensaktie und den Stimmrechtsbestimmungen wurde eine wichtige Änderung des § 52 AktG eingefügt.

Die in der Praxis als hinderlich angesehene und oft auch übersehene Nachgründungsvorschrift des § 52 Abs. 1 AktG ist durch die Einfügung der Worte Verträge der Gesellschaft „....mit Gründern oder mit mehr als zehn vom Hundert des Grundkapitals an der Gesellschaft beteiligten Aktionäre...." erheblich erleichtert worden. Begründet wird dies in dem Gesetzesentwurf damit, dass es „zur Vermeidung von Umgehungen der Sachgründungsvorschriften und zum Schutz der neuhinzukommenden Aktionäre ausreichend ist, wenn die besonderen und komplizierten Form- und Verfahrenserfordernisse für Nachgründungsgeschäfte auf solche Verträge beschränkt werden, die die Gesellschaft mit den Gründern oder hinzugetretenen Aktionären von einigem Gewicht schließt. Dabei kann auf solche Aktionäre abgestellt werden, die mit mehr als 10% am Grundkapital der Gesellschaft beteiligt sind. Die 10% Schwelle ist eindeutig und für

24 *Claussen*, AG 2001, 161 ff.; *Hüther*, AG 2001, 68 ff.

die Beteiligten leicht zu handhaben.“[25] Bisher haben oftmals die Bilanzprüfer erstmals darauf aufmerksam gemacht, dass viele Gesellschaften am neuen Markt größere Aquisitionen vorgenommen haben, die nach dem alten Wortlaut des § 52 AktG unwirksam waren.

Um allgemeine Rechtssicherheit auch für die Vergangenheit eintreten zu lassen, enthält § 11 EGAktG eine Heilungsvorschrift für Nachgründungsgeschäfte nach § 52 AktG aus der Zeit vor dem 1.1.2000.

Weitere Änderungen dienen insbesondere der Vereinfachung des Handling der Beschlussfassung des Aufsichtsrats.

Nach § 108 Abs. 4 AktG sind schriftliche, fernmündliche oder andere vergleichbare Formen der Beschlussfassung des Aufsichtsrats und seiner Ausschüsse vorbehaltlich einer näheren Regelung durch die Satzung oder einer Geschäftsordnug des Aufsichtrats nur zulässig, wenn kein Mitglied diesem Verfahren widerspricht. Durch diese Gesetzesänderung sollen die Formerfordernisse für Aufsichtsrats- oder Ausschussbeschlüsse gelockert werden. Größere Satzungs- und Geschäftsordnungsautonomie soll es den Unternehmen erleichtern, auf die internationalere Besetzung der Aufsichtsräte flexibel, z.B. durch Videokonferenzen, zu reagieren.

25 Vertiefend zu dieser Thematik: *Priester*, DB 2001, 467 ff.

III. Grundstruktur einer Aktiengesellschaft

1. Vorstellung der Organe und Strukturen

Die Aktiengesellschaft ist eine juristische Person mit eigener Rechtspersönlichkeit. Sie hat daher Rechts- und Geschäftsfähigkeit sowie Partei- und Prozessfähigkeit. Sie verfügt über ein eigenes Vermögen. Ihr Grundkapital ist in Aktien zerlegt und beträgt gegenwärtig mindestens 50.000 Euro. Dieses Grundkapital muss als gebundenes Vermögen bei der Gründung effektiv aufgebracht und soll möglichst erhalten bleiben.

Die Verfassung der Aktiengesellschaft unterscheidet drei notwendige Organe der Gesellschaft, den Vorstand, den Aufsichtsrat und die Hauptversammlung.

Der Vorstand ist derjenige, der die Gesellschaft unter eigener Verantwortung gemäß § 76 Abs. 1 AktG zu leiten hat. Er ist gemäß §§ 77, 78 AktG das alleinige Geschäftsführungs- und Vertretungsorgan der Gesellschaft. Gemäß § 76 Abs. 2 AktG kann der Vorstand aus einer oder mehreren Personen bestehen. Bei Gesellschaften mit einem Grundkapital von mehr als 3.000.000 Euro muss der Vorstand, vorbehaltlich einer abweichenden Satzungsbestimmung aus mindestens zwei Personen bestehen. Ein Arbeitsdirektor ist gleichberechtigtes Mitglied im Vorstand, wenn die Gesellschaft der paritätischen Mitbestimmung unterliegt.

Vorstandsmitglieder können nur natürliche, unbeschränkt geschäftsfähige Personen gemäß § 76 Abs. 3 AktG sein. Vorstandsmitglieder sind, sofern die Satzung oder die Geschäftsführung nichts anderes regelt, als Kollegialorgan nur gemeinschaftlich zur Geschäftsführung und Vertretung der Gesellschaft befugt. Die Vorstandsmitglieder werden grundsätzlich vom Aufsichtsrat bestellt. Diese Bestellung dauert gemäß § 84 Abs. 1 AktG höchstens 5 Jahre. Eine Wiederholung der Bestellung ist zulässig. Soweit mehrere Personen zu Vorstandsmitgliedern bestellt werden, kann der Aufsichtsrat ein Mitglied zum Vorsitzenden des Vorstandes gemäß § 84 Abs. 2 AktG berufen. In der Wirklichkeit finden sich oftmals Visitenkarten mit der Bezeichnung stellvertretendes Vorstandsmitglied. Oftmals verstehen sich darunter Vorstandsmitglieder, die nach gesetzlicher Lage ordnungsgemäß Vorstandsmitglied sind, innerhalb der Firmenhierarchie aber eher eine kürzere Amtsdauer hinter sich gebracht haben. Möglich ist auch die Benennung eines Vorstandsmitglieds als stellvertretender Vorstandsvorsitzender. Hieraus ergeben sich nach gesetzlicher Definition keine besonderen Rechte und Pflichten. Soweit die Satzung oder die Geschäftsführungsordnung hier jedoch besondere Aufgaben vorsieht, kann eine solche Titulierung sinnvoll sein. Abberufen werden kann ein Vorstandsmitglied vom Aufsichtsrat nur dann, wenn ein wichtiger Grund vorliegt. Ein wichtiger Grund kann dabei auch Vertrauensentzug durch die Hauptversammlung sein, diese darf jedoch nicht willkürlich erfolgen (vgl. § 84 Abs. 3 AktG). Vorstandsmitglieder unterliegen einem Wettbewerbsverbot gemäß § 88 AktG.

Der Aufsichtsrat hat gemäß § 111 Abs. 1 AktG die Aufgabe, als Kontrollorgan die Geschäftsführung zu überwachen. Maßnahmen der Geschäftsführung können ihm jedoch weder durch die Satzung noch durch die Hauptversammlung gemäß § 111 Abs. 4 AktG übertragen werden. Einzig denkbar ist die Bindung der Geschäftsführung an die Zustimmung von Aufsichtsratsbeschlüssen. Derartige Bindungen können durch Satzungen oder durch Aufsichtsratsbeschluss eingeführt werden.

Der Aufsichtsrat besteht aus mindestens drei Mitgliedern, jedoch kann die Satzung eine höhere, durch drei teilbare Zahl festsetzen. Ausgehend vom Grundkapital beträgt bei Gesellschaften mit einem Grundkapital von nicht mehr als 1.500.000 Euro die Zahl 9, bei mehr als 1.500.000 Euro 15 Mitglieder und bei mehr als 10.000.000 Euro 21 Mitglieder. Die Höchstzahl der Aufsichtsratssitze, die eine Person innehaben kann, beträgt 10. Nur auf die Höchstzahl von 10 Sitzen sind bis zu 5 Sitze nicht anzurechnen, die der gesetzliche Vertreter des herrschenden Unternehmens eines Konzerns gemäß § 100 Abs. 2 AktG innehat. Nach den Neuregelungen durch das KonTraG werden Positionen als Vorsitzender eines Aufsichtsrates doppelt gezählt.

Aufsichtsratsmitglieder werden von der Hauptversammlung und zwar höchstens bis auf die Zeit zur Beendigung der Hauptversammlung gewählt, die über die Entlassung für das vierte Geschäftsjahr nach dem Beginn der Amtszeit beschließt. Vor Ablauf ihrer Wahlzeit kann mit einer Mehrheit von mindestens 75% der abgegebenen Stimmen die Hauptversammlung die Aufsichtsratsmitglieder gemäß § 103 AktG abberufen. Gemäß § 103 Abs. 3 AktG kann das Gericht eine Abberufung aus wichtigem Grunde durchführen.

Die Hauptversammlung beschließt gemäß § 119 AktG nur in den im Gesetz und in der Satzung bestimmten Fällen. Sie ist daher nicht mit der Gesellschafterversammlung der GmbH zu vergleichen. Ihr Kompetenzbereich beschränkt sich auf die wirtschaftlichen und rechtlichen Fragen zum Aufbau der Gesellschaft. Hier sind die Satzungsänderungen zur Frage der Änderung der Kapitalgrundlage gemäß §§ 179 ff AktG, Kapitalerhöhung und Herabsetzung sowie im Weiteren gemäß § 262 Ziffer 1 Nr. 2 AktG über die Auflösung der Gesellschafter zu nennen. Im Weiteren wählt sie die Aufsichtsratsmitglieder der Aktionäre gemäß § 101 AktG. Weitere Aufgaben weist ihr § 119 AktG zu, indem die Verwendung des Bilanzgewinns, die Entlastung der Mitglieder des Vorstandes und des Aufsichtsrates, die Bestellung des Abschlussprüfers und die Bestellung von Prüfern zur Prüfung von Vorgängen bei der Gründung der Gesellschaft übertragen werden.

Deutlich abgegrenzt wird in § 119 Abs. 2 AktG ausgeführt, dass die Fragen der Geschäftsführung der Hauptversammlung nur dann zur Entscheidung vorgelegt werden, wenn der Vorstand es verlangt. Gemäß § 121 AktG ist die Hauptversammlung dann einzuberufen, wenn es das Wohl der Gesellschaft erfordert, sowie in den durch Gesetz und Satzung bestimmten Fällen. Grundsätzlich erfolgt die Einberufung durch den Vorstand, gemäß § 111 Abs. 3 AktG obliegt es jedoch auch dem Aufsichtsrat die Hauptversammlung einzuberufen, wenn es das Wohl der Gesellschaft fordert. Letztlich kann gemäß § 122 AktG eine Aktionärsminderheit von 5 % des Grundkapitals die Einberufung erzwingen.

Gemäß § 124 AktG ist mit jeder Einberufung die Tagesordnung der Hauptversammlung in den Geschäftsblättern bekannt zu geben. Gemäß § 130 AktG ist jeder Beschluss der Hauptversammlung durch eine über die Verhandlung aufgenommene notarielle Niederschrift zu beurkunden.

Jeder Aktionär hat die allgemeinen Mitgliedschaftsrechte. Diese sind die Verwaltungsrechte, insbesondere das Stimmrecht, das Teilnahme- und Auskunftsrecht sowie das Anfechtungsrecht gegenüber Hauptversammlungsbeschlüssen und Vermögensrechte, wie das Recht auf Dividende, den Bezug neuer Aktien bei einer Kapitalerhöhung und den Liquidationserlös.

Gemäß § 12 AktG gewährt jede Aktie ein Stimmrecht. Soweit die Tendenz sich fortsetzt, nennwertlose Aktien einzuführen, d.h. Stückaktien bestehen, wird dieses nach der Anzahl ausgeübt, die der Aktionär innehat (vgl. § 134 AktG). Soweit Aktien mit Nennbeträgen ausgestattet sind, richtet sich das Stimmrecht nach diesen.

Nach § 131 AktG hat jeder Aktionär unabhängig von der Höhe seiner Beteiligung das Auskunftsrecht in der Hauptversammlung. Dieses kann gemäß § 131 Abs. 3 Nr. 1 AktG nur dann verweigert werden, wenn der Gesellschaft oder einem verbundenen Unternehmen ein nicht unerheblicher Schaden zugefügt wird. Das Anfechtungsrecht gemäß § 245 Nr. 1 AktG gegenüber gesetz- oder satzungswidrigen Beschlüssen der Hauptversammlung hat der Aktionär dann, wenn er gegen den Beschluss Widerspruch zur Niederschrift erklärt hatte. Soweit die Gesellschaft nicht aufgelöst ist, hat der Aktionär den Anspruch auf den Bilanzgewinn, sofern dieser nicht nach Gesetz oder Satzung oder auch durch einen Hauptversammlungsbeschluss oder zusätzlichen Aufwand auf Grund des Gewinnverwendungsbeschlusses von der Verteilung gemäß § 58 Abs. 4 AktG ausgeschlossen worden ist. Das Informationsrecht wird über die Bekanntmachung des Jahresabschlusses und den zum Handelsregister einzureichenden Geschäftsbericht gemäß § 325 HGB und durch das jedem Aktionär zustehende Auskunftsrecht gemäß § 131 AktG gewährleistet. Das Interesse des Aktionärs, die Zusammensetzung der Aktionäre zu kennen, wird durch besondere Mitteilungspflichten gemäß § 20 AktG geschützt.

Unabhängig von der gesetzlich vorgegebenen Machtgewichtung der einzelnen Organe in einer Gesellschaft läßt sich durch Bestimmungen der Satzung ein Vorstand schaffen, der nur nach Genehmigungen des Aufsichtsrats in einer sehr zurückhaltenden und eingeschränkten Form die Belange der Gesellschaft leiten kann. Eine derartige Form der Führung der Aktiengesellschaft wird gerne in den Familienunternehmen verwirklicht, in denen der Nachfolger die Stellung eines Vorstands bereits innehat, der Firmengründer jedoch noch in der Position des Aufsichtsratsvorsitzenden die Leitungsmacht im Unternehmen behalten möchte.

Allerdings müssen sich derartige Regelungen nicht zwingend aus der Satzung ergeben. Solche Machtverschiebungen können vielmehr auch in den Geschäftsordnungen für den Aufsichtsrat und in den Geschäftsordnungen für den Vorstand verankert werden. Es ist möglich, einen sehr unabhängigen Vorstand zu schaffen. Der Vorstand bekommt nur die sich aus dem Gesetz ergebende Mindestverpflichtung gegenüber dem Aufsichtsrat in Satzung und Geschäftsordnung mitgegeben. Dagegen könnte ein schwacher Vorstand ein solcher sein, der mehrgliedrig ist und darüber hinaus schon bei geringfügigen Maßnahmen der Geschäftsführung der Zustimmung des Aufsichtsrats bedarf. Zudem ist es per Geschäftsordnung möglich, eine Vielzahl von Kompetenzen in die Mitwirkungsverpflichtung der Hauptversammlung zu legen, so dass es bei einem Familienunternehmen durchaus denkbar ist, dass die Hauptversammlung die wesentlichen Gesichtspunkte der Geschäftspolitik mitbestimmt.

In der tagesaktuellen Berichterstattung über bekannte Familienunternehmen entsteht oftmals der Eindruck, als sei der Aufsichtsratsvorsitzende der wahre Lenker des Unternehmens. Hier mag eine Verkürzung des Lebenssachverhalts zu erkennen sein; in gleicher Art und Weise ist es jedoch auch möglich, dass die Machtstrukturen durch ein geschicktes Ineinandergreifen von Satzungsbestimmungen, Geschäftsordnung für Vorstand und Aufsichtsrat und darüber hinausgehenden Vereinbarungen in den Anstellungsverträgen des Vorstands so geregelt worden sind, dass der Vorsitzende des Aufsichtsrats tatsächlich der eigentliche Unternehmer ist.

Das Grundkapital der Gesllschaft setzt sich aus Aktien zusammen. Hierbei haben die Gründer ein Wahlrecht, wie sie die Aktiengestaltung vornehmen.

Zum einen kann zwischen Nennbetragsaktien und nennwertlosen Aktien, sog. Stückaktien, unterschieden werden. Nennbetragsaktien sind solche, auf denen ein DM-Betrag, neuerdings ein Euro Betrag, aufgetragen ist, aus dem sich in Kenntnis des gesamten Grundkapitals der Anteil am Grundkapital errechnen lässt. Stückaktien sind solche ohne Nennbetragsaufdruck. Hier lässt sich anhand der

Kenntnis der Anzahl der ausgegebenen Aktien der Anteil am Grundkapital errechnen.

Zum anderen kann unterschieden werden zwischen Stammaktien und Vorzugsaktien. Stammaktien beinhalten zwingend das Stimmrecht und das Recht auf Dividende, soweit eine solche nach Gesetz und Satzung besteht. Vorzugsaktien sind solche, die gegenüber den Stammaktien einen Vorzug, oftmals einen Gewinnvorab, haben. Denkbar sind Vorzüge als Verwaltungsrechte, Vermögensrechte, Gläubigerrechte und sonstige Sonderrechte. Im Gegenzug zu diesem Vorzug haben diese oftmals den Nachteil, dass sie kein Stimmrecht vermitteln. Beide Formen können nebeneinder bestehen und können bei börsennotierten Gesellschaften vorhanden sein. Die Aktien beispielsweise der Firma Porsche an der Börse sind ausschließlich Vorzugsaktien ohne Stimmrecht. Vorzugsaktien können in verschiedenen Berechtigungen nebeneinder bestehen. Oftmals sind Entsendungsrechte in den Aufsichtsrat an eine bestimmte Aktie geknüpft.

Eine andere Art der Unterscheidung ist die Unterscheidung zwischen der Inhaberaktie und der Namensaktie. Beide sind vom Grundgedanken her frei übertragbare Wertpapiere. Bei der Inhaberaktie weist sich der jeweilige Inhaber als berechtigter Aktionär aus. Bei der Namensaktie ist derjenige Aktionär, der sich aus der Aktie selbst oder aus den auf der Aktie ausweisbaren Indossamenten als Berechtigter ausweist: Diese ist jedenfalls die gesetzliche Theorie. Bei börsennotierten Gesellschaften liegen beiden Formen als Streifbandverwahrung in den Banken und der Aktionär sieht das Papier imLaufe seiner Besitzzeit nicht einmal.

Namensaktien werden oftmals vinkuliert. Dies bedeutet, dass die Übertragung der Namensaktie an einen neuen Aktionär an die Zustimmung der Gesellschaft gebunden ist. Eine derartige Vinkulierung kann jedoch oft dazu führen, dass die Verkehrsfähigkeit der Aktien leidet. Es besteht eine hohe Unsicherheit, ob die Übertragungen letztlich von der Gesellschaft genehmigt werden. Für Familiengesellschaften ist dieses ein gangbarer Weg, um zumindest eine erste Maßnahme zur Kontrolle des Kreises der Aktionäre zu regeln.

Inhaberaktien waren für börsennotierte Gesellschaften ursprünglich leichter zu handhaben. Die Entwicklung in Deutschland zeigt jedoch, dass immer mehr Unternehmen von Inhaber- auf Namensaktien umstellen. Nach DaimlerChrysler sind Siemens, Mannesmann, Deutsche Bank, Dresdner Bank und Telekom dieser Entscheidung gefolgt. Hier spielen mehrere Gesichtspunkte eine Rolle. Dank der modernen Möglichkeiten der Datenverarbeitung ist es möglich geworden, das Aktienregister schnell und präzise elektronisch zu führen. Man kann sagen, dass die Fungibilität der Inhaberaktie auch bei der Namensaktie erreicht werden kann. Dies führt dazu, dass Veränderungen im Eigentümerkreis sehr schnell erkannt und analysiert werden können. Die großen DAX-notierten Gesellschaften wissen oftmals sehr genau, welche institutionellen Anleger welches Paket an der jeweiligen Gesellschaft halten. Die vielen Einzelanleger sind oftmals jedoch nicht bekannt. Das Investor-Relations erfordert es oftmals, die privaten Aktionäre gezielt anzusprechen. Ein anderer Ansatzpunkt ist, dass in den USA registered-shares, diese sind vergleichbar den deutschen Namensaktien, die vorgeschriebene Aktiengattung sind. Deutsche Inhaberaktien können daher nicht direkt an den US-Börsen gelistet werden, sondern nur als ADR-Programm (American Depository Receipt – Zertifikat über die Hinterlegung ausländischer Aktien). Folge dieser Überlegung war die Umstellung im Aktiengesetz vom Aktienbuch auf das Aktienregister im Rahmen des KonTraG.

Welche Aktien bei welcher Form der Gesllschaft und welcher Zwecksetzung notwendig oder erforderlich sind, bleibt einer Beratung vorbehalten. Dabei kann auch entschieden werden, dass auf die Ausgabe von Aktien gänzlich verzichtet wird, oder dass nur eine einzige Globalaktie deponiert wird[1].

In der hier vorgestellten Mustersatzung sind Bestimmungen enthalten, die üblicherweise in einer einfachen Satzung zu finden sind. Sie kann daher nur als Anhalt dienen, die keinesfalls eine umfassende Beratung ersetzt.

---

1 S. zur Frage des Ausschlusses der Verbriefung der Aktien von kleinen AG's nach § 10 Abs 5 AktG n. F.: *Schwennicke*, AG 2001, 118 ff.

2. Mustersatzung einer Aktiengesellschaft

§ 1 Firma, Sitz, Geschäftsjahr

Die Gesellschaft führt die Firma ACU & HEX Aktive Cooling Unit AG.

Sie hat ihren Sitz in Köln.

Geschäftsjahr ist das Kalenderjahr. Das erste Geschäftsjahr ist ein Rumpfgeschäftsjahr, das mit dem auf die Eintragung der Gesellschaft im Handelsregister folgenden 31. 12. endet.

§ 2 Gegenstand des Unternehmens

Gegenstand des Unternehmens ist die Herstellung und der Vertrieb von Wärmetauschern, die passiv oder durch Zuführung von Kompressoren Kälte für die Klimatisierung von Gerätecontainern zum Ausbau des UMTS Netzes produzieren. Die Gesellschaft ist zu allen Handlungen berechtigt, die unmittelbar oder mittelbar dem vorstehenden Zweck zu dienen geeignet sind, sie darf Zweigniederlassungen errichten und sich an gleichartigen oder ähnlichen Unternehmen im In- und Ausland beteiligen.

§ 3 Grundkapital

Das Grundkapital der Gesellschaft beträgt 500.000 EUR. Es ist eingeteilt in 500.000 nennwertlose Aktien auf Namen lautend. Die Form der Aktienurkunden bestimmt der Vorstand mit Zustimmung des Aufsichtsrats. Der Vorstand entscheidet mit Zustimmung des Aufsichtsrats, ob Gewinnanteil- oder Erneuerungsscheine ausgegeben werden. Bei einer Kapitalerhöhung kann die Gewinnbeteiligung neuer Aktien abweichend von § 60 AktG geregelt werden. Das Recht auf Einzelverbriefung ist dadurch eingeschränkt, dass der Aktionär die Kosten der Einzelverbriefung trägt.

§ 4 Vorstand

Der Vorstand der Gesellschaft besteht aus einer oder mehreren Personen. Der Aufsichtsrat bestimmt die Zahl der Mitglieder des Vorstands. Der Aufsichtsrat kann einen Vorsitzenden und einen stellvertretenden Vorsitzenden des Vorstands ernennen. Der Vorstand gibt sich einstimmig eine Geschäftsordnung, die der Zustimmung des Aufsichtsrats bedarf.

§ 5 Vertretung

Ist nur ein Vorstand bestellt, so vertritt dieser die Gesellschaft allein. Besteht der Vorstand aus mehreren Personen, so wird die Gesellschaft durch zwei Vorstandsmitglieder vertreten. Der Aufsichtsrat kann jedem Vorstandsmitglied die Befugnis zur Alleinvertretung erteilen. Der Aufsichtsrat kann jedes Vorstandsmitglied von den Beschränkungen des § 181 BGB befreien.

§ 6 Aufsichtsrat, Geschäftsordnung

Der Aufsichtsrat besteht aus drei Mitgliedern. Die Aufsichtsratsmitglieder werden für die Zeit bis zur Beendigung der Hauptversammlung gewählt, die über die Entlastung für das vierte Geschäftsjahr nach dem Beginn der Amtszeit beschließt. Hierbei wird das Geschäftsjahr, in dem die Amtszeit beginnt, nicht mitgerechnet. Eine Wiederwahl ist möglich. Mitglieder des Aufsichtsrats können ihr Amt durch schriftliche Erklärung an den Vorsitzenden des Aufsichtsrats oder den Vorstand mit einer Frist von vier Wochen niederlegen. Die Möglichkeit der Kündigung aus wichtigem Grund bleibt unberührt. Der Aufsichtsrat gibt sich selbst eine Geschäftsordnung.

§ 7 Vorsitzender des Aufsichtsrats

Der Aufsichtsrat wählt im unmittelbaren Anschluss an seine Wahl aus seiner Mitte einen Vorsitzenden und dessen Stellvertreter.

§ 8 Einberufung des Aufsichtsrats und Beschlussfassung

Der Vorsitzende, ersatzweise sein Stellvertreter, beruft die Sitzungen des Aufsichtsrats ein. Er ist beschlussfähig, wenn mindestens drei Mitglieder an der Beschlussfassung teilnehmen. Der Vorsitzende ist ermächtigt, im Namen des Aufsichtsrats die zur Durchführung der Beschlüsse erforderlichen Erklärungen abzugeben und Erklärungen an den Aufsichtsrat in Empfang zu nehmen.

§ 9 Änderung der Satzung

Der Aufsichtsrat ist zu Änderungen der Satzung befugt, sofern die Änderung nur die Fassung betrifft.

§ 10 Vergütung des Aufsichtsrats

Die Aufsichtsratsmitglieder erhalten eine von der Hauptversammlung festzulegende Vergütung.

§ 11 Hauptversammlung

Die Hauptversammlung findet innerhalb der ersten sechs Monate eines Geschäftsjahres am Sitz der Gesellschaft oder an dem Ort statt, an dem ein börsenmäßiger Handel der Aktien der Gesellschaft erfolgt. Sie wird durch den Vorstand und in den gesetzlich vorgeschriebenen Fällen durch den Aufsichtsrat einberufen. Die Einberufung erfolgt durch einmalige Bekanntmachung im Bundesanzeiger. Soweit der Gesellschaft die Aktionäre namentlich bekannt sind, kann die Hauptversammlung stattdessen auch durch eingeschriebenen Brief an die, der Gesellschaft zuletzt benannten Adresse der Aktionäre, unter Einhaltung einer Frist von mindestes einem Monat einberufen werden. Der Tag der Absendung und der Tag der Hauptversammlung werden dabei nicht mitgerechnet. Mit der Einberufung sind den Aktionären die Gegenstände der Tagesordnung mitzuteilen. Ohne Wahrung der Einberufungsförmlichkeiten kann eine Hauptversammlung auch dann abgehalten werden, wenn alle Aktionäre erschienen oder vertreten sind und kein Aktionär der Beschlussfassung widerspricht.

§ 12 Teilnahme an der Hauptversammlung, Stimmrecht

Zur Teilnahme und Abstimmung sind die Aktionäre oder deren Vertreter berechtigt, deren Aktien am Tage der Hauptversammlung im Aktienregister eingetragen sind. Umschreibungen im Aktienregister werden in den letzten sieben Tagen vor der Hauptversammlung nicht vorgenommen. Jede Aktie gewährt eine Stimme. Das Stimmrecht beginnt mit der vollständigen Leistung der Einlage.

§ 13 Ablauf der Hauptversammlung, Beschlüsse

Den Vorsitz in der Hauptversammlung führt der Vorsitzende des Aufsichtsrats, im Falle der Verhinderung sein Stellvertreter, im Falle von dessen Verhinderung ein von der Hauptversammlung gewählter Versammlungsleiter. Der Vorsitzende bestimmt die Reihenfolge der Abhandlung der Tagesordnung sowie die Art und Reihenfolge der Abstimmungen. Die Hauptversammlung ist beschlussfähig, wenn mindestens 75% des gesamten stimmberechtigten Grundkapitals vertreten sind. Soweit die Hauptversammlung nicht beschlussfähig ist, ist unverzüglich eine neue Hauptversammlung einzuberufen, die sodann, ohne Rücksicht auf das vertretene Kapital hinsichtlich der Gegenstände, beschlussfähig ist, die auf der Tagesordnung der beschlussunfähigen Hauptversammlung standen, soweit in der erneuten Einberufung darauf hingewiesen wurde.

§ 14 Aufstellung des Jahresabschlusses

Der Vorstand hat in den ersten drei Monaten des Geschäftsjahres für das vergangene Geschäftsjahr den Jahresabschluss mit Anhang sowie den Lagebericht aufzustellen und ihn unverzüglich dem Aufsichtsrat sowie, wenn eine Prüfung gesetzlich vorgeschrieben ist, dem Abschlussprüfer vorzulegen.

Zugleich hat der Vorstand dem Aufsichtsrat den Vorschlag zuzuleiten, den er der Hauptversammlung für die Verwendung des Bilanzgewinns machen will.

§ 15 Feststellung des Jahresabschlusses

Der Aufsichtsrat hat den Jahresabschluss, den Lagebericht und den Vorschlag für die Verwendung des Bilanzgewinns zu prüfen und über das Ergebnis seiner Prüfung schriftlich an die Hauptversammlung zu berichten. Ist der Jahresabschluss durch einen Abschlussprüfer zu prüfen, hat der Aufsichtsrat ferner zu dem Ergebnis dieser

Abschlussprüfung Stellung zu nehmen. Der Aufsichtsrat hat seinen Bericht innerhalb eines Monats, nachdem ihm die Vorlagen zugegangen sind, dem Vorstand zuzuleiten. Billigt der Aufsichtsrat den Jahresabschluss, so ist dieser festgestellt, es sei denn, dass Vorstand und Aufsichtsrat beschließen, die Feststellung des Jahresabschlusses der Hauptversammlung zu überlassen.

§ 16 Gewinnverwendung

Stellen Vorstand und Aufsichtsrat den Jahresabschluss fest, können sie einen Teil des Jahresüberschusses, maximal jedoch die Hälfte, in andere Gewinnrücklagen einstellen. Solange die anderen Gewinnrücklagen die Hälfte des Grundkapitals nicht übersteigen und soweit sie nach der Einstellung die Hälfte nicht übersteigen würden, sind Vorstand und Aufsichtsrat ermächtigt, auch einen größeren Teil des Jahresüberschusses in andere Gewinnrücklagen einzustellen, maximal jedoch zwei Drittel des um die in die gesetzliche Rücklage einzustellenden Beträge und einen Verlustvortrag bereinigten Jahresüberschusses.

§ 17 Auflösung der Gesellschaft

Der Beschluss über die Auflösung der Gesellschaft bedarf einer Mehrheit von 75 % der abgegebenen Simmen und einer Mehrheit von 75 % des Grundkapitals.

§ 18 Bekanntmachungen

Bekanntmachungen der Gesellschaft erfolgen ausschließlich im Bundesanzeiger.

§ 19 Eintrittsrecht

Die Regelungen des § 67 Abs .6 S.1 AktG werden abbedungen.

§ 20 Gründungskosten

Die Kosten und Steuern der Gründung trägt die Gesellschaft, und zwar bis zu einem Höchstbetrag von 20.000 EUR.

3. Besondere Aspekte des Steuerrechts bei der Aktiengesellschaft

Die Besteuerung der Aktiengesellschaft gleicht grundsätzlich der Besteuerung einer GmbH, denn die Aktiengesellschaft ist ebenfalls eine Kapitalgesellschaft.

Hinsichtlich der grundsätzlichen Besteuerung der Aktiengesellschaft nach der bisher geltenden Steuer wird auf bestehende Werke[2] verwiesen, hinsichtlich der steuerlichen Gestaltungen nach der Unternehmenssteuerreform mit Wirkung ab dem 1.1.2001 wird auf die verschiedenen neu erscheinende Kommentarliteratur verwiesen. Es sei nur kurz der Hinweis gegeben, dass ab dem 1.1.2001 thesaurierte und ausgeschüttete Gewinne mit einem einheitlichen KSt-Satz von 25% belastet werden. Das Anrechnungsverfahren fällt weg, das Halbeinkünfteverfahren greift Platz. Das Optionsmodell ist nicht eingeführt worden. Es wird eine Kapitalertragsteuer auf Ausschüttungen i.H.v. 20% erhoben und zwar unabhängig davon, ob die Dividende beim Empfänger dem Halbeinkünfteverfahren unterliegt oder sogar gänzlich außer Ansatz bleibt.

Probleme ergeben sich durch die Übergangsregelungen der Unternehmenssteuereform vielfältig. Zum einen ist eine 15jährige Übergangszeit zur Einführung des Steuersenkungsgesetzes angeordnet, zum anderen ergeben sich, nur als Beispiel bei Ausschüttungen zur Nutzung von Ausschüttungsguthaben bereits jetzt Probleme. Würde auf die Ausschüttung in bestimmten Konstellationen verzichtet, so würden Aktionäre Gelder verlieren. Nimmt man die Auschüttung dagegen vor, so sei nicht sicher, ob die Liquidität durch Kapitalerhöhung in die Gesellschaft zurückgelange. Weiter sollen inkongruente Ausschüttungen bezogen auf den Gesellschaftsanteil nach Ansicht der Finanzverwaltung nicht anerkannt werden.

Dieses Steuersenkungsgesetz ist gefolgt vom Steuersenkungsergänzungsgesetz. Weitere Reparaturen, bezeichnet als Reformüberlegungen, sollen bei der Frage der Organschaft oder bei der Besteuerung von Aktienoptionsplänen kommen.

---

2 MüHBGesR/*Hoffmann-Becking*, Bd. 4, §§ 43 ff; MüHBGesR/Kantenwein, Bd. 4, §§ 48 ff m. w. N.

Im Folgenden sollen daher nur besondere Aspekte aufgegriffen werden, in denen das Steuerrecht der Aktiengesellschaft Besonderheiten in Abweichung vom Grundmodell der Besteuerung der Kapitalgesellschaft gegenüber der GmbH aufweist.

a) Aufsichtsratsvergütung

Die Aktiengesellschaft muss einen mindestens dreiköpfigen Aufsichtsrat haben. Dieser wird diese Tätigkeit gegen eine Vergütung vornehmen.

Das Aufsichtsratsmitglied ist selbstständig tätig. Dies gilt auch für Beamte und Minister, die in dienstlicher Eigenschaft dem Aufsichtsrat einer Gesellschaft angehören. Dies gilt im Weiteren auch für Arbeitnehmervertreter im Aufsichtsrat[3].

Die Vergütungen an die Aufsichtsratsmitglieder sind bei der Gesellschaft selbst nach § 10 Nr. 4 KStG nur zur Hälfte als Betriebsausgaben abzugsfähig. Diese Beschränkung gilt für alle Leistungen der Aufsichtsratsmitglieder, die ihnen für ihre organschaftliche Tätigkeit im Aufsichtsrat gewährt werden, nicht dagegen für die Vergütung von Dienstleistungen im Sinne von § 114 AktG außerhalb der Tätigkeit im Aufsichtsrat. Soweit nicht die Kleinunternehmerbefreiung nach § 19 UStG eingreift, d.h. Vergütung nicht mehr als 32.500 DM Umsatz im abgelaufenen Jahr und voraussichtlich nicht mehr als 100.000 DM im laufenden Jahr enthalten, unterliegt die Vergütung der Umsatzsteuer[4]. Das Aufsichtsratsmitglied kann die Erstattung der von ihm zu leistenden Umsatzsteuer auch ohne ausdrückliche Regelung in der Satzung oder in dem betreffenden Beschluss der Hauptversammlung von der Gesellschaft verlangen[5].

Die Beschränkung auf die Hälfte der Betriebsausgaben wird in der Literatur als eingekleidete Bevormundung der Unternehmen[6] bezeichnet.

---

3 Schmidt/*Drenseck*, EStG, § 19 Rdnr. 15 „Aufsichtsratsmitglied".

4 BFH, AG 1987, 180; *Wagner*, Aufsichtsgremien im Gesellschaftsrecht, S. 65.

5 MüHBGesR/*Hoffmann-Becking*, Bd. 4, § 33 Rdnr. 24, (umstr., vgl.: *Hüffer*, AktG, § 113 Rdnr. 7).

6 *Hüffer*, AktG, § 113 Rdnr. 7; *Streck*, KStG, § 10 Anm. 16 „kleinlich und provinziell".

Auf Grund der verstärkten Diskussion um die Frage der Haftung der Aufsichtsräte und die verstärkten Anforderungen an die Überwachungspflichten muss hier langfristig eine Änderung der politischen Denkweise erfolgen. Gegenwärtig sind die Unternehmen bestrebt, keine nicht abzugsfähigen Betriebsausgaben entstehen zu lassen. Es kommt immer wieder zu der Konstruktion von zusätzlichen Beraterverträgen mit Aufsichtsräten. Hierbei werden oft nicht die erforderlichen Formvorschriften beachtet, so dass die Insolvenzverwaltung hier ein beträchtliches Potential zur Rückführung zur Masse sehen.

Hinzuweisen ist auf die Verpflichtung des Abzugs der Aufsichtsratsteuer bei beschränkt Steuerpflichtigen gemäß § 50a Einkommensteuergesetz. Hiernach ist das Unternehmen verpflichtet, dreißig vom Hundert der Aufsichtsratsvergütung abzuhalten.

b) Dividenden-Stripping (§ 42 AO)

Der I. Senat des BFH hat zum Dividenden-Stripping nunmehr Stellung bezogen[7]. Gleichzeitig ist ein Nichtanwendungserlass veröffentlicht worden[8]. Als Dividenden-Stripping wird der Vorgang bezeichnet, dass eine Aktie unmittelbar vor Ausschüttung der Dividende verkauft wird und diese unmittelbar nach der Ausschüttung der Dividende zurückgekauft wird. Der Unterschied im An- und Verkaufspreis entspricht oftmals nahezu vollständig der Dividendenausschüttung. Diese Vorgehensweise wurde dazu eingesetzt, um Anteilseigner, die nicht zur Anrechnung von Körperschaftsteuer berechtigt waren, an dem Anrechnungsguthaben partizipieren zu lassen. Das vorbezeichnete Urteil verneint in den Fällen des Dividenden-Strippings einen Missbrauch der rechtlichen Gestaltungsmöglichkeiten. Gemäß § 50 c Abs. 8 EStG in der Fassung 1987/1990 sind Börsengeschäfte von der Anwendung des § 50 c EStG alte Fassung ausgenommen. Der Senat hat auch keine Möglichkeit gesehen, durch das Hineininterpretieren subjektiver Tatbestandsmerkmale zu einer anderen Meinung zu gelangen. Auch der Anwendung der allgemeinen Missbrauchsvorschrift ist der BFH entgegengetreten.

7 BFH, Urteil vom 15.12.1999, BStBl. II 2000, 648.
8 BMF-Schreiben vom 6.10.2000, BStBl. I 2000, 1392.

Dies gilt selbst dann, wenn es gelingt, durch die Vermeidung einzelner Tatbestandsmerkmale an der Spezialregelung vorbeizukommen.

c) Spekulationsgeschäfte

Durch das Steuerentlastungsgesetz 1999/2000/2002[9] und das Steuersenkungsgesetz[10] ist § 23 EStG erneut geändert. Hier ist die Verlängerung der Spekulationsfrist für sonstige Wirtschaftsgüter von 6 Monaten auf ein Jahr ab dem Veranlagungszeitraum 1999 festgelegt.

Bei der Frage der Haltung von Aktien sind diese, soweit sie kürzer als ein Jahr gehalten werden, der Spekulationssteuer unterworfen. Durch die Vielzahl der Aktiengewinne bei den Neuemmissionen, insbesondere in den Jahren 1999 und 2000 ist zu erwarten, dass die Finanzverwaltung alle Mühe aufbringen wird, diese Gewinne steuerlich zu erfassen. Angesichts der Kurzlebigkeit von Werthaltigkeitsurteilen von Aktien ist manchmal ein Zeitraum schon von wenigen Wochen sehr langlebig. Inwieweit Haltedauern von mehr als 6 Monaten bis jetzt zu einem Jahr tatsächlich eine Spekulation in der Denkweise eines im Börsengeschäft tätigen Aktionärs sind, bleibt emotionell in hohem Maße fraglich.

Aktienverkäufe von Aktien die länger als 6 Monate gehalten wurden und bei denen daher die Spekulationsfrist abgelaufen war, können wahrscheinlich auch nicht durch die neue gesetzliche Regelung rückwirkend steuerpflichtig werden. Die Rückwirkung dieser gesetzlichen Regelung hat der Bundesfinanzhof in einem summarischen Verfahren zumindest für die Immobilienbesitzer für rechtswidrig gehalten[11].

d) Mantelparagraph

Eine Steuerfalle besonderer Art bietet sich expandierenden Unternehmen über die Regelungen des § 8 Abs. 4 KStG. Dieser war geschaffen worden, um den Verlustvortrag von leeren Mänteln einer Kapitalgesellschaft zu unterbinden. In der Vergangenheit wurden

9 BGBl. I 1999, 402.

10 BGBl. I 2000, 1433 = BStBl. I 2000, 1428.

11 BFH, Az.: IX B 90/00.

Gesellschaften wirtschaftlich entleert, um den reinen rechtlichen Mantel, sei es eine GmbH oder eine AG, ohne Inhalt aber mit bezahltem Verlustvortrag zu verkaufen. Bei Steuertarifen über 50% konnten leicht 45 % eines Verlustvortrages als Kaufpreis erzielt werden, denn der Käufer konnte in Höhe des Verlustvortrages Gewinne machen, ohne dass diese Steuern auslösten. Dem wurde gesetzlich entgegengetreten, indem eine wirtschaftliche Identität der Körperschaft, die den Verlust erwirtschaftete, mit der Körperschaft vorausgesetzt wird, die diesen Verlust nutzen will. Eine solche wirtschaftliche Identität liegt insbesondere dann nicht vor, so § 8 Abs. 4 KStG, wenn mehr als drei Viertel der Anteile einer Kapitalgesellschaft übertragen werden und danach die Gesellschaft ihren Geschäftsbetrieb mit überwiegend neuem Betriebsvermögen wieder aufnimmt.

Nach einem Börsengang oder der Beteiligung eines Venture Capital Unternehmens fallen einige Gesellschaften unter diese gesetzliche Regelung. Die Forschungsaufwendungen der Vergangenheit hatten zu dem Verlust geführt der nun dafür verantwortlich ist, dass ein Produkt da ist, welches die Anleger überzeugte. Hinzuweisen ist, dass es durch die in Rechtsprechung und Literatur vorgenommenen Auslegungen und Einschränkungen der Regelungen einige Ansatzpunkte gibt, die einer Anwendung im Einzelnen entgegenzusetzen sind. Dennoch bleibt die Gefahr einer wörtlichen Auslegung und einem fälligen Steuerbescheid.

Das Problem ist von einer Arbeitsgruppe aus Vertretern des Bundesverbandes der Deutschen Industrie und des Deutschen Industrie- und Handelstages dem Bundesfinanzministerium bekanntgemacht worden. Eine Lösung steht hier noch aus[12]

e) Vorsteuer im Rahmen eines Börsengangs

Die OFD München vertritt in ihrer Verfügung vom 25.5.2000, S 7304- 7 St 431 die Auffassung, dass die Emission von Aktien im Rahmen eines Börsengangs zumindest teilweise umsatzsteuerpflichtig ist. Hintergrund dieser Überlegung ist der Umstand, dass diese Ak-

12 Handelsblatt vom 2.4.2001, N 5.

tien durch ein Bankenkonsortium entweder auf eigene Rechnung oder für den Emittenten ohne Übernahmezusage im Rahmen eines Kommssionsgeschäfts oder einer sonstigen Leistung oder Vermittlung tätig wird. Diese Ausgabe von Wertpapieren findet im Rahmen eines Leistungsaustausches statt, da entgeltlich Gesellschafterrechte eingeräumt werden. Es handelt sich daher um Umsätze i. S. des § 4 Nr. 8 e UStG. Differenziert wird hinsichtlich des Vorsteuerabzugs aus Leistungsbezügen gemäß § 15 Abs. 3 Nr. 2b i. V. m. Abs. 2 Nr. 2 UStG nach dem Sitz des Empfängers.

Aufgrund von Umsatzsteuersonderprüfungen wird diese Auffassung durch betroffene Unternehmen in Frage gestellt. – Ungleich sei die Behandlung gegenüber dem Vorgang des Umwandlungsrechts zum einen, denn bei umwandlungsrechtlichen Vorgängen greife die Umsatzsteuer nicht ein. Zum anderen sei unterschiedlich behandelte Lage, die aber vergleichbar sei, der Vorgang der Gründung. Hier erkennen die Finanzämter die Vorsteuerbeträge aus den Gründungskosten an. – Hinzuweisen ist auf ein Schreiben des Institus der Wirtschaftsprüfer aus dem April 2001, in welchem dieses gegenüber dem Bundesministerium für Finanzen die Bedenken dargestellt hatte und aufgefordert hatte, eine bundeseinheitliche Regelung zu treffen.

IV. Die kapitalistische KGaA

1. Vorbemerkungen

Im Aktiengesetz ist im zweiten Buch in nur 13 Paragraphen, §§ 278 bis 290 AktG (Aktiengesetz), die Rechtsform der KGaA geregelt. Sie ist keine Spielart einer Aktiengesellschaft, sondern eine eigenständige Gesellschaftsform[1]. Lediglich über die Verweisungen des § 278 Abs. 2 und 3 AktG sind die Bestimmungen des HGB über die Kommanditgesellschaft und die Bestimmungen der Aktiengesellschaft anwendbar.

Zum Stichtag der durchgeführten Untersuchung über die Anzahl der existierenden Gesellschaften, dem 10.8.1998 hat es 59 eingetragene KGaA gegeben, die ihrerseits mit knapp 280 Eintragungen unter Berücksichtigung der Niederlassungen im Handelsregister aufgeführt waren[2].

Das Vorhandensein der Stellung zumindest eines persönlich haftenden Gesellschafters ist die Besonderheit, die diese Gesellschaftsform gegenüber der reinen Kapitalgesellschaft (GmbH oder AG) aufweist. Soweit an die Stelle des persönlich haftenden Gesellschafters eine Kapitalgesellschaft, wie beispielsweise eine GmbH tritt, wird von einer GmbH KGaA und soweit eine GmbH & Co. an diese Stelle tritt, von einer GmbH & Co. KGaA gesprochen. Als kapitalistische KG[3] werden diese Varianten der KGaA bezeichnet. Nur mit dieser besonderen Rechtsform befasst sich das vorliegende Buch.

Neben diesen Kombinationen sind grundsätzlich denkbar die AG KGaA, AG & Co. KGaA, Genossenschaft KGaA, Genossenschaft & Co. KGaA[4], Stiftung KGaA, Stiftung & Co. KGaA[5]. Grundsätzlich kommen nach dem Centros-Urteil auch ausländische Kapitalgesellschaften als Komplementäre in Betracht[6]. Auf die Spielarten der

1 BGHZ 134, 392 ff. = BB 1997, 1220; *Schaumburg/Schulte*, Die KGaA, Rdnr. 3.

2 Beispielhaft sei hier auf die Unternehmensstruktur der Kirch-Gruppe verwiesen.

3 MüHBGesR/*Herfs*, Bd. 4, § 74 Rdnr. 13; *Schaumburg/Schulte*, Die KGaA, Rdnr. 34.

4 Vgl. *Strieder*, BB 1998, 2276; *Schaumburg/Schulte*, Die KGaA, Rdnr. 42.

5 Vgl. *Schaumburg/Schulte*, Die KGaA, Rdnr. 42.

6 *Bödefeld* in: Festschrift für Albert J. Rädler, 33; *Schaumburg/Schulte*, Die KGaA, Rdnr. 43.

Einheitsgesellschaften und der Einmann GmbH & Co KGaA wird nur hingewiesen[7].

Obwohl die zuvor genannten Rechtsformen gesetzlich nicht ausdrücklich geregelt sind, hat die Rechtsprechung diese Gesellschaftsform letztlich akzeptiert. In einer Entscheidung des Hanseatischen Oberlandesgerichtes vom 5.12.1968 betreffend die Eurokai KGaA[8] wurde ausgedrückt, dass keine durchgreifenden Bedenken gegen die Beteiligung einer GmbH & Co als Komplementärin einer KGaA beständen. Diese Entscheidung ist nachfolgend in der Literatur weitreichend diskutiert worden. In der letzten Zeit ist die Holzmüller-Entscheidung des BGH[9] mit der Frage der Zulassung beschäftigt gewesen und hat die Frage der Anerkennung offen gelassen. In einer Entscheidung des BGH vom 24.2.1982[10] wurde ausdrücklich ausgeführt, dass die Errichtung einer KGaA mit einer GmbH als persönlich haftender Gesellschafterin zulässig ist. Weiter wurde formuliert, dass die Freiheit zu privatautonomer Gestaltung auch die vom Gesetz nicht vorgesehenen Mischformen und atypische Lösungen zulassen muss. Die Literatur ist diesem Ergebnis gefolgt[11].

Grund für die Wahl einer solchen Gesellschaftsform wird die Summe der Vorzüge sein, die für Unternehmen in bestimmten Interessenlagen zusammentreffen. Hier ist insbesondere das mittelständische Familienunternehmen zu sehen, welches für sein innovatives Produkt neues umfangreiches Kapital braucht, um im Wettbewerb des globalen Marktes bestehen zu können, ohne jedoch den Einfluss der Familie letztlich aufgeben zu müssen. Die Vorteile dieser Unternehmensform sind im Einzelnen wie folgt aufzugliedern:

a) Kapitalbeschaffungsfunktion

Als börsentaugliche Gesellschaft ist die KGaA schon in der gesetzlichen Grundform geeignet, weiteres Eigenkapital in der Gesellschaft zu sammeln. Diese Qualifikation teilt sie einzig mit der klassischen

7 *Schaumburg/Schulte* Die KGaA, Rdnr. 46.
8 BGH, NJW 1969, 1030.
9 BGH, 25.2.1982 = BGHZ 83, 122, 133 = BB 1982, 827.
10 U.a. BGHZ 134, 392 ff. = NJW 1997, 1923 ff. = AG 1997, 370.
11 *Baumann*, BB 1997, 2281 ff.; *Hennerkes/Lorz*, DB 1997, 1388; *Sethe*, Die personalistische Kapitalgesellschaft mit Börsenzugang, S. 281, m.w.N.

Aktiengesellschaft. Die kapitalistische Kommanditgesellschaft ist gegenwärtig an der Börse vertreten[12].

b) Haftungsbeschränkung

Die bei Verbrauch des Firmenkapitals der KGaA vorgesehene Haftungsbeschränkung auf das Kapital des Komplementärs mindert das unternehmerische Risiko, da zumindest das private Vermögen des hinter der Gesellschaft stehenden Unternehmers nicht als Haftungskapital zur Verfügung steht[13]. Diesen Ansatz teilt die KGaA mit der klassischen AG, die ebenfalls nur mit dem gesamten Firmenvermögen haftet.

c) Mitbestimmung

Vorteile bietet diese Gesellschaftsform im Rahmen der Regelungen des Mitbestimmungsgesetzes (MitbG). Dieses entfaltet nur eine geringe Wirkung, da die Kompetenz des mitbestimmenden Aufsichtsrats zur Bestellung und Abberufung der Geschäftsleitung sowie der Verpflichtung zur Benennung des Arbeitsdirektors gemäß §§ 31 Abs. 1 S. 2 und 33 Abs. 1 S. 2 MitbG bei der KGaA keine Anwendung finden. Anwendbar ist § 76 Abs. 1 BetrVG (Betriebsverfassungsgesetz) von 1952. Nach Abs. 1 muss der Aufsichtsrat zu einem Drittel aus Vertretern der Arbeitnehmer bestehen, wobei dieses nach Abs. 6 für die KGaA gilt, die 500 und mehr Arbeitnehmer hat. Bei mehr als 2000 Arbeitnehmern ist nach § 1 Abs. 1 MitbG von 1976 ein mit 50 % Arbeitnehmern besetzter Aufsichtsrat erforderlich[14]. Insgesamt wird darauf hingewiesen, dass in der praktischen Relevanz der zu einem Drittel besetzte Aufsichtsrat sogar eher von Vorteil als von Nachteil für die Belange des Unternehmens sei.

d) Leitungsmacht

Vorteile ergeben sich insbesondere dadurch, dass die Besetzung des Geschäftsführers in der Komplementär-GmbH durch die Gesell-

12 Vgl. Eff Eff Fritz Fuss GmbH & Co. KGaA und Eurokai GmbH & Co. KGaA.

13 U.a. *Haase*, GmbHR 1997, S. 917, 921.

14 Vgl. MüHBGesR/*Herfs*, Bd. 4, § 77 Rdnr. 44; MüHBGesR/*Hoffmann-Becking*, Bd. 4, § 28 Rdnr. 17.

schafter dieser Gesellschaft erfolgt; die Aktionär-Komplementäre haben darauf keinen Einfluss. Ebenfalls keinen Einfluss auf die Bestellung des Geschäftsführers hat der Aufsichtsrat der KGaA[15]. Geht man weiter davon aus, dass die Komplementär-GmbH nicht einmal eine Einlage übernehmen muss, kann sich ein vollständiges Auseinanderfallen von Geschäftsleitung und Kapital ergeben.

Der Geschäftsführer unterliegt im Gegensatz zum Vorstand der AG nur den Weisungen der Gesellschafterversammlung; damit kann die Unternehmenssteuerung tatsächlich aus der Gesellschafterstellung der Komplementär-GmbH heraus erbracht werden, wobei nur in ganz bestimmten Fällen eine Rückkoppelung mit dem Aktionärskapital notwendig ist.

e) Nachfolgeprobleme

Auf Grund der Unsterblichkeit des Komplementärs in der Rechtsform der GmbH ist eine dauerhafte Rechtsform geschaffen, die nicht am Fortbestand einer natürlichen Person hängt. Sofern bereits ein zweiter Geschäftsführer bestellt war, ist das Unternehmen selbst zumindest in seiner gesellschaftsrechtlichen Struktur gefestigt[16].

f) Managementprobleme

In einer klassischen KGaA wird möglicherweise ein Fremdgeschäftsführer nicht gefunden werden, da dieser von der gesetzlichen Konstruktion die vollständige Haftung als Komplementär übernehmen muss. Will man trotz des Börsengangs den Familieneinfluss beibehalten und daher nicht in die klassische AG gehen, wird man einen Fremdgeschäftsführer wohl nur über die Haftungsbeschränkung der Komplementärs-GmbH finden[17].

Als Nachteil wird das Problem der Koppelung der Beteiligungsidentität zwischen KGaA und der Komplementär-Gesellschaft genannt[18]. Hier ist zu entgegnen, dass genau das gar nicht gewollt ist.

15 Seibert/Kiem/*Schüppen*, Handbuch der kleinen AG, Rdnr. 794.
16 Vgl. *Haase*, GmbHR, 1997, S. 917, 922.
17 Vgl. *Haase*, GmbHR, 1997, S. 917, 922.
18 *Herfs*, WiB 1997, 688, 691.

Gerade der Einfluss von fremden Dritten ist in der Komplementär-Gesellschaft höchst unerwünscht, obwohl die umfangreiche Beteiligung als Kommanditaktionär höchst erwünscht ist. Soweit die Rechtspraxis eine Gleichschaltung jedoch wünscht, ist dieses bisher in den Fällen der GmbH & Co KG auch gelungen.

Zusammenfassend kann daher festgestellt werden, dass die hier vorgestellte Gesellschaftsform für das „börsenwillige" Familienunternehmen die ideale Rechtsgestaltung eröffnet.

2. Satzungsentwurf der GLOBAL-KAI CONTAINER GmbH Kommanditgesellschaft auf Aktien

Allgemeine Bestimmungen (§§ 1-3)

§ 1 Firma, Sitz, Gegenstand des Unternehmens

1. Die Gesellschaft führt die Firma: GLOBAL-KAI-CONTAINER GmbH Kommanditgesellschaft auf Aktien.
2. Die Gesellschaft hat ihren Sitz in Köln.
3. Gegenstand des Unternehmens der Gesellschaft ist die Herstellung durch Dritte und der Betrieb von Hafen- und Flughafenumschlagsanlagen für Güter, insbesondere Container.
4. Die Gesellschaft ist zu allen Geschäften und Maßnahmen befugt, die unmittelbar oder mittelbar für die Erreichung des Gesellschaftszwecks notwendig oder nützlich sind.
5. Die Gesellschaft kann im In- und Ausland Zweigniederlassungen und Vertretungen errichten, andere Unternehmen gründen, erwerben, eingliedern und sich an solchen beteiligen. Sie ist berechtigt, Unternehmens- oder Interessengemeinschaftsverträge abzuschließen.
6. Die Gesellschaft darf ihre Rechtsform ändern.

§ 2 Geschäftsjahr und Dauer der Gesellschaft

Die Gesellschaft wird auf unbestimmte Zeit geschlossen.
Das Geschäftsjahr der Gesellschaft ist das Kalenderjahr.

§ 3 Bekanntmachung

Bekanntmachungen der Gesellschaft erfolgen im Bundesanzeiger.

Kapital und Aktien (§ 4)

§ 4 Grundkapital, Aktien

1. Das Gesamtkapital beträgt EUR 25.000.000.

2. Das Grundkapital ist eingeteilt in 5.000.000 Aktien ohne Nennbetrag. Diese bestehen aus einer stimmberechtigten Vorzugsaktie auf Namen – die Namensaktie Nr. 000.001 – und 3.000.000 stimmberechtigten Inhaberstammaktien und 1.999.999 stimmrechtslosen Vorzugsaktien auf Inhaber.

3. Die Vorzugsaktionäre erhalten aus dem Bilanzgewinn vorab einen nachzahlbaren Gewinnanteil von 5 % auf einen Betrag, der dem Verhältnis der Anzahl aller Aktien zu dem Grundkapital entspricht. Soweit der Bilanzgewinn nicht zur Zahlung des Vorzugsbetrags ausreicht, ist aus dem Bilanzgewinn des nächsten Geschäftsjahres vor Verteilung eines Gewinnanteils an die Stammaktionäre zunächst der Rückstand ohne Zinsen nachzuzahlen und sodann der volle Vorzugsbetrag dieses Geschäftsjahres auf die Vorzugsaktien zu verteilen. Bei rückständigen Vorzugsbeträgen mehrerer Geschäftsjahre sind aus dem Bilanzgewinn vor Verteilung eines Gewinnanteils an die Stammaktionäre zunächst die Rückstände in der Reihenfolge ihrer Entstehung und sodann der Vorzugsbetrag dieses Geschäftsjahres auszuzahlen.

4. Die Aktie Nr. 1 kann nur mit Zustimmung der Gesellschaft übertragen werden; die Zustimmung erteilt der persönlich haftende Gesellschafter.

5. Form und Inhalt der Aktienurkunden, der Gewinnanteils- und Erneuerungsscheine bestimmt der persönlich haftende Gesellschafter.

6. Bei einer Kapitalerhöhung kann die Gewinnbeteiligung neuer Aktien abweichend von § 60 AktG geregelt werden, insbesondere können junge Aktien aus einer zukünftigen Kapitalerhöhung mit Vorzügen bei der Gewinnverteilung versehen werden.

7. Das Recht auf Einzelverbriefung ist dadurch eingeschränkt, dass der Aktionär die Kosten der Einzelverbriefung trägt.

8. Der persönlich haftende Gesellschafter ist ermächtigt, das Grundkapital bis spätestens fünf Jahre nach der Eintragung dieser Urkunde durch Ausgabe neuer Vorzugsaktien ohne Stimmrecht gegen Bareinlagen einmalig oder in Teilbeträgen zu erhöhen. Obergrenze ist die gesetzliche Festschreibung der maximalen hälftigen Verteilung von stimmrechtslosen Vorzugsaktien bezogen auf das Grundkapital in dieser Urkunde.

Im Übrigen entscheidet der persönlich haftende Gesellschafter mit Zustimmung des Aufsichtsrats über den Inhalt der Aktienrechte und die Bedingungen der Aktienausgabe.

Der persönlich haftende Gesellschafter ist berechtigt, mit Zustimmung des Aufsichtsrats das Bezugsrecht auszuschließen.

Der Aufsichtsrat wird ermächtigt, die Fassung der Satzung entsprechend der jeweiligen Ausgabe neuer Aktien zu ändern.

9. Bei einer Kapitalerhöhung durch Ausgabe neuer Aktien kann die Gewinnbeteiligung der neuen Aktien abweichend von § 60 AktG geregelt werden.

Organe der Gesellschaft (§ 5)

§ 5 Organe der Gesellschaft sind:

- der persönlich haftende Gesellschafter,
- der Aufsichtsrat,
- die Hauptversammlung,
- der Beirat[19].

19 Oder Gesellschafterausschuss (Schwartau GmbH & Co. KGaA), Aktionärsausschuss, Beirat der Kommanditaktionäre.

Persönlich haftender Gesellschafter (§§ 6 und 7)

§ 6 Persönlich haftende Gesellschafter, Zahl, Namen und Stellung

1. Die Gesellschaft hat einen oder mehrere persönlich haftende Gesellschafter. Die Zahl der persönlich haftenden Gesellschafter wird vom Beirat bestimmt.

Gegenüber den persönlich haftenden Gesellschaftern und deren Geschäftsführern und den Gesellschaftern der Komplementärs-Gesellschaft wird die Gesellschaft vom Beirat gerichtlich und außergerichtlich vertreten, soweit sich nicht aus dieser Satzung oder dem Gesetz andere zwingende Vorschriften ergeben.

2. Persönlich haftender Gesellschafter ist derzeit die GLOBAL-KAI-CONTAINER Verwaltungsgesellschaft mit beschränkter Haftung, Amtsgericht Köln HRB 25840, mit Sitz in Köln.

Ihr derzeitiger alleinvertretungsberechtigter und von den Beschränkungen des § 181 BGB befreiter Geschäftsführer ist Herr Dipl.-Kaufmann (FH) Gerd Rohlman, wohnhaft in Köln.

3. Weitere persönlich haftende Gesellschafter können der Gesellschaft durch Vereinbarung mit dem Beirat beitreten. Die Zustimmung der bisherigen persönlich haftenden Gesellschafter ist Voraussetzung eines wirksamen Beitritts.

4. Die persönlich haftenden Gesellschafter scheiden nach Maßgabe der Vereinbarung aus, die zwischen ihnen und dem Beirat getroffen wird. Die Möglichkeit einer fristlosen Kündigung bleibt unberührt.

Im Übrigen scheidet ein persönlich haftender Gesellschafter aus, wenn er verstirbt, wenn auf Grund eines nicht nur vorläufig vollstreckbaren Titels über sein Vermögen das Konkurs- oder Vergleichsverfahren eröffnet, die Eröffnung mangels Masse abgelehnt wird oder der betroffene Gesellschafter die eidesstattliche Versicherung gem. § 807 ZPO bzw. § 484 AO abgegeben hat oder Haft zur Abgabe der eidesstattlichen Versicherung angeordnet worden ist; wenn auf Grund eines nicht nur vorläufig vollstreckbaren Titels von Seiten eines Privatgläubigers des Gesellschafters die Zwangsvollstreckung in den Gesellschaftsanteil und/oder die aus dem Gesellschaftsanteil fließenden Rechte betrieben und innerhalb von drei Monaten nicht wieder aufgehoben wird.

Scheidet ein persönlich haftender Gesellschafter aus der Gesellschaft aus, so wird die Gesellschaft von dem/den verbleibenden persönlich haftenden Gesellschaftern und den Kommanditaktionären fortgesetzt. Scheidet der letzte persönlich haftende Gesellschafter aus, und wird nicht binnen einer Frist von drei Monaten der Beitritt zumindest eines Neuen vereinbart, hat der Aufsichtsrat unverzüglich die Hauptversammlung einzuberufen, die über die Umwandlung der Gesellschaft in eine andere Rechtsform oder deren Liquidation beschließen kann.

Persönlich haftende Gesellschafter haben im Falle ihres Ausscheidens aus der Gesellschaft keinen Anspruch auf ein Auseinandersetzungsguthaben.

Wird ein persönlich haftender Gesellschafter nach seinem Ausscheiden von den Gläubigern der Gesellschaft in Anspruch genommen, so hat er gegen die Gesellschaft einen Ersatzanspruch, sofern der Anspruch nicht durch eine vorsätzliche Handlung des persönlich haftenden Gesellschafters entstanden ist. Er hat keinen Anspruch auf Stellung einer Sicherheit, soweit er noch nicht tatsächlich in Anspruch genommen worden ist und die Gesellschaft ihn nicht von diesem Anspruch freistellt.

§ 7 Einlagen, Vergütung und Wettbewerb

1. Der persönlich haftende Gesellschafter erbringt keine Einlage.

2. Geschäftsführungsbefugte persönlich haftende Gesellschafter haben Anspruch auf Vergütung ihrer Tätigkeit. Der Aufwendungsersatz erfasst die Tätigkeitsvergütungen der Geschäftsführer der Komplementäre, der persönlich haftenden Gesellschafter sowie alle anderen Aufwendungen, die bei den persönlich haftenden Gesellschaftern im Zusammenhang mit der Geschäftsführung der Gesellschaft entstehen. Diese werden erstattet, sobald diese Aufwendungen entstehen. Der persönlich haftende Gesellschafter kann monatlich vorschüssig eine Pauschale abrechnen, die der zu erwartenden Abrechnung entspricht.

3. § 284 AktG gilt nicht. Jede Art der Wettbewerbstätigkeit sowohl des persönlich haftenden Gesellschafters oder seines Geschäftsführers bedarf der vorherigen Zustimmung des Beirats.

Vertretung der Gesellschaft und Geschäftsführung (§§ 8 und 9)

§ 8 Vertretung

1. Die Gesellschaft hat einen oder mehrere persönlich haftende Gesellschafter. Die Gesellschaft wird durch zwei persönlich haftende Gesellschafter oder durch einen persönlich haftenden Gesellschafter gemeinsam mit einem Prokuristen einer persönlich haftenden Gesellschaft gesetzlich vertreten. Wenn nur ein persönlich haftender Gesellschafter vorhanden ist, vertritt dieser die Gesellschaft allein.

2. Der Aufsichtsrat kann mit Zustimmung der persönlich haftenden Gesellschafter einem persönlich haftenden Gesellschafter die Befugnis zur Einzelvertretung und/oder die Befreiung von den Beschränkungen des § 181 BGB erteilen.

§ 9 Geschäftsführung

1. Die Geschäftsführung obliegt den persönlich haftenden Gesellschaftern.

2. Die Geschäftsführung gibt sich eine Geschäftsordnung, in der die Beschlussfassung und Abstimmung in der Geschäftsführung, sowie die Bestimmung des Vorsitzenden der Geschäftsführung und seines Stellvertreters festgelegt werden.

3. Das den Kommanditaktionären nach § 164 HGB zustehende Widerspruchsrecht ist ausgeschlossen.

Die Vornahme der nachfolgend genannten Rechtsgeschäfte und Handlungen bedarf jedoch der Zustimmung des Beirats. Bezugsgröße im Sinne der nachfolgenden Bestimmungen ist die Summe der Kapitalkonten aller persönlich haftenden Gesellschafter, soweit sie Kapitalanteile halten, des Grundkapitals, sämtlicher Rücklagen und Verluste der Gesellschaft, jeweils nach dem Stand zur Beendigung des zur Zeit der Vornahme des Geschäfts vorhergehenden Geschäftsjahres.

- Die Gründung von Unternehmen und der Erwerb von Beteiligungen, soweit das jeweils hierfür vorgesehene Volumen (Kaufpreis und Investitionssumme) im ersten Jahr 10 % der Bezugsgröße übersteigt;
- Veräußerungen des Unternehmens im Ganzen und von Beteiligungen an anderen Unternehmen, die im letzten Geschäftsjahr mehr als 20 % des zusammengerechneten Umsatzes von Gesellschaft und zu veräußerndem Tochterunternehmen erwirtschaftet haben;
- Erwerb oder Veräußerungen von Grundstücken und grundstücksgleichen Rechten, falls der Grundstückswert im Einzelfall 10 % der Bezugsgröße überschreitet;
- die Ausgabe von Schuldverschreibungen;
- Bürgschafts- oder Garantieübernahmen, sowie Eingehung von Wechselverbindlichkeiten, die außerhalb des laufenden Geschäftsbetriebs erfolgen, sowie Spekulationsgeschäfte aller Art;
- Zustimmung der Gesellschaft zu Satzungsänderungen bei Unternehmen, an denen die Gesellschaft mit zumindest 25 % beteiligt ist.

Aufsichtsrat (§§ 10 bis 14)

§ 10 Aufsichtsrat, Geschäftsordnung

1. Der Aufsichtsrat besteht aus drei Mitgliedern.

2. Die Aufsichtsratsmitglieder werden für die Zeit bis zur Beendigung der Hauptversammlung gewählt, die über die Entlastung für das vierte Geschäftsjahr nach dem Beginn der Amtszeit beschließt. Hierbei wird das Geschäftsjahr, in dem die Amtszeit beginnt, nicht mitgerechnet. Eine Wiederwahl ist möglich. Die Bestellung eines Nachfolgers für ein vor Ablauf der Amtsdauer ausgeschiedenes Mitglied des Aufsichtsrats erfolgt für den Rest der Amtszeit des vorzeitig ausgeschiedenen Mitglieds. Mitglieder des Aufsichtsrats können ihr Amt durch schriftliche Erklärung an den Vorsitzenden des Aufsichtsrats oder den Vorstand mit einer Frist von vier Wochen niederlegen. Die Möglichkeit der Kündigung aus wichtigem Grund bleibt unberührt.

3. Der Aufsichtsrat kann sich selbst eine Geschäftsordnung geben.

§ 11 Vorsitzender des Aufsichtsrats/Stellvertreter

Der Aufsichtsrat wählt im unmittelbaren Anschluss an seine Wahl aus seiner Mitte einen Vorsitzenden und dessen Stellvertreter.

§ 12 Einberufung des Aufsichtsrats und Beschlussfassung

1. Die Sitzungen des Aufsichtsrats werden durch den Vorsitzenden, ersatzweise von seinem Stellvertreter mit einer Frist von 14 Tagen gegenüber den Mitgliedern des Aufsichtsrats und den persönlich haftenden Gesellschaftern schriftlich einberufen. Bei der Berechnung der Frist werden der Tag der Absendung der Einladung und der Tag der Sitzung nicht mitgerechnet. In dringenden Fällen kann der Vorsitzende die Frist abkürzen und mündlich, fernmündlich, fernschriftlich, telegraphisch oder durch Telefax-Brief einberufen.

Der Aufsichtsrat entscheidet durch Beschluss. Die persönlich haftenden Gesellschafter haben das Recht zur Teilnahme an den Sitzungen und das Recht, dem Aufsichtsrat Beschlussvorlagen zu unterbreiten. Der Aufsichtsrat ist beschlussfähig, wenn mindestens drei Mitglieder an der Beschlussfassung teilnehmen. Außerhalb von Sitzungen ist auch schriftliche oder fernmündliche Beschlussfassung zulässig, wenn kein Mitglied diesem Verfahren widerspricht. Beschlüsse, deren Gegenstand nicht ordnungsgemäß angekündigt ist, können nur gefasst werden, wenn kein Aufsichtsratsmitglied und kein persönlich haftender Gesellschafter widerspricht; abwesenden persönlich haftenden Gesellschaftern ist dabei Gelegenheit zu geben, innerhalb einer vom Vorsitzenden festzusetzenden angemessenen Frist der Beschlussfassung nachträglich zu widersprechen.

2. Der Vorsitzende ist ermächtigt, im Namen des Aufsichtsrats die zur Durchführung der Beschlüsse erforderlichen Erklärungen abzugeben und Erklärungen an den Aufsichtsrat in Empfang zu nehmen.

§ 13 Änderung der Satzungsfassung

Der Aufsichtsrat ist ermächtigt, mit Zustimmung der persönlich haftenden Gesellschafter Änderungen der Satzung, die nur die Fassung betreffen, zu beschließen.

§ 14 Vergütung des Aufsichtsrats

Die Aufsichtsratsmitglieder erhalten für jedes abgelaufene Geschäftsjahr eine Vergütung, die durch die Hauptversammlung bestimmt wird, wobei die zuletzt beschlossene Vergütung solange gültig bleibt, bis die Hauptversammlung eine Änderung für die Zukunft beschließt. Auslagen werden den Aufsichtsratsmitgliedern zusätzlich erstattet. Die auf die Vergütung zu zahlende Umsatzsteuer wird von der Gesellschaft erstattet.

Hauptversammlung (§§ 15 bis 18)

§ 15 Hauptversammlung

1. Die Hauptversammlung findet innerhalb der ersten sechs Monate eines Geschäftsjahres am Sitz der Gesellschaft oder an dem Ort, an welchem die Aktien der Gesellschaft börsenmäßig gehandelt werden oder einem anderen Ort statt. Sie wird durch den persönlich haftenden Gesellschafter und in den gesetzlich vorgeschriebenen Fällen durch den Aufsichtsrat einberufen.

2. Die Einberufung hat so rechtzeitig zu erfolgen, dass mit dem Tag der Bekanntmachung der Einberufung im Bundesanzeiger und dem Tag, bis zu dessen Ablauf die Aktien gemäß § 16 dieser Satzung zu hinterlegen sind, eine Frist von einem Monat liegt; dabei sind der Tag der Bekanntmachung und der Tag des Ablaufs der Hinterlegungsfrist nicht mitzurechnen. Mit der Einberufung sind den Aktionären die Gegenstände der Tagesordnung mitzuteilen.

§ 16 Teilnahme an der Hauptversammlung, Stimmrecht

1. Zur Teilnahme an der Hauptversammlung und zur Ausübung des Stimmrechts sind nur diejenigen Aktionäre berechtigt, die ihre Aktien bei der Gesellschaftskasse, einem deutschen Notar, bei einer zur Entgegennahme von Aktien befugten Wertpapiersammelbank oder bei einer anderen in der Einberufung bezeichneten Stelle hinterlegen und bis zur Beendigung der Hauptversammlung dort belassen. Die Hinterlegung gilt auch dann als bei einer der genannten Stellen bewirkt, wenn Aktien mit Zustimmung einer Hinterlegungsstelle für diese bei einem Kreditinstitut bis zur Beendigung der Hauptver-

sammlung gesperrt gehalten werden. Die Hinterlegung hat spätestens am siebten Tag vor dem Tag der Hauptversammlung zu erfolgen. Ist der siebte Tag vor dem Versammlungstag ein Samstag, Sonntag oder Feiertag am Sitz der Gesellschaft, so ist die Hinterlegung noch bis zum Ablauf des folgenden Werktags zulässig. Im Falle der Hinterlegung bei einem deutschen Notar oder bei einer Wertpapiersammelbank ist die von diesen auszustellende Bescheinigung spätestens am ersten Werktag, ausgenommen der Samstag, nach Ablauf der Hinterlegungsfrist bei der Gesellschaftskasse einzureichen.

2. Erfolgt die Hinterlegung nicht bei der Gesellschaftskasse, so hat die Anmeldung der Aktionäre zur Hauptversammlung in der Weise zu erfolgen, dass die Hinterlegungsbescheinigung oder ein Doppel spätestens am dritten Tag vor dem Tag der Hauptversammlung bei der Gesellschaftskasse eingereicht wird.

3. Soweit die Gesellschaft Aktienurkunden nicht ausgegeben hat, kann sie in der Einladung zur Hauptversammlung bestimmen, unter welchen Voraussetzungen Kommanditaktionären die Teilnahme an der Hauptversammlung und die Ausübung des Stimmrechts zu gewähren ist. Soweit die Gesellschaft eigene Aktien besitzt, nehmen diese nicht an Abstimmungen teil.

4. Jede Stammaktie und jede Vorzugsaktie, die mit Stimmrecht ausgestattet ist, gewährt eine Stimme. Das Stimmrecht beginnt mit der vollständigen Leistung der Einlage.

5. Die persönlich haftenden Gesellschafter haben, auch wenn sie stimmberechtigte Aktien besitzen, kein Stimmrecht in den Fällen des § 285 Abs. 1 AktG.

§ 17 Ablauf der Hauptversammlung, Beschlüsse

1. Den Vorsitz in der Hauptversammlung führt der Vorsitzende des Aufsichtsrats, im Falle der Verhinderung sein Stellvertreter, im Falle von dessen Verhinderung ein von der Hauptversammlung gewählter Versammlungsleiter. Der Vorsitzende bestimmt die Reihenfolge der Abhandlung der Tagesordnung, sowie die Art und Reihenfolge der Abstimmungen.

2. Die Beschlüsse der Hauptversammlung werden, soweit nicht zwingende gesetzliche Bestimmungen dem entgegenstehen und diese Satzung nichts anderes bestimmt, mit einfacher Mehrheit der abgegebe-

nen Stimmen gefasst; dies gilt insbesondere auch für Satzungsänderungen, soweit diese nicht nur die Fassung betreffen, und für Kapitalerhöhungen; die Bestimmungen der §§ 179 Abs. 2 S. 2, 2. Halbsatz und 182 Abs. 1 S. 2, 2. Halbsatz AktG bleiben unberührt. Soweit das Aktiengesetz außerdem zur Beschlussfassung vertretenes Grundkapital vorschreibt, genügt, soweit zwingende gesetzliche Bestimmungen nicht entgegenstehen, die einfache Mehrheit des vertretenen Grundkapitals. Eine Mehrheit von 90% des bei der Beschlussfassung vertretenen und eine Mehrheit von 80 % des gesamten vorhandenen stimmberechtigten Grundkapitals ist jedoch erforderlich bei Beschlüssen über die Kündigung der Gesellschaft durch Kommanditaktionäre, für den Antrag der Kommanditaktionäre auf Auflösung der Gesellschaft durch gerichtliche Entscheidung und für die Anträge der Kommanditaktionäre auf Entzug der Geschäftsführung und/oder Vertretung von persönlich haftenden Gesellschaftern.

§ 18 Zustimmung der persönlich haftenden Gesellschafter

Soweit Beschlüsse der Hauptversammlung nach den gesetzlichen Bestimmungen bzw. nach Ziffer 1 der Zustimmung der persönlich haftenden Gesellschafter bedürfen, wird die Zustimmung oder Ablehnung für alle persönlich haftenden Gesellschafter einheitlich durch den Vorsitzenden der Geschäftsführung oder, falls ein Vorsitzender nicht bestimmt ist, durch den an Lebensjahren ältesten persönlich haftenden Gesellschafter erklärt. Zu diesem Zweck erforderliche Abstimmungen der persönlich haftenden Gesellschafter erfolgen außerhalb der Hauptversammlung; bei Stimmengleichheit gilt die Zustimmung als versagt.

Beirat (§§ 19 bis 22)

§ 19 Aufgaben

Der Beirat hat die ihm durch diese Satzung oder Beschluss der Hauptversammlung übertragenen Aufgaben.

§ 20 Zusammensetzung und Amtszeit

1. Der Beirat besteht aus mindestens drei und höchstens fünf Mitgliedern. Persönlich haftende Gesellschafter können nicht Mitglie-

der des Beirats sein. Eine Mitgliedschaft im Aufsichtsrat ist mit der Stellung als Mitglied des Beirats vereinbar.

2. Die Mitglieder des Beirats werden durch die Hauptversammlung gewählt.

3. Für die Amtszeit der Mitglieder des Beirats – einschließlich etwaiger Ersatzmitglieder – finden die für die von der Hauptversammlung gewählten Aufsichtsratsmitglieder geltenden Bestimmungen von § 10 Abs. 2 der Satzung entsprechende Anwendung.

§ 21 Innere Ordnung und Beschlussfassung

1. Der Beirat wählt jeweils im Anschluss an seine turnusmäßige Neuwahl für seine Amtsdauer einen Vorsitzenden und einen Stellvertreter. Der Stellvertreter nimmt im Fall der Verhinderung des Vorsitzenden dessen Aufgaben im Beirat wahr.

2. Der Vorsitzende des Beirats beruft die Sitzung ein und leitet sie. Die Einberufung erfolgt in entsprechender Anwendung von § 12 der Satzung.

3. Der Beirat ist beschlussfähig, wenn seine Mitglieder ordnungsgemäß geladen und die Hälfte der Mitglieder anwesend oder vertreten sind. Ein Mitglied kann sich durch ein anderes Mitglied auf Grund schriftlicher Vollmacht vertreten lassen. Das Recht zur schriftlichen Stimmabgabe wird hierdurch nicht berührt.

4. Der Beirat fasst seine Beschlüsse mit Stimmenmehrheit der anwesenden oder vertretenen Mitglieder. Bei Stimmengleichheit gibt die Stimme des Vorsitzenden oder, falls der Vorsitzende an der Beschlussfassung nicht teilnimmt, die Stimme des Stellvertreters den Ausschlag.

5. Erklärungen des Beirats erfolgen durch seinen Vorsitzenden.

§ 22 Vergütung, Entlastung

1. Für die Vergütung der Mitglieder des Beirats gelten die Bestimmungen des § 14 der Satzung entsprechend.

2. In jeder ordentlichen Hauptversammlung ist die Entlastung der Mitglieder des Beirats zu beschließen. Der Beirat und jeder Gesellschafter sind antragsberechtigt.

Jahresabschluss und Gewinnverwendung (§ 23)

§ 23 Jahresabschluss, Lagebericht und Gewinnverwendung

1. Der persönlich haftende Gesellschafter hat in den ersten drei Monaten des Geschäftsjahres den Jahresabschluss und den Lagebericht für das vergangene Geschäftsjahr aufzustellen und dem vom Aufsichtsrat bestimmten Abschlussprüfer vorzulegen.

2. Unverzüglich nach Eingang des Prüfungsberichts hat der persönlich haftende Gesellschafter den Jahresabschluss und den Lagebericht zusammen mit dem Prüfungsbericht des Abschlussprüfers und dem Vorschlag über die Verwendung des Bilanzgewinns dem Aufsichtsrat vorzulegen.

3. Unverzüglich nach Eingang des Berichts des Aufsichtsrats über das Ergebnis bei der Prüfung hat der persönlich haftende Gesellschafter die ordentliche Hauptversammlung einzuberufen. Der Jahresabschluss, der Lagebericht, der Bericht des Aufsichtsrats und der Vorschlag über die Verwendung des Bilanzgewinns sind von der Einberufung an in den Geschäftsräumen der Gesellschaft zur Einsicht der Kommanditaktionäre auszulegen.

4. Die Hauptversammlung beschließt über die Feststellung des Jahresabschlusses. Der Beschluss bedarf der Zustimmung aller persönlich haftenden Gesellschafter. Bei der Feststellung des Jahresabschlusses ist, soweit rechtlich zulässig, der von den persönlich haftenden Gesellschaftern verbleibende Jahresüberschuss in andere Gewinnrücklagen einzustellen.

Schlussbestimmungen (§§ 24 bis 26)

§ 24 Kündigung, Auflösung, Abfindung

1. Die Gesellschaft kann mit einer Frist von 12 Monaten zum Ende eines jeden Geschäftsjahres gekündigt werden.

2. Für den Fall der wirksamen ordentlichen oder außerordentlichen Kündigung durch die Gesamtheit der Kommanditaktionäre, führt diese Kündigung zur Auflösung der Gesellschaft. Das einseitige

Hinauskündigen eines persönlich haftenden Gesellschafters mit Kapitalanteil, ordentlich oder außerordentlich aus wichtigem Grund, ist ausgeschlossen.

3. Die Gesellschaft wird nur in folgenden Fällen aufgelöst:

- Gesellschafterbeschluss unter Zustimmung aller persönlich haftenden Gesellschafter und 3/4 Mehrheit des vertretenen Kommanditkapitals,
- Konkurs der Gesellschaft,
- Gerichtliche Auflösung,
- Kündigung von persönlich haftenden Gesellschaftern
- Kündigung der Gesamtheit der Kommanditaktionäre
- Ablehnung der Insolvenzeröffnung über die Gesellschaft mangels Masse,
- Vermögenslosigkeit der Gesellschaft.

In allen Fällen der Kündigung und/oder der Auflösung der Gesellschaft kann die Hauptversammlung die Umwandlung der Gesellschaft in eine andere Gesellschaftsform beschließen, wobei nur die gesetzlich zwingenden Mehrheitserfordernisse gelten. Dies gilt nicht, wenn die Satzung für einzelne Fälle Sonderregelungen enthält; dies gilt insbesondere für den Fall, dass die Kündigung eines persönlich haftenden Gesellschafters zur Auflösung der Gesellschaft führt.

Falls die Gesellschaft in allen Fällen der Auflösung nicht die Umwandlung in eine Aktiengesellschaft beschließt, ist sie abzuwickeln. Die Abwicklung erfolgt durch den persönlich haftenden Gesellschafter mit Kapitalanteil; sind keine persönlich haftenden Gesellschafter mit Kapitalanteil vorhanden, so erfolgt die Abwicklung durch den persönlich haftenden Gesellschafter ohne Kapitalanteil.

§ 25 Gründungsaufwand

Die Gesellschaft trägt den Gründungsaufwand bis zu einem Betrag in Höhe von EUR 15.000.

§ 26 Teilnichtigkeit

Sollte eine Bestimmung dieser Satzung ganz oder teilweise unwirksam sein oder ihre Wirksamkeit später verlieren oder sollte sich in dieser Satzung eine Lücke herausstellen, so soll hierdurch die Gültigkeit der übrigen Bestimmungen nicht berührt werden. Anstelle der unwirksamen Bestimmung oder zur Ausfüllung der Lücke soll eine angemessene Regelung gelten, die – soweit rechtlich möglich – dem Sinn und Zweck dieser Satzung am meisten gerecht wird. Beruht die Unwirksamkeit einer Bestimmung auf einem darin festgelegten Maß der Leistung oder der Zeit, so soll das der Bestimmung am nächsten kommende rechtlich zulässige Maß an die Stelle des Vereinbarten treten.

3. Gesellschaftsrechtliche Kommentierung der Satzung

Der Abdruck der vorhergehenden Satzung ist beschränkt worden auf den Vertrag der KGaA. Der Abdruck der Komplementär-Gesellschaft schien nicht notwendig zu sein.

Die Kommentierung der Satzung beschränkt sich wegen ihres Umfangs auf ausgewählte, die Besonderheiten der vorgestellten Gesellschaftsform betreffende Ausführungen. Zum Recht der KGaA im Allgemeinen[20] und der Aktiengesellschaft[21] sei auf weiterführende Literatur verwiesen.

Im grundlegenden Beschluss des BGH vom 24.2.1997 zur Zulässigkeit der GmbH (& Co.) KGaA weist der BGH hinsichtlich der Satzungsgestaltung auf die Grundsätze der Publikums-KG hin[22]. Teilweise wird formuliert, der BGH drohe mit der Rechtsprechung der Publikums-KG[23]. Eine Überprüfung von gesellschaftsrechtlichen Verträgen, im Sinne einer Überprüfung nach Treu und Glauben findet grundsätzlich nicht statt, insbesondere ist das AGB-Gesetz nicht anwendbar. Soweit jedoch Gesellschaften grundsätzlich dazu die-

20 *Schaumburg/Schulte,* Die KGaA.

21 *Hüffer*, Aktiengesetz; *Korts/Korts*, Die Satzung der Kleinen Aktiengesellschaft.

22 BGHZ 134, 392 = BB 1997, 1220; s. dazu auch *Schilling*, BB 1998, 1905; Hinw. des BGH auf *Priester,* ZHR 160 (1996), 250, 262.

23 *Strieder/Habel*, BB 1997, 1375, 1377.

nen, Gelder einer Vielzahl von anonymen Anlegern zu sammeln, spricht man von einer Publikumsgesellschaft. Zur Überprüfung dieser Verträge hat sich eine Rechtsprechung gebildet, die eine Inhaltsüberprüfung zur Vermeidung einer unangemessenen Verschiebung des gesellschaftsinternen Gleichgewichts vornimmt. Unsicherheit herrscht in der Frage, wie der Interessenausgleich zwischen den Kommanditaktionären, die kein Interesse an einer „kastrierten Aktie“[24] haben und den Interessen der Altgesellschafter zu bewerkstelligen ist. Die Reduzierung des Anlegerschutzes auf das rechte Maß sei gefordert.

Diese Kommentierung versucht keine eigenen Lösungsansätze, sondern referiert bisherige Stellungnahmen in aller Kürze. Sie stellt insbesondere kein „Musterstatut“[25] dar. Zu groß sind die in der Diskussion befindlichen Gegensätze, um eine sichere Gestaltungsempfehlung abgeben zu können. Dies wird besonders augenfällig, wenn ein Mitglied des II. Senates in einer Diskussion mitteilt, dass der Senat in dem Beschluss nicht mehr habe sagen wollen, als dass der Minderheitenschutz kein Verbot der Gesellschaftsform erforderlich mache und der verwandte Begriff des Anlegerschutzes keine weitergehende Bedeutung habe[26].

Es soll hier auch keine Differenzierung herausgearbeitet werden, ab welchem Zeitpunkt und nach welchen Kriterien die GmbH KGaA so klein sei, dass die Überlegungen hinsichtlich einer Publikumsgesellschaft nicht anwendbar seien (zum Versuch einer Abgrenzung). Es wird unterstellt, dass das Unternehmen nach einer noch nicht bestimmten Anzahl von anonymen Kapitalgebern sucht und deshalb die Überlegungen des BGH zu der Publikumsgesellschaft bei der Formulierung einer Satzung im Raum stehen.

a) Firma

Schon in der Entscheidung des BGH[27] ist die ausdrückliche Firmierung, jetzt festgeschrieben in § 19 Abs. 2 HGB, zum Inhalt des Leit-

24 *Hein*, Anmerkung, WUB II B, § 278 AktG 1. 97.

25 Vgl. *Hommelhoff,* in: Ulmer, Die GmbH & Co. KGaA nach dem Beschluss BGHZ 134, 392, 28 f.

26 Diskussionsbericht in Ulmer, Die GmbH & Co. KGaA nach dem Beschluss BGHZ 134, 392, 85.

27 BGHZ 134, 392 ff = BB 1997, 1220; s. auch *Schilling*, BB 1998, 1905.

satzes gemacht worden. Weiter wird dort vertreten, dass der deutliche Hinweis in der Firma auf eine Konstruktion die vom gesetzlichen Leitbild abweicht, unverzichtbar sei, um die Anleger auf die Besonderheit ihrer Aktien aufmerksam zu machen[28]. Die Texte der Gesellschaftsstatute, die KGaA-Satzung und der GmbH-Gesellschaftsvertrag, müsse, unter Hinweis auf § 36 Abs. 3 Nr. 2 BörsG (Börsengesetz) i.V.m. §§ 13 ff. BörsZulVO (Börsenzulassungs-Verordnung) bereits dem Emissionsprospekt entnehmbar sein[29].

Gerade dieses Formerfordernis des BGH sei nicht plausibel, wird vorgebracht. Die KGaA verfüge ohnehin nicht über eine Personen- sondern über eine Sachfirma gemäß § 279 Abs. 1 S. 1 AktG. Es könne daher aus der Firmierung ohnehin kein Rückschluss auf die Haftung gezogen werden; die Haftungsmasse einer Firma Eurokai KGaA sei ebensowenig zu erkennen wie die einer Firma Eurokai GmbH & Co. KGaA. Nur über den Einblick ins Handelsregister lasse sich letztlich feststellen, wie die Haftungsverhältnisse sind[30].

Unklar ist die gegenwärtige Praxis. Eine KGaA firmiert als GmbH & Co KGaA und hat nur eine Komplementärs-GmbH (Schwartau); eine andere KGaA firmiert nur als KGaA und hat ebenfalls nur eine Komplementärs-GmbH (Halstrick), eine dritte KGaA firmiert als KGaA und hat als persönlich haftende Gesellschafterin eine GmbH & Co (EUROKAI). Im Übrigen ist die zu wählende Firmierung unklar bei zumindest mehreren persönlich haftenden Gesellschaftern, wovon eine eine natürliche Person ist[31].

b) Komplementär-Gesellschaft

aa) Besetzung und Abberufung des Geschäftsführers der Komplementär-Gesellschaft

Die Besetzung der Position des Geschäftsführers der Komplementär-GmbH und dessen Abberufung erfolgt ausschließlich über die

28 Vgl. *Goette*, DStR 1997, 1014, 1015; *Hennerkes/Lorz*, DB 1997, 1388, 1392.

29 *Hennerkes/Lorz*, DB 1997, 1388, 1392; *Hommelhoff*, in: Ulmer Die GmbH & Co. KGaA nach dem Beschluss BGHZ 134, 392, 11; ähnlich: Begründung zur Änderung der Börsenzulassungs-Verordnung im Rahmen des dritten Kapitalmarktförderungsgesetz, Entwurf BMF 23.7.1997, 432.

30 *Strieder/Habel*, BB 1997, 1375, 1376.

31 Nachweise zur Kasuistik bei *Baumbach/Hopt*, HGB, § 19 Rdnr. 34.

Gesellschafter der möglicherweise nicht einmal kapitalmäßig an der KGaA beteiligten Gesellschafter.

Eine Stimme meint, unter dem Gesichtspunkt des Anlegerschutzes müsse diese Besetzung auch unter dem Einfluss der Kommanditaktionäre erfolgen und schlägt vor, diese sollten die Gesellschafterversammlung der Komplementär-GmbH wählen[32], ohne zu erklären, wie dieser Vorgang sich sachlich abwickeln solle. Andere Ansichten sprechen von einem Anhörungsrecht oder einer Billigung und fragen weiter, ob dies durch die Hauptversammlung oder den Aufsichtsrat geschehen soll[33].

Hommelhoff zeigt statuarische Regelungen auf, die dem Aufsichtsrat das Recht geben, über die Abberufung aller oder bestimmter Geschäftsführer nach pflichtgemäßem Ermessen zu befinden, wenn die Hauptversammlung der geschäftsführenden Komplementär-Gesellschaft die Entlastung versagt. Die Satzung der Komplementär GmbH müsste dabei eine Abberufungskompetenz des Aufsichtsrats begründen[34]. Funktionieren kann ein solches Modell allerdings nur, wenn die Hauptversammlung auch ein Mitwirkungsrecht an der Satzungsveränderung der Komplementär-Gesellschaft hat[35].

Diskutiert wird, ob die Kommanditaktionäre bei Fehlverhalten des Geschäftsführers der Komplementär-Gesellschaft diesen unmittelbar abberufen können. In der BGH-Entscheidung ist ausgeführt worden, dass die Komplementär-GmbH bei der Auswahl des Geschäftsführers auf die Belange der Kommanditaktionäre Rücksicht zu nehmen hat. Grundsätzlich können die Kommanditaktionäre den Komplementär selbst, und damit die Komplementär-Gesellschaft insgesamt abberufen (§ 287 Abs. 2 AktG i.V.m. §§ 117, 127 HGB)[36]. Oftmals soll jedoch nicht die Komplementär-Gesellschaft, sondern nur deren Geschäftsführer abgelöst werden. Ein derartiger Abberufungsdurchgriff wird jedoch nicht anerkannt. Dogmatisch gelöst

32 *Sethe*, Die personalistische Kapitalgesellschaft mit Börsenzugang, 169.

33 *Ladwig/Motte*, DStR 1997, 1539, 1540.

34 *Hommelhoff*, in: Ulmer, Die GmbH & Co. KGaA nach dem Beschluss BGHZ 134, 392, 24.

35 Hinweise in Diskussionsbericht in: Ulmer, Die GmbH & Co. KGaA nach dem Beschluss BGHZ 134, 392, 87.

36 *Hommelhoff*, in: Ulmer, Die GmbH & Co. KGaA nach dem Beschluss BGHZ 134, 392, 22; *Wichert*, AG 2000, 268, 274.

wird diese Problematik dadurch, dass die Kommanditaktionäre die Entziehung der Geschäftsführungsbefugnis zu Lasten der Komplementär-Gesellschaft mit der Maßgabe beschließen, dass die Entziehung wirksam wird, wenn die Komplementär-Gesellschaft nicht binnen einer bestimmten Frist den Geschäftsführer austauscht. Bei dieser Maßnahme werden die Kommanditaktionäre durch den Aufsichtsrat vertreten[37]. Das Fehlverhalten des Geschäftsführers kann nach § 31 BGB der Komplementär-Gesellschaft zugerechnet werden und selbst einen wichtigen Grund im Sinne der §§ 117, 127 HGB darstellen[38].

Die hier vorliegende Satzung hat alle diese Überlegungen außer Betracht gelassen und sich allein an der gesetzlichen Lage orientiert.

bb) Vertretung der KGaA gegenüber dem Geschäftsführungsorgan

Grundsätzlich bestimmt § 112 AktG, dass die Gesellschaft gegenüber dem Vorstand durch den Aufsichtsrat vertreten wird. Da die kapitalistische Personengesellschaft von ihrer gesetzlichen Konstruktion her auf den Vorstand verzichtet, könnte man annehmen, die vorbeschriebene Regelung laufe leer und die Komplementär-Gesellschaft vertrete die KGaA auch bei Abschlüssen mit sich selbst. Die Wertungsgesichtspunkte, die Vermeidung einer Interessenkollision, bestimmen die Auslegung, dass die Komplementär-Gesellschaft wie ein Vorstand anzusehen sei. § 112 AktG finde daher analog Anwendung, mit der Folge, dass der Aufsichtsrat der Vertreter der KGaA gegenüber der Komplementär-Gesellschaft wäre[39]. Dieser Überlegung wird von weiteren Stimmen zugestimmt[40].

Nicht zwingend ist damit die Frage beantwortet, wer die KGaA gegenüber dem Geschäftsführer oder den einzelnen Gesellschaftern der Komplementär-Gesellschaft vertritt. Der Geschäftsführer wird ausschließlich von den Gesellschaftern der Komplementär-GmbH berufen. Hierzu ist eine Mitwirkung des Aufsichtsrats jedenfalls

---

37 *Ihrig/Schlitt,* in: Ulmer, Die GmbH & Co. KGaA nach dem Beschluss BGHZ 134, 392, 54.

38 *Hennerkes/Lorz,* DB 1997, 1388, 1391.

39 *Ihrig/Schlitt,* in: Ulmer, Die GmbH & Co. KGaA nach dem Beschluss BGHZ 134, 392, 55.

40 *Wichert,* AG 2000, 268, 274.

dann nicht notwendig, wenn die Komplementär-GmbH den Anforderungen des BGH auf Rücksichtnahme bei der Berufung nachgekommen ist. Gegenüber beherrschenden Gesellschaftern der Komplementär-Gesellschaft soll auf Grund der Wertungsansätze des § 112 AktG dessen Geltung anzunehmen sein. Ausdrücklich ausgeführt wird, dass bei nicht beherrschenden Gesellschaftern der Komplementär-Gesellschaft diese die KGaA rechtsgeschäftlich vertritt[41].

cc) Wettbewerbsverbot

Das gesetzlich normierte Wettbewerbsverbot des § 284 Abs. 1 AktG richtet sich zunächst gegen die Komplementär-GmbH selbst.

Hier ergibt sich zum einen die Besonderheit, dass die Komplementär-GmbH & Co. KG einen Geschäftsbetrieb unterhalten wird, der mit dem Unternehmensgegenstand der KGaA zumindest teilidentisch ist. Beschränkt sich nämlich der Betrieb der Komplementär-GmbH & Co. KG auf die Übernahme der Geschäftsführungsfunktion in der KGaA, so besteht die Gefahr, dass die Komplementär-GmbH & Co. KG lediglich als Schein-GmbH & Co. KG gewertet wird und daher die persönliche Haftung der Gesellschafter besteht[42]. Soweit die Komplementär-Stellung nur durch eine GmbH ausgeführt wird ergibt sich dieses Problem nicht; sie ist gemäß § 13 Abs. 3 GmbHG Handelsgesellschaft und betreibt daher ein vollkaufmännisches Gewerbe, selbst wenn sie nur die Geschäftsführung und Vertretung der KGaA wahrnimmt.

Bei der Frage, inwieweit sich das Wettbewerbsverbot auch auf die Organe der Komplementär-GmbH erstreckt, wird wie folgt ausgeführt: Der Geschäftsführer dieser Gesellschaft ist auf Grund seiner aus dem Anstellungsvertrag resultierenden Treuepflicht, analog angewandt einem Vertrag mit Schutzwirkung zugunsten Dritter, dem Wettbewerbsverbot unterworfen[43]. Auch für den beherrschenden Gesellschafter gilt das Wettbewerbsverbot, soweit er relevanten

---

41 *Ihrig/Schlitt*, in: Ulmer, Die GmbH & Co. KGaA nach dem Beschluss BGHZ 134, 392, 56.

42 *Hennerkes/Lorz*, DB 1997, 1388, 1393; *Fischer*, DStR 1997, 1519, 1523; *Binz/Sorg*, in: Wieselhuber, Börseneinführung mit Erfolg, 21, 28.

43 MüHBGesR/*Herfs*, Bd. 4, § 76 Rdnr. 24 m.w.N.

Einfluss auf die Geschäftsleitung nehmen kann[44]. Diese Wertungen können auf die Komplementär-Gesellschaft der KGaA übertragen werden[45].

c) Hauptversammlung

Der BGH hatte in seinem Beschluss vom Februar 1997 ausgeführt, dass der Hauptversammlung die Mitwirkungsbefugnisse bei den außergewöhnlichen Geschäften nicht frei und vollständig entzogen werden könne[46]. Unklar ist bisher, ob dies nur für Publikumsgesellschaften gilt und die KGaA grundsätzlich als solche einzuordnen ist, oder ob diese Grundsätze auch auf eine Familiengesellschaft in Form der KGaA[47] Anwendung finden. Da die Kapitalsammelfunktion von herausragender Bedeutung ist, wird auf diese Fragestellungen unter dem besonderen Aspekt der Verpflichtung der Publikumsgesellschaft eingegangen.

Gemäß § 285 Abs. 1 S. 1 AktG haben persönlich haftende Gesellschafter nur ein Stimmrecht soweit diese Aktien halten, nicht jedoch durch Übernahme der persönlichen Haftung. Nach Satz 2 ist für einen Katalog bestimmter Entscheidungen die eigene und fremde Stimmrechtsausübung nicht möglich. Diese Wertung soll auch auf die Gesellschafter der Komplementär-GmbH anwendbar sein[48], zumindest soweit diese mehr als unwesentlich an der Komplementär-Gesellschaft beteiligt sind[49].

aa) Das Widerspruchsrecht der Kommanditaktionäre nach § 164 HGB

Das Widerspruchsrecht der Kommanditaktionäre für Geschäfte, die über den gewöhnlichen Betrieb gemäß § 164 HGB hinausgehen, wird bisher in Satzungen der KGaA ausgeschlossen[50].

---

44 MüHBGesR/*Herfs*, Bd. 4, § 76 Rdnr. 24 m.w.N.

45 *Ihrig/Schlitt,* in: Ulmer, Die GmbH & Co. KGaA nach dem Beschluss BGHZ 134, 392, 50.

46 BGHZ 134, 392 ff. = BB 1997, 1220; *Schilling*, BB 1998, 1905.

47 Vgl. Definition des § 76 Abs. 6 S. 2 BetrVG von 1992.

48 *Ihrig/Schlitt,* in: Ulmer, Die GmbH & Co. KGaA nach dem Beschluss BGHZ 134, 392, 46.

49 *Ihrig/Schlitt,* in: Ulmer, Die GmbH & Co. KGaA nach dem Beschluss BGHZ 134, 392, 47.

50 Vgl. Eff Eff Fritz Fuss GmbH & Co. KG; Merck KGaA; Lindner Holding KGaA.

Diese Satzungsgestaltung kann zumindest für Publikumsgesellschaften nicht bestehen bleiben. Nach der Holzmüller-Entscheidung des BGH[51] steht fest, dass zumindest für Strukturmaßnahmen von hervorragender Bedeutung die Kompetenz der Hauptversammlung nicht ausgeschlossen werden kann. Unklar ist aber weiterhin, ob in Fällen denen eine weniger als hervorragende Bedeutung zukommt, deren Signifikanz aber über den gewöhnlichen Rahmen hinausgeht, das Widerspruchsrecht des § 164 HGB ausgeschlossen werden kann. In Ermangelung von Rechtsprechung will die Literatur dies zumindest dann zulassen, wenn der Aufsichtsrat, ein Beirat oder ein sonstiges Gremium ersatzweise dieses Recht wahrnehmen können[52]. Priester, auf den auch der BGH verwiesen hat, vertritt die Ansicht, ersatzweise für das Recht der Kommanditaktionäre eine entsprechende Mitwirkung des Aufsichtsrats zu konstruieren[53]. Dies kann in der Satzung durch die Verleihung des Rechts an den Aufsichtsrat geschehen, selbst das Zustimmungserfordernis einführen zu können[54]. Darüber hinaus besteht die Möglichkeit, dass die Satzung entweder einen offenen Katalog als Beispielkatalog oder einen enumerativen, aber vollständigen Katalog vorsieht. Zu beachten ist, dass bei der Zuweisung des Zustimmungserfordernisses des Aufsichtsrats die Konkretisierung gewahrt bleibt[55].

In Kenntnis der Entscheidung des BGH vom Februar 1997 wird die Auffassung vertreten, es sei ein Akt barer Vernunft, den Kommanditaktionären die Möglichkeit zu entziehen, auf außergewöhnliche Geschäfte Einfluss zu nehmen[56] und der Hauptversammlung nicht einmal eine Kernkompetenz zu belassen. Mit der Beibehaltung des Ausschlusses der Rechte des § 164 HGB gegenüber der Hauptversammlung unter Delegierung von bestimmten Kompetenzen auf

51 BGHZ 83, 122,133 = BB 1982, 827; Henze, Aktienrecht – Höchstrichterliche Rechtsprechung, Rdnr. 1041.

52 *Ihrig/Schlitt,* in: Ulmer, Die GmbH & Co. KGaA nach dem Beschluss BGHZ 134, 392, 67 m.w. N.

53 *Priester*, ZHR 160 (1996), 250, 262.

54 *Schaumburg/Schulte*, Die KGaA, Rdnr. 59.

55 *Hüffer*, AktG, § 111 Rdnr. 18; unvereinbar mit Bestimmtheit sind „alle wesentlichen Geschäfte“.

56 *Hommelhoff,* in: Ulmer, Die GmbH & Co. KGaA nach dem Beschluss BGHZ 134, 392, 15 u. 16.

Beirat oder Aufsichtsrat zeigten sich insgesamt viele Stimmen einverstanden[57].

Andere wollen außergewöhnliche Geschäfte unabänderlich der Zustimmung der Hauptversammlung unterwerfen[58]. Dagegen wird ausgeführt, dass diese Situation zumindest bei börsennotierten KGaA ein „Horror-Szenario“ sein werde[59].

bb) Erweiterung des Zustimmungsvorbehaltes des Komplementärs aus § 285 Abs. 2 AktG

§ 285 Abs. 2 S. 1 AktG lautet: Die Beschlüsse der Hauptversammlung bedürfen der Zustimmung der persönlich haftenden Gesellschafter, soweit sie Angelegenheiten betreffen, für die bei einer Kommanditgesellschaft das Einverständnis der persönlich haftenden Gesellschafter und Kommanditisten erforderlich ist. Bisher wurde davon ausgegangen, der Kreis der zustimmungspflichtigen Geschäfte lasse sich grundsätzlich erweitern, für die Zustimmung auch das Mehrheitsprinzip einführen oder einzelnen, z.B. nicht geschäftsführenden Komplementären das Zustimmungsrecht nehmen[60]. Grenzen seien nur die Fälle des gesetzlichen Ausschlusses vom Stimmrecht nach § 285 Abs. 1 AktG[61]. Es wird nunmehr einer Ausweitung dieser zustimmungspflichtigen Geschäfte nicht mehr zugestimmt[62], insbesondere die Entscheidung über die Verwendung des Bilanzgewinns nicht in den Kreis der zustimmungspflichtigen Geschäfte mit einbezogen[63].

d) Aufsichtsrat

Der Aufsichtsrat der KGaA hat gegenüber dem Aufsichtsrat der AG lediglich Überwachungs- und Informationsrechte. Ihm fehlt die Per-

57 Vgl. auch Diskussionsbericht in: Ulmer, Die GmbH & Co. KGaA nach dem Beschluss BGHZ 134, 392, 88.

58 MüHBGesR/*Herfs*, Bd. 4, § 77 Rdnr. 17 (S. 1209) m. w. N.

59 *Hommelhoff*, in: Ulmer, Die GmbH & Co. KGaA nach dem Beschluss BGHZ 134, 392, 14.

60 *Hüffer*, AktG, § 285 Rdnr. 2.

61 *Hüffer*, AktG, § 285 Rdnr. 2.

62 *Ihrig/Schlitt*, in: Ulmer, Die GmbH & Co. KGaA nach dem Beschluss BGHZ 134, 392, 69.

63 MüHBGesR/*Herfs*, Bd. 4, § 77 Rdnr. 34.

sonalkompetenz, die Zustimmungskompetenz des § 111 Abs. 4 AktG, die Befugnis zur Bilanzfeststellung und die Geschäftsordnungskompetenz des § 77 Abs. 2 AktG.

Dass der Geschäftsführer der Komplementär-GmbH kein Mandat im Aufsichtsrat haben darf, ergibt sich aus § 287 Abs. 3 AktG; gleiches ergibt sich für daneben möglicherweise bestehende weitere Komplementäre, auch soweit diese nicht geschäftsführend sind[64].

Die Unvereinbarkeit soll sich weiter auf die Gesellschafter der Komplementär-GmbH erstrecken und zwar auch dann, wenn diese nicht beherrschende Gesellschafter sind[65].

Soweit die persönliche Unvereinbarkeit vorliegt, soll auch das Entsendungsrecht nach § 101 Abs. 2 AktG nicht in Betracht kommen[66].

e) Beirat

Nach dem Vorschlag von Hommelhoff[67] wurde dem Beirat durch die Satzung unter Ausschluss der Kommanditaktionäre die Mitentscheidung bei außergewöhnlichen Geschäften und bei wichtigen Unternehmensplänen, Aktivitäten und Einzelplänen übertragen.

Einen Beirat statt eines Aufsichtsrats mit bestimmten Funktionen zu betrauen, kann trotz des benötigten Mehraufwandes deshalb sinnvoll sein, weil der persönlich haftende Gesellschafter bei der Besetzung des Aufsichtsrats gemäß § 285 Abs. 1 Nr. 1 AktG nicht mitwirken kann. Dies gilt unabhängig von der Frage, ob die persönlich haftenden Gesellschafter gleichzeitig Kommanditaktionäre sind. Als solche können sie dagegen bei der Wahl eines Beirates mitstimmen.

f) Auskunftsrecht des einzelnen Kommanditaktionärs

Dem Kommanditaktionär steht das Auskunftsrecht nach § 131 AktG zu. Dieses erstreckt sich auf die Belange der KGaA und erfasst da-

---

64 *Hüffer*, AktG, § 287 Rdnr. 4.

65 *Ihrig/Schlitt,* in: Ulmer, Die GmbH & Co. KGaA nach dem Beschluss BGHZ 134, 392, 44.

66 *Ihrig/Schlitt,* in: Ulmer, Die GmbH & Co. KGaA nach dem Beschluss BGHZ 134, 392, 45.

67 *Hommelhoff,* in: Ulmer, Die GmbH & Co. KGaA nach dem Beschluss BGHZ 134, 392, 18.

mit auch die Rechtsbeziehungen zu der Komplementär-GmbH. Hinsichtlich der Information über die Komplementär-Gesellschaft wird ausgeführt, dass dieses Einsichtsrecht zumindest insoweit zu bejahen ist, als die begehrten Informationen in Zusammenhang mit der Komplementärfunktion der Gesellschaft stehen[68].

g) Jahresabschluss

Gemäß § 286 Abs. 1 AktG beschließt die Hauptversammlung über die Feststellung des Jahresabschlusses und zwar mit Zustimmung der Komplementär-Gesellschaft. Ebenfalls obliegt ihr die Beschlussfassung über die Gewinnverwendung. Obwohl auch hiergegen gute Argumente vorgebracht werden[69], muss es bei der gesetzlichen Regel auch hinsichtlich der Zustimmung des persönlich haftenden Gesellschafters bleiben.

4. Besonderheiten der steuerlichen Behandlung

Auf eine ausführliche Darstellung der Steuersituation muss vorliegend angesichts deren Komplexität verzichtet werden. Aufgezeigt werden allein die sich gegenüber anderen Gesellschaftsformen ergebenden Besonderheiten[70].

a) Besteuerung der KGaA

aa) Körperschaftsteuer

Die KGaA mit Geschäftsleitung im Inland ist gemäß § 1 Abs. 1 Nr. 1 KStG (Körperschaftsteuergesetz) unbeschränkt körperschaftsteuerpflichtig und erzielt Gewinne aus Gewerbebetrieb[71]. Bei der Gewinnermittlung ist Folgendes zu beachten. Die Zahlung an die

68 *Ihrig/Schlitt,* in: Ulmer, Die GmbH & Co. KGaA nach dem Beschluss BGHZ 134, 392, 51; *Wichert*, AG 2000, 268, 275.

69 *Hommelhoff,* in: Ulmer, Die GmbH & Co. KGaA nach dem Beschluss BGHZ 134, 392, 20.

70 Vgl. *Schaumburg/Schulte*, Die KGaA, Rdnr. 106 ff.

71 Seibert/Kiem/*Schüppen*, Die kleine AG, Rdnr. 799.

Komplementär-Gesellschaft für den Gewinn, soweit die Komplementär-Gesellschaft eine Einlage übernommen hat, ist in der Handelsbilanz als Aufwand zu behandeln. Im Sinne des § 8 Abs. 3 KStG ist sie offene Gewinnverwendung und mindert den steuerlich zu ermittelnden Gewinn nicht.

Nach § 9 Abs. 1 Nr. 1 KStG sind jedoch abziehbare Aufwendungen die Mittelverwendungen für den Teil des Gewinns, der an die Komplementär-Gesellschaft auf ihre nicht auf das Grundkapital gemachten Einlagen oder als Vergütung (Tantieme) für die Geschäftsführung erfolgte. Einlagen, die nicht auf das Grundkapital erfolgen, müssen gemäß § 281 Abs. 2 AktG Satzungsbestandteil sein. Unabhängig von den vorgenannten Geldflüssen kommt in Betracht, dass die Komplementär-Gesellschaft Wirtschaftsgüter zur Nutzung überlässt oder Darlehen gewährt. Die Zahlungen hierfür sind, zumindest soweit sie angemessen sind, vollständig als Betriebsausgabe zu erfassen, da die KGaA als eigenständiges körperschaftsteuerpflichtiges Steuersubjekt von der Steuerberechnung der Komplementär-GmbH getrennt zu erfassen ist[72]. Diese Zahlungen wurzeln allein in einem schuldrechtlichen Verhältnis und sind nicht gesellschaftsrechtlich begründet. Uneinigkeit besteht, ob zwischen der KGaA und der Komplementär-Gesellschaft eine vGA gemäß § 8 Abs. 3 KStG bestehen kann[73]. Auf Grund des Umstands, dass die Komplementär-Gesellschaft gemäß § 278 Abs. 1 AktG zwingend Gesellschafter ist, kann nicht grundsätzlich ausgeschlossen werden, dass Zahlungen nur aus Anlass des Gesellschaftsverhältnisses gegeben sein könnten. Daher ist auch bei der KGaA im Verhältnis zum Komplementär eine vGA denkbar[74].

Nichtabziehbare Aufwendungen bestehen in Höhe der Hälfte der Aufsichtsratsvergütungen nach § 10 Nr. 4 KStG. Man wird hier auch die Vergütung zurechnen dürfen, die ein möglicherweise zusätzlich gebildeter Beirat für Überwachungsfunktionen bezieht, denn die KGaA ist im Gegensatz zur GmbH & Co. KG Körperschaft[75].

---

72 Vgl. MüHBGesR/*Kantenwein*, Bd. 4, § 80 Rdnr. 12 und 2.

73 Nachweise bei: *Fischer*, DStR 1997, 1519, 1519.

74 *Fischer*, DStR 1997, 1519, 1519.

75 Vgl. *Streck*, KStG, § 10 Anm. 16.

Besonderheiten bei der Besteuerung können sich dann ergeben, wenn die gesellschaftsrechtliche Struktur der KGaA so optimiert wird, dass der Vollhafter nicht eine einfache GmbH, sondern selbst eine GmbH & Co.KG ist (GmbH & Co. KG, AG & Co.KG)[76].

bb) Gewerbeertragsteuer

In der Fassung des § 6 GewStG (Gewerbesteuergesetz) fällt für Zeiträume ab 1998 nur die Gewerbeertragsteuer an. Nach § 8 Nr. 4 GewStG sind für die KGaA die nachfolgenden Beträge, soweit sie bei der Ermittlung des Gewinns abgesetzt worden sind, wieder hinzuzurechnen: verteilte Gewinnanteile, die sich auf Einlagen, die nicht das Grundkapital betreffen, oder als Vergütung (Tantieme) für die Geschäftsführung beziehen. Dies geschieht in Übereinstimmung mit § 9 Abs. 1 Nr. 1 KStG. Zweck ist die Erfassung aller Gewinne mit Gewerbesteuer.

Gewehrt wird sich gegen die Erfassung des Festanteils der Vergütung für den persönlich haftenden Gesellschafter. Dieser Vergütungsteil sei handelsrechtlich Aufwand und steuerrechtlich Betriebsausgabe und könne daher dogmatisch nicht mehr zu den zu erfassenden Gewinnen gerechnet werden. Eine Vergleichbarkeit bestehe insoweit für Sondervergütungen für überlassene Wirtschaftsgüter[77]. Soweit der Vergütungsteil unangemessen und daher als vGA im Sinne des § 8 Abs. 3 S. 2 KStG zu qualifizieren sei, sei dieser, ebenso wie der für die persönliche Haftungsübernahme gewährte Betrag im Sinne des § 9 Abs. 1 Nr. 1 KStG, hinzuzurechnen.

b) Besteuerung des Komplementärs

aa) Als GmbH

Beteiligt sich die GmbH an der KGaA als Komplementärin, erzielt sie Einkünfte aus Gewerbebetrieb im Sinne der §§ 15 Abs. 1 S. 1 Nr. 3 EStG, 8 Abs. 2 KStG, die der Körperschaft- und Gewerbesteuer unterliegen. Die Übernahme der Komplementär-Stellung setzt nicht die Übernahme einer Einlage voraus, vgl. § 281 Abs. 2 AktG.

76 Vgl. *Freudenberg/Sorg*, Die KGaA mit beschränkter Haftung, S. 10.
77 *Fischer*, DStR 1997, 1519, 1519.

Gewerbesteuerlich sind zur Vermeidung einer doppelten Belastung der dem Gewerbeertrag der KGaA über § 8 Nr. 4 GewStG hinzuzurechnende Gewinnanteil bei der Berechnung der Gewerbesteuer der GmbH gemäß § 9 Nr. 2 b GewStG zu kürzen. Schüttet die GmbH Gewinne an die Gesellschafter aus, sind diese, soweit die GmbH-Anteile im Privatvermögen gehalten werden, für die Gesellschafter Einnahmen aus Kapitalvermögen. Das Geschäftsführergehalt stellt sich als Einkommen aus nichtselbstständiger Tätigkeit dar.

bb) Als GmbH & Co.

Die Personengesellschaft selbst ist nicht Steuersubjekt; die an ihr beteiligten Gesellschafter werden besteuert. Die Kommanditisten erzielen als Mitunternehmer Einkünfte aus Gewerbebetrieb. Soweit die Kommanditisten neben ihrer Beteiligung an der KG zugleich Kommanditaktien halten, sind diese nicht der Mitunternehmerbeteiligung als Sonderbetriebsvermögen zuzurechnen. Begründet wird diese Ansicht wie folgt: Wenn der BFH den Standpunkt vertrete, dass Kommanditaktien, die der persönlich haftende Gesellschafter unmittelbar halte, nicht über § 15 Abs. 1 S. 1 Nr. 2 EStG als Betriebsvermögen erfasst werden können, so müsse dieses erst recht gelten, soweit nur eine mittelbare Beteiligung bestehe[78].

c) Besteuerung der Kommanditaktionäre

Soweit die Kommanditaktien im Privatvermögen gehalten werden, erzielen die Inhaber durch Auszahlungen von Dividenden Einkünfte aus Kapitalvermögen im Sinne des § 20 Abs. 1 Nrn. 1 u. 3 EStG. Verkaufsgewinne und Veräußerungsverluste sind grundsätzlich im Privatvermögen unbeachtlich; es wird auf die Versteuerung von Spekulationsgewinnen hingewiesen. Ausnahmen ergeben sich über die §§ 17, 23 EStG oder über § 21 UmwStG.

Wo letztlich die Kommanditaktionäre ihre Einlage halten, muss sich nach den unterschiedlichen Interessenlagen richten. Es wird darauf aufmerksam gemacht, dass wegen des erbschaftsteuerlichen Privilegs nach § 13 a ErbStG (Erbschaftsteuergesetz) und der Ausgleichs-

---

78 *Fischer*, DStR 1997, 1519, 1523.

bzw. Abzugsfähigkeit von realisierten Verlusten es erstrebenswert sein könne, die Kommanditaktien einem Betriebsvermögen zuzuordnen. Ansatzpunkt könne sein, die Kommanditaktien in diesen Fällen im Betriebsvermögen der GmbH & Co.[79] oder in der GmbH zu halten[80].

Weiter ist darauf hinzuweisen, dass grundsätzlich für die Erbschaft- bzw. Schenkungsteuer als Bemessungsgrundlage der Börsenkurs bzw. der gemeine Wert der Anteile ist. Bei dem persönlich haftenden Gesellschafter wird dagegen der auf die Vermögenseinlage bei der KGaA anteilig entfallende Einheitswert des Betriebsvermögens als Bemessungsgrundlage zugeordnet. Wurde als Vollhafter eine GmbH & Co. KG als Personengesellschaft installiert (GmbH & Co. KG, AG & Co. KG), so wirkt sich dieser niedrigere Wert auf den Kommanditisten aus. Bei der einfachen Konstruktion der GmbH & Co. KGaA richtet sich der Anteilswert der haftenden GmbH nach dem gemeinen Wert. Der gemeine Wert wird regelmäßig deutlich unter dem Börsenwert liegen. Hier kann erhebliches steuerliches Gestaltungspotential im Hinblick auf einen Erb- oder Schenkungsfall realisiert werden. Diese Gestaltungskomponente kann ebenfalls bei der Frage einer Umwandlung angewandt werden.

---

79 *Fischer,* DStR 1997, 1519, 1523.

80 Weitere Hinweise zur Gestaltung im Hinblick auf erbschaft- und außensteuerliche Gestaltungen bei *Schmidt/Levedag,* INF 1997, 752 ff.

5. Übersicht der am 10. 8. 1998 bestehenden Gesellschaften in den besprochenen Rechtsformen

Firma	Ort	HRB
SchmidtBank KGaA	Hof	1798
altera pars Vermögensverwaltungs- und Beteiligungs KGaA	Bielefeld	35586
Mody Financial Consulting KGaA	Hamburg	42239
Autohaus Breisgau Prinz zu Fürstenberg KGaA	Freiburg i. Br.	1003
B. Metzler seel. Sohn & Co. KGaA	Frankfurt am Main	27515
Bankhaus Maffei & Co. KGaA	München	116480
Bankhaus Partin & Co. KGaA	Bad Mergentheim	551
Biemann Einzelhandels- und Gaststätten Betriebsgesellschaft KGaA		1289
Brückfeld Heizungs- und Sanitärtechnik KGaA	Magdeburg	7944
Claas KGaA	Harsewinkel	3027
Dr. Neuhaus Computer KGaA, Hamburg	Hamburg	28945
Düsterloh KGaA Anlage- und Beteiligungsgesellschaft	Spockhoevel	418
eff-eff Fritz Fuss GmbH & Co. KGaA	Albstadt-Ebingen	991
Elektromanufaktur Zangenstein Hanauer GmbH & Co. KGaA	Nabburg	2242
Equita Beteiligungen KGaA	Bad Homburg	6060
EUROKAI KGaA, Hamburg	Hamburg	10018
EUROKAI Container Terminal KGaA	Hamburg	15309
EUROKOMBI Transport KGaA	Hamburg	28178
FIDA Holding KGaA	Hamburg	48878
Franz Hoffmann Holding GmbH & Co. KGaA	München	115004

Firma	Ort	HRB
Friseur Klinck KGaA	Kiel	3976
G. Haindl'sche Papierfabriken KGaA	Augsburg	56
Gabriel Sedlmayr Spaten-Franziskaner-Bräu KGaA	München	45405
Göttinger Gruppe Vermögens- und Finanzholding KGaA	Göttingen	2103
Golf und Country Club Am Motzener See b. Berlin GmbH & Co. KGaA	Berlin	43910
Grenke Investitionen Verwaltungs KGaA	Baden-Baden	1845
HARTING KGaA	Espelkamp	1642
Hauck & Aufhäuser Privatbankiers KGaA	Frankfurt am Main	20065
Henkel KGaA	Düsseldorf	4724
Hettlage KGaA	Neuried	44551
HT FINANZ- und Beteiligungsmanagement KGaA	Königstein	4363
I. D. Herstatt KGaA	Köln	657
IHG Immobilienhandelsgesellschaft KGaA	Bielefeld	35566
JAUCH & HUEBENER KGaA	Hamburg	46883
Lindner Holding KGaA	Arnstorf	2811
M. M. Warburg & CO KGaA	Hamburg	56866
MAC Mode GmbH & Co. Produktion + Vertrieb KGaA	Wald OT Rossbach	6757
medi Bayreuth GmbH & Co. KGaA	Bayreuth	2775
MERCK KGaA	Darmstadt	6164
MICHELIN REIFENWERKE-KGaA	Karlsruhe	1879
Mühlbauer Holding AG & Co. KGaA	Roding	7036

Firma	Ort	HRB
Nolte möbel-industrie Holding GmbH & Co. KGaA	Germersheim	1485
Partin KGaA	Bad Mergentheim	530
Patrizier-Bräu KGaA	Nürnberg	13262
Pfefferberg-Grundstücke KGaA	Berlin	50833
REWE KGaA	Wiesbaden	10341
SAARLOR Saar-Lothringische Kohlenunion dt-frz Gesellschaft auf Aktien; Union Charbonniere Sarro-Lorraine Societe par Actions franco-allemande	Saarbrücken	4631
Sal. Oppenheim jr. & Cie. KGaA	Köln	20121
Schukraft Spezialtiefbau GmbH & Co. KGaA	Tauberbischofs-heim	472
SCHWARTAU GmbH & Co. KGaA	Bad Schwartau	859
Siebte Umbra Vermögensverwal-tung KGaA, Frankfurt am Main	Frankfurt	43703
Sixt Allgemeine Leasing KGaA	Hamburg	51968
Thomas Technologie KGaA	Düsseldorf	29820
Trinkhaus & Burckhardt KGaA	Düsseldorf	20004
Tyczka GmbH & Co. KGaA, München	Geretsried	111831
Weberbank Berliner Industrie-bank KGaA	Berlin	736
Willy Bogner GmbH & Co. KGaA, München	München	104636
WSM Weimarer Spezialmontagen- und Industrieservice GmbH & Co. Mitarbeiterbeteiligungs KGaA	Weimar	10051
1 & 1 Aktiengesellschaft & Co. KGaA	Montabaur	5762

V. Umwandlungsrecht

Unternehmen operieren oftmals nicht in der Rechtsform, die dem Unternehmen in optimaler Weise dienlich ist. Bei der Rechtsformwahl spielen Gesichtspunkte des Gesellschafts- und Steuerrechts eine Rolle. Beides hat sich oftmals geändert, aber die Unternehmen haben die Rechtsform nicht aktualisiert. Die Frage der Haftung des Unternehmers ist oftmals in gleichem Maße Kriterium wie die Frage der erblichen oder erbsteuerlichen Planung. Weiteres Anknüpfungsmerkmal ist die Börsenfähigkeit einer Rechtsform. Aus diesen Gesichtspunkten muss sich der Unternehmer mit der Frage der richtigen Rechtsform und damit erst recht mit der Frage der Umwandlung eines Unternehmens auseinandersetzen. Nicht zum Umwandlungsrecht gehören Konstruktionen die bei Neugründung eines Unternehmens das alte Unternehmen oder Teile davon mit allen Aktiven und Passiven veräußern. Ohne tiefer auf die Frage der verdeckten Sachgründung einzugehen, muss jedenfalls die Frage der Differrenzhaftung und anderer Umgehungstatbestände gesehen werden. Das Umwandlungsrecht muss daher genau Beachtung finden.

Die Möglichkeit der Umwandlung von einer Rechtsform in eine andere Rechtsform ergibt sich aus dem Umwandlungsrecht. Mit Inkrafttreten des Gesetzes zur Bereinigung des Umwandlungsrechtes vom 1.1.1995 wurde das zugrunde liegende Gesetz geschaffen, nach dem sich die gegenwärtig vorhandenen Möglichkeiten der Umwandlung ergeben. Gegenwärtig bestehen etwa 200 unterscheidliche Umwandlungsmöglichkeiten.

Das BMF-Schreiben vom 25.3.1998[1], das die Verwaltungsauffassung zur Auslegung des Umwandlungssteuergesetzes 1995 enthält, wurde dreieinhalb Jahre nach dem zugrunde liegenden Gesetz vorgelegt. Dieser Umwandlungssteuererlass enthält die wichtigsten Verwaltungsanweisungen auf steuerlichen Gebieten. Der Erlass ersetzt die auf diesem Gebiet fehlenden amtlichen Richtlinien. Zudem enthalten seine Abschnitte C (Umwandlung und Organschaft) und D (glie-

1 BStBl. I, 1998, 268 ff.

derungsmäßige Behandlung von Verschmelzung und Spaltung) Verwaltungsanweisungen, die zuvor in der Körperschaftsteuer Richtlinie 1990 (dort Abschnitt 54, 93 und 93 a) enthalten waren.

Das Umwandlungsgesetz selbst sieht enumerativ die folgenden Umwandlungsarten vor:

Verschmelzung, Spaltung, Vermögensübertragung, Formwechsel.

1. Verschmelzung

Bei der Verschmelzung handelt es sich um die Übertragung des gesamten Vermögens eines Rechtsträgers auf einen anderen, schon bestehenden Rechtsträger (Verschmelzung durch Aufnahme) oder zweier oder mehrerer Rechtsträger auf einen neu gegründeten Rechtsträger (Verschmelzung durch Neugründung), jeweils im Wege der Gesamtrechtsnachfolge unter Auflösung ohne Abwicklung. Den Anteilsinhabern des übertragenden Rechtsträgers wird dabei im Wege des Anteilstausches eine Beteiligung an dem Übernehmenden oder neuen Rechtsträger gewährt. Die verschmelzende Umwandlung in eine Aktiengesellschaft findet für die nachstehend bezeichneten Gesellschaftsformen in die Aktiengesellschaft nach folgenden Paragraphen statt: für die Personenhandelsgesellschaft §§ 39-45, 60-77 UmwG; für die GmbH §§ 46-59, 60-77 UmwG; für die AG §§ 60-77 UmwG; für die KGaA §§ 60-77, 78 UmwG; für die eingetragene Genossenschaft §§ 60-77, 79-98 UmwG; für den eingetragenen Verein/wirtschaftlichen Verein §§ 66-77, 99-104 UmwG. Die Möglichkeiten der verschmelzenden Umwandlung in eine KGaA ergeben sich für die Personenhandelsgesellschaft nach den §§ 39-45, 78 UmwG, für die GmbH nach den §§ 45-59, 78 UmwG; für die AG die §§ 60-77, 78 UmwG; für die KGaA § 78 UmwG; für die eingetragene Genossenschaft §§ 78, 79-98 UmwG; für den eingetragenen Verein/wirtschaftlichen Verein die §§ 78, 99-104 UmwG.

2. Spaltung

Handelsrechtlich ist hinsichtlich der Spaltung zwischen drei Formen zu unterscheiden: Aufspaltung, Abspaltung und Ausgliederung.

Bei der Aufspaltung teilt ein Rechtsträger sein Vermögen unter Auflösung ohne Abwicklung auf und überträgt die Teile jeweils als Gesamtheit im Wege der Sonderrechtsnachfolge (teilweise Gesamtrechtsnachfolge) auf mindestens zwei andere schon bestehende (Aufspaltung zur Aufnahme) oder neugegründete (Aufspaltung zur Neugründung) Rechtsträger. Die Anteile an den übernehmenden oder neuen Rechtsträgern fallen den Anteilsinhabern des sich aufspaltenden Rechtsträgers zu.

Bei der Abspaltung bleibt der übertragende, sich spaltende Rechtsträger als Rumpfunternehmen bestehen. Er überträgt ebenfalls im Wege der Sonderrechtsnachfolge einen Teil oder mehrere Teile seines Vermögens als Ganzes auf einen oder mehrere andere, bereits bestehende oder neu gegründete Rechtsträger. Die Anteilsinhaber des spaltenden Rechtsträgers erhalten Anteile an dem übernehmenden oder neuen Rechtsträger.

Die Ausgliederung entspricht im Wesentlichen der Abspaltung. Die Anteile an den übernehmenden oder neuen Rechtsträgern fallen jedoch in das Vermögen des ausgliedernden Rechtsträgers.

Hinsichtlich der Abspaltung auf eine Aktiengesellschaft oder eine Kommanditgesellschaft auf Aktien gelten jeweils die gleichlautenden Paragraphen. Im Einzelnen gilt folgendes: Bei der Spaltung einer Personenhandelsgesellschaft auf eine AG/KGaA greifen die §§ 125, 135, 141-146 UmwG; einer GmbH die §§ 125, 135, 138-140, 141-146 UmwG; einer AG/KGaA §§ 141-147 UmwG; einer eingetragenen Genossenschaft §§ 125, 135, 141-146, 147, 148 UmwG; eines eingetragenen Vereins/wirtschaftlichen Vereins die §§ 125, 135, 141-146 UmwG; eines Genossenschaftsprüfungsverbandes die §§ 125, 135, 141-146, 150 UmwG; eines Versicherungsvereins auf Gegenseitigkeit die §§ 125, 135, 141-146, 151 UmwG; eines Einzelkaufmannes die §§ 125-135, 141-146, 152-160 UmwG; von Stiftungen die §§ 125, 135, 138-140, 161-167 UmwG und bei Gebietskörperschaften greifen die §§ 125, 135, 141-146, 168-173 UmwG.

3. Vermögensübertragung

Bei der Vermögensübertragung ist zu unterscheiden zwischen der Vollübertragung und der Teilübertragung. Die Vollübertragung ist zu verstehen als die Übertragung des gesamten Vermögens eines Rechtsträgers auf einen anderen bestehenden Rechtsträger im Wege der Gesamtrechtsnachfolge unter Auflösung ohne Abwicklung gegen Gewährung einer Gegenleistung an die Anteilsinhaber des übertragenden Rechtsträgers, die nicht in Anteilen oder Mitgliedschaften besteht[2]. Teilübertragung ist die Aufspaltung eines Rechtsträgers durch gleichzeitige Übertragung von Vermögensteilen im Wege der Sonderrechtsnachfolge auf andere bestehende Rechtsträger oder Abspaltung eines Teiles oder mehrerer Teile des Vermögens eines Rechtsträgers im Wege der Sonderrechtsnachfolge auf einen oder mehrere bestehende Rechtsträger oder Ausgliederung eines Teils oder mehrerer Teile des Vermögens eines Rechtsträgers im Wege der Sonderrechtsnachfolge auf einen oder mehrere bestehende Rechtsträger jeweils gegen Gewährung einer Gegenleistung, die nicht in Anteilen oder Mitgliedschaften besteht[3].

Die Durchführung der Umwandlungen eines bestehenden Rechtsträgers in eine Aktiengesellschaft oder Kommanditgesellschaft auf Aktien wird damit bereits handelsrechtlich nach einer Vielzahl von zu beachtenden Vorschriften im Sinne des Umwandlungsgesetzes durchgeführt. Daneben sind jeweils die Gründungsvorschriften der Aktiengesellschaft selbst bzw. der Kommanditgesellschaft auf Aktien zu beachten.

4. Formwechsel

Ein Formwechsel bezeichnet die Änderung des Rechtsträgers unter Wahrung der rechtlichen Identität des Rechtsträgers und zwar grundsätzlich auch unter Beibehaltung des Kreises der Anteilseigner. Im Unterschied zu Verschmelzung und Spaltung findet auf Grund der Rechtsnatur des übertragenden Rechtsträgers kein Anteilstausch statt, sondern es wird eine Gegenleistung anderer Art gewährt. Handelsrechtlich ist der Formwechsel für die nachfolgenden Gesellschaften in Richtung auf die Aktiengesellschaft wie folgt möglich: von der Personenhandelsgesellschaft §§ 214-225 UmwG; von der GmbH §§ 226, 238-250 UmwG; von der KGaA §§ 226, 227, 238-

---

2 *Schwedhelm*, Die Unternehmensumwandlung, 36.

3 *Schwedhelm*, Die Unternehmensumwandlung, 36.

250 UmwG; von der eingetragenen Genossenschaft §§ 258-271 UmwG; vom eingetragenen Verein/wirtschaftlichen Verein §§ 272-290 UmwG; vom Versicherungsverein auf Gegenseitigkeit die §§ 291-300 UmwG und von Körperschaften/Anstalten des öffentlichen Rechts §§ 301-304 UmwG.

Weiterhin ist der Formwechsel auf die KGaA für nachfolgend benannte Gesellschaftsformen wie folgt möglich: von der Personenhandelsgesellschaft §§ 214-225 UmwG; von der GmbH §§ 226, 238-250 UmwG; von der AG §§ 226, 238-250 UmwG; von der eingetragenen Genossenschaft §§ 258-271 UmwG; vom eingetragenen Verein/wirtschaftlichen Verein §§ 272-290 UmwG und von der Körperschaft/Anstalt des öffentlichen Rechts §§ 301-304 UmwG.

Hingewiesen sei weiterhin auf Möglichkeiten der Umwandlung außerhalb des Umwandlungsgesetzes wie die Anwachsung nach § 738 BGB oder die Einzelübertragung[4].

5. Ablauf einer Umwandlung

Das Umwandlungsrecht folgt bei einer Umwandlung den in den Fusionsrichtlinien vorgegebenen Konzepten und wendet dieses auch in den von den Richtlinien nicht erfassten Formwechsel an. Ganz grob werden fünf Schritte[5] unterschieden, nämlich

a) der Abschluss des Verschmelzungs- oder Spaltungsvertrages mit festgelegtem Mindestinhalt;
b) Bericht der Vertretungsorgane der beteiligten Rechtsträger;
c) Prüfung durch unabhängige Sachverständige;
d) Beschluss der Anteilsinhaber des beteiligten Rechtsträgers mit satzungsändernder Mehrheit;
e) Eintragung im zuständigen Register.

Dieser fünfteilige Ablauf ist jedoch nur ein Grobraster. Eine Umwandlung vollzieht sich in weiteren Schritten[6], die wie folgt unterschieden werden können:

4 Lutter/*Lutter*, UmwG, Bd. I, Einl. Rdnr. 39.
5 Lutter/*Lutter*, UmwG, Bd. I, Einl. Rdnr. 47.
6 Lutter/*Lutter*, UmwG, Bd. I, Einl. Rdnr. 47.

a) Verhandlungen zwischen den Vorständen/Geschäftsführern der Verschmelzungs-/ Spaltungs-Partner bzw. unter den bestimmenden Gesellschaftern beim Formwechsel;

b) Festlegung der wirtschaftlichen und rechtlichen Eckdaten;

c) Auftrag zur Bewertung der beteiligten Unternehmen bei Verschmelzung und Spaltung zur Festlegung der Umtauschrelation und der etwa erforderlichen Abfindungsangebote;

d) Entwurf und Abschluss des Verschmelzungs-/Spaltungsvertrages bzw. Entwurf des Umwandlungsbeschlusses mit dem gesetzlichen Inhalt, ggf. verbunden mit der Festlegung des neuen Gesellschaftsvertrages/der neuen Satzung (Formwechsel);

e) bei AG: Einreichung des Verschmelzungsvertrages beim Handelsregister;

f) Zuleitung des Vertrages bzw. des Entwurfs des Umwandlungsbeschlusses an den/die zuständigen Betriebsräte;

g) ggf. Anmeldung des Verschmelzungs-/Spaltungsvorhabens an die zuständige Kartellbehörde;

h) ausführlicher Bericht der beteiligten Vertretungsorgane gegenüber den Anteilsinhabern;

i) Bestellung und Beauftragung des/der Prüfer(s);

j) Vorlage des Prüfungsberichts durch den/die Prüfer;

k) in aufsichtsratspflichtigen Gesellschaften: Entscheidung des Aufsichtsrates über seine Beschlussempfehlung an Anteilseignerversammlung;

l) förmliche Einladung der Anteilseigner zur Beschlussfassung mit allen Unterlagen, insbesondere Beschlussvorlage, Bericht und Prüfungsbericht;

m) Beschluss der Versammlung der Anteilseigner mit satzungsändernder Mehrheit; ggf. gesonderte Zustimmung einzelner Anteilseigner;

n) Eintragung im (Handels-) Register;

o) Durchführung des gerichtlichen Verfahrens zur Überprüfung des Umtauschverhältnisses bzw. Abfindungsangebots.

VI. Umwandlungssteuerrecht

Die Umwandlung eines beliebigen Unternehmens in eine börsentaugliche Gesellschaftsform muss steuerlich nach den Regelungen des Umwandlungssteuergesetzes (UmwStG) beurteilt werden.

Das Steuerrecht geht in seiner Grundkonzeption davon aus, dass lediglich realisierte Gewinne (vgl. § 252 Abs. 1 Nr. 4 HGB) besteuert werden, bloße Wertsteigerungen in ruhenden Vermögensgegenständen steuerlich nicht erfasst werden. Dieses steuerliche Realisationsprinzip trägt zugleich dem verfassungrechtlich verankerten und im Steuergesetz in § 6 b EStG wiederholten Übermaßverbot Rechnung. Nach letztbenannter Norm ist es möglich, bei der Veräußerung bestimmter Anlagegüter die Übertragung stiller Reserven auf Reinvestitionsgüter vorzunehmen. Der Tausch von Anteilen an Kapitalgesellschaften ist unter bestimmten Voraussetzungen steuerfrei möglich[1]. Diese Steuerneutralität soll sich umwandlungssteuerrechtlich fortsetzen, wenn zumindest die Buchwerte weiter geführt werden. Ob diese grundsätzliche Möglichkeit im Einzelnen tatsächlich gelingt, hängt zum einen davon ab, ob die und inwieweit die steuerlichen Gesetze wie das Steuerentlastungsgesetz 1999/2000/2002[2] oder das Unternehmenssteuerreformgesetz im Einzelnen in das Umwandlungssteuerrecht eingeriffen haben und weiter eingreifen werden und zum anderen, ob der Unternehmer bei der Umwandlung genau diese Steuerneutralität will.

Das Umwandlungssteuergesetz regelt die steuerlichen Wirkungen der Umstrukturierung von Unternehmen für Zwecke der Körperschaft-, Einkommen- und Gewerbesteuer. Für Zwecke der Umsatz- und der Grunderwerbsteuer sind die jeweiligen Regelungen der besonderen Gesetze zu beachten. Ebenfalls ist die Schenkung- bzw. Erbschaftsteuer separart zu betrachten.

Es wird hier im Hinblick auf die Zielrichtung des Buches unterschieden zwischen den steuerrechtlichen Wirkungen der Umwandlung einer Personengesellschaft in eine Aktiengesellschaft und denen einer GmbH in eine Aktiengesellschaft.

1 Tauschgutachten BFH vom 16.12.1959, BStBl. III 1959, 29 ff.
2 BGBl. I 1999, 402 ff.

1. Steuerliche Folgen der Umwandlung einer Personengesellschaft in eine Aktiengesellschaft zur Neugründung

Bei der Personengesellschaft wird die Verschmelzung, die Spaltung und der Formwechsel jeweils zur Neugründung einer Aktiengesellschaft als Einbringung gemäß §§ 20-23, 25 UmwStG betrachtet. Einbringender ist der einzelne Gesellschafter, eingebracht wird sein Mitunternehmeranteil. Zivilrechtlich geht das Gesamthandsvermögen über, nicht aber die Vermögenswerte, die im Eigentum eines Gesellschafters standen und lediglich der Gesamthandsgemeinschaft überlassen wurden, sog. Sonderbetriebsvermögen. Dieses kann, sofern es zur Aktiengesellschaft übergehen soll, noch in die Personengesellschaft eingelegt oder aber im Rahmen der Umwandlung durch eine Sachkapitalerhöhung eingebracht werden. Da in diesen Fällen der Mitunternehmeranteil und das Sonderbetriebsvermögen eingebracht werden, ist das nachfolgend näher beschriebene Bewertungswahlrecht nur einheitlich auszuüben.

Durch den Formwechsel treten an Stelle der vorherigen Beteiligung an der Personengesellschaft zwangsläufig gemäß § 20 UmwStG die Anteile an der Aktiengesellschaft. Neben diesen Anteilen an der neuen Gesellschaft können andere Wirtschaftsgüter, wie beispielsweise Darlehen, gewährt werden.

Hinsichtlich der Bewertung der einzubringenden Anteile gilt Folgendes: In Bezug auf das einzubringende Betriebsvermögen besteht gemäß § 20 UmwStG ein Ansatzwahlrecht für jeden einzelnen der Mitunternehmer getrennt. Als Untergrenze für das in die neu gegründete Aktiengesellschaft einzubringende Betriebsvermögen ist der Buchwert der Vermögensgegenstände der einzubringenden Personengesellschaft gemäß § 20 Abs. 2 S. 1 UmwStG zu sehen. Als Obergrenze dagegen sind die Teilwerte der einzelnen eingebrachten Vermögensgegenstände gemäß § 20 Abs. 2 S. 6 UmwStG möglich. Zwischen diesen beiden Werten ist ein Zwischenwert als Wertansatz gemäß § 20 Abs. 2 S. 5 UmwStG zulässig. Soweit die Personengesellschaft jedoch ein negatives Kapitalkonto aufweist, ist das eingebrachte Betriebsvermögen bei der Aktiengesellschaft mindestens so anzusetzen, dass sich Aktiv- und Passivposten ausgleichen, wobei das Eigenkapital gemäß § 20 Abs. 2 S. 4 UmwStG nicht zu berücksichtigen ist. In der Übernahmebilanz steht bei der Übernahme des Betriebsvermögens zu Buchwerten anstelle der Kapitalkonten der Gesellschafter das Stamm- bzw. Nennkapital inklusive der Rücklagen. Insoweit unterscheidet sich die Übernahmebilanz von der Umwandlungsbilanz. Die weiteren Bilanzpositionen sind identisch. Es wird insoweit von einer Buchwertverknüpfung gesprochen. Bei diesem Vorgang werden die in den übertragenen Wirtschaftsgütern enthaltenen stillen Reserven auf die Aktiengesellschaft übertragen. Der Veräußerungspreis entspricht demnach den Anschaffungskosten der Anteile an der Aktiengesellschaft. Die Einbringung des Betriebsvermögens erfolgt steuerneutral, denn die Personengesellschaft hat insoweit keinen zu versteuernden Veräußerungsgewinn erzielt.

Soweit in der Aktiengesellschaft nunmehr stille Reserven enthalten sind, lösen sich diese durch Verbrauch des entsprechenden Wirtschaftsgutes auf oder werden bei Verkauf des Einzelwirtschaftsgutes oder mit der Liquidation der Aktiengesellschaft spätestens realisiert. Die Versteuerung der stillen Reserven findet sodann statt.

Soweit eine Übertragung der Vermögensgegenstände der Personengesellschaft auf die Aktiengesellschaft mit Buchwerten erfolgt ist, kann man argumentieren, dass auch die überlassenen Gesellschaftsanteile an der AG nunmehr mit stillen Reserven behaftet sind. Die in diesen sog. einbringungsgeborenen Anteilen enthaltenen stillen Reserven werden erst bei dem Verkauf des Gesellschaftsanteils realisiert und besteuert. Innerhalb der Aktiengesellschaften selbst muss die Aktiengesellschaft sich hinsichtlich der Besitzzeiten des einzelnen Wirtschaftsgutes und den vorher vorgenommenen Abschreibungen so verhalten, dass die Ansätze der umwandelnden Personengesellschaft weitergeführt werden.

Davon unterscheidet sich die steuerliche Situation, wenn die eingebrachten Vermögensgegenstände zu Teilwerten und damit zu Höchstwerten angesetzt worden sind. In diesem Fall muss gemäß § 22 Abs. 3 UmwStG der Teilwert bei der Aktiengesellschaft als Anschaffungskosten angesehen werden. Für die Aktiengesellschaft wird eine Behandlung greifen müssen, die die Nutzungsdauer und die Abschreibungshöhen anhand der Teilwerte neu festlegt. Es handelt sich um einen Vorgang, der einem Fremderwerb der Wirtschaftsgüter durch die Aktiengesellschaft gleichkommt. Eine Unterscheidung bleibt jedoch dahingehend, dass im Gegensatz zur Einzelrechtsnachfolge die neu gegründete Aktiengesellschaft in die Rechtsstellung der Personengesellschaft einzutreten hat. Auf der Ebene der Gesellschafter, die einen neuen Anteil an der AG erhalten haben, wird durch den Teilwertansatz ein Veräußerungsgewinn durch Aufdeckung der bis dahin enthaltenen stillen Reserven erzielt. Dieser aufgedeckte Gewinn ist zu versteuern. Da der halbe Steuersatz nicht mehr einschlägig ist, bedarf es besonderer Gründe, um so zu verfahren.

Soweit das Vermögen von der Personengesellschaft zu Zwischenwerten in die Aktiengesellschaft übertragen wird, greifen die Regelungen der §§ 22 Abs. 2 i. V. m. 12 Abs. 3 UmwStG. Realisierte stille Reserven werden versteuert. Unrealisierte, d.h. nicht aufgedeckte stille Reserven stellen erneut einbringungsgeborene Anteile dar, die erst bei späterem Verkauf besteuert werden.

Der Formwechsel wird mit der Eintragung ins Handelsregister wirksam. Dadurch ist der Tag der Eintragung grundsätzlich der steuerliche Übertragungsstichtag. Auf Antrag kann der Formwechsel abweichend auf einen Stichtag bezogen werden, der gemäß §§ 25 UmwG i. V. m. 20 Abs. 7 und 8 UmwStG maximal acht Monate vor der Anmeldung des Formwechsels zum Handelsregister liegen darf. Mit dieser Maßnahme wird vermieden, dass eine Bilanz auf den Übertragungsstichtag zusätzlich erstellt werden muss. Die Rückbeziehung gilt für die Besteuerung des Einkommens und des Vermögens, nicht jedoch für die Grunderwerb- und die Umsatzsteuer.

2. Verschmelzung, Spaltung und Formwechsel einer Personengesellschaft auf eine bestehende Aktiengesellschaft

Sofern die Verschmelzung einer Personengesellschaft auf eine bestehende Aktiengesellschaft vorgenommen wird, wird darauf verwiesen, dass es sich ebenfalls um eine Einbringung gemäß dem UmwStG handelt. Gleiches gilt für die Spaltung der Personengesellschaft auf eine Aktiengesellschaft. In Abweichung von der handelsrechtlichen Umwandlung wird der Formwechsel einer Personengesellschaft in eine Aktiengesellschaft nicht als identitätswahrende

Umwandlung behandelt, sondern es finden über § 15 S. 1 UmwStG die Vorschriften der Verschmelzung Anwendung, womit die Regelungen der Einbringung auch in diesem Fall greifen.

3. Verschmelzung einer Kapitalgesellschaft auf eine Aktiengesellschaft

Eine GmbH oder eine Aktiengesellschaft kann auf eine bestehende Aktiengesellschaft (Verschmelzung durch Aufnahme) oder mit einem anderen Rechtsträger zu einer neuen Aktiengesellschaft (Verschmelzung durch Neugründung) verschmolzen werden. Soweit eine Kapitalgesellschaft in eine Aktiengesellschaft umgewandelt wird, ist nach dem UmwStG hinsichtlich der Übertragungsbilanz der übertragenden Gesellschaft ein Ansatzwahlrecht gegeben. Sie kann zwischen dem Buchwert, dem Teilwert und einem zwischen beiden Werten liegenden Ansatz wählen. Dies ergibt sich aus § 11 Abs. 1 UmwStG.

Die Inanspruchnahme des Wahlrechtes durch die übertragende Gesellschaft ist jedoch nur insoweit möglich, als dass gewährleistet bleiben muss, dass die in den übergebenden Vermögensgegenständen enthaltenen stillen Reserven bei der Aktiengesellschaft der Ertragssteuer unterliegen, während andererseits eine Gegenleistung nicht oder nur in Gesellschaftsrechten bestehen darf. Soweit die Gegenleistung in den Gesellschaftsrechten besteht, sind die Wirtschaftsgüter in der Übertragungsbilanz mit dem Wert der für die Übertragung gewährten Gegenleistung anzusetzen. Ist völlig auf eine Gegenleistung verzichtet worden, so sind die Wirtschaftsgüter gemäß § 11 Abs. 2 UmwStG mit ihrem Teilwert anzusetzen. Werden die Wirtschaftsgüter mit einem über dem Buchwert liegenden Teilwert angesetzt, so entsteht in Höhe der Differenz zwischen dem Buchwert und dem angesetzten höheren Wert ein Übertragungsgewinn, der versteuert werden muss. Hinsichtlich der Fortschreibung hat die übernehmende Aktiengesellschaft die Wertansätze der übertragenden GmbH fortzuführen. Es entsteht hinsichtlich der Bilanzen der übertragenden GmbH und der übernehmenden Aktiengesellschaft eine Buchwertverknüpfung. Die Aktiengesellschaft hat damit die Ansätze für AfA und ähnliches denen der GmbH anzugleichen und deren Werte fortzuführen. Die Aktiengesellschaft kann einen verbleibenden Verlustvortrag nach § 10 d Nr. 3 S. 2 EStG für sich in Anspruch nehmen, soweit die Gesellschaft ihren Geschäftsbetrieb im Übernahmezeitpunkt noch nicht eingestellt hat. Nach § 8 Abs. 4 KStG knüpft der Verlustabzug in diesen Fällen an die rechtliche und wirtschaftliche Identität der Gesellschaft an, um so der Nutzung von Verlustvorträgen durch bloße Mantelgesellschaften zu begegnen.

Neben der Ertragssteuer ist der Regelungsbereich der §§ 11-13 UmwStG gemäß § 19 Abs. 1 UmwStG auch für die Gewerbesteuerermittlung anzuwenden. Auf der Ebene des Gesellschafters liegt ein steuerneutraler Anteilstausch im Sinne des UmwStG vor. Der Gesellschafter hat seine Anteile an der GmbH steuerneutral in Aktionärsrechte eingetauscht. Eine Ausnahme entsteht lediglich dann, wenn eine Entnahme der Anteile an der neuen Gesellschaft im Zeitpunkt der Eintragung der Verschmelzung in das Handelsregister erfolgt. Erhalten Gesellschafter im Rahmen der Verschmelzung bare Zuzahlungen oder Abfindungen, so unterliegen diese Beträge der allgemeinen Ertragsbesteuerung.

4. Spaltung einer Kapitalgesellschaft auf eine Aktiengesellschaft

Soweit eine Auf- oder Abspaltung einer Kapitalgesellschaft auf eine Aktiengesellschaft erfolgt, wird diese Umwandlung gemäß § 15 UmwStG behandelt, der eine Verweisung auf die steuerrechtlichen Vorschriften der zuvor geschilderten Verschmelzungen beinhaltet. Im Einzelnen zu beachten sind die Sondervorschriften des § 15 Abs. 3 UmwStG.

5. Formwechsel einer Kapitalgesellschaft auf eine Aktiengesellschaft

Soweit ein Formwechsel von einer Kapitalgesellschaft in eine Aktiengesellschaft vorgenommen wird, handelt es sich steuerrechtlich wie auch handelsrechtlich um eine idenditätswahrende Umwandlung. Steuerlich gefundene Ergebnisse für die GmbH bestehen bei der Aktiengesellschaft fort. Auf der Gesellschafterebene findet ein Anteilstausch statt, da sich hier keine, durch die Auflösung stiller Reserven bedingte zu versteuernden Gewinne ergeben.

VII. Umwandlungen von verschiedenen Rechtsformen in die Aktiengesellschaft

1. Formularbeispiel für die Umwandlung von der GmbH in die AG

Bei der Umwandlung einer GmbH in eine Aktiengesellschaft ist als Besonderheit dieses Formulars zu berücksichtigen, dass der einzige Gesellschafter der GmbH eine Gesellschaft bürgerlichen Rechts ist, die aus mehreren Mitgliedern besteht. Eine Vermögensauseinandersetzung der BGB-Gesellschaft ist zwar geplant, aber die gegenwärtigen Wertvorstellungen sind zu unterschiedlich. Daher wird die BGB-Gesellschaft zunächst beibehalten, um sie erst nach durchgeführter Umwandlung in eine AG auseinanderzusetzen. Der Wert der dann unmittelbaren Beteiligung ist angesichts von Angebot und Nachfrage leicht zu ermitteln. Eine derartige Gestaltungsvariante bietet sich auch vielfach bei der Auseinandersetzung einer Erbengemeinschaft an.

a) Umwandlungsbeschluss der Plantechnik Berliner GmbH

UR.-Nr.: …../2001

Verhandelt zu Köln am 23.1.2001

Vor dem unterzeichneten Notar

Dr. Klaus Pferdmenges,

Westerwaldstraße 8, 50933 Köln

erschienen:

1. Herr Rechtsanwalt Sebastian Korts, geb. am 19.8.1957, geschäftsansässig Hültzstraße 26, 50933 Köln,

er handelt nicht in eigenem Namen, sondern als Vertreter der nachbenannten acht Personen nach Maßgabe des Inhaltes der Bevollmächtigungen, die als Anlage in beglaubigter Kopie beigefügt sind:

a) Herrn Rechtsanwalt, Ingo Flück,
geb. am 1.2.1930, Bonner Straße 12, 50933 Köln

b) Frau Rechtsanwältin Viktoria Cortez,
geb. am 3.4.1965, Fürst-Pückler Straße 34, 50933 Köln

c) Herrn Wirtschaftsprüfer Felix Frohnhof,
geb. am 5.6.1950, Haselnußweg 56, 50933 Köln

d) Herrn Rechtsanwalt Dieter Brunsmann,
geb. am 7.8.1960, Hamburger Allee 78, 50933 Köln

e) Herrn Steuerberater Remo Landers,
geb. am 9.1.1970, Rheinufer 91, 50933 Köln

f) Herrn Unternehmensberater Peter Berliner,
geb. am 1.1.1950, wohnhaft Marienschlossweg 1, 50933 Köln

g) Frau Sybille Strauch, Vermögensverwalterin,
geb. am 2.2.1940, wohnhaft Klever Straße 2, 50933 Köln

h) Frau Barbara Herstaller, Bankangestellte,
geb. am 5.5.1970, wohnhaft Eigelstein 5, 50933 Köln

Es erscheinen weiter:

2. Herr Unternehmensberater Peter Berliner,
geb. am 1.1.1950, wohnhaft Marienschlossweg 1, 50933 Köln

3. Frau Sybille Strauch, Vermögensverwalterin,
geb. am. 2.2.1965, wohnhaft Klever Straße 2, 50933 Köln

4. Herr Martin Dickermann, Rechtsanwalt,
geb. am 3.3.1950, wohnhaft Unter Kranenbäumen 3, 50933 Köln

5. Herr Bernd Cremer, Steuerberater,
geb. am 4.4.1960, wohnhaft in Lindentalgürtel 4, 50933 Köln

6. Frau Barbara Herstaller, Bankangestellte,
geb. am 5.5.1970, wohnhaft Eigelstein 5, 50933 Köln

zu 1. bis 6. dem Notar zur Person ausgewiesen durch Bundespersonalausweise.

I.

Die Erschienenen zu 1., 2., 3. und 6. erklären:

Die Berliner Beteiligungsgesellschaft bürgerlichen Rechts bestehend aus den acht nachbenannten Gesellschaftern

Herrn Rechtsanwalt Ingo Flück,
geb. am 1.2.1930, Bonner Straße 12, 50933 Köln

Frau Rechtsanwältin Viktoria Cortez,
geb. am 3.4.1965, Fürst-Pückler Straße 34, 50933 Köln

Herrn Wirtschaftsprüfer Felix Frohnhof,
geb. am 5.6.1950, Haselnußweg 56, 50933 Köln

Herrn Rechtsanwalt Dieter Brunsmann,
geb. am 7.8.1960, Hamburger Allee 78, 50933 Köln

Herrn Steuerberater Remo Landers,
geb. am 9.1.1970, Rheinufer 91, 50933 Köln

Herrn Unternehmensberater Peter Berliner,
geb. am 1.1.1950, wohnhaft Marienschlossweg 1, 50933 Köln

Frau Sybille Strauch, Vermögensverwalterin,
geb. am. 2.2.1965, wohnhaft Klever Straße 2, 50933 Köln

Frau Barbara Herstaller, Bankangestellte,
geb. am 5.5.1970, wohnhaft Eigelstein 5, 50933 Köln

ist zu 100% Gesellschafterin der beim Amtsgericht Köln unter der HRB-Nr. 1234 eingetragenen „Plantechnik Berliner GmbH", deren Stammkapital Euro 50.000 beträgt und vollständig eingezahlt ist. Jeder vorbenannte Gesellschafter hält einen gleich großen Anteil an der Plantechnik Berliner Beteiligungsgesellschaft bürgerlichen Rechts. Alle Gesellschafter sind vertreten.

II.

Die Herren Sebastian Korts, erschienen zu 1., Peter Berliner, erschienen zu 2., Frau Sybille Strauch, erschienen zu 3. und Frau Barbara Herstaller, erschienen zu 6., treten als Gesellschafter der Plantechnik Berliner Beteiligungsgesellschaft bürgerlichen Rechts hiermit zu einer form- und fristlosen außerordentlichen Gesellschafterversammlung zusammen:

Einstimmig wird beschlossen: Herrn Peter Berliner wird hiermit für die Umwandlung der

Plantechnik Berliner GmbH

in die

Plantechnik Berliner Aktiengesellschaft

Alleinvertretungsbefugnis für die Plantechnik Berliner Beteiligungsgesellschaft bürgerlichen Rechts erteilt. Er wird von den Beschränkungen des § 181 BGB befreit, so dass er die Plantechnik Berliner Beteiligungsgesellschaft bürgerlichen Rechts auch vertreten darf, wenn er zugleich in eigenem Namen und/oder als Vertreter Dritter handelt.

Herr Peter Berliner erklärt sich einverstanden.

Die Gesellschafterversammlung wird sodann geschlossen.

III.

Sodann erklären die Herren Sebastian Korts, erschienen zu 1., Peter Berliner, erschienen zu 2., Frau Sybille Strauch, erschienen zu 3. und Frau Barbara Herstaller, erschienen zu 6.:

Wir bitten, gleichzeitig handelnd für uns als Gesellschafter der Plantechnik Berliner Beteiligungsgesellschaft bürgerlichen Rechts und gleichzeitig handelnd als Gesellschafterversammlung der Plantechnik Berliner Beteiligungsgesellschaft bürgerlichen Rechts und gleichzeitig handelnd als Gesellschafterversammlung der Plantechnik Berliner GmbH um Beurkundung des nachfolgenden Umwandlungsbeschlusses gemäß §§ 190 ff., 238 ff. Umwandlungsgesetz.

Die Erschienenen zu 2. und 3. erklären, dass sie zusätzlich gleichzeitig handeln als Geschäftsführer der Plantechnik Berliner GmbH. Sie erklären, dass sie in dieser Eigenschaft von den Beschränkungen des § 181 BGB befreit sind. Der Erschienene zu 2. erklärt, dass er außerdem als alleinvertretungsberechtigter Gesellschafter der Plantechnik Berliner Beteiligungsgesellschaft bürgerlichen Rechts handele.

Er erklärt, dass er in dieser Eigenschaft von den Beschränkungen des § 181 BGB befreit ist.

Unter diesen Voraussetzungen halten wir unter Verzicht auf alle Formen, Fristen und Ankündigungen eine außerordentliche

Gesellschafterversammlung der Plantechnik Berliner GmbH

ab und fassen nachfolgenden Beschluss:

1. Wir verzichten gemäß § 192 Abs. 3 UmwG auf die Erstattung eines Umwandlungsberichtes im Sinne des § 192 Abs. 1 UmwG.

2. Auf die schriftliche Ankündigung des Formwechsels als Gegenstand der Beschlussfassung, spätestens zusammen mit der Einberufung der Gesellschafterversammlung, die über den Formwechsel beschließen soll, und die Übersendung des Entwurfs des Formwechselbeschlusses gem. § 230 Abs. 1 UmwG wird verzichtet.

3. (§§ 194 Abs. 1 Nr. 6, 207 UmwG)
Die Beteiligten erklären, dass sie alle einstimmig für die Umwandlung stimmen. Ein Vorbehalt, dahingehend, dass nur aus Interesse für die Umstrukturierung gestimmt wird und daher der spätere Widerspruch vorbehalten ist, besteht nicht. Die Gesellschafter verzichten daher auf Abgabe eines Angebotes der Barabfindung gemäß § 207 UmwG. Darin ist der Verzicht auf die Prüfung gemäß §§ 208 i. V. m. 30 Abs. 2 S. 3 UmwG enthalten.

Nunmehr erklären die Vorbenannten nachfolgenden

4. Umwandlungsbeschluss (§ 194 Abs. 1 Nr. 1 und Nr. 2 UmwG)
Die „Plantechnik Berliner GmbH" mit dem Sitz in Köln als formwechselnder Rechtsträger i. S. v. § 191 Abs. 1 Nr. 2 UmwG wird gemäß §§ 238 ff., 190 ff. UmwG in eine Aktiengesellschaft als Rechtsträger neuer Rechtsform i.S.v. § 191 Abs. 2 Nr. 3 UmwG unter der Firma

„Plantechnik Berliner Aktiengesellschaft"

mit dem Sitz in Köln umgewandelt.

5. Die Satzung der Gesellschaft erhält die aus der mit dieser Niederschrift fest verbundenen *Anlage 1* ersichtlichen Fassung, die hiermit zum Gegenstand der Verhandlung gemacht wird und auf die verwiesen und Bezug genommen wird.

6. (§ 194 Abs. 1 Nr. 3 und Nr. 4 UmwG)
Das Stammkapital der Gesellschaft beträgt Euro 50.000 und ist voll eingezahlt. Die Gesellschafterin Plantechnik Berliner Beteiligungsgesellschaft bürgerlichen Rechts hält einen Geschäftsanteil von Euro 50.000. Die Gesellschafterin erhält im Umtausch – Verhältnis 1:1 – für ihren bisherigen Geschäftsanteil 50.000 Stückaktien als Namensaktien, so dass die Gesellschafterin 100% aller Aktien erhält. (Der Nennbetrag des Grundkapitals der Aktiengesellschaft beträgt Euro 50.000.)

Die Aktien werden nach Maßgabe der angefügten Satzung beschränkt.

7. (§ 194 Abs. 1 Nr. 5 UmwG)
Sonderrechte werden bei der formwechselnden Umwandlung nicht gewährt.

8. (§ 194 Abs. 1 Nr. 7 UmwG)
Durch die formwechselnde Umwandlung entstehen für die Arbeitnehmer und deren mögliche Vertretungen keine Änderungen.

9. (§ 192 Abs. 2 UmwG)
Die Gesellschafterin der vorbezeichneten Gesellschaft versichert, dass kein Betriebsrat in dem Unternehmen vorhanden ist. Die Geschäftsführer/Vorstände sollen bei der Anmeldung versichern, dass kein Betriebsrat vorhanden ist.

10. Zum Gründungsprüfer soll gemäß § 220 Abs. 3 UmwG, § 33 Abs. 2 AktG die Wirtschaftsprüfungsgesellschaft

„Marx & Jansen, Revisions- und Treuhand- GmbH", Wirtschaftsprüfungsgesellschaft, Steuerberatungsgesellschaft mit dem Sitz in Großmaischeid

bestellt werden. Deren Einverständnis wurde vorab erbeten und ist diesem Beschluss als *Anlage 2* beigefügt.

11. (Aufsichtsratbestellung gemäß § 95 AktG)
Zu Mitgliedern des ersten Aufsichtrats bestellen wir, wobei der Erschienene zu 6. sich bei der Bestellung seiner Person zum Mitglied des Aufsichtsrats der Stimme enthalten hat, die nachfolgend genannten Personen:

a) Herrn Martin Dickermann, erschienen zu 4.,

b) Herrn Bernd Cremer erschienen zu 5.,
c) Frau Barbara Herstaller erschienen zu 6.

und zwar für die Zeit bis zur Beendigung der Hauptversammlung, die über die Entlastung des Aufsichtsrats für das vierte Geschäftsjahr nach dem Beginn der Amtszeit beschließt, wobei das Geschäftsjahr, in dem die Amtszeit beginnt, nicht mitgerechnet wird.

Die Erschienenen zu 4. bis 6. nehmen, jeder für sich, die Bestellung zum Aufsichtsrat an.

12. Zum Abschlussprüfer für das laufende Geschäftsjahr bestellen wir die Wirtschaftsprüfungsgesellschaft

„Marx & Jansen, Revisions- und Treuhand- GmbH", Wirtschaftsprüfungsgesellschaft, Steuerberatungsgesellschaft mit dem Sitz in Großmaischeid.

Deren Einverständnis liegt vor. Es wird auf die *Anlage 2* zu dieser Urkunde verwiesen.

13. Die beteiligte Alleingesellschafterin erklärt, dass sie auf alle gesetzlichen Schutzrechte verzichtet, soweit dieses gesetzlich möglich ist. Insbesondere wird unwiderruflich darauf verzichtet, die vorstehenden Beschlüsse, insbesondere den Formwechsel, anzufechten oder dagegen Klage gemäß § 195 UmwG zu erheben.

14. (§ 243 UmwG)
Den geschätzten Gründungsaufwand, die Kosten dieser Urkunde und ihres Vollzuges bis zu einer Höhe von Euro 15.000 trägt die Gesellschaft.

IV.

Die entsprechend dem Umwandlungsbeschluss vom heutigen Tage bestellten Mitglieder des ersten Aufsichtsrats traten sodann unter Verzicht auf alle Form- und Fristvorschriften nach Gesetz und Satzung zusammen und fassten einstimmig folgende Beschlüsse:

1. Zum Vorsitzenden des Aufsichtsrats wird Herr Martin Dickermann, erschienen zu 4. gewählt. Zum Stellvertreter wird Herr Bernd Cremer erschienen zu 5. gewählt.

Die Gewählten nehmen ihre Wahl an.

2. Der Vorstand soll aus zwei Personen bestehen:
- Herr Peter Berliner, Marienschlossweg 1, 50933 Köln und
- Frau Sybille Strauch, Klever Straße 2, 50933 Köln

werden für die Dauer von fünf Jahren zu Vorstandsmitgliedern bestellt.

Die Gewählten nehmen die Wahl an.

Der Aufsichtsrat beschließt weiterhin, Herrn Peter Berliner und Frau Sybille Strauch von den Beschränkungen des § 181 BGB zu befreien, so dass sie die Gesellschaft auch vertreten dürfen, wenn sie zugleich in eigenem Namen und/oder als Vertreter Dritter handeln.

V.

Wir wünschen zehn Ausfertigungen dieser Verhandlung.

Erforderliche Genehmigungen werden wirksam mit dem Eingang bei dem amtierenden Notar.

Sollte eine Bestimmung dieser Urkunde aus irgendeinem Grund nichtig oder sonst unwirksam sein oder werden, so soll der übrige Teil davon unberührt gelten. Die jeweils Beteiligten sind verpflichtet mit der erforderlichen Form bei den erforderlichen Beschlüssen und Rechtshandlungen mitzuwirken, die zur Ersetzung bzw. Ergänzung der unwirksamen oder nichtigen Regelung erforderlich sind. Dabei ist diejenige zulässige Regelung zu vereinbaren, die dem am nächsten kommt, was die Beteiligten bei dieser Beurkundung nachweislich gewollt haben.

Sollten zur Ersteintragung der formwechselnden Umwandlung oder des Vollzugs dieser Urkunde im weitesten Sinne im Handelsregister Nachtragsbeschlüsse oder sonstige Versicherungen, Anmeldungen oder Erklärungen vom Registergericht angefordert werden, so ist unter Befreiung von den Beschränkungen des § 181 BGB

1. Herr Rechtsanwalt Sebastian Korts, Hültzstraße 26, 50933 Köln

ermächtigt, die entsprechenden Rechtshandlungen vorzunehmen.

Diese Verhandlung wurde den Erschienenen von dem Notar vorgelesen, von ihnen genehmigt und von ihnen und dem Notar wie folgt, eigenhändig, unterschrieben nebst Anlagen

Peter Berliner	Sybille Strauch	Martin Dickermann
Bernd Cremer	Barbara Herstaller	Sebastian Korts

Notar

b) Gründungsbericht der Plantechnik Berliner Aktiengesellschaft

anlässlich der formwechselnden Umwandlung der

Plantechnik Berliner GmbH

in die

Plantechnik Berliner Aktiengesellschaft

wird der nachfolgende Gründungsbericht erstellt:

I.

Die Plantechnik Berliner Beteiligungsgesellschaft bürgerlichen Rechts bestehend aus den acht gleichberechtigten und in gleichen Anteilen beteiligten nachbenannten Gesellschaftern:

Herrn Rechtsanwalt Ingo Flück,
geb. am 1.2.1930, Bonner Straße 12, 50933 Köln

Frau Rechtsanwältin Viktoria Cortez,
geb. am 3.4.1965, Fürst Pückler Straße 34, 50933 Köln

Herrn Wirtschaftsprüfer Felix Frohnhof,
geb. am 5.6.1950, Haselnußweg 56, 50933 Köln

Herrn Rechtsanwalt Dieter Brunsmann,
geb. am 7.8.1960, Hamburger Allee 78, 50933 Köln

Herrn Steuerberater Remo Landers,
geb. am 9.10.1970, Rheinufer 91, 50933 Köln

Herrn Unternehmensberater Peter Berliner,
geb. am 1.1.1950, wohnhaft Marienschlossweg 1, 50933 Köln

Frau Sybille Strauch, Vermögensverwalterin,
geb. am. 2.2.1965, wohnhaft Klever Straße 2, 50933 Köln

Frau Barbara Herstaller, Bankangestellte,
geb. am 5.5.1970, wohnhaft Eigelstein 5, 50933 Köln

ist zu 100% Gesellschafterin der beim Amtsgericht Köln unter der HRB-Nr. 1234 eingetragenen „Plantechnik Berliner GmbH".

II.

Der unterzeichnende Herr Rechtsanwalt Sebastian Korts vertritt die vorbezeichneten Gesellschafter gemäß den Vollmachten, die als *Anlage 1 bis 8* zu diesem Gründungsbericht genommen werden. Herr Rechtsanwalt Sebastian Korts tritt als Gesellschafter der Plantechnik Berliner Beteiligungsgesellschaft bürgerlichen Rechts hiermit zu einer form- und fristlosen außerordentlichen Gesellschafterversammlung zusammen:

Einstimmig wird beschlossen: Herrn Peter Berliner wird hiermit für die Umwandlung der

Plantechnik Berliner GmbH

in die

Plantechnik Berliner Aktiengesellschaft

Alleinvertretungsbefugnis für die Plantechnik Berliner Beteiligungsgesellschaft bürgerlichen Rechts erteilt. Er wird von den Beschränkungen des § 181 BGB befreit, so dass er die Plantechnik Beteiligungsgesellschaft bürgerlichen Rechts auch vertreten darf, wenn er zugleich in eigenem Namen und/oder als Vertreter Dritter handelt.

Herr Peter Berliner erklärt sich einverstanden.

Die Gesellschafterversammlung wird sodann geschlossen.

III.

Es wird sodann durch die Plantechnik Berliner Beteiligungsgesellschaft bürgerlichen Rechts der nachfolgende Bericht erstattet:

Durch notarielle Urkunde vom 23.1.2001 des Notars Klaus Pferdmenges, Westerwaldstraße 8, 50933 Köln, Ur-Nr. ...../2001, hat die Plantechnik Berliner Beteiligungsgesellschaft bürgerlichen Rechts als alleinige Gesellschafterin der beim Amtsgericht Köln unter der HRB-Nr. 1234 eingetragenen „Plantechnik Berliner GmbH" die formwechselnde Umwandlung in die „Plantechnik Berliner Aktiengesellschaft" beschlossen. Das Grundkapital beträgt 50.000 Euro, es ist eingeteilt in 50.000 Stückaktien als Namensaktien. Die Gesellschafterin hält einen Geschäftsanteil an der umwandelnden GmbH im Nennwert von 50.000 Euro. Die Gesellschafterin erhält im Umtausch-Verhältnis 1:1 für den bisherigen Geschäftsanteil 50.000 Stückaktien als Namensaktien, so dass die Gesellschafterin 100% aller Aktien erhält. Der Beschluss, dem seinerseits die Satzung als Anlage beigefügt wurde, ist diesem Bericht als *Anlage 17* beigefügt. Es wird ausdrücklich darauf Bezug genommen und dieser seinerseits zum Inhalt dieses Berichts gemacht.

Zum Aufsichtsrat wurden die nachfolgenden Herren bestellt.

Herr Martin Dickermann, Rechtsanwalt,
geb. am 3.3.1950, wohnhaft Unter Kranenbäumen 3, 50933 Köln

Herr Bernd Cremer, Steuerberater,
geb. am 4.4.1960 wohnhaft Lindentalgürtel 4, 50933 Köln

Frau Barbara Herstaller, Bankangestellte,
geb. am 5.5.1970, wohnhaft Eigelstein 5, 50933 Köln.

Diese nahmen die Bestellung an. Sie haben zum Vorsitzenden des Aufsichtsrats Herrn Martin Dickermann, zu seinem Stellvertreter Herrn Bernd Cremer gewählt. Die Gewählten haben die Wahl angenommen.

Herr Peter Berliner und Frau Sybille Strauch sind die Geschäftsführer der Plantechnik Berliner GmbH. Der Aufsichtsrat hat durch Beschluss vom 23.1.2001 die beiden Geschäftsführer zu Vorstandsmitgliedern nach Maßgabe der Satzung bestellt. Die beiden Vorstände sind jeweils alleinvertretungsberechtigt und von den Beschränkungen des § 181 BGB befreit. Es wird auf die Beschlussfassung zur Umwandlung verwiesen und darauf Bezug genommen. Die Beschlussfassung ist diesem Bericht als *Anlage 17* beigefügt, sie wird ausdrücklich zum Inhalt dieses Berichts gemacht.

Angaben nach § 32 Abs. 3 AktG

Die Gründungsgesellschafterin, die Plantechnik Berliner Beteiligungsgesellschaft bürgerlichen Rechts, hat im Tausch gegen ihre Gesellschaftsanteile Aktien im Nennbetrag ihrer Gesellschaftsanteile erhalten. Herr Geschäftsführer Peter Berliner und Frau Sybille Strauch sind zum Vorstand der Aktiengesellschaft bestellt; sie sind vermittels der Plantechnik Berliner Beteiligungsgesellschaft bürgerlichen Rechts an den übernommenen Aktien beteiligt. Eine direkte Übernahme von Aktien durch ein Mitglied des Vorstands liegt nicht vor. Frau Barbara Herstaller ist zum Mitglied des Aufsichtsrats bestellt worden. Sie ist vermittels der Plantechnik Berliner Beteiligungsgesellschaft bürgerlichen Rechts an den übernommenen Aktien beteiligt. Eine direkte Übernahme von Aktien durch ein Mitglied des Aufsichtsrats liegt nicht vor. Weder ein Mitglied des Vorstands noch ein Mitglied des Aufsichtsrats hat sich einen besonderen Vorteil oder für die Gründung oder ihre Vorbereitung eine Entschädigung oder Belohnung ausbedungen. Es wird auf die Beschlussfassung zur Umwandlung verwiesen, die diesem Bericht als *Anlage 17* beigefügt ist und darauf Bezug genommen.

Die Gesellschaft hat die Kosten der Umwandlung in einer geschätzten Höhe von 15.000 Euro übernommen.

Köln, den 23.1.2001

Peter Berliner Sebastian Korts

IV.

Die in diesem Gründungsbericht benannten Gesellschafter der Plantechnik Berliner Beteiligungsgesellschaft bürgerlichen Rechts treten den Erklärungen dieses Gründungsberichts höchst vorsorglich in allen Punkten bei.

Peter Berliner	Sybille Strauch	Barbara Herstaller
Ingo Flück	Viktoria Cortez	Felix Frohnhof
Dieter Brunsmann	Remo Landers	

c) Gründungsprüfung der Plantechnik Berliner Aktiengesellschaft

Wir, die unterzeichnenden Mitglieder des ersten Vorstands und des ersten Aufsichtsrats der

Plantechnik Berliner Aktiengesellschaft

in Köln, haben den Hergang der Gründung geprüft.

Dabei haben uns vorgelegen:

1. die notarielle Urkunde des Notars Klaus Pferdmenges, Westerwaldstraße 8, 50933 Köln, Ur.-Nr.: …/2001 vom 23.1.2001 einschließlich aller Anlagen über die Gründung der Plantechnik Berliner Aktiengesellschaft mit der Feststellung der Satzung, Übernahme der Aktien, Bestellung des ersten Aufsichtsrats, Wahl des Vorsitzenden des Aufsichtsrats und seines Stellvertreters, die Bestellung der zwei Vorstandsmitglieder, die Bestellung des Gründungsprüfers und des Abschlussprüfers, und

2. der Gründungsbericht vom 23.1.2001.

Nach unseren Feststellungen entspricht der Hergang der Gründung den gesetzlichen Vorschriften. Die Angaben der Gründer über die Übernahme der Aktien, über die Einlage auf das Grundkapital und über die Festsetzungen nach §§ 26 und 27 AktG sind richtig und vollständig. Sämtliche Aktien sind von den Gründern übernommen. Der Wert der Sacheinlagen erreicht den Nennbetrag der dafür zu gewährenden Aktien. Sondervorteile zugunsten einzelner Aktionäre, Vorstands- oder Aufsichtsratsmitglieder sind nicht eingeräumt worden. Die Satzung enthält den Mindestinhalt nach § 23 Abs. 3 und 4 AktG, die übrigen Satzungsbestimmungen sind ebenfalls ordnungsgemäß. Gründungsaufwand ist nicht zu Lasten der Gesellschaft erstattet worden. Gegen den Ansatz der Gründungskosten bestehen keine Einwendungen. Die Gründung entspricht nach unseren Feststellungen den gesetzlichen Vorschriften.

Der Gründungsbericht ist vollständig und richtig.

Köln, den 23.1.2001

Bernd Cremer Barbara Herstaller Martin Dickermann
Sybille Strauch Peter Berliner

d) Niederschrift über die 2. Sitzung des Aufsichtsrats der Plantechnik Berliner Aktiengesellschaft vom 23. 1. 2001

Die entsprechend dem Gründungsprotokoll vom heutigen Tag bestellten Mitglieder des ersten Aufsichtsrats

Herr Martin Dickermann, Herr Bernd Cremer, Frau Barbara Herstaller

sind unter Verzicht auf alle Form- und Fristvorschriften zu ihrer zweiten Sitzung als Aufsichtsrat zusammengetreten. Die Anwesenheit der beiden Vorstandsmitglieder, des Herrn Peter Berliner und der Frau Sybille Strauch, sind vom Aufsichtsrat gewünscht und von diesem einstimmig beschlossen worden.

Es wurden einstimmig die nachfolgenden Beschlüsse gefasst:

Der Aufsichtsrat hat die als *Anlage 1* zu dieser Niederschrift fest eingefügte Geschäftsordnung des Vorstands einschließlich des Geschäftsverteilungsplans auf Vorschlag des Vorstands beschlossen.

Der Aufsichtsrat hat die als *Anlage 2* zu dieser Niederschrift fest eingefügte Geschäftsordnung des Aufsichtsrats beschlossen.

Weiteres war nicht zu beschließen. Die zweite Sitzung des Aufsichtsrats wird geschlossen.

Köln, den 23.1.2001

Bernd Cremer	Barbara Herstaller	Martin Dickermann
Peter Berliner	Sybille Strauch	

e) Handelsregisteranmeldung der Umwandlung der Plantechnik Berliner GmbH

An das
Amtsgericht Köln
– Registergericht –
Reichenspergerplatz 1

Köln

Betr.: Umwandlung der
Plantechnik Berliner GmbH
HRB 1234
in die Plantechnik Berliner Aktiengesellschaft

Zum Handelsregister des Amtsgerichtes Köln zu HRB Nr. 1234 überreichen wir, die unterzeichnenden Geschäftsführer der vorbenannten Gesellschaft und Vorstände der neuen Gesellschaft,

I.) Eine Ausfertigung der Urkunde des Notars Klaus Pferdmenges, Westerwaldstraße 8, 50933 Köln vom 23.1.2001 mit der Ur.-Nr. .../2001, die u.a. Folgendes beinhaltet:

a) Verzichtserklärung zur Erstattung eines Umwandlungsberichtes gemäß § 192 Abs. 3 UmwG und deshalb auch Entfall der Übersendung desselben nach § 230 Abs. 1 UmwG,

b) Verzichtserklärung zur Abgabe eines Abfindungsangebots und deshalb auch Entfall der Prüfung desselben,

c) Verzicht auf schriftliche Einberufung der Gesellschafterversammlung mit Bezeichnung des Formwechsels als Tagesordnungspunkt gemäß § 230 Abs. 1 UmwG und Übersendung des Entwurfs des Umwandlungsbeschlusses,

d) der einstimmig gefasste Beschluss über die formwechselnde Umwandlung aller Gesellschafter der Plantechnik Berliner Beteiligungsgesellschaft bürgerlichen Rechts, die die einzige Gesellschafterin der Plantechnik Berliner GmbH ist,

e) Verzicht auf das Recht der Anfechtung der Beschlüsse, bzw. das Klagerecht insbesondere bzgl. des Formwechselbeschlusses nach § 195 UmwG; deshalb entfällt die gemäß §§ 16 Abs. 2 i. V. m. 198 Abs. 3 UmwG vorgesehene Negativerklärung (§§ 16 Abs. 2 S. 2, 2. Alternative i. V. m. 198 Abs. 3 UmwG),

f) Bestellung des Aufsichtsrats,

g) Niederschrift des Aufsichtsrats über seine Konstituierung, die Wahl des Aufsichtsratsvorsitzenden und des stellvertretenden Aufsichtsratsvorsitzenden,

h) Bestimmung der Anzahl der Vorstandsmitglieder und Bestellung des Vorstands,

i) sowie den Antrag auf Bestellung des zusätzlichen Gründungsprüfers.

II.) Den Gründungsbericht der Gesellschafter und neuen Aktionäre,

III.) Den Prüfungsberichts des Vorstands und des Aufsichtsrats.

Wir melden an:
die neue Rechtsform als Aktiengesellschaft unter der Firma

Plantechnik Berliner Aktiengesellschaft

mit einem Grundkapital von 50.000 Euro
mit dem Sitz in Köln und den Geschäftsräumen in der Planstraße 100, 50933 Köln,

die Neufassung der Satzung im Ganzen,

die Wahl der folgenden Vorstandsmitglieder:

a) Herr Peter Berliner, Marienschlossweg 1, 50933 Köln
b) Frau Sybille Strauch, Klever Straße 2, 50933 Köln.

Diese vertreten die Gesellschaft und sind von den Beschränkungen des § 181 BGB befreit, so dass sie die Gesellschaft auch vertreten dürfen, wenn sie zugleich in eigenem Namen und/oder als Vertreter Dritter handeln.

Die beiden Vorstandsmitglieder zeichnen ihre Unterschriften wie folgt

(Peter Berliner) (Sybille Strauch)

Die abstrakte Vertretungsregelung wird gemäß § 37 Abs. 3 AktG wie folgt angegeben.

§ 6 der Satzung lautet wie folgt:

„Ist nur ein Vorstand bestellt, so vertritt dieser die Gesellschaft allein. Besteht der Vorstand aus mehreren Personen, so wird die Gesellschaft durch zwei Vorstandsmitglieder gemeinsam oder durch ein Mitglied des Vorstands zusammen mit einem Prokuristen vertreten.

Die Geschäftsordnung des Vorstands kann abweichendes bestimmen."

Die Vorstände haben Gesamtvertretung. Sie sind von den Beschränkungen des § 181 BGB befreit, so dass sie die Gesellschaft auch vertreten dürfen, wenn sie zugleich im eigenen Namen und/oder als Vertreter Dritter handeln.

Die Vorstände Herr Peter Berliner und Frau Sybille Strauch versichern, jeder für sich, dass ihrer Bestellung zu Vorstandsmitgliedern § 76 Abs. 3 S. 2 und 3 AktG nichts entgegensteht. Jeder von ihnen versichert, dass er niemals wegen einer Straftat nach §§ 283 bis 283 d StGB verurteilt wurde und dass ihm weder durch gerichtliches Urteil oder vollziehbare Entscheidung einer Verwaltungsbehörde die Ausübung eines Berufes, Berufszweiges, Gewerbes oder Gewerbezweiges untersagt worden ist und dass sie über ihre unbeschränkte Auskunftspflicht gegenüber Notar und Handelsregister von dem beglaubigenden Notar belehrt wurden.

Wir zeigen auch die in der Urkunde enthaltene Wahl der folgenden drei Aufsichtsratsmitglieder an:

a) Herrn Martin Dickermann, Unter Kranenbäumen 3, 50933 Köln

b) Herrn Bernd Cremer, Lindentalgürtel 4, 50933 Köln

c) Frau Barbara Herstaller, Eigelstein 5, 50933 Köln

Diese nahmen die Bestellung an. Diese haben zum Vorsitzenden des Aufsichtsrats Herrn Martin Dickermann, Unter Kranenbäumen 3, 50933 Köln, zu seinem Stellvertreter Herrn Bernd Cremer, Lindentalgürtel 450933 Köln, gewählt. Die Gewählten haben die Wahl angenommen.

Wir erklären ausdrücklich, dass die oben bezeichneten Verzichtserklärungen in notarieller Urkunde abgegeben worden sind.

Wir versichern, dass in dem Unternehmen kein Betriebsrat besteht.

Nach Eintragung bitten wir um Übersendung eines beglaubigten Handelsregisterauszuges an die Gesellschaft und den beglaubigenden Notar.

Die unterzeichneten Gesellschafter, Vorstände und sämtliche Aufsichtsratmitglieder treten dieser Anmeldung bei.

Die in der Urkunde /2001 erteilte Vollmacht für

1. Herrn Rechtsanwalt Sebastian Korts, Hültzstraße 26, 50933 Köln

gilt auch für Anmeldungen und Nacherklärungen zum Handelsregister.

Köln, den 23.1.2001

Peter Berliner	Sybille Strauch	Martin Dickermann
Bernd Cremer	Barbara Herstaller	

Vorstehende, vor mir persönlich vollzogene Namensunterschriften der mir persönlich bekannten Personen beglaubige ich hiermit

a) Herr Unternehmensberater Peter Berliner,
geb. am 1.1.1950, Marienschlossweg 1, 50933 Köln,

b) Frau Sybille Strauch, Vermögensverwalterin,
geb. am 2.2.1965, Klever Straße 1, 50933 Köln,

c) Herr Martin Dickermann, Rechtsanwalt,
geb. am 3.3.1950, Unter Kranenbäumen 3, 50933 Köln,

d) Herr Bernd Cremer, Steuerberater,
geb. am 4.4.1960, Lindentalgürtel 4, 50933 Köln,

e) Frau Barbara Herstaller, Bankangestellte,
geb. am 5.5.1970, Eigelstein 5, 50933 Köln,

sowie die Namenszeichnung des vorgenannten Herrn Peter Berliner und der vorgenannten Frau Sybille Strauch in der Urkunde als Vorstandsmitglieder beglaubige ich hiermit öffentlich

Notar

2. Formularbeispiel für die Umwandlung eines Einzelunternehmens in die AG

Hier handelt es sich um ein in der Rechtsform eines Einzelunternehmens betriebenes Unternehmen. Vordringliches Motiv war, über die Wahl der Rechtsform für sein Produkt auch international eine Marktgeltung zu erreichen.

a) Beurkundung der Ausgliederungserklärung/Ausgliederungsplan

UR.-Nr.: 01/2001

Verhandelt zu Köln am 26.8.2001

Vor

Notar Dr. Klaus Pferdmenges

mit dem Amtssitz in Köln

erschienen,

1. Herr Peter Berliner, geb. am 1.1.1950,
   Unternehmensberater, wohnhaft in
   Marienschlossweg 1, 50933 Köln,
2. Frau Sybille Strauch, geb. am 2.2.1965,
   Vermögensverwalterin, wohnhaft in
   Klever Straße 1, 50933 Köln,
3. Herr Martin Dickermann, geb. am 3.3.1950,
   Rechtsanwalt, wohnhaft in
   Unter Kranenbaumen 3, 50933 Köln,
4. Herr Bernd Cremer, geb. am 4.4.1960,
   Steuerberater, wohnhaft in
   Lindentalgürtel 4, 50933 Köln
5. Frau Barbara Herstaller, geb. am 5.5.1970,
   Bankangestellte, wohnhaft in
   Eigelstein 5, 50933 Köln

zu 1. bis 5. dem Notar zur Person ausgewiesen durch Bundespersonalausweise.

Der Erschienene zu 1. erklärt:

Ich bin der alleinige Inhaber der beim Amtsgericht Köln unter der HRA 1000 eingetragenen Firma „Plantechnik Peter Berliner". Ich habe außer dieser Firma noch weiteres Vermögen. Ich möchte das vorbenannte Einzelunternehmen mit Stichtag auf den Ablauf des 31.12.2000 von meinem übrigen Vermögen abspalten und diesen Vermögensteil auf die neu zu gründende „Plantechnik Berliner Aktiengesellschaft" mit Sitz in Köln gegen Gewährung von Anteilen an dieser Gesellschaft übertragen (Ausgliederung zur Neugründung gemäß §§ 152 ff. UmwG).

Der Erschienene zu 1. bittet daher um Beurkundung der/des nachstehenden

Ausgliederungserklärung/Ausgliederungsplans

einschließlich der Neugründung der Aktiengesellschaft.

Ich errichte hiermit eine Aktiengesellschaft gemäß dem nachfolgenden Ausgliederungsplan, deren einziger Gesellschafter ich selbst bin und stelle den in der *Anlage 1* beigefügten Gesellschaftsvertrag fest. Dieser ist wesentlicher Bestandteil der Urkunde und wurde mitverlesen. Ich gliedere das vorbezeichnete Handelsunternehmen gemäß dem nachstehenden Ausgliederungsplan nach den §§ 152 ff. UmwG auf die von mir gegründete Aktiengesellschaft aus.

I. Ich stelle folgenden Ausgliederungsplan auf:

1. Firma

Die Firma der neu entstehenden Aktiengesellschaft lautet:

Plantechnik Berliner Aktiengesellschaft

Sie hat ihren Sitz in Köln.

Die Firma des übertragenden Rechtsträgers, des Einzelkaufmanns, lautet:

Plantechnik Peter Berliner

2. Vermögensübertragung

Ich übertrage die nachfolgend bezeichneten Vermögensteile und alle sonstigen Aktiva und Passiva des einzelkaufmännischen Unternehmens jeweils als Gesamtheit mit allen Rechten und Pflichten auf die durch die Ausgliederung entstehende Plantechnik Berliner Aktiengesellschaft und zwar gegen Gewährung von Gesellschaftsrechten an mich. Die Spaltung erfolgt in Anwendung der §§ 152 ff., 123 Abs. 3 S. 2 UmwG.

Für die Übertragung der Gegenstände des Aktiv- und Passivvermögens auf die durch die Spaltung entstehende Gesellschaft gilt im Einzelnen:

a) Auf die durch die Spaltung entstehende Gesellschaft übertragen werden alle Aktiva und Passiva des einzelkaufmännischen Unternehmens Plantechnik Berliner, die in der zum 31.12.2000 aufgestellten Schlussbilanz des einzelkaufmännischen Unternehmens enthalten sind, und zwar insbesondere die

Vermögensgegenstände des Anlage- und Umlaufvermögens gemäß Inventar und allgemeiner Beschreibung nach der dieser Urkunde hinzugefügten *Anlage 2*, soweit sie nicht bilanzierungspflichtig bzw. bilanzierungsfähig sind, alle dem kaufmännischen Unternehmen zuzuordnenden Verträge, insbesondere Pacht-, Leasing-, Liefer- oder Konzessionsverträge, Angebote und sonstige Rechtsstellungen, die ebenfalls in der *Anlage 2* zu dieser Urkunde aufgeführt sind. Die Schlussbilanz auf den 31.12.2000 ist dieser Urkunde als *Anlage 3* beigefügt.

b) Von der durch die Spaltung entstehenden Gesellschaft

Plantechnik Berliner Aktiengesellschaft

übernommen werden sämtliche Verbindlichkeiten des einzelkaufmännischen Unternehmens wie aus der Bilanz ersichtlich.

c) Auf die Plantechnik Berliner Aktiengesellschaft gehen sämtliche beim einzelkaufmännischen Unternehmen bestehenden Arbeitsverhältnisse über.

d) Soweit ab dem Zeitpunkt der wirtschaftlichen Trennung gemäß der nachstehenden Ziffer 5 Gegenstände durch den Erschienenen zu 1. im regelmäßigen Geschäftsverkehr veräußert worden sind, treten die Surrogate an deren Stelle.

e) Auch alle Vermögensgegenstände, Verbindlichkeiten und Arbeitsverhältnisse des Einzelunternehmens Plantechnik Berliner, die nicht in den beigefügten Anlagen bzw. der Bilanz aufgeführt sind, gehen auf die Plantechnik Berliner Aktiengesellschaft über. Dies gilt insbesondere auch für immaterielle oder bis zur Eintragung der Spaltung in das Handelsregister des einzelkaufmännischen Unternehmens erworbenen Vermögensgegenstände, begründete Arbeitsverhältnisse und entstandene Verbindlichkeiten.

f) Grundstücke werden nicht übertragen.

3. Gewährung von Anteilen

a) Als Gegenleistung für die vorstehende Vermögensübertragung erhält der Erschienene zu 1. durch Neugründung 50.000 Stückaktien als Namensaktien an der Plantechnik Berliner Aktiengesellschaft.

Die Übertragung erfolgt zu Buchwerten. Soweit der Wert des auf die durch die Spaltung entstehenden Gesellschaft übertragenen Vermögens den Nennbetrag des Stammkapitals der neuen Aktiengesellschaft übersteigt, wird dieser Betrag als Darlehen des Erschienenen zu 1. bei der Aktiengesellschaft gebucht.

b) Bare Zuzahlungen sind nicht zu leisten.

c) Besondere Rechte und Vorteile wurden für den Erschienenen zu 1. oder an sonstige in § 126 Abs. 7 UmwG bezeichnete Personen nicht gewährt; außer durch die Gewährung von Vorzugsaktien gemäß der nachstehenden Ziffer II. dieser Urkunde.

4. Anspruch auf den Bilanzgewinn

Ab dem in der nachfolgenden Ziffer 5. genannten Zeitpunkt hat der neu erworbene Anteil Anspruch auf den Bilanzgewinn der neuen Gesellschaft. Besonderheiten in Bezug auf diesen Anspruch bestehen nicht.

5. Spaltungsstichtag

Ab dem 1.1.2001 gelten die auf die übertragenen Vermögensgegenstände und Verbindlichkeiten bezogenen Handlungen des übertragenden Rechtsträgers jeweils als für Rechnung der durch die Spaltung entstehenden Gesellschaft vorgenommen.

6. Folgen für die Arbeitnehmer und ihre Vertretungen

Die Arbeitsverhältnisse der in dem Betrieb beschäftigten Arbeitnehmer gehen nach § 613 a Abs. 1 S. 1 BGB auf die „Plantechnik

Berliner Aktiengesellschaft" über. Beim einzelkaufmännischen Unternehmen existiert kein Betriebsrat. Die Vorstände sollen bei der Anmeldung versichern, dass kein Betriebsrat vorhanden ist.

II. Bestimmungen nach dem Aktiengesetz

1. Das Stammkapital der Gesellschaft beträgt Euro 50.000

Es ist eingeteilt in 50.000 Stückaktien, wobei diese eingeteilt sind in

- 25.000 Namensaktien und
- 25.000 stimmrechtslosen Vorzugsaktien als Namensaktien.

Auf § 3 Abs. 1 und Abs. 2 der als *Anlage 1* anliegenden Satzung wird verwiesen.

Der Erschienene zu 1. hält sämtliche Stückaktien.

Das Stammkapital wird in voller Höhe dadurch geleistet, dass das einzelkaufmännische Unternehmen Plantechnik Berliner, eingetragen im Handelsregister des Amtsgerichtes Köln unter HRA 1000, als Ganzes mit den zugehörigen Aktiva und Passiva sowie allen Rechten und Pflichten gemäß den Bestimmungen des Umwandlungsgesetzes im Wege der Ausgliederung zur Neugründung und nach der Maßgabe des Ausgliederungsplanes auf die Gesellschaft übertragen wird.

Der Erschienene zu 1. erhält damit 100 % aller Stückaktien in Höhe von insgesamt Euro 50.000. Das Grundkapital der Aktiengesellschaft beträgt Euro 50.000. Damit sind alle Aktien übernommen.

Die Aktien werden nach Maßgabe der angefügten Satzung beschränkt.

2. Sonderrechte werden bei dieser Ausgliederung zur Neugründung insofern gewährt, als dass die übernommenen stimmrechtslosen Vorzugsaktien nach Maßgabe der angefügten Satzung den dort näher beschriebenen Vorzug erhalten.

3. Zum Gründungsprüfer soll gemäß § 33 Abs. 2 AktG die Wirtschaftsprüfungsgesellschaft

„Marx & Jansen, Revisions- und Treuhand- GmbH", – Wirtschaftsprüfungsgesellschaft, Steuerberatungsgesellschaft –

mit dem Sitz in Großmaischeid bestellt werden. Deren Einverständnis wurde vorab erbeten und ist diesem Beschluss als *Anlage 4* beigefügt.

Zum Abschlussprüfer gemäß § 30 Abs. 1 AktG wird hiermit die Wirtschaftsprüfungsgesellschaft

„Marx & Jansen, Revisions- und Treuhand- GmbH“, – Wirtschaftsprüfungsgesellschaft, Steuerberatungsgesellschaft –

mit dem Sitz in Großmaischeid bestellt. Hinsichtlich deren Einverständnis wird auf die *Anlage 4* verwiesen.

4. Zu Mitgliedern des ersten Aufsichtsrats bestelle ich die nachfolgend genannten Personen:

a) Herrn Martin Dickermann, geb. am 3.3.1950,
Rechtsanwalt, wohnhaft in
Unter Kranenbäumen 3, 50933 Köln, erschienen zu 3.)

b) Herrn Bernd Cremer, geb. am 4.4.1960,
Steuerberater, wohnhaft in
Lindentalgürtel 4, 50933 Köln, erschienen zu 4.)

c) Frau Barbara Herstaller, geb. am 5.5.1970,
Bankangestellte, wohnhaft in
Eigelstein 5, 50933 Köln erschienen zu 5.)

und zwar für die Zeit bis zur Beendigung der Hauptversammlung, die über die Entlastung für das vierte Geschäftsjahr nach dem Beginn der Amtszeit beschließt. Auf § 7 Abs. 2 der anliegenden Satzung wird verwiesen.

Die Erschienenen zu 3. bis 5. nehmen die Bestellung zum Aufsichtsrat an.

5. Der Erschienene zu 1. erklärt, dass er auf alle gesetzlichen Schutzrechte verzichtet, soweit dieses gesetzlich möglich ist. Insbesondere wird unwiderruflich darauf verzichtet, die vorstehenden Beschlüsse zu widerrufen, anzufechten oder dagegen Klage zu erheben. Er verzichtet auf die Prüfung der Ausgliederung.

III. Aufsichtsratssitzung

Die entsprechend dieser Urkunde bestellten Mitglieder des ersten Aufsichtsrats traten sodann unter Verzicht auf alle Form- und Fristvorschriften nach Gesetz und Satzung zusammen und fassten einstimmig folgende Beschlüsse:

1. Zum Vorsitzenden des Aufsichtsrats wird Herr Martin Dickermann gewählt. Zum Stellvertreter wird Herr Bernd Cremer gewählt. Die Gewählten nehmen ihre Wahl an.

2. Der Vorstand soll aus zwei Personen bestehen. Herr Peter Berliner und Frau Sybille Strauch, werden für die Dauer von fünf Jahren zu Vorstandsmitgliedern bestellt. Die Gewählten nehmen die Wahl an.

3. Herr Peter Berliner wird zum Vorsitzenden des Vorstands bestimmt. Er nimmt dieses an. Frau Sybille Strauch wird zur stellvertretenden Vorsitzenden des Vorstands bestimmt. Sie nimmt dieses an.

Der Erschienene zu 1., Herr Peter Berliner, vertritt die Gesellschaft stets einzeln und ist von den Beschränkungen des § 181 BGB befreit.

Die Erschienene zu 2., Frau Sybille Strauch, vertritt die Gesellschaft stets einzeln.

IV. Sonstiges

1. Auf die Erstellung eines Spaltungsberichts gemäß § 127 UmwG wird im Namen des Einzelkaufmanns Herrn Peter Berliner und im Namen der neu zu gründenden Aktiengesellschaft ebenso wie im Namen des einzigen Aktionärs verzichtet.

2. Ein Ausgliederungsbericht ist nach §§ 158, 153 UmwG nicht erforderlich. Eine Ausgliederungsprüfung entfällt nach § 125 S. 2 UmwG.

3. Den geschätzten Gründungsaufwand, die Kosten dieser Urkunde und ihres Vollzugs bis zu einer Höhe von Euro 10.000 trägt die Gesellschaft.

4. Der Notar hat insbesondere darüber belehrt bzw. darauf hingewiesen,

- dass die Spaltung erst mit der Eintragung in das Handelsregister des übertragenden Rechtsträgers wirksam wird und diese Eintragung erst nach der Eintragung der neuen Gesellschaft erfolgen kann;
- dass bei der Eintragung der neu entstehenden Gesellschaft im Handelsregister der Wert des Gesellschaftsvermögens nicht niedriger sein darf als das ausgewiesene Stammkapital und dass der Gesellschafter und der übertragende Rechtsträger – mit Ausnahme des übernommenen Gründungsaufwandes – für einen etwa bestehenden Fehlbetrag haften;
- auf die Wirkungen der Eintragung nach §§ 155, 156, 157, 158, 131 UmwG und auf die Haftungsvorschriften der §§ 133, 134 UmwG;
- auf die kündigungsrechtliche Stellung der Arbeitnehmer nach § 323 UmwG sowie auf die Anwendbarkeit des § 613a BGB;
- auf eine eventuelle Schadensersatzpflicht nach § 25 UmwG;
- dass weitergehende Haftungsvorschriften bestehen können, insbesondere § 25 HGB, § 75 AO (133 Abs. 1 S. 2 UmwG).

5. Wir wünschen fünf Ausfertigungen dieser Verhandlung.

6. Erforderliche Genehmigungen werden wirksam mit dem Eingang bei dem amtierenden Notar.

7. Sollte eine Bestimmung dieser Urkunde aus irgendeinem Grund nichtig oder sonst unwirksam sein oder werden, so soll der übrige Teil davon unberührt gelten. Die jeweils Beteiligten sind verpflichtet, mit der erforderlichen Form bei den erforderlichen Beschlüssen und Rechtshandlungen mitzuwirken, die zur Ersetzung bzw. Ergänzung der unwirksamen oder nichtigen Regelung erforderlich sind. Dabei ist diejenige zulässige Regelung zu vereinbaren, die dem am nächsten kommt, was die Beteiligten bei dieser Beurkundung nachweislich gewollt haben.

Sollten zur Ersteintragung der Ausgliederung zur Neugründung oder des Vollzugs dieser Urkunde im weitesten Sinne im Handelsregister Nachtragsbeschlüsse oder sonstige Versicherungen, Anmeldungen oder Erklärungen vom Registergericht angefordert werden, so ist unter Befreiung von den Beschränkungen des § 181 BGB Herr Rechtsanwalt Sebastian Korts, Hültzstraße 26, 50933 Köln ermächtigt, auch für Vorstand und Aufsichtsrat die entsprechenden Rechtshandlungen vorzunehmen.

Diese Verhandlung nebst Anlagen wurde den Erschienenen von dem Notar vorgelesen, von ihnen genehmigt und von ihnen und dem Notar wie folgt, eigenhändig, unterschrieben

Unterschriften

Anlage 1
Satzung der Plantechnik Berliner Aktiengesellschaft mit dem Sitz in Köln (nicht abgedruckt)

Anlage 2
Vermögensgegenstände des Anlage- und Umlaufvermögens Inventar und Beschreibung (nicht abgedruckt)

Anlage 3
Schlussbilanz Bilanz zum 31.12.2000 mit Gewinn- und Verlustrechnung (nicht abgedruckt)

Anlage 4
Einverständniserklärung der Wirtschaftsprüfungsgesellschaft (nicht abgedruckt)

Anlagen zu Urkunde Nr. 01/2001
des Notars Klaus Pferdmenges mit dem Amtssitz in Köln geschlossen.

Notar

b) Gründungsbericht gemäß § 159 UmwG und § 32 AktG

anlässlich der Ausgliederung zur Neugründung des im Handelsregister HRA 1000 in Köln eingetragenen Einzelunternehmens

Plantechnik Peter Berliner

in die

Plantechnik Berliner Aktiengesellschaft

wird der nachfolgende Gründungsbericht erstellt:

Durch notarielle Urkunde mit der Ur.Nr. 001/2001 vom 26.8.2001 des Notars Dr. Klaus Pferdmenges mit dem Amtssitz in Köln habe ich, der unterzeichnende Gründer Herr Peter Berliner, Kaufmann, geb. 1.1.1950, wohnhaft Marienschlossweg 1, 50933 Köln, als Inhaber des Einzelunternehmens

Plantechnik Peter Berliner

Amtsgericht Köln HRA 1000 die Ausgliederung zur Neugründung in die

Plantechnik Berliner Aktiengesellschaft

beschlossen. Dieser Beschluss, dem seinerseits die Satzung als Anlage beigefügt wurde, ist diesem Bericht als *Anlage 1* einschließlich aller dort näher bezeichneten Anlagen beigefügt. Es wird ausdrücklich darauf Bezug genommen.

Zum Aufsichtsrat wurden die nachfolgenden Personen bestellt.

Herr Martin Dickermann, geb. am 3.3.1950,
Rechtsanwalt, wohnhaft Unter Kranenbäumen 3, 50933 Köln

Herr Bernd Cremer, geb. am 4.4.1960,
Steuerberater, wohnhaft Lindentalgürtel 4, 50933 Köln,

Frau Barbara Herstaller, geb. am 5.5.1970,
Bankangestellte, wohnhaft Eigelstein 5, 50933 Köln,

Diese nahmen die Bestellung an. Sie haben zum Vorsitzenden des Aufsichtsrats Herrn Martin Dickermann, zu seinem Stellvertreter Herrn Bernd Cremer gewählt. Die Gewählten haben die Wahl angenommen. Es wird auf die beigefügte *Anlage 1* verwiesen und darauf Bezug genommen.

Der Aufsichtsrat hat durch Beschluss vom 26.8.2001 Herrn Peter Berliner und Frau Sybille Strauch zu Vorstandsmitgliedern nach Maßgabe der Satzung bestellt. Herr Peter Berliner wurde zum Vorsitzenden des Vorstands bestellt. Es wird auf die beigefügte *Anlage 1* verwiesen und darauf Bezug genommen.

(Angaben gemäß § 32 Abs. 3 AktG)

Der unterzeichnende Gründer, welcher Vorstand bei der neu gegründeten Aktiengesellschaft wurde, hat im Tausch gegen sein Einzelunternehmen 50.000 Stückaktien erhalten. Es wird auf die beigefügte *Anlage 1* verwiesen und darauf Bezug genommen.

Kein Mitglied des Vorstands oder des Aufsichtsrats hat sich einen Sondervorteil oder eine Belohnung für die Gründung oder die Vorbereitung der Umwandlung ausbedungen.

Die Gesellschaft hat die Kosten der Umwandlung in einer geschätzten Höhe von Euro 10.000 übernommen.

Es besteht eine Personenidentität zwischen dem Inhaber des Einzelunternehmens und dem Vorsitzenden des Vorstands, der gleichzeitig auch Alleingesellschafter der neu gegründeten Aktiengesellschaft ist.

Die Lage des Einzelunternehmens ergibt sich aus der in *Anlage 1* anliegenden Bilanz des Jahres 2000. Weiter wird auf die diesem Bericht als *Anlage 2* beigefügte Bilanz des Einzelunternehmens für das Jahr 1999 verwiesen. Aus diesen beiden Bilanzen ergeben sich auch die Anschaffungs- und Herstellungskosten sowie die Betriebserträge der letzten beiden Geschäftsjahre. Vorausgegangene Rechtsgeschäfte, die auf den Erwerb durch die neu gegründete Gesellschaft hingezielt haben, haben nicht stattgefunden. Gegenüber dem Vorjahr 1999, das lässt sich aus den vorgelegten Bilanzen, dort insbesondere aus den Gewinn- und Verlustrechnungen ablesen, hat sich der Geschäftsverlauf positiv entwickelt. Der Umsatz konnte zu dem Vergleichsjahr 1999 um 56,9% gesteigert werden. Gleichzeitig konnte der Gewinn um 125,6% angehoben werden. Das insgesamt positive Ergebnis hat im Wesentlichen zu einer Steigerung der kurzfristigen Mittel um 155,8% geführt. Nach den Auswertungen der innerbetrieblichen Buchhaltung bis zum Monat Juli 2001 ist für das gegenwärtige Jahr von einem zumindest vergleichbarem Ergebnis wie im Jahr 2000 auszugehen. Dies ergibt sich aus den als *Anlage 3* beigefügten vorläufigen betriebswirtschaftlichen Auswertungen. Das vorläufige Ergebnis 6/2001 beinhaltet umfangreiche Renovierungsarbeiten in Höhe von Euro 30.000. Bereinigt man das vorläufige Ergebnis in Höhe von Euro 14.327 um die vorgenannte Zahl und rechnet diese auf 12 Monate hoch, so ergibt sich ein vorläufiges Ergebnis 12/2001 vor Abschreibung in Höhe von Euro 88.654. Unter Abzug der Abschreibungsbeträge ist mit einer Gewinnsteigerung gegenüber dem Vorjahr 2000 von mindestens 30% zu rechnen. Die abgeschlossene Neuentwicklung einer Lampe läßt erwarten, dass der Geschäftsverlauf spürbar ansteigt. Die Aufwendungen für diese Neuentwicklung sind bereits vollständig im Jahr 2000 erbracht worden. Verluste bestehen nicht. Prozesse drohen nicht und werden gegenwärtig nicht geführt. Eine Wertberichtigung von Forderungen ist nicht zu besorgen.

Hinsichtlich der Voraussetzungen des § 159 Abs. 3 UmwG lege ich hiermit als *Anlage 4* eine Vermögensaufstellung vor, in der mein Vermögen den Verbindlichkeiten gegenübergestellt ist. Dabei unterteile ich die Vermögensaufstellung nach Betriebsvermögen und Privatvermögen. Ich habe jeweils die tatsächlichen Werte angesetzt. Aus der Aufstellung folgt, dass die Verbindlichkeiten sowohl im einzelkaufmännischen Bereich als auch im privaten Bereich mein Vermögen nicht übersteigen.

Ich versichere hiermit, dass die Vermögensaufstellung den gegenwärtigen Stand repräsentiert und vollständig ist.

Peter Berliner

Köln, den 26.8.2001

Anlage 1
Bilanz zum 31.12.2000 mit Gewinn- und Verlustrechnung (nicht abgedruckt).

Anlage 2
Jahresabschluss zum 31.12.1999 (nicht abgedruckt).

Anlage 3
BWA Juli 2001 (nicht abgedruckt).

Anlage 4
Vermögensaufstellung des Einzelunternehmens zu Buchwerten (nicht abgedruckt).

c) Gründungsprüfung

anlässlich der Ausgliederung zur Neugründung des im Handelsregister HRA 1000 in Köln eingetragenen Einzelunternehmens

Plantechnik Peter Berliner

in die

Plantechnik Berliner Aktiengesellschaft

wird durch die unterzeichnenden Mitglieder des ersten Vorstands und des ersten Aufsichtsrats der

Plantechnik Berliner Aktiengesellschaft

die nachfolgende Gründungsprüfung durchgeführt. Dazu hat uns die notarielle Urkunde 01/2001 des Notars Dr. Klaus Pferdmenges mit dem Amtssitz in Köln nebst den in der Urkunde bezeichneten Anlagen vom 26.8.2001 vorgelegen.

Nach unseren Feststellungen entspricht der Hergang der Gründung in Form der Ausgliederung zur Neugründung den gesetzlichen Vorschriften. Die Angaben des Gründers über die Übernahme der Aktien, die Einlage auf das Grundkapital und über die Festsetzungen nach §§ 26, 27 AktG sind richtig und vollständig. Der Wert der Sacheinlage erreicht den Nennbetrag der zu gewährenden Aktien. Die Bestellung des ersten Aufsichtsrats und des ersten Vorstands sowie die Bestellung des Abschlussprüfers für das erste Geschäftsjahr sind erfolgt. Die Satzung enthält den Mindestinhalt gemäß § 23 Abs. 3 und 4 AktG, die übrigen Satzungsbestimmungen sind ebenfalls ordnungsgemäß. Gegen den Ansatz der Gründungskosten bestehen keine Einwendungen.

Die Verbindlichkeiten des Einzelkaufmanns Herrn Peter Berliner übersteigen nicht sein Vermögen.

Der Gründungsbericht ist vollständig und richtig.

Köln, den 26.8.2001

Peter Berliner	Sybille Strauch	Martin Dickermann
Bernd Cremer	Barbara Herstaller	

UR.-Nr. 03/2001 des Notars Dr. Klaus Pferdmenges in Köln

Vorstehende vor mir persönlich vollzogene Namensunterschriften der mir inzwischen persönlich bekannten folgenden Personen:

des Unternehmensberaters Herrn Peter Berliner,
geb. 1.1.1950, wohnhaft in 50939 Köln, Marienschlossweg 1,

der Vermögensverwalterin Frau Sybille Strauch,
geb. 2.2.1965, wohnhaft in 50933 Köln, Klever Straße 1,

des Rechtsanwalts Herrn Martin Dickermann,
geb. 3.3.1950, wohnhaft in 50933 Köln, Unter Kranenbäumen 3,

des Steuerberaters Herrn Bernd Cremer,
geb. 4.4.1960, wohnhaft in 50933 Köln, Lindentalgürtel 4,

der Bankangestellten Frau Barbara Herstaller,
geb. 5.5.1970, wohnhaft in 50933 Köln, Eigelstein 5,

beglaubige ich hiermit öffentlich,

ebenso die vor mir vollzogenen Namenszeichnungen der vorstehend zu 1) und 2) genannten Herrn Peter Berliner und Frau Sybille Strauch als Vorstandsmitglieder.

Köln, den 26.8.2001

Dr. Klaus Pferdmenges

Notar

d) Anmeldung der Ausgliederung

UR.-Nr. 02/2001

Amtsgericht Köln
– Handelsregister –
Reichenspergerplatz 1
50670 Köln

Köln, den 26.8.2001

Betr.: Ausgliederung des Unternehmens des Einzelkaufmanns Peter Berliner, HRA 1000 beim Amtsgericht Köln

Zur Eintragung in das Handelsregister wird angemeldet, dass der Einzelkaufmann Peter Berliner sein einzelkaufmännisches Unternehmen, welches unter HRA 1000 beim Amtsgericht Köln eingetragen ist, mit allen Aktiva und Passiva auf die dadurch neu gegründete Gesellschaft

Plantechnik Berliner Aktiengesellschaft

mit dem Sitz in Köln unter Anwendung der §§ 152 ff., 123 ff. UmwG ausgegliedert hat.

Mit Eintragung der Ausgliederung ist die Firma erloschen.

Der Anmeldung sind beigefügt:

- beglaubigte Abschrift des Ausgliederungsplans zur Urkunde des Notars Dr. Klaus Pferdmenges mit dem Amtssitz in Köln vom 7.5.2001, Ur.-Nr. 01/2001 welche in der Anlage enthält:
  die Satzung des neuen Rechtsträgers,
  eine Übersicht über das zu übertragende Vermögen,
  die Bilanz des übertragenden Rechtsträgers auf den 31.12.2000,
  die Einverständniserklärung des Gründungsprüfers;
- die Liste der Gesellschafter der übernommenen Stammeinlage;
- beglaubigte Abschrift des Gründungsberichts, welcher in der Anlage enthält:
  die Bilanz des übertragenden Rechtsträgers auf den 31.12.2000,
  eine betriebswirtschaftliche Auswertung des übertragenden Rechträgers auf den 31.7.2001,
  die Vermögensaufstellung des Kaufmanns Herrn Peter Berliner;
- beglaubigte Abschrift des Berichts über die Gründungsprüfung;
- beglaubigte Abschrift der Anmeldung zum Handelsregister bezüglich Neugründung der Aktiengesellschaft mit der Firma „Plantechnik Berliner Aktiengesellschaft“ mit dem Sitz in Köln in Anwendung der Vorschriften des Umwandlungsgesetzes.

Es wird versichert, dass die Verbindlichkeiten des Einzelkaufmanns Herrn Peter Berliner sein Vermögen nicht übersteigen. Wegen der Einzelheiten wird auf den Gründungsbericht verwiesen.

Köln, den 26.8.2001

UR.-Nr. 02/2001 des Notars Dr. Klaus Pferdmenges in Köln

Vorstehende vor mir persönlich vollzogene Namensunterschrift des mir inzwischen persönlich bekannten Kaufmannes Herrn Peter Berliner, geb. 1.1.1950, wohnhaft in Marienschlossweg 1, 50933 Köln, beglaubige ich hiermit öffentlich.

Köln, den 26.8.2001

Notar

e) Anmeldung der Neugründung

UR.-Nr. 03/2001

Amtsgericht Köln
– Handelsregister –
Reichenspergerplatz 1
50670 Köln

Köln, den 26.8.2001

Betr.: Neugründung der Aktiengesellschaft mit der Firma
Plantechnik Berliner Aktiengesellschaft
mit dem Sitz in Köln
in Anwendung der Vorschriften des Umwandlungsgesetzes
(§§ 152 ff., 123 ff.)

Zur Eintragung in das Handelsregister wird angemeldet, dass der Einzelkaufmann Herr Peter Berliner sein einzelkaufmännisches Unternehmen, welches unter HRA 1000 beim Amtsgericht Köln eingetragen ist mit allen Aktiva und Passiva auf die dadurch neu gegründete Gesellschaft

Plantechnik Berliner Aktiengesellschaft

mit dem Sitz in Köln unter Anwendung der §§ 152 ff., 123 ff. UmwG ausgeliedert hat.

Herr Peter Berliner ist Inhaber des übertragenden Rechtsträgers, des im Handelsregister des Amtsgerichts Köln unter HRA 1000 eingetragenen Einzelunternehmens.

Über dies wird versichert, dass die Vorstandsmitglieder über ihre diesbezügliche unbeschränkte Auskunftspflicht gegenüber Notar und Handelsregister vom beglaubigenden Notar belehrt worden sind. Weiterhin wird versichert, dass sie nach § 51 Abs. 2 des Gesetzes über das Zentralregister und das Erziehungsregister in der Fassung der Bekanntmachung vom 22.7.1976 (BGBl. S. 2005) von dem beglaubigenden Notar belehrt worden sind.

Die Vertretungsbefugnis ist allgemein wie folgt geregelt:

§ 5 der Satzung

Der Vorstand der Gesellschaft besteht aus einer oder mehreren Personen. Der Aufsichtsrat bestimmt die Zahl der Mitglieder des Vorstands. Der Aufsichtsrat kann einen Vorsitzenden des Vorstands ernennen. Der Aufsichtsrat kann jedes Vorstandsmitglied von den Bestimmungen des § 181 BGB befreien.

Der Vorstand gibt sich mit Zustimmung des Aufsichtsrats eine Geschäftsordnung.

§ 6 Vertretung

Ist nur ein Vorstand bestellt, so vertritt dieser die Gesellschaft allein. Besteht der Vorstand aus mehreren Personen, so wird die Gesellschaft durch zwei Vorstandsmitglieder gemeinsam oder durch ein Mitglied des Vorstands zusammen mit einem Prokuristen vertreten. Die Geschäftsordnung des Vorstands kann abweichendes bestimmen.

Die Vertretungsbefugnis des neu bestellten Vorstandsmitgliedes Peter Berliner, der seine Namensunterschrift wie folgt zeichnet, ist im Einzelfall wie folgt geregelt: Das Vorstandsmitglied Peter Berliner, Unternehmensberater in Köln, vertritt die Gesellschaft stets einzeln und ist von den Beschränkungen des § 181 BGB befreit. Er ist zum Vorsitzenden des Vorstands ernannt.

Die Vertretungsbefugnis des neu bestellten Vorstandsmitgliedes Sybille Strauch, die ihre Namensunterschrift wie folgt zeichnet, ist im Einzelfall wie folgt geregelt: Das Vorstandsmitglied Sybille Strauch, Vermögensverwalterin in Köln, vertritt die Gesellschaft stets einzeln. Sie ist zur stellvertretenden Vorsitzenden des Vorstands ernannt.

Die Vorstandsmitglieder zeichnen ihre Namensunterschrift wie folgt:

Peter Berliner Sybille Strauch

Die Geschäftsräume der Gesellschaft befinden sich in der Steinsstraße, 50933 Köln

Wir zeigen auch die in der Urkunde enthaltene Wahl der folgenden drei Aufsichtsratsmitglieder an:

Herr Martin Dickermann, geb. 3.3.1950,
Rechtsanwalt, wohnhaft in Unter Kranenbäumen 3, 50933 Köln

Herr Bernd Cremer, geb. 4.4.1960,
Steuerberater, wohnhaft in Lindentalgürtel 4, 50933 Köln,

Frau Barbara Herstaller, geb. 5.5.1970,
Bankangestellte, wohnhaft in Eigelstein 5, 50933 Köln

Diese nahmen die Bestellung an. Sie haben zum Vorsitzenden des Aufsichtsrats Herrn Martin Dickermann und zu seinem Stellvertreter Herrn Bernd Cremer gewählt. Die Gewählten haben die Wahl angenommen.

Beide Vorstandsmitglieder erklären gemäß § 16 Abs. 2 S. 2, 2. Halbsatz UmwG, dass eine Anfechtung ausgeschlossen ist und daher eine Negativerklärung nach § 16 Abs. 2 S. 1 UmwG entbehrlich ist.

Nach Eintragung bitten wir um Übersendung eines beglaubigten Handelsregisterauszugs an die Gesellschaft und den beglaubigenden Notar.

Die unterzeichneten Gesellschafter, Vorstände und sämtliche Aufsichtsratsmitglieder treten der Anmeldung bei.

Die in der Urkunde 01/2001 des beglaubigenden Notars erteilte Vollmacht für Herrn Rechtsanwalt Sebastian Korts, Hültzstraße 26, 50933 Köln, gilt auch für Anmeldungen und Nacherklärungen zum Handelsregister.

Köln, den 26.8.2001

3. Formularbeispiel für die Umwandlung einer OHG bzw. BGB-Gesellschaft in eine AG

Hier wurde eine BGB-Gesellschaft, die bisher in der Rechtsform der OHG betrieben wurde, in eine Aktiengesellschaft umgewandelt. Mit diesem Schritt sollten möglicherweise in der Zukunft auftretende erbrechtliche Probleme abgeschwächt werden.

Die Gesellschafter haben die Aufsichtsräte nicht am Beschluss teilnehmen lassen, so dass diese die Wahl nicht annehmen und daher auch noch keinen Vorsitzenden wählen konnten. Weiter verdeutlicht der Beschluss, dass die Frage des Gründungsprüfers nicht geklärt war. Beide Beschlüsse wurden außerhalb der notariellen Urkunde durchgeführt. Es bleibt dem Gericht vorbehalten, in diesem Fall ergänzenden Schriftverkehr mit dem Wirtschaftsprüfer dahingehend zu führen, ob er als Gründungs- und als Abschlussprüfer in Betracht kommt.

a) Umwandlungsbeschluss

UR.-Nr. ....../2001

Verhandelt zu Köln 7.8.2001

Vor dem unterzeichnenden Notar Dr. Klaus Pferdmenges mit Amtssitz in Köln

erschienen, ausgewiesen durch Vorlage ihrer deutschen Personalausweise:

1. Herr Peter Berliner, geb. 1.1.1950, Unternehmensberater, wohnhaft in 50933 Köln, Marienschlossweg 1,
2. Frau Sybille Strauch, geb. 2.2.1965, Vermögensverwalterin, wohnhaft in 50933 Köln, Klever Straße 2,

beide hier handelnd im eigenen Namen und in ihrer Eigenschaft als geschäftsführungs- und alleinvertretungsberechtigte Gesellschafter der im Handelsregister des Amtsgerichts Köln unter HRA 1000 eingetragenen offenen Handelsgesellschaft mit der Firma Plantechnik Berliner OHG mit Sitz in Köln. Die Gesellschaft betreibt die Planung und Ausführung von Elektro-Installationen und Beleuchtungsanlagen.

Die Erschienenen erklärten:

I.

1. Gesellschafter der vorgenannten offenen Handelsgesellschaft der Firma Plantechnik Berliner OHG mit Sitz in Köln sind

a) der zu 1. erschienene Herr Peter Berliner
mit einer Kapitaleinlage von Euro 250.000

b) die zu 2. erschienene Frau Sybille Strauch
mit einer Kapitaleinlage von Euro 250.000

Die Stimmen der Gesellschafter entsprechen dem Nennbetrag ihrer Kapitaleinlagen.

Herr Peter Berliner und Frau Sybille Strauch sind beide jeweils allein zur Geschäftsführung und zur Vertretung berechtigt.

2. Die Gesellschafter beabsichtigen, die Gesellschaft nach den Vorschriften der §§ 190 ff. UmwG in eine Aktiengesellschaft umzuwandeln.

3. Wir verzichten hiermit ausdrücklich auf die Erstattung eines Umwandlungsberichts (§ 192 UmwG) sowie auf die Unterbreitung eines Abfindungsangebots (§ 207 UmwG) sowie auf alle Form- und Fristvorschriften für die Einberufung einer Gesellschafterversammlung und die Ankündigung des Formwechsels als Gegenstand der Beschlussfassung (§ 216 UmwG).

II.

Sodann treten die Erschienenen zu 1. und 2. als Gesellschafter der Plantechnik Berliner OHG zu einer Gesellschaftsversammlung zusammen und fassen einstimmig den folgenden

Umwandlungsbeschluss

1. Die Gesellschaft soll durch Formwechsel die Rechtsform einer Aktiengesellschaft erhalten.

2. Die Firma der Gesellschaft in der Rechtsform der Aktiengesellschaft lautet:

Plantechnik Berliner Aktiengesellschaft.

Die Aktiengesellschaft hat ihren Sitz in Köln.

3. Das Grundkapital der Aktiengesellschaft beträgt Euro 100.000

Daran sind die Gesellschafter wie folgt beteiligt:

a) Herr Peter Berliner und

b) Frau Sybille Strauch

mit jeweils 50.000 Stückaktien, ergibt jeweils Euro 50.000, so dass beide Gesellschafter zusammen 100.000 Stückaktien halten.

Im Einzelnen ergeben sich Art, Zahl und Umfang der Beteiligung der bisherigen Gesellschafter der offenen Handelsgesellschaft an der künftigen Aktiengesellschaft, die einen Bestandteil dieses Umwandlungbeschlusses ist.

4. Inhaber besonderer Rechte in der offenen Handelsgesellschaft gibt es nicht, insbesondere werden Rechte nach § 194 Abs. 1 Nr. 5 UmwG in der Aktiengesellschaft nicht eingeräumt.

5. Die Arbeitsverhältnisse mit den Arbeitnehmern der Gesellschaft werden von ihr auch in neuer Rechtsform fortgesetzt. Auswirkungen mitbestimmungsrechtlicher und tarifvertraglicher Art ergeben sich nicht. Dem Aufsichtsrat der Aktiengesellschaft werden Vertreter der Arbeitnehmer nicht angehören, da die Gesellschaft weniger als 500 Arbeitnehmer beschäftigt.

6. Die Satzung der Aktiengesellschaft ergibt sich aus der diesem Protokoll beigefügten und festen Bestandteil bildenden *Anlage 1*.

7. In den Aufsichtsrat der Gesellschaft werden gewählt

a) Herr Martin Dickermann, geb. am 3.3.1950, Rechtsanwalt, wohnhaft in 50933 Köln, Unter Kranenbäumen 3,

b) Herr Bernd Cremer, geb. am 4.4.1960, Steuerberater, wohnhaft in 50933 Köln, Lindentalgürtel 4

c) Frau Barbara Herstaller, geb. am 5.5.1970, Bankangestellte, wohnhaft in 50933 Köln, Eigelstein 5.

Ihre Amtszeit endet mit der Beendigung der Hauptversammlung, die über die Entlastung für das erste Voll- oder Rumpfgeschäftsjahr beschließt.

8. Zum Abschlussprüfer für das erste Voll- oder Rumpfgeschäftsjahr wird Herr Wirtschaftsprüfer Diplom-Kaufmann Eberhard Ehrlich, von der Wirtschaftsprüfungsgesellschaft Marx & Jansen, Revisions- und Treuhand- GmbH, Wirtschaftsprüfungsgesellschaft, Steuerberatungsgesellschaft, Dierdorfer Str. 4, 50933 Köln, bestellt.

III.

Sämtliche Gesellschafter verzichten hierdurch bereits jetzt auf eine Klage gegen die Wirksamkeit des vorstehenden Umwandlungsbeschlusses (§ 16 Abs. 2 Satz 2 UmwG).

IV.

Die Erschienenen bevollmächtigen – jeweils einzelvertretungsbefugt und von den Beschränkungen des § 181 BGB befreit – den Notariatsangestellten des amtierenden Notars

Herrn Hermann Helfer, geschäftsansässig in 50933 Köln, Notarstraße 100,

Änderungen und Ergänzungen dieser Verhandlung für die Erschienenen zu beschließen und zum Handelsregister anzumelden.

V.

Der Notar hat auf folgendes hingewiesen:

Die beiden bisherigen geschäftsführungsbefugten Gesellschafter der OHG sind bei Verletzung ihrer Sorgfaltspflicht gesamtschuldnerisch verpflichtet, den Gläubigern der OHG den Schaden zu ersetzen, den diese durch den Formwechsel erleiden.

Der Formwechsel wird erst wirksam, wenn die neue Rechtsform Aktiengesellschaft in dem für sie zuständigen Register eingetragen ist.

Soweit Rechte an den Gesellschaftsanteilen an der OHG bestehen sollten, setzen sich diese an den künftigen Aktien fort.

Wird die Aktiengesellschaft unter Verstoß gegen § 220 Abs. 1 UmwG in das Handelsregister eingetragen, ist der Formwechsel wirksam. In diesem Fall ist jeder Gesellschafter, der für den Formwechsel gestimmt hat, verpflichtet, den Fehlbetrag zum vereinbarten Grundkapital in Geld zu leisten.

Das Registergericht wird die Eintragung des Formwechsels bekannt machen. Darin werden die Gläubiger der OHG auf folgendes Recht hingewiesen: Wenn sie binnen sechs Monaten nach der Bekanntmachung ihren Anspruch nach Grund und Höhe gegenüber der AG schriftlich anmelden und glaubhaft machen, dass die Erfüllung ihrer Forderung durch den Formwechsel gefährdet wird, können sie Sicherheitsleistung verlangen, sofern sie nicht schon die Befriedigung ihrer Forderung beanspruchen können.

Diese Niederschrift nebst *Anlage 1* wurde den Erschienenen in Gegenwart des Notars vorgelesen, von ihnen genehmigt und eigenhändig, wie folgt, unterschrieben:

Peter Berliner Sybille Strauch

Notar

Anlage 1
Satzung der Aktiengesellschaft mit der Firma Plantechnik Berliner Aktiengesellschaft (nicht abgedruckt).

b) Niederschrift über die 1. Aufsichtsratssitzung der Plantechnik Berliner Aktiengesellschaft vom 7. 8. 2001

Der Aufsichtsrat hat in Anwesenheit der Aufsichtsratsmitglieder, Herrn Martin Dickermann, Herrn Bernd Cremer und Frau Barbara Herstaller, am 7.8.2001 in der Zeit von 15.00 bis 15.30 Uhr getagt.

Unter Verzicht auf alle Formen und Fristen wurden nachfolgende Beschlüsse einstimmig getroffen:

Es wurde Frau Barbara Herstaller zur Schriftführerin gewählt. Herr Martin Dickermann wurde zum Vorsitzenden des Aufsichtsrats gewählt. Herr Bernd Cremer wurde zum stellvertretenden Vorsitzenden gewählt. Diese haben, jeder für sich, die Bestellung angenommen.

Der Aufsichtsrat bestellt Herrn Peter Berliner und Frau Sybille Strauch zu Mitgliedern des Vorstands für die Dauer von drei Jahren.

Die Gewählten sind jeweils alleinvertretungsberechtigt und von den Beschränkungen des § 181 BGB befreit, soweit dem nicht § 112 AktG entgegensteht.

Dickermann Köln, den 7. 8. 2001

c) Umwandlungs- und Gründungsbericht der Gründer der Plantechnik Berliner Aktiengesellschaft Köln

Als Gesellschafter der Plantechnik Berliner OHG, Köln, die durch Umwandlungsbeschluss vom 7.8.2001 formwechselnd in eine Aktiengesellschaft umgewandelt werden soll, und zugleich als Gründer der Plantechnik Berliner Aktiengesellschaft, Köln, erstatten wir über den Hergang der Umwandlung und der Gründung folgenden Bericht:

1. Die Satzung der Gesellschaft ist am 7.8.2001 festgestellt worden (UR.-Nr. .../2001 des Notars Dr. Korrekt, Köln).

2. Das Grundkapital der Gesellschaft beträgt Euro 100.000. Es ist eingeteilt in 100.000 stimmberechtigte Stammaktien als Stückaktien.

3. Wie aus dem Beschluss über die Umwandlung/Gründung der Gesellschaft ersichtlich, haben wir die Aktien der Plantechnik Berliner Aktiengesellschaft wie folgt übernommen:

Peter Berliner
50.000 Stammaktien — Gesamtbetrag Euro 50.000

Frau Sybille Strauch
50.000 Stammaktien — Gesamtbetrag Euro 50.000

4. Über die Angemessenheit der Leistung der Gesellschaft für die auf Grund des Umwandlungsbeschlusses erfolgende Übertragung des Vermögens der Plantechnik Berliner OHG auf die Plantechnik Berliner Aktiengesellschaft machen wir folgende Angaben:

a) Der Wert des eingebrachten Vermögens der Plantechnik Berliner OHG wurde mit mindestens Euro 100.000 angesetzt. Der Formwechsel erfolgt handels- und steuerrechtlich zum Buchwert auf Basis der fortgeführten Bilanz der Plantechnik Berliner OHG vom 31.12.2000, aufgestellt durch die Wirtschaftsprüfungsgesellschaft Marx & Jansen, Revisions- und Treuhand-GmbH, Wirtschaftsprüfungsgesellschaft, Steuerberatungsgesellschaft, Großmaischeid.

Die Kapitalaufbringung zum Zeitpunkt des Umwandlungsvorgangs wurde auf Basis eines Vermögensstatus zum 30.6.2001 nachgewiesen. Die Kapitalaufbringung wird durch die Wirtschaftsprüfungsgesellschaft Marx & Jansen, Revisions- und Treuhand-GmbH,

Wirtschaftsprüfungsgesellschaft, Steuerberatungsgesellschaft, Großmaischeid im Rahmen einer Gründungsprüfung überprüft.

b) Die Plantechnik Berliner OHG hat außerhalb des Umwandlungsbeschlusses keine die Plantechnik Berliner Aktiengesellschaft betreffenden Rechtsgeschäfte abgeschlossen, die auf den Übergang des Vermögens der Plantechnik Berliner OHG auf die Aktiengesellschaft hingezielt haben.

c) Die Anschaffungs- und Herstellungskosten der auf Grund des Formwechsels der Plantechnik Berliner Aktiengesellschaft zuzurechnenden Vermögensgegenstände aus den letzten beiden Jahren vor Feststellung der Satzung ergeben sich aus der nachfolgenden Zusammenstellung der Zugänge zum Anlagevermögen:

Gemäß Anlagenspiegel stellt sich die Entwicklung der Zugänge des Anlagevermögens in den Jahren 1999 und 2000 wie folgt dar:

(aa) Immaterielle Vermögensgegenstände:	Zugänge 1999: Euro	0
	Zugänge 2000: Euro	633
(bb) Sachanlagen:	Zugänge 1999: Euro	183.702
	Zugänge 2000: Euro	119.841

d) Die Plantechnik Berliner OHG hat in den Geschäftsjahren 1999 und 2000 folgende Umsätze und Betriebserträge (Jahresüberschüsse) erzielt:

<u>Geschäftsjahr 1999</u>

Umsatz	Euro 3.250.000
Jahresüberschuss	Euro 447.500

<u>Geschäftsjahr 2000</u>

Umsatz	Euro 2.222.500
Jahresüberschuss	Euro 106.500

e) Der Geschäftsverlauf der letzten beiden Jahre der Gesellschaft ist durch zurückgehende Umsätze und gleichartige Ergebnisse gekennzeichnet. Die Ursache dafür liegt im Wesentlichen in einer gesamtwirtschaftlichen negativen Phase der Lampenindustrie. Weiterhin kommt auf Grund von weltweiten Fertigungen erhöhte Preiskonkurrenz hinzu. Dies hat dazu geführt, dass zur Sicherung der Beschäftigungspolitik und der Bindung des Know how der Arbeitnehmer Preisreduktionen akzeptiert wurden.

Die Gesellschaft hat in den letzten beiden Jahren zwar die Beschäftigung sichern können, bei einzelnen Produkten wurden Verluste erwirtschaftet. Hier wurden sachliche wie personelle Maßnahmen ergriffen. Bestimmte fertigungstechnisch sehr aufwendige Produkte werden nicht mehr produziert, andere werden erst bei bestimmten Mindestabnahmemengen gefertigt.

Für das Jahr 2001 wird als Folge der in 2000 ergriffenen Maßnahmen eine positive Entwicklung und ab 2001 wieder eine Umsatz- und vor allem Ertragssteigerung erwartet.

Die Liquiditätslage der Gesellschaft ist zufriedenstellend. Die Gesellschaft konnte ihren Zahlungsverpflichtungen stets termingerecht nachkommen.

f) Wir stellen daher fest:

Der Gesamtwert der im Rahmen der formwechselnden Umwandlung erfolgenden Sacheinlage ist mindestens so hoch wie der Gesamtnominalbetrag der gewährten Aktien. Die Leistungen der Aktiengesellschaft für die im Rahmen der Umwandlung vollzogene Sacheinlage sind angemessen.

5. Zu Mitgliedern des ersten Aufsichtsrats haben die Gründer gemäß § 31 Abs. 1 S. 2 AktG folgende Personen bestellt.

a) Herr Martin Dickermann, Rechtsanwalt, Köln,
b) Herr Bernd Cremer, Steuerberater, Köln,
c) Frau Barbara Herstaller, Bankangestellte, Köln

Der erste Aufsichtsrat hat zu seinem Vorsitzenden das Aufsichtsratsmitglied Herrn Martin Dickermann und zu dessen Stellvertreter das Aufsichtsratsmitglied Herrn Bernd Cremer bestellt.

Der Aufsichtsrat hat Herrn Peter Berliner und Frau Sybille Strauch zu Vorstandsmitgliedern bestellt. Beide Vorstandsmitglieder sind in den Grenzen des § 112 AktG von den Beschränkungen des § 181 BGB befreit.

Zum Abschlussprüfer für das erste Geschäftsjahr wurde die Wirtschaftsprüfungsgesellschaft Marx & Jansen, Revisions- und

Treuhand-GmbH, Wirtschaftsprüfungsgesellschaft, Steuerberatungsgesellschaft, Großmaischeid, Dierdorfer Str. 4 in 56276 Großmaischeid, bestellt.

6. Bei der Gründung haben die folgenden Mitglieder des Vorstands Aktien übernommen:

a) Herr Peter Berliner
b) Frau Sybille Strauch

7. Mitglieder des Aufsichtsrats haben Aktien nicht übernommen. Auch für Rechnung eines Mitglieds des Vorstands oder des Aufsichtsrats sind bei der Gründung keine Aktien übernommen worden.

8. Weder ein Mitglied des Vorstands noch ein Mitglied des Aufsichtsrats hat sich einen besonderen Vorteil oder für die Umwandlung/ Gründung oder ihre Vorbereitung eine Entschädigung oder Belohnung ausbedungen.

9. Gemäß § 14 der Satzung hat die Plantechnik Berliner Aktiengesellschaft die Umwandlungs-/Gründungskosten, die auf Euro 12.500 geschätzt werden, übernommen.

Köln, den 7.8.2001

Peter Berliner Sybille Strauch

d) Umwandlungs- und Gründungsprüfungsbericht der Mitglieder des Vorstands und des Aufsichtsrats der Plantechnik Berliner Aktiengesellschaft, Köln

Als Mitglieder des Vorstands und des Aufsichtsrats der Plantechnik Berliner Aktiengesellschaft, Köln, erstatten wir über den Hergang der Umwandlung der Plantechnik Berliner OHG, Köln, in eine Aktiengesellschaft und über die Gründung der Plantechnik Berliner Aktiengesellschaft den folgenden Prüfungsbericht:

Zur Prüfung haben uns folgende Unterlagen vorgelegen:

- Beglaubigte Abschrift der notariellen Niederschrift über die formwechselnde Umwandlung der Plantechnik Berliner OHG,

Köln, in die Plantechnik Berliner Aktiengesellschaft, Köln, und die Bestellung des ersten Aufsichtsrats vom 7.8.2001;

- Umwandlungs- und Gründungsbericht der Gründer der Plantechnik Berliner Aktiengesellschaft vom 7.8.2001;
- Niederschrift über die Bestellung des Vorstands durch den Aufsichtsrat vom 7.8.2001;
- Bilanzen der Plantechnik Berliner OHG zum 31.12.1999 und zum 31.12.2000, aufgestellt durch die Wirtschaftsprüfungsgesellschaft Marx & Jansen, Revisions- und Treuhand-GmbH, Wirtschaftsprüfungsgesellschaft, Steuerberatungsgesellschaft, Dierdorfer Str. 4, 56276 Großmaischeid;
- Vermögensstatus der Plantechnik Berliner OHG zum 30.6.2001.

Von uns wurde die Umwandlung/Gründung geprüft. Gegenstand der im Rahmen der formwechselnden Umwandlung der Plantechnik Berliner OHG in die Plantechnik Berliner Aktiengesellschaft erfolgenden Sacheinlage ist das gesamte sich im Gesamthandsvermögen der Gesellschafter der Plantechnik Berliner OHG befindende Vermögen dieser Gesellschaft. Die Umwandlung bzw. der Formwechsel erfolgt im Wege der Gesamtrechtsnachfolge.

Die Angaben der Gründer/Gesellschafter über die Übernahme der Aktien, die Einlagen auf das Grundkapital und die Festsetzung nach §§ 26 und 27 AktG sind richtig und vollständig. Die Angaben der Gründer zum Gesellschaftsverlauf und zur Lage der umgewandelten Gesellschaft sind zutreffend. Die Gründung entspricht nach unseren Feststellungen den gesetzlichen Vorschriften. Sondervorteile zugunsten einzelner Aktionäre sind nicht ausbedungen worden.

Gemäß § 14 der Satzung hat die Plantechnik Berliner Aktiengesellschaft die Umwandlungs-/Gründungskosten, die auf Euro 12.500 geschätzt werden, übernommen. Einwendungen gegen diesen Ansatz sind nicht zu bemerken. Zu Lasten der Gesellschaft ist ein Aufwand an Aktionäre oder andere Personen als Entschädigung oder als Belohnung für die Umwandlung/Gründung oder ihre Vorbereitung nicht gewährt worden.

Köln, den 11.8.2001

Peter Berliner | Sybille Strauch | Martin Dickermann
Bernd Cremer | Barbara Herstaller

e) Gründungsprüfungsbericht gemäß §§ 197, 220 Abs. 3 UmwG i.V. m. § 34 Abs. 2 AktG

a) Auftrag und Auftragsdurchführung

Mit Beschluss des Amtsgerichts Köln vom 19.9.2001 ist die Gesellschaft, für die ich unterzeichne, gemäß §§ 220 Abs. 2, 197 UmwG i. V. m. § 33 Abs. 3 AktG zum Gründungsprüfer bestellt worden.

Den Umfang meiner Prüfung bestimmen §§ 220 Abs. 3, 197 UmwG i. V. m. § 34 Abs. 1 AktG. Die Prüfung erstreckte sich insbesondere auf den Vorgang der Gründung durch Formwechsel, die Einlage auf das Grundkapital und die Festsetzung nach §§ 26, 27 AktG sowie darauf, ob der Wert der Sacheinlage den Nennbetrag der gewährten Aktien erreicht. Darüber hinaus prüfte ich den gesetzlich vorgeschriebenen Bericht über den Hergang der Gründung sowie den Bericht über die Gründungsprüfung durch die Mitglieder des Vorstands und Aufsichtsrats.

Folgende Unterlagen haben mir zur Verfügung gestanden:

- Beglaubigte Abschrift der notariellen Niederschrift über die formwechselnde Umwandlung Plantechnik Berliner OHG, Köln, in die Plantechnik Berliner Aktiengesellschaft, Köln, und die Bestellung des ersten Aufsichtsrats vom 7.8.2001.
- Umwandlungs- und Gründungsbericht der Gründer der Plantechnik Berliner Aktiengesellschaft vom 7.8.2001.
- Umwandlungs- und Gründungsprüfungsbericht der Mitglieder des Vorstands und Aufsichtsrats der Plantechnik Berliner Aktiengesellschaft vom 7.8.2001.
- Niederschrift über die Bestellung des Vorstands durch den Aufsichtsrat vom 7.8.2001.
- Bilanzen der Plantechnik Berliner OHG, Köln, zum 31.12.1999 und zum 31.12.2000, aufgestellt durch die Wirtschaftsprüfungs-

gesellschaft Marx & Jansen, Revisions- und Treuhand-GmbH, Wirtschaftsprüfungsgesellschaft, Steuerberatungsgesellschaft, Dierdorfer Str. 4, 56276 Großmaischeid.

– Vermögensstatus der Plantechnik OHG zum 30.6.2001.

Auskunft haben mir die Gesellschafter Herr Peter Berliner und Frau Sybille Strauch gegeben.

b) Darstellung und Beurteilung der Gründung

Der Formwechsel der Plantechnik Berliner OHG, eingetragen unter Nr. 12600 im Handelsregister des Amtsgerichts Köln, in eine Aktiengesellschaft erfolgt nach den Bestimmungen der §§ 190 bis 225 UmwG, wobei der formwechselnde Rechtsträger in der in dem Umwandlungsbeschluss bestimmten Rechtsform der Aktiengesellschaft weiter besteht.

In der Gesellschafterversammlung am 11.7.2001 haben die Gesellschafter der Plantechnik Berliner OHG, Herr Peter Berliner und Frau Sybille Strauch, den Formwechsel der Plantechnik Berliner OHG in die Plantechnik Berliner Aktiengesellschaft beschlossen.

Das Grundkapital der Aktiengesellschaft beträgt Euro 100.000 und ist eingeteilt in Stammaktien als Stückaktien. Herr Peter Berliner und Frau Sybille Strauch haben jeweils 50.000 Stückaktien übernommen, so dass sie jeweils mit Euro 50.000 am Grundkapital beteiligt sind.

Die Satzung wurde durch notarielle Beurkundung des Beschlusses der Gesellschafterversammlung am 7.8.2001 festgestellt (UR.-Nr. ..../2001 des Notars Dr. Korrekt, Köln).

Die Gesellschafter haben auf die Erstattung eines Umwandlungsberichts nach § 192 UmwG gemäß dem notariell beurkundeten Protokoll vom 7.8.2001 (UR.-Nr...... /2001 des Notars Dr. Korrekt, Köln) verzichtet.

Im notariell beurkundeten Umwandlungsbeschluss vom 11.7.2001 (UR.-Nr. ..../2001 des Notars Dr. Korrekt, Köln) haben die Gesellschafter zu den Mitgliedern des ersten Aufsichtsrats

– Herrn Martin Dickermann, Rechtsanwalt, Unter Kranenbäumen 1, 50933 Köln,

- Herrn Bernd Cremer, Steuerberater, Lindentalgürtel 4, 50933 Köln
- Frau Barbara Herstaller, Bankangestellte, Eigelstein 5, 50933 Köln

gewählt und den Abschlussprüfer für das erste Geschäftsjahr bestellt.

In der Aufsichtsratssitzung der Plantechnik Berliner AG vom 7.8.2001 wurden zu Mitgliedern des Vorstands bestellt:

- Herr Peter Berliner, Marienschlossweg 1, 50933 Köln
- Frau Sybille Strauch, Klever Straße 2, 50933 Köln.

Der Bericht der Gründer über den Hergang der Gründung und der Bericht der Mitglieder des Vorstands und Aufsichtsrats über die Gründungsprüfung liegen vor.

Die Satzung enthält die notwendigen Angaben über die Firma und den Sitz der Gesellschaft, den Unternehmensgegenstand und das Grundkapital sowie den Nennbetrag, Zahl und Gattung der Aktien. Der Vorstand besteht aus einer oder mehreren Personen. Sondervorteile oder Entschädigungen für die Gründung sind nicht ausbedungen. Der Gegenstand der durch den Formwechsel bewirkten Sacheinlage ist in der Satzung beschrieben. Gegen die Ordnungsmäßigkeit der übrigen Satzungsbestimmungen sind keine Einwände zu erheben.

c) Gegenstand und Bewertung der Kapitalaufbringung

Zum Nachweis der Werthaltigkeit darüber, dass der Nennbetrag des ausgewiesenen Grundkapitals durch das Vermögen des formwechselnden Rechtsträgers gedeckt ist, hat die Plantechnik Berliner OHG einen Vermögensstatus zum 30.6.2001 erstellt, der als Anlage zu diesem Bericht wiedergegeben ist.

Dieser Vermögensstatus zum 30.6.2001 wurde aus der Bilanz zum 31.12.2000 und der laufenden Buchführung des ersten Halbjahres 2001 abgeleitet.

Die immateriellen Vermögensgegenstände, der derivativ erworbene Geschäfts- und Firmenwert sowie die Sachanlagen wurden uns im Einzelnen nachgewiesen. Sie sind mit Anschaffungskosten vermindert um planmäßige Abschreibungen bewertet. Der Firmenwert wird über 15 Jahre abgeschrieben. Der Materialbestand ist zu Anschaffungskosten bewertet. Ein Abschlag war nicht durchzuführen, da die Marktpreise des Materialbestands kontinuierlich gestiegen waren. Hinweise für eine Überlagerung des Materialbestands lagen nach Stichproben nicht vor. Angearbeitete Aufträge sind zum Stichtag mit den erwarteten abrechenbaren Beträgen, denen die aufgelaufenen Einzelkosten zuzüglich anteiliger Gemeinkosten zugrunde liegen, bewertet und unter Abzug erhaltener Anzahlungen und einem Sicherheitsabschlag von 10% angesetzt. Die Bankguthaben sowie die Bankverbindlichkeiten sind durch eine Saldenbestätigung nachgewiesen.

Der Vermögensstatus zeigt, dass die Vermögenswerte die Schulden um weit mehr als Euro 100.000 übersteigen. Das ausgewiesene Grundkapital von Euro 100.000 wird demnach durch das Reinvermögen gedeckt.

Bei meiner Prüfung sind keine Umstände oder Vorgänge bekannt geworden, die zu einem geänderten Geschäftsverlauf oder einer Veränderung der Lage der Plantechnik Berliner OHG geführt haben. Insbesondere ist keine erkennbare Schmälerung der vorstehenden Substanz in der Zeit vom 1.7.2001 bis zum Zeitpunkt meiner Prüfung bekannt geworden.

d) Gründungsbericht und Gründungsprüfung

Die Angaben des Berichts über den Hergang der Gründung durch die Gründer sind richtig und vollständig.

Einwände gegen den Bericht des Vorstands und des Aufsichtsrats über die Gründungsprüfung sind nicht zu erheben.

e) Prüfungsfeststellungen

Zum Nachweis der Kapitalaufbringung hat die Plantechnik Berliner OHG einen Vermögensstatus zum 30.6.2001 zugrunde gelegt, aus dem sich ein Reinvermögen ergibt, das den Nennbetrag der dafür gewährten Aktien erreicht.

Die Angaben im Gründungsbericht der Gründer vom 7.8.2001 sind nach unseren Prüfungsfeststellungen richtig und vollständig. Gleiches gilt für den Gründungsprüfungsbericht der Mitglieder des Vorstands und des Aufsichtsrats vom 7.8.2001. Die Gründer haben mir alle erbetenen Unterlagen bereitwillig zur Verfügung gestellt und alle erbetenen Auskünfte erteilt.

Das Prüfungsergebnis fasse ich in der folgenden Schlussbemerkung zusammen:

„Nach dem abschließenden Ergebnis unserer pflichtgemäßen Prüfung nach §§ 197, 220 Abs. 3 UmwG, § 34 AktG bestätige ich auf Grund der mir vorgelegten Urkunden, Bücher und Schriften sowie der mir erteilten Aufklärungen und Nachweise, dass die Angaben der Gründer im Gründungsbericht richtig und vollständig sind. Der Wert der Sacheinlagen erreicht den Wert der dafür zu gewährenden Aktien."

Köln, den 20.9.2001

für Wirtschaftsprüfungsgesellschaft Marx & Jansen, Revisions- und Treuhand-GmbH, Wirtschaftsprüfungsgesellschaft, Steuerberatungsgesellschaft,

Dipl.-Kfm. Karl Jansen, Wirtschaftsprüfer

f) Handelsregisteranmeldung

UR.-Nr. …/2001

An das

Amtsgericht
– Handelsregister –
Reichensberger Platz 1
50670 Köln

Betr.: HRA 1000 Plantechnik Berliner OHG

hier: Formwechsel der OHG in eine Aktiengesellschaft

Wir, die Unterzeichnenden, überreichen anliegend:

1. Gesellschafterbeschluss vom 11.7.2001, UR.-Nr. 01/2001 des Notars Dr. Korrekt in Köln betreffend Formwechsel der OHG in eine Aktiengesellschaft,
2. beglaubigte Abschrift der Urkunde vom 7.8.2001, UR.-Nr. 02/2001 des Notars Dr. Korrekt in Köln,
3. Nachweis über die Zuleitung des Entwurfs des Umwandlungsbeschlusses an den Betriebsrat,
4. Gründungsbericht der Gründer,
5. Prüfungsbericht der Mitglieder des Vorstands und des Aufsichtsrats,
6. Prüfungsbericht des Gründungsprüfers,
7. Ermittlung des der Aktiengesellschaft zur Last fallenden Gründungsaufwandes,
8. Beschluss des Aufsichtsrats über die Bestellung der Mitglieder des Vorstands,

und melden den Formwechsel der OHG in die Rechtsform der Aktiengesellschaft zur Eintragung in das Handelsregister an.

Gründer der Plantechnik Berliner Aktiengesellschaft sind die Gesellschafter der „Plantechnik Berliner OHG“, nämlich

1. Herr Peter Berliner, Personalien

2. Frau Sybille Strauch, Personalien

Das Grundkapital der Plantechnik Berliner Aktiengesellschaft beträgt Euro 100.000. Das Grundkapital ist eingeteilt in hunderttausend Stückaktien. Die Aktien lauten auf die Namen Aktionäre.

Mitglieder des ersten Aufsichtsrats sind:

1. Herr Martin Dickermann, geb. am 3.3.1950, Rechtsanwalt, wohnhaft in 50933 Köln, Unter Kranenbäumen 3,
2. Herr Bernd Cremer, geb. am 4.4.1960, Steuerberater, 50933 Köln, Lindentalgürtel 4,
3. Frau Barbara Herstaller, geb. am 5.5.1970, Bankdirektor, wohnhaft in 50933 Köln, Eigelstein 5.

Zu Mitgliedern des Vorstands der Plantechnik Berliner Aktiengesellschaft wurden bestellt:

1. Herr Peter Berliner, geb. 1.1.1950, Unternehmensberater, wohnhaft in 50933 Köln, Marienschlossweg 1,
2. Frau Sybille Strauch, geb. 2.2.1965, Vermögensverwalterin, wohnhaft in 50933 Köln, Klever Straße 2.

Der Vorstand besteht aus einer oder mehreren Personen.

Besteht der Vorstand aus mehreren Personen, so kann der Aufsichtsrat bestimmen, dass einzelne Vorstandsmitglieder allein oder mit einem Prokuristen zur Vertretung der Gesellschaft befugt sind; weiterhin kann Befreiung von den Beschränkungen des § 181 BGB erteilt werden, soweit dem nicht § 112 AktG entgegensteht.

Besteht der Vorstand nur aus einer Person, vertritt diese allein.

Herr Peter Berliner und Frau Sybille Strauch sind jeweils alleinvertretungsberechtigt und von den Beschränkungen des § 181 BGB befreit, soweit dem nicht § 112 AktG entgegensteht. Sie zeichnen ihre Unterschriften wie folgt:

Herr Peter Berliner Frau Sybille Strauch

Wir, die unterzeichnenden Vorstandsmitglieder, versichern, dass wir nicht wegen einer Konkursstraftat nach den §§ 283 bis 283d StGB verurteilt worden sind und dass uns weder durch gerichtliches Urteil noch durch vollziehbare Entscheidung einer Verwaltungsbehörde die Ausübung eines Berufes, Berufszweiges, Gewerbes oder Gewerbezweiges untersagt worden ist und wir über unsere unbeschränkte Auskunftspflicht gegenüber dem Gericht durch den Notar belehrt worden sind.

Der Notar ist zur getrennten und beschränkten Antragstellung befugt, ebenso auch zur Antragsrücknahme.

Köln, den 14.8.2001

Peter Berliner	Sybille Strauch	Martin Dickermann
Bernd Cremer	Barbara Herstaller	

UR.-Nr. .../2001

Hiermit beglaubige ich, jeweils vor mir vollzogen, die in der Anmeldung befindlichen Unterschriftszeichnungen sowie die unter der Anmeldung befindlichen Unterschriften von

1. Herrn Peter Berliner, geb. 1.1.1950, Unternehmensberater, wohnhaft in 50933 Köln, Marienschlossweg 1,
2. Frau Sybille Strauch, geb. 2.2.1965, Vermögensverwalterin, wohnhaft in 50933 Köln, Klever Straße 2,

sowie die ebenfalls vor mir vollzogenen, unter der Anmeldung befindlichen Unterschriften von

3. Herrn Martin Dickermann, geb. 3.3.1950, Rechtsanwalt, wohnhaft in 50933 Köln, Unter Kranenbäumen 3,
4. Herrn Bernd Cremer, geb. 4.4.1960, Steuerberater, wohnhaft in 50933 Köln, Lindentalgürtel 4,
5. Frau Barbara Herstaller, geb. 5.5.1970, Bankangestellte, wohnhaft in 50933 Köln, Eigelstein 5,

ausgewiesen durch Vorlage ihrer deutschen Personalausweise.

Köln, den 14.8.2001

Notar Dr. Korrekt in Köln

VIII. Börsen, Börsenplätze und Zulassungsvoraussetzungen

1. Börsen und deren Strukturen

Ziel dieses Abschnitts ist die Darstellung von Börse allgemein und Tendenzen in der Entwicklung dessen, was umgangssprachlich als Börse bezeichnet wird.

a) Börse allgemein

Börse ist die organisierte und regelmäßige Zusammenführung von Angebot und Nachfrage für die Übertragung und/oder Neuschaffung vertretbarer Finanztitel (Waren oder Wertpapiere), um Kaufleute oder deren Hilfspersonen in die Lage zu versetzen, den Handel von Waren oder Wertpapieren nach vorher festgelegten einheitlichen Geschäftsbedingungen zu ordnungsgemäß und transparent festgestellten Preisen zu betreiben, wobei der Vertragsabschluss an zentraler Stelle stattfindet[1]. Dieser neuere Börsenbegriff unterscheidet sich von dem klassischen Börsenbegriff in der Weise, als dass nicht mehr auf die regelmäßigen Zusammenkünfte der Kaufleute an einem bestimmten Ort zu einer bestimmten Zeit, sondern „nur noch" auf das Zusammenführen von Angebot und Nachfrage abgestellt wird. Denn seit der Novelle zum Börsengesetz 1989 ist das Kriterium der Ortsgebundenheit nicht mehr allein tragend, um den börslichen Handel zu beschreiben. In der Novelle wurde ausdrücklich der elektronisch ausgestaltete Handel als zum Börsenhandel gehörig normiert. Somit ist der börsliche Handel sowohl als Präsenzhandel, bei dem die Marktteilnehmer vor Ort (auf dem Parkett der Börse, daher auch die Bezeichnung Parkett-Handel) präsent sind, als auch als Computerhandel, bei dem standortunabhängig ein elektronisches Börsenparkett geschaffen wird, möglich. Kennzeichnend für den Börsenhandel ist weiterhin, dass die gehandelten Waren und Wertpapiere an dem Ort der Börsen-

1 Schäfer/*Peterhoff*, BörsG § 1 Rdnr. 19.

versammlung effektiv nicht vorrätig sind. Damit unterscheidet sich der Börsenhandel vom Handel im landläufigen Sinn, bei dem dem Abnehmer die Waren in der Regel auch effektiv angeboten werden.[2]

Am Handel an den Börsen dürfen sich nur solche Personen beteiligen, die hierzu zugelassen worden sind, in der Regel handelt es sich dabei um Kreditinstitute und Finanzdienstleister. Privatkunden geben also ihre Börsenaufträge nicht direkt, sondern z. B. über ihre Bank auf, welche die Aufträge dann per Telefon oder per Computer an die entsprechende Börse weiterleitet. Der Kunde kann hierbei entscheiden, ob er die Ausführung seines Auftrages im Präsenzhandel oder im vollelektronischen Handel (in Deutschland: Xetra-Handel) wünscht.

Seit dem 2.6.2000 ist die vom Börsenrat beschlossene Handelszeitverlängerung in Kraft. Die an der Frankfurter Wertpapierbörse notierten Aktien und Optionsscheine werden an allen Handelstagen zwischen 09.00 und 20.00 Uhr statt vorher bis 17.30 Uhr gehandelt, bei der Eurex wurden die Handelszeiten für alle deutschen Aktien- und Aktienindexderivate ebenfalls bis 20.00 Uhr ausgeweitet. Auch die Regionalbörsen haben seit dem 2.6.2000 den Handel bis 20.00 Uhr ausgedehnt. Handelstage sind hierbei alle Werktage und zusätzlich einige deutsche Feiertage. Hintergründe der Verlängerung der Handelszeiten waren zum einem das hohe Marktpotenzial des Abendhandels, zum anderen die Erhöhung der Attraktivität des Finanzplatzes Deutschland für internationale Investoren. Bis zu 30% des Umsatzes von Direktbrokern wurden bereits vor der Verlängerung der Handelszeiten in den Abendstunden gemacht. Großen Einfluss auf die Verteilung des Orderflows haben auch die Öffnungszeiten der US-Börsen, die um 15.30 Uhr MEZ beginnen. Bei einer vor der Handelszeitverlängerung durchgeführten Umfrage bekundete ein Großteil der Privatinvestoren ebenfalls ein reges Handelsinteresse für die Abendstunden. Weitere Ausdehnung der Handelszeiten sind derzeit nicht geplant, können jedoch nicht völlig ausgeschlossen werden.

2 Schäfer/*Peterhoff*, BörsG § 1 Rdnr. 19.

b) Präsenzhandel

Die Preisfeststellung findet im Präsenzhandel über Kursmakler (Amtlicher Handel) und über Freimakler (Geregelter und Neuer Markt) – auch Skontroführer genannt – statt.

Die Makler sammeln alle erteilten Kauf- und Verkaufsaufträge im Orderbuch und ermittelt daraus denjenigen Preis, der den größtmöglichen Umsatz an Wertpapieren gestattet. Sie unterliegen dem Meistausführungsprinzip. Zu diesem Börsenpreis sind sodann alle unlimitierten oder höher limitierten Kaufaufträge und alle niedriger limitierten Verkaufsaufträge auszuführen.

Der Präsenzhandel findet zunehmend auch über den Computer mittels des BOSS-CUBE-Systems (Börsen-Order-Service-System) statt. Dabei werden die Aufträge von der Bank auf elektronischem Wege zum Börsenmakler übermittelt, das Orderbuch an der Börse und die Kursvorschläge werden ebenfalls elektronisch ermittelt und aktualisiert. Ausgeführte Aufträge werden sofort elektronisch an die Bank gemeldet und die abgeschlossenen Geschäfte werden automatisch in das Abwicklungssystem der Börsen weitergeleitet. Die Vorteile des computergestützten Handels gegenüber dem telefonischen Handel liegen u. a. in der schnelleren Möglichkeit der Kursfeststellung durch den Makler sowie in der schnelleren Veröffentlichung und Informationsweiterleitung über Kurstaxen und Kursfeststellungen.

c) Elektronische Handelsplattform XETRA

Ein Meilenstein in der Entwicklung des vollelektronischen Börsenhandels außerhalb des Präsenzhandels war die Einführung des elektronischen Börsenhandelssystems Xetra (Exchange Electronic Trading) im November 1997, welches das in Deutschland bis dahin genutzte Ibis-System ablöste. Xetra ermöglicht den Aktienhandel theoretisch rund um die Uhr, beinhaltet eine praktisch unbegrenzte Kapazität auf lange Sicht sowie eine beliebige Erweiterung der Funktionalität. Die Bearbeitung von Aufträgen erfolgt in Sekundenbruchteilen, weltweit und unabhängig vom Standort. Direkter Marktzugang ist ohne zwischengeschaltete Handelsstufen möglich. Xetra stellt eine große Konkurrenz für den Präsenzhandel dar, einige Stimmen befürchten bereits, dass durch die zunehmende Computerisierung der Parkett-Handel bald völlig abgeschafft werden könnte. Einige deutsche Regionalbörsen (Berlin, Hannover, Bremen) haben die Anwesenheitspflicht für Makler im Börsensaal aufgehoben und Bremen hat darüber hinaus den Parketthandel seit Anfang 2000 eingestellt. Handelbar auf Xetra sind sämtliche Aktien, die an der Frankfurter Wertpapierbörse zugelassen sind, in den Segmenten Amtlicher Handel, Geregelter Markt, Freiverkehr, Neuer Markt und SMAX. Handelbar auf Xetra sind die Standardwerte des DAX, die Aktien des MDAX, des SMAX, des Neuen Marktes und die meisten Werte der STOXX-Indizes – insgesamt rund 6.000 Werte.

Die Preisfeststellung beim Xetra-Handel erfolgt über das elektronische Orderbuch, die Mitwirkung von Maklern ist hierfür nicht mehr erforderlich. Zusätzlich sind beim Handel auf Xetra sogenannte Designated Sponsors tätig. Es handelt sich dabei zum Handel zugelassene Banken oder sonstige Finanzdienstleister, die durch die Wahrnehmung einer Market-Maker Funktion für eine schnelle Orderausführung sowie eine Mindestliquidität in dem von ihnen betreuten Wertpapier sorgen. Diese zusätzliche Liquiditätsgarantie kommt dadurch zustande, dass der Designated Sponsor verbindliche Preislimits für den An- und Verkauf von Aktien (Quotes) zur Verfügung zu stellen hat. Ein Designated Sponsor hat jeden Monat für mindestens 80% der dreimal täglich stattfindenden Auktionen diese Quotes zu stellen. Hinsichtlich der Häufigkeit der Quote-Stellung wird jeden Monat ein Rating aller Designated Sponsors veröffentlicht, wodurch ein hoher Anreiz für ein häufiges Quote-Stellen gegeben ist. Die Quotes müssen ein Mindestvolumen (Mindestgegenwert) haben und dürfen eine maximale Geld-Brief-Spanne (spread) nicht überschreiten. Für die von ihm abgegebenen Quotes hat der Designated Sponsor persönlich einzustehen. Falls Angebot und Nachfrage nicht auszugleichen sind, hat er maximal in Höhe des Mindestgegenwertes auf der nicht ausreichenden Marktseite einzutreten. Durch die konkrete Zuordnung der Designated Sponsors zu Werten haben diese eine profunde Marktkenntnis ihrer Unternehmen. Sie beraten diese daher in Fragen des Kapitalmarktes. Hier sind Dienstleistungen zu nennen wie Ad-hoc-Publizität, Organisation von Analystenmeetings, Veranstaltung von Road Shows und in Fragen der Finanzmarktkommunikation (Investor Relations). Für die Werte des SMAX und Neuer Markt ist die Beauftragung von Designated Sponsors Pflicht.

Seit 1999 ermittelt die Deutsche Börse sämtliche Indizes ausschließlich auf der Basis der Xetra-Preise. Im ersten Quartal 2001 wurde mit Xetra-Live der Zugriff auf das vollelektronische Orderbuch für Privatanleger ermöglicht. Über das Internetportal neuermarkt.com erhalten die Anleger Einblick in die Xetra-Orderdaten. Dadurch wird die Transparenz des Handels auf Xetra wesentlich erhöht, da im Gegensatz dazu beim maklergestützten Handel nur der Makler Einblick in das Orderbuch und damit über den tatsächlichen Stand von Angebot und Nachfrage hat.

d) Dual Listing

Neben der Konzeption, sich an einer deutschen Börse zu präsentieren, sei es an einem oder mehreren Börsenhandelsplätzen in Deutschland, wird von einem „Dual Listing" gesprochen, soweit sich ein Börsenkandidat entscheidet, nicht nur an einem Markt, sondern an einem zweiten Markt eine Parallelnotierung durchzuführen. Motiv für ein Dual Listing ist insbesondere das Bedüfnis von Großunternehmen eine Währung für weitere Akquisitionen in dem betreffenden Land zu haben. Bezahlt wird der Einkauf eines Unternehmens sodann per Aktientausch[3]. Weiteres Motiv kann sein, dass ein enormes Volumen von Emissionen am Markt platziert werden muss. Hier kann eine gleichzeitige Notierung an einem deutschen Börsenplatz und beispielsweise an dem amerikanischen Handelsplatz NASDAQ eine sehr breite Rücklaufquote bringen.

2. Deutsche Börsenplätze und deren Träger

Börsenplätze in Deutschland sind die Frankfurter Wertpapierbörse FWB, die Baden-Württembergische Wertpapierbörse in Stuttgart, Rheinisch-Westfälische Börse zu Düsseldorf, die Berliner Wertpapierbörse, die Bayerische Börse in München, die Hanseatische

3 Bsp.: Daimler-Chrysler, Infineon.

Wertpapierbörse Hamburg, die Bremer Wertpapierbörse und die Niedersächsische Börse zu Hannover. An den deutschen Börsen wurden im März 2001 483,1 Mrd. Euro umgesetzt.

a) Die Frankfurter Wertpapierbörse

Die Frankfurter Wertpapierbörse ist mit einem Gesamtumsatz von 5.200 Mrd. Euro im Jahre 2000 der weltweit drittgrößte börsenmäßig orgsanisierte Umschlagplatz für Wertpapiere. Mit einem Umsatzanteil von über 75% ist sie die größte der acht deutschen Börsen und damit Deutschlands führender Börsenplatz. Die Frankfurter Wertpapierbörse ist eine unselbstständige Anstalt des öffentlichen Rechts, deren Träger die Deutsche Börse AG ist. Tag der Ersteintragung der „Frankfurter Wertpapierbörse Aktiengesellschaft“ war der 1.8.1990 mit einem Stammkapital von DM 180.000. Das Stammkapital wurde bis zum 22.4.1991 auf 21 Mio. erhöht, zum 16.12.1992 erfolgte die Umbenennung der Gesellschaft in „Deutsche Börse Aktiengesellschaft“. Das Stammkapital wurde im Juli 1993 auf 36,7 Mio. erhöht und nach Verschmelzung mit der DTB Deutsche Terminbörse GmbH vom 24.5.1994 der Unternehmensgegenstand weitestgehend geändert. Für großes öffentliches Interesse sorgte der Börsengang der Deutsche Börse AG am 5.2.2001. Damit hat der Träger der Börse selbst den Schritt an die Börse getan („Die Börse geht an die Börse!“). Institutionelle Investoren aus dem In- und Ausland, aber auch private Anleger zeigten starkes Interesse an den Börsenaktien. Die Emission war rund 23fach überzeichnet. Die Deutsche Börse AG ist im Amtlichen Handel der Frankfurter Wertpapierbörse FWB notiert. Einen Großteil der angebotenen Aktien haben Altaktionäre über ihr Bezugsrecht erworben, ein geringerer Teil ging an Mitarbeiter der Deutschen Börse AG im Rahmen der bevorrechtigten Zuteilung. 2,75 Mio. der insgesamt 3.200.151 angebotenen Aktien wurden zu rund 80% an institutionelle Investoren und zu rund 20% an Privatanleger verteilt. Nach dem Börsengang halten die neuen Aktionäre rund 27% des Aktienkapitals der Deutschen Börse AG. Das Emissionsvolumen betrug rund 1,1 Mrd. Euro. Die Deutsche Börse AG will mit dem neuen Eigenkapital ihr Wachstum vor allem in den Bereichen des E-Commerce in Wertpapieren und Derivaten finanzieren, bestehende Märkte konsolidieren und neue Märkte in Deutschland, Europa und darüber hinaus schaffen.

Den angekündigten Ausbau der Internetleistungen und des E-Commerce-Sektors werden von der Deutschen Börse AG in den neuen Tochtergesellschaften NeuerMarkt.com und Xlaunch gebündelt.

Mit den Börsen Wien, Helsinki und Dublin hat die Gruppe Deutsche Börse ein Kooperationsmodell für den Betrieb von Kassa- und Terminmärkten entwickelt.

Die Frankfurter Wertpapierbörse bietet neben dem Präsenzhandel auch den Computerhandel in Xetra an. Rund 95% der Umsätze in den DAX-Werten und rund 70% bei den MDAX-Werten liefen März 2001 über Xetra. Die Orderbuchstatistik, die alle Umsätze im Orderbuch von Xetra und dem maklergestützten Präsenzhandel ermittelt, weist für alle deutschen Börsen im März 2001 einen Aktienumsatz von 113,2 Mrd. Euro aus, der Anteil des Umsatzes in deutschen Aktien beträgt 106,6 Mrd. Euro. Hier liefen rund 91% über Xetra.

Die Deutsche Börse führte im April 2000 als erste europäische Börse das neue Marktsegment XTF (Exchange Traded Funds) für börsengehandelte Fonds ein. Damit knüpft sie an die Erfolgsgeschichte der Exchange Traded Funds in den USA an, wo heute täglich ca. 5 Mrd. US-$ in einzelnen Produkten umgesetzt werden. Über XTF können Anleger börsengehandelte Indexfonds und aktiv gemanagte Aktienfonds börsentäglich schnell und einfach handeln wie Aktien. Die Fonds notieren dabei fortlaufend auf Xetra und im maklergestützten Handel. Alle Vorgänge beim Kauf eines Fond-Anteils entsprechen denjenigen beim Kauf einer Aktie. Die neuen Produkte verzeichnen mittlerweile einen monatlichen Umsatz von rund 2 Mrd. Euro. Mit einem Marktanteil von 65% ist die Deutsche Börse in Europa Marktführer bei börsengehandelten Fonds. Im XTF-Segment der Deutschen Börse sind derzeit 11 aktiv gemanagte Fonds und 6 Indexfonds gelistet. Weitere Produkte auf Indizes der Deutschen Börse und der pan-europäischen STOXX-Indizes sollen nach Angabe der Deutschen Börse AG bis Mitte des Jahres 2001 folgen.

b) Die weiteren deutschen Börsenplätze

Unter den deutschen Regionalbörsen war die Stuttgarter Börse nach dem Umsatzvolumen im Jahr 2000 mit einem Marktanteil von ca. 12% mit Abstand die Nr. 2 unter den deutschen Präsenzbörsen nach der Frankfurter Wertpapierbörse. Börsenträger ist die im Jahr 2000 gegründete Boerse-Stuttgart AG. Stuttgart macht vor allem mit der EUWAX (European Warrant Exchange) auf sich aufmerksam. EUWAX ist das Marktsegment der Stuttgarter Börse für den Handel von Derivaten. 21 Emissionshäuser sind mit über 21.000 Optionsscheinen und über 2.000 Zertifikaten (Stand März 2001) an der EUWAX vertreten. Die EUWAX liegt damit beim Handel mit Optionsscheinen bundesweit mit einem Anteil von knapp über 50% an der Spitze und gehört auch europaweit zu den führenden Optionsscheinbörsen mit einer sehr hohen Liquidität. Dank moderner elektronischer Optionsscheinhandelssysteme und dem nur an der EUWAX angebotenen Limit Control System sind die dortigen Makler in der Lage, die Ausführung der eingehenden Order zu den bestmöglichen an deutschen Börsen erzielbaren Preisen zu garantieren („Best-Price"-Garantie).

Bei den übrigen deutschen Börsenplätzen präsentiert Hamburg den Start-up-Market; Bremen benennt den Mittelstandsmarkt; München den Prädikatsmarkt als Segment des Freiverkehrs, die Berliner den Freiverkehr mit Schwerpunkt auf ausländische Wertpapiere, die Warenterminbörse Hannover den vollcomputerisierten Warenterminhandel sowie den Rentenmarkt und Düsseldorf neben der Börse Stuttgart ebenfalls den Handel mit Optionsscheinen.

3. Internationale und europäische Börsen

Die weltweit nach Umsätzen größten Börsenplätze sind New York Stock Exchange, New York NASDAQ, die Tokioter Börse und die Euronext.

a) NASDAQ

Der NASDAQ (National Association of Securities Dealers Automated Quotations) ist als amerikanische Computerbörse, an der vor allem Technologieunternehmen gelistet sind, Teil des amerikanischen Aktienmarktes. Einen sog. first market bilden die beiden nationalen Wertpapierbörsen NYSE (New York Stock Exchange), auch als Wall Street oder Big-Board bezeichnet, und AMEX (American Stock Exchange) zusammen mit fünf Regionalbörsen (Boston, Cincinnati, Midwest, Pacific, Philadelphia). Der second market wird auch als Over-the Counter (OTC) bezeichnet und von der National Association of Securities Dealers (NASD) organisiert. Dieser OTC Markt besteht aus vier Marktsegmenten, von denen die ersten beiden unter der Bezeichnung NASDAQ geführt werden.

Am NASDAQ National Market System (NASDAQ-NMS) werden über 3000 Werte gehandelt, die etwa 95 % des Börsenumsatzes des NASDAQ ausmachen. Der NASDAQ Smallcap Market umfasst etwa 1000 Titel. Als dritte Stufe gibt es den Pink Sheet Market für ca. 11.000 Titel, die eine Zulassung zum NASDAQ nicht schaffen (Non-NASDAQ-OTC stocks). Die NASD bietet in vierter Stufe über ein Bulletin Board für rund 9000 Non-NASDAQ-OTC-Werte die Veröffentlichung von Handelsabsichten an.

Um eine Zulassung zur NASDAQ zu erhalten, muss ein Unternehmen weitreichende Zulassungsvoraussetzungen (initial listing requirements) der SEC (Security exchange commission) erfüllen und für die weitere Notierung bestimmte Voraussetzungen dauernd erfüllen (continued listing requirements).

Soweit Aktien deutscher Unternehmen gleichzeitig an diesem Markt und in Deutschland gelistet waren, bleibt festzuhalten, dass in Deutschland höhere Umsätze erzielt werden.

b) NASDAQ Europe

1995 wurde in Brüssel die EASDAQ (European Association of Securities Dealers Automated Quotation) als das europäische Pendant mit Sitz in Brüssel zu der NASDAQ gegründet. Anfang des Jahres 2001 hat die NASDAQ durch den Erwerb von 51% der Anteile an der EASDAQ die Kontrolle über die europäische Wachstumsbörse übernommen und somit auf dem europäischen Markt Fuß gefasst. Gleichzeitig wurde eine Namensänderung von EASDAQ in NASDAQ Europe vorgenommen. NASDAQ plant, die NASDAQ Europe in einen weltweit vernetzten pan-europäischen Börsenmarkt umzustrukturieren und will damit die weitere Konsolidierung des europäischen Marktes vorantreiben. Für Mai/Juni 2001 ist die Einführung eines neuentwickelten Handelssystems mit Namen ETS

(European Trading System) für NASDAQ Europe geplant. Hauptziele der Umstrukturierung sind dabei u. a.

- die Ausweitung und Konsolidierung des europäischen Order flow mit in NASDAQ und anderen US-amerikanischen Börsen notierten Werten,
- die Schaffung eines europäischen IPO (Initial Public Offering) – Marktes mit erhöhter Produktreichweite, um US-amerikanische, europäische und asiatische Werte einzubeziehen,
- die Eroberung und Ausdehnung eines signifikanten Teils des grenzüberschreitenden europäischen Handels.

Die Emittenten unterliegen (nach dem bisherigen Reglement der EASDAQ) unter anderem den nachfolgenden Zulassungsvoraussetzungen:

- Das Unternehmen muss drei Jahre bestehen.
- Zum Zeitpunkt der Zulassung muss die nach IAS oder US-GAAP erstellte Bilanz ein Vermögen von mindestens 3,5 Mio. Euro, Kapital und Kapitalrücklagen von mindestens 2 Mio. Euro sowie mindestens 100.000 Stück frei verfügbare Titel (Free Float) ausweisen.
- Prospekte sind in Englisch oder in einer anderen von der NASDAQ Europe zu bestimmenden Sprache zu veröffentlichen.
- Zwei vom Emittent zu benennende Sponsoren haben dafür Sorge zu tragen, dass der Emittent hinsichtlich der Zulassungsbedingungen und bezüglich des Antragsverfahrens beraten wird und nach der Zulassung weiter die Mindestvoraussetzungen erfüllt.
- Offenlegung der Verträge mit den Vorstands- und Aufsichtsratsmitgliedern.
- Halteverpflichtung der Gründer.

c) Euronext

Die Fusion der Börsen Paris, Brüssel, Amsterdam zur pan-europäischen Börse Euronext ist im Herbst 2000 verwirklicht worden. Damit kam es erstmalig zum grenzüberschreitenden Zusammenschluss von Börsen aus verschiedenen Staaten. Die als Holding gegründete

Börse mit Sitz in Amsterdam ist gemessen an der Marktkapitalisierung die zweitgrößte Börse Europas. Die Euronext plant für den Sommer 2001 ihren eigenen Börsengang.

Die im Gegenzug zur Euronext geplante Fusion der Deutschen Börse AG und der London Stock Exchange Ltd. zum größten europäischen Finanzmarktplatz iX (International Exchange) ist gescheitert. Mit der iX wäre die mit Abstand größte europäische Börse mit einem Anteil von geschätzten 53% am gesamten europäischen Handelsvolumen entstanden. Das Interesse der Börsen in Mailand und Madrid an einer Integration sowie die beabsichtigte enge Kooperation mit der amerikanischen Technologie-Börse NASDAQ hätten diese Dominanz noch verstärkt. Trotz des Scheiterns der Fusion ist ein wichtiger Schritt in Richtung Konsolidierung des noch sehr stark fragmentierten europäischen Börsenmarktes getan, da im Rahmen der Planung und Vorbereitung der Fusion entscheidende Hindernisse auf dem Weg der Beseitigung der Zersplitterung der eurpäischen Börsenlandschaft erkannt und in Angriff genommen und wichtige Impulse für die weitere wirtschaftliche und rechtliche Entwicklung einer einheitlichen europäischen Handelsplattform gegeben wurden. Auch international gibt es bereits neue globale Fusionsgedanken. Zehn Börsen von New York über Tokio bis Paris wollen sich zur Weltbörse GEM (Global Equity Market) zusammenschließen und eine „Rund-um-die-Uhr"-Börse gründen.

d) Eurex und EEX

Im September 1998 fand die Zusammenführung der Deutschen Terminbörse und der schweizerischen Terminbörse Soffex zur führenden europäischen Terminbörse Eurex statt, gleichzeitig wurde das gleichnamige Clearingsystem eingeführt. Die Eurex ist heute die mit Abstand umsatzstärkste Terminbörse der Welt. In der Zeit vom 1.1.2001 bis zum 30.3.2001 konnte die Eurex 163,7 Mio. gehandelte Kontrakte verzeichnen, und damit einen Umsatzrekord verbuchen. Mit der amerikanischen Terminbörse CBOT verbindet die Eurex eine strategische Allianz, darüber hinaus verfolgt Eurex weitere strategische Allianzen mit anderen Terminbörsen über die Grenzen von Europa hinaus mit dem Ziel, auch in Amerika und Asien verstärkt präsent zu sein.

Die neugegründete europäische Energiebörse EEX (European Energie Exchange) begann im August 2000 den Spotmarkthandel, im März 2001 wurde der Terminhandel aufgenommen. Träger der EEX ist die EEX AG, deren Anteile sich zu 53,3% im Besitz von 48 Unternehmen der Energiewirtschaft aus 10 Ländern befinden. Die EEX bietet einen integrierten Zugang zum größten Strommarkt Europas: am Spotmarkt wird Strom für den nächsten Tag gehandelt, der Terminmarkt ermöglicht die Risikoabsicherung über Terminkontrakte. An der EEX können Marktteilnehmer standortunabhängig handeln. Für den Handel am Spotmarkt nutzt die EEX das Xetra-System der Deutschen Börse AG, für den Terminmarkt steht das Eurex-System der gleichnamigen Terminbörse zur Verfügung. Am EEX-Markt handeln zur Zeit (April 2001) 20 Teilnehmer aus drei Ländern. Die EEX plant mittelfristig weitere Marktsegmente sowie Produkte für andere Energieträger und den Energieverbrauch beeinflussende Faktoren zu entwickeln und steht Kooperationen mit anderen Energiebörsen offen gegenüber.

4. Die gesetzlichen Regelungen

a) Allgemeines

Die gesetzlichen Regelungen für die deutschen Börsen und den Handel an den deutschen Börsen finden sich u.a. im Börsengesetz (BörsG), in der Verordnung über die Zulassung von Wertpapieren zur amtlichen Notierung an einer Wertpapierbörse (Börsenzulassungsverordnung – BörsZulV), im Gesetz über den Wertpapierhandel (Wertpapierhandelsgesetz – WpHG), im Wertpapier-Verkaufsprospektgesetz (VerkaufsprospektG), im Gesetz über die Verwahrung und Anschaffung von Wertpapieren (Depotgesetz, DepotG), im Gesetz über Kapitalanlagegesellschaften (KAGG), in den einzelnen Börsenordnungen und anderen Vorschriften.

Die Bundesregierung plant im Zuge des Vierten Finanzmarktförderungsgesetzes umfangreiche Änderungen im Börsenrecht, im Wertpapierhandelsrecht, im Investmentrecht, und im Kreditwesen sowie die Schaffung nationaler Regelungen zur Kursstabilisierung und Verfolgung von Kursmanipulationen. Geplant sei auch die Neuordnung der Marktsegmente an den deutschen Börsen und die Schaffung eines neuen Marktsegmentes, das nur wenige der gesetzlichen Mindeststandards erfüllen muss und im Übrigen weitgehend von den Börsen ausgestaltet werden kann. Ein entsprechender Referentenentwurf ist für Juni 2001 angekündigt.

b) Die Marktsegmente und ihre Zulassungsvoraussetzungen

Als Marktsegmente werden unterschieden: Amtlicher Handel, Geregelter Markt, Neuer Markt, SMAX, Freiverkehr und Telefonhandel. Der Amtliche Handel und der Geregelte Markt zählen zu den sogenannten organisierten Märkten, wie sie in § 2 Abs. 5 WpHG und §§ 17 ff BörsG definiert sind. Trotz seiner privatrechtlichen Organisationsform kann auch der Neue Markt im Hinblick darauf zu den organisierten Märkten gezählt werden, da eine der Zulassungsvoraussetzungen zum Handel am Neuen Markt die vorherige Zulassung zum Handel am Geregelten Markt ist, wobei allerdings eine Aufnahme der Notierung in dem Marktsegment Geregelter Markt unterbleibt[4]. Zu den nichtorganisierten Märkten gehören der Freiverkehr sowie der Telefonhandel, Vor- und Nachbörslicher Handel und alle außerbörslichen Handelsplattformen.

aa) Amtlicher Handel

Der Amtliche Handel ist der umfangreichste und umsatzstärkste an den deutschen Börsen durchgeführte Handel in Wertpapieren, für den besonders strenge Zulassungsvoraussetzungen und Folgepflichten zu erfüllen sind. Der Amtliche Handel ist ein „organisierter Markt" im Sinne von § 2 Abs. 5 WpHG, d. h. die Zulassungsvoraussetzungen und Folgepflichten der Marktteilnehmer sowie die Organisation des Handels selbst sind gesetzlich geregelt.

Rechtsgrundlage des Amtlichen Handels ist das Börsengesetz (BörsG) und gemäß § 38 BörsG die Börsenzulassungsverordnung (BörsZulV).

Das emittierende Unternehmen muss vor Aufnahme des Handels ein öffentlich-rechtliches Zulassungsverfahren durchlaufen, welches

4 *Weber*, NJW 2000, 2061, 2062.

in den §§ 36-49 BörsG und den entsprechenden Regelungen der BörsZulV festgelegt sind. Die Voraussetzungen einer Zulassung sind im Folgenden in einer kurzen Übersicht zusammengefasst.

Gemäß § 2 BörsZulV muss der Kurswert der Neuemission mindestens Euro 1,25 Mio. betragen. Des Weiteren muss der Emittent nach § 3 BörsZulV drei Jahre als Unternehmen bestanden haben, die Jahresabschlüsse für diesen Zeitraum sind zu veröffentlichen. Die auf den Markt zu gebenden Aktien müssen breit gestreut werden. Dies ist gemäß § 9 Abs. 1 BörsZulV der Fall, wenn 25% des Gesamtnennbetrages, bei nennwertlosen Aktien der Stückzahl, der zuzulassenden Aktien vom Publikum erworben wurden. Ausnahmen von dieser Regel normiert § 9 Abs. 2 BörsZulV.

Bei Vorliegen dieser Grundvoraussetzungen ist durch den Emittenten gemeinsam mit mindestens einem Kreditinstitut, einem Finanzdienstleister im Sinne von § 1 Abs. 1a KWG oder einem Unternehmen, das nach §§ 53 a Abs. 1 S. 1 oder 53 b Abs. 1 S. 1 KWG tätig ist, der Antrag auf Börsenzulassung gemäß § 36 Abs. 2 BörsG, § 48 BörsZulV zu stellen. Der Antrag ist bei derjenigen Börse zu stellen, bei der die Einführung in den Handel mit amtlicher Notierung erfolgen soll. Das begleitende Institut oder Unternehmen muss gem. § 36 Abs. 2 BörsG an einer inländischen Wertpapierbörse mit dem Recht zur Teilnahme am Handel zugelassen sein und ein haftendes Eigenkapital im Gegenwert von mindestens Euro 730.000 nachweisen.

Dem Zulassungsantrag sind u.a. ein Handelsregisterauszug, die Satzung der Gesellschaft und die letzten Jahresabschlüsse und Lageberichte, sowie ein vom Emittenten und vom begleitenden Kreditinstitut (bzw. einem anderen mitwirkungsberechtigten Finanzdienstleister oder Unternehmen) unterschriebener Entwurf eines Börsenprospekts beizulegen. Der Prospekt ist das Kernstück des Zulassungsverfahrens, sein Inhalt ist in den §§ 13 bis 47 BörsZulV geregelt. Wird der Prospekt von der Zulassungsstelle gebilligt, kann er veröffentlicht werden, § 43 Abs. 2 BörsZulV. Hinsichtlich des Börsenprospektes hat das Dritte Finanzmarktförderungsgestz vom 24.3.1998 einige Neuerungen gebracht[5]. Das Verfahren für die Billigung des Prospektes ist in § 36 Abs. 3a BörsG geregelt worden. Bei

5 Schäfer/*Hamann*, BörsG, Vor § 36 Rdnr. 12.

späterer Mehrfachnotierung ist ein vereinfachtes Zulassungsverfahren gem. § 36 Abs. 5 BörsG möglich. Gem. § 40 a Abs. 1 S. 3 BörsG kann unter bestimmten Voraussetzungen auch ein Prospekt gebilligt werden, der in einer Fremdsprache verfasst ist. Die Prospekthaftung ist in den §§ 45, 46 BörsG weitgehend neu geregelt worden, die Verjährungsfristen für börsengesetzliche Prospekthaftungsansprüche sind verkürzt worden, § 47 BörsG. Des Weiteren wurde nunmehr in §§ 48 Abs. 2, 49 BörsG gesetzlich verankert, dass Ansprüche aus vorsätzlicher unerlaubter Handlung mit dem börsengesetzlichen Prospekthaftungsanspruch konkurrieren können und für beide Anspruchsarten dieselbe Zuständigkeit begründet ist.

Liegen sämtliche Unterlagen vor, wird der Zulassungsantrag auf Kosten des Emittenten im Bundesanzeiger nach § 49 BörsZulV und anderweitig veröffentlicht. Die Zulassung, die nicht vor Ablauf von drei Werktagen seit der ersten Veröffentlichung des Zulassungsantrags erfolgen darf, ist in die im selben Pflichtblatt erfolgende Veröffentlichung des Prospekts nach §§ 50, 51 BörsZulV aufzunehmen. Am dritten Werktag nach Erscheinen des Prospekts kann die Notierungsaufnahme der Wertpapiere erfolgen, §§ 50-52 BörsZulV. Amtlich notiert werden im Kassahandel jene Aktien, die Gegenstand eines Zulassungsverfahrens vor der Zulassungsstelle der Börse gewesen sind.

Nach der erfolgten Zulassung treffen den Emittenten bestimmte Folgepflichten. Zu nennen wäre die Pflicht zur fristgerechten Erstellung und Veröffentlichung von Zwischenberichten gem. § 44 b BörsG i. V. m. §§ 53 ff BörsZulV. Der Emittent hat während eines Geschäftsjahres mindestens einen Zwischenbericht zu erstellen, aus dem sich der Verlauf der Geschäftstätigkeit in den ersten sechs Monaten des Geschäftsjahres entnehmen lässt. Des Weiteren ist die Auskunftspflicht des Emittenten gem. § 15 WpHG zu nennen, wonach der Emittent unverzüglich alle dem Publikum unbekannten Tatsachen aus seinem Tätigkeitsbereich zu veröffentlichen hat, wenn sie wegen der Auswirkungen auf die Vermögens- und Finanzlage oder auf den allgemeinen Geschäftsverlauf zu einer erheblichen Beeinflussung des Börsenpreises führen können (sogenannte Ad-hoc-Publizität).

Für den amtlichen Handel ist kennzeichnend, dass die Mitwirkung von amtlich bestellten Kursmaklern nach § 30 BörsG zwingend für die Präsenzbörse vorgeschrieben ist. Den Kursmaklern obliegt die Aufgabe der fairen Kursfeststellung im amtlichen Handel auf der Grundlage des Orderbuches. Sie unterliegen der umfassenden Aufsicht durch die Börsenaufsichtsbehörde, das Bundesaufsichtsamt für das Wertpapierwesen (BAWe) sowie der Handelsüberwachungsstelle an der Börse (HÜST). Die elektronische Börse macht dagegen die Funktion des Maklers bei der Feststellung des Börsenpreises (§ 35 BörsG) überflüssig, hier kommen die Börsenpreise ausschließlich elektronisch auf der Grundlage eines elektronischen Orderbuches zustande.

Ergänzend sei erwähnt, dass durch das Dritte Finanzmarktförderungsgesetz vom 24.3.1998 mit § 43 Abs. 4 BörsG nunmehr auch eine Rechtsgrundlage für das sogen. Delisting geschaffen wurde. Die Zulassungsstelle der Börse kann auf Antrag eines Emittenten die Zulassung zur amtlichen Notierung widerrufen, wenn dies dem Schutz der Anleger nicht widerspricht[6].

Geeignet ist der Amtliche Handel vor allem für Unternehmen, die eine gewisse Größe haben und bereits seit längerer Zeit auf etablierten Märkten tätig sind. Auf Grund der sehr strengen Zulassungsvoraussetzungen und der hohen Publizitätsanforderungen ist dieses Marktsegment für junge Unternehmen weniger geeignet.

bb) Geregelter Markt

Dieses Marktsegment wurde 1987 nach dem Vorbild des Londoner „Unlisted Securities Market“ bzw. dem „Official paralell Market“ aus Amsterdam errichtet. Der Einsicht, dass junge innovative Unternehmen unter einem Mangel an Eigenkapital leiden, sollte mit diesem Markt begegnet werden. Der geregelte Markt ist ein „organisierter Markt“ im Sinne von § 2 Abs. 5 WpHG, d. h. die Teilnahmebedingungen sind gesetzlich geregelt und der Markt steht unter der Aufsicht des Börsenrates. Die Zulassungsvoraussetzungen für den Geregelten Markt sind weniger streng als beim Amtlichen Handel, die Publizitätspflichten sind geringer, die Zulassungsgebühren niedriger. Von seiner Struktur her ist der Geregelte Markt dem Amtlichen Handel jedoch weitgehend angenähert.

6 Hierzu vertiefend: *Bungert*, BB 2000, 53 ff.

Rechtsgrundlage sind die §§ 71 ff. BörsG und die sich über § 72 BörsG ergebenden Börsenordnungen. Diese sind weitgehend übereinstimmend ausgeführt, so dass sich einheitliche Standards für die Zulassung zum Geregelten Markt nennen lassen (vgl. §§ 56 bis 65 a Börsenordnung für die Frankfurter Wertpapierbörse oder §§ 56 bis 65 a der Börsenordnung für die Baden-Württembergische Wertpapierbörse in Stuttgart). Vor der Aufnahme des Handels muss der Emittent ein öffentlich-rechtliches Zulassungsverfahren durchlaufen, dessen Eckdaten im Folgenden kursorisch zusammengefasst sind.

Der Mindestnennwert der neu einzuführenden Nennwertaktien beträgt Euro 250.000 die Mindeststückzahl für die Zulassung von nicht auf einen Geldbetrag lautende Wertpapiere beträgt 10.000 Stück (§ 58 Börsenordnung für die Frankfurter Wertpapierbörse, § 58 Börsenordnung für die Baden-Württembergische Wertpapierbörse), wobei keine Vorschriften in Bezug auf einen Streubesitz für bestimmte Anteile bestehen. Auch besteht an das Unternehmen keine Anforderung hinsichtlich dessen Dauer des Bestehens, so dass Neugründungen die Zulassung zum Geregelten Markt beantragen können. Der Zulassungsantrag ist vom Emittenten zusammen mit einem Kreditinstitut, einem Finanzdienstleister im Sinne von § 1 Abs. 1 a KWG oder einem Unternehmen, das nach §§ 53 a Abs. 1 S. 1 oder 53 b Abs. 1 S. 1 KWG tätig ist, bei der Zulassungsstelle der jeweiligen Börse zu stellen. Das Institut oder Unternehmen muss an einer inländischen Wertpapierbörse mit dem Recht zur Teilnahme am Handel zugelassen sein und ein haftendes Eigenkapital im Gegenwert von mindestens Euro 730.000 nachweisen (§ 57 Börsenordnung für die Frankfurter Wertpapierbörse, § 57 Börsenordnung für die Baden-Württembergische Wertpapierbörse). Ist das emittierende Unternehmen bereits an einer inländischen Börse zum Geregelten Markt zugelassen, bedarf es für die Zulassung zum Geregelten Markt an einer weiteren deutschen Börse keines begleitenden Institutes oder Unternehmens.

Dem Zulassungsantrag ist ein vom Emittenten unterschriebener Unternehmensbericht beizufügen (§ 73 BörsG, § 59 Börsenordnung für die Frankfurter Wertpapierbörse, § 59 Börsenordnung für die Baden-Württembergische Wertpapierbörse). Die Anforderungen an diesen sind nicht so hoch wie die an einen Prospekt für die Zulassung zum Amtlichen Handel, mindestens jedoch sind die Anforderungen des Verkaufsprospektgesetzes zu erfüllen. Die Pflicht zur Vorlage eines Unternehmensberichtes entfällt, wenn von dem Emittenten bereits an einer deutschen Börse Wertpapiere zur amtlichen Notierung oder zum Geregelten Markt zugelassen wurde und daher bereits ein Zulassungsprospekt bzw. ein Unternehmensbericht veröffentlicht wurde, § 73 Abs. 2 BörsG.

Darüber hinaus sind dem Antrag u. a. beizufügen: Handelsregisterauszug und Satzung des emittierenden Unternehmens sowie Gründungsberichte gem. §§ 32 ff AktG, sofern seit der Eintragung des Unternehmens noch nicht 2 Jahre vergangen sind, Protokollauszüge der der Emission zugrunde liegenden Beschlüsse, Jahresabschlüsse und Lageberichte einschließlich Abschlussprüfervermerke (§ 59 Abs. 3 Börsenordnung für die Frankfurter Wertpapierbörse, § 59 Abs. 3 Börsenordnung für die Baden-Württembergische Wertpapierbörse). § 73 Abs. 4 BörsG sieht die Möglichkeit vor, im Bereich des Geregelten Marktes durch die entsprechende Ausgestaltung der jeweiligen Börsenordnungen weitere Vereinfachungen des Zulassungsverfahrens zu statuieren.

Nach der Zulassung besteht für den Emittenten die Ad-hoc-Publizitätspflicht des § 15 WpHG.

Gem. § 72 Abs. 3 BörsG, der mit dem Dritten Finanzmarktförderungsgesetz eingeführt wurde, ist es den jeweiligen Börsenordnungen vorbehalten, Emittenten von Aktien oder Aktien vertretender Zertifikate zur Veröffentlichung eines Zwischenberichts entsprechend § 44b Abs. 1 BörsG zu verpflichten. Bislang existierten diese Zwischenberichte nur als Soll-Vorschriften in den deutschen Börsenordnungen. Bisher hat nur die Frankfurter Wertpapierbörse von dieser Ermächtigung Gebrauch gemacht und in § 63 ihrer Börsenordnung eine Pflicht zur Veröffentlichung eines Zwischenberichtes für Emittenten von Aktien oder Aktien vertretender Zertifikate festgelegt. § 61 der Börsenordnung für die Baden-Württembergische Wertpapierbörse dagegen regelt, dass Zwischenberichte veröffentlicht werden „sollen“ und unterstellt die Vorlage eines Zwischenberichtes damit weiterhin der Freiwilligkeit der Emittenten. Der Gesetzgeber hat hier den einzelnen Börsen bewusst einen Gestaltungsspielraum und damit die Möglichkeit eröffnet, die Attraktivität dieses Marktsegmentes für die Anleger durch die Gewährleistung von erhöhter Transparenz zu steigern oder aber den Emittenten durch Freistellung von der Zwischenberichtspflicht den Börsengang zu erleichtern[7]. Für die Zulassung zum Geregelten Markt sind nur die Hälfte der Gebühren zu entrichten, die bei einer Zulassung zum Amtlichen Handel festzusetzen wären. Am Geregelten Markt werden nicht zum Amtlichen Handel zugelassene Wertpapiere gehandelt. Die Preisfeststellung wird nicht von amtlich bestellten Kursmaklern, sondern von freien Börsenmaklern bzw. „Freimaklern" durchgeführt. Es erfolgt eine nichtamtliche, aber börsengesetzlich geregelte Notierung des Börsenkurses, die der gesetzlichen Handelsüberwachung unterliegt.

Das vergleichsweise geringe Mindestemissionsvolumen charakterisiert den Geregelten Markt als Marktsegment für junge, mittlere und kleinere Unternehmen, u. a. auch als Einstiegssegment und Vorstufe zum Amtlichen Handel.

cc) Freiverkehr

Gemäß § 78 BörsG können Wertpapiere, die weder zum Amtlichen Handel noch zum Geregelten Markt zugelassen sind, zum Freiverkehr zugelassen werden, wenn durch Handelsrichtlinien eine ordnungsgemäße Durchführung des Handels und der Geschäftsabwicklung gewährleistet erscheint. Der Freiverkehr vollzieht sich nach privat-rechtlichen Regeln und ist nicht in die öffentlich-rechtliche Organisation der Börse integriert[8]. Eine staatliche Aufsicht in diesem Marktsegment ist nicht gegeben, sondern der Handel steht unter der Aufsicht des jeweiligen Börsenvorstands. Der Handel wird nach den börsenindividuellen „Richtlinien für den Freiverkehr" abgewickelt. Die Preisfeststellung erfolgt durch vom Börsenvorstand bestimmte Freimakler. Die Preise sind Börsenpreise, wenn sie den Anforderungen des § 11 BörsG entsprechen[9]. Über die Einbeziehung von Wertpapieren in den Freiverkehr (dem Sinn nach vergleichbar mit der Zulassung zu den organisierten Märkten) entscheiden die jeweiligen Börsenträger, für Frankfurt also die Deutsche

7 *Schäfer*, BörsG, § 72 Rdnr. 2.
8 *Zacharias*, Börseneinführung mittelständischer Unternehmen, 195.
9 *Zacharias*, Börseneinführung mittelständischer Unternehmen, 197.

Börse AG. Ein Kredit- oder Finanzdienstleistungsinstitut muss nach den Frankfurter Freiverkehrsrichtlinien den Einbeziehungsantrag stellen, die Rolle des emittierenden Unternehmens bei dem Einbeziehungsverfahren ist eher passiv. Hiervon wird insbesondere für ausländische Werte Gebrauch gemacht, für die das antragstellende Kreditinstitut ein Bedürfnis sieht. Es werden in diesem Segment auch regionale Werte gehandelt, die in anderen Märkten eine Zulassung haben. Ein Zulassungsprospekt oder ein Unternehmensbericht wird nicht verlangt, erforderlich ist lediglich die Veröffentlichung eines Exposé. Nur bei einem erstmaligen öffentlichen Angebot von Aktien ist nach den Vorschriften des Wertpapier-Verkaufsprospektgesetzes ein Verkaufsprospekt erforderlich[10]. Etwa 75 % aller ausländischen Aktien werden im Freiverkehr notiert, wobei der Markt nur etwa 1% Umsatz ausmacht. Negative Erfahrungen der Anleger hinsichtlich der Fungibiliät der einmal erworbenen Anteile spielen dabei ebenso eine Rolle, wie die Zurückhaltung der Banken oder die geringen Bonitätsanforderungen. Die Publizitätserfordernisse sind ebenfalls vergleichsweise gering. Das Kredit- bzw. Finanzdienstleistungsinstitut hat den zuständigen Makler und die Deutsche Börse AG über bevorstehende Hauptversammlungen, Dividendenausschüttungen, Kapitalerhöhungen und sonstige für die Bewertung der Aktien erhebliche Umstände zu informieren[11]. Auch diese niedrigen Publizitätspflichten wirken der Attraktivität dieses Marktes entgegen. Die geringen Anforderungen des Freiverkehrs werden oftmals als verminderter Anlegerschutz interpretiert. Für Start-up-Companies sind die Anforderungen des Neuen Marktes nicht immer zu erreichen. Das Emissionsvolumen ist jedoch denkbar gering und wird im einstelligen Millionenbereich eingeordnet.

dd) Telefonverkehr

Neben den bisher genannten Formen des Börsenhandels findet insbesondere zwischen Banken und Freimaklern ein nicht geregelter Handel von börsennotierten und nicht börsennotierten Aktien an den sogenannten Vor- und Nachbörsen statt. Für den Telefonverkehr ist nicht das Börsen- oder Bankrecht, sondern das Kaufrecht

10 *Zacharias*, Börseneinführung mittelständischer Unternehmen, 196.
11 *Zacharias*, Börseneinführung mittelständischer Unternehmen, 196.

gem. §§ 433 BGB anzuwenden[12]. Obgleich dieser Handel keinerlei Kontrolle unterliegt, haben sich zwischen den beteiligten Banken bestimmte Handelsusancen entwickelt. Die im Telefonhandel zustande kommenden Kurse werden in Listen nicht notierter Werte veröffentlicht. Zu erwähnen ist in diesem Zusammenhang der vorbörsliche Handel, auch Handel per Erscheinen genannt. Dies meint den Handel mit Aktien, die noch nicht an einer Börse notiert sind. Sobald nach dem Bookbuilding-Verfahren im Rahmen der Vorbereitung eines Going Public die Preisspanne und die von den institutionellen und privaten Anlegern eingegangenen Zeichnungswünsche bekannt sind, beginnt der Handel mit den (noch nicht emittierten) Aktien. Häufig bieten institutionelle Investoren, die ein bestimmtes Volumen an Zeichnungswünschen abgegeben haben, an. Wenn sie damit rechnen, eine bestimmte Quote bei der Zuteilung zu erhalten, gehen sie sogenannte Leerverkäufe ein, d. h. sie verkaufen Titel, die sie erst zu einem späteren Zeitpunkt erhalten. Dieser Handel kann sehr lukrativ sein, wenn die vorbörslichen Titel bei der Erstnotiz eine hohe Kurssteigerung erfahren. Allerdings ist auch das Risiko sehr hoch, denn häufig liegt die Erstnotierung auch unter dem vorbörslichen Preis. Privatanleger mit Interesse am Handel per Erscheinen wenden sich an Börsenmakler, die sich auf dieses Segment spezialisiert haben[13].

ee) Neuer Markt

Die Deutsche Börse AG führte am 10.3.1997 den sog. Neuen Markt als neues Handelssegment für kleine und mittlere schnell wachsende Unternehmen aus zukunftsweisenden, aber auch traditionellen Branchen an der Frankfurter Wertpapierbörse ein. Die Einführung des Neuen Marktes ist kein deutscher Alleingang, sondern Teil der europäischen Initiative EURO.NM, die in direkter Konkurrenz zur NASDAQ Europe (vormals EASDAQ) steht. An dieser Initiative sind der Pariser Nouveau Marché, der Brüsseler New Market, der Amsterdamer Nieuwe Markt und der Mailänder Nuovo Mercado beteiligt. [14]

12 *Zacharias*, Börseneinführung mittelständischer Unternehmen, 197.

13 Handelsblatt vom 7./8.7.2000, 5.

14 *Zacharias*, Börseneinführung mittelständischer Unternehmen, 197 f.

Eine hohe Transparenz der notierten Unternehmen, die Schaffung einer hohen Liquidität für jeden Einzelwert, strenge Zulassungsvoraussetzungen zur Erhöhung des Anlegerschutzes und Vorgaben bezüglich des Emissionsvolumens und des Streubesitzes sollen eine möglichst hohe Fungibilität der Anteile gewährleisten und mit der Haltepflicht der Altaktionäre die Aktie gleichzeitig vor starken Kurseinbrüchen schützen.

Der Neue Markt soll die Zahl der Börseneinführungen (Going public) kleinerer und mittlerer Unternehmen erhöhen, die auf dem Weg der Risikokapitalzufuhr ihre vertikale und horizontale Eigenkapitalquote verbessern können. Dadurch soll sich außerdem ihr Potential erhöhen, langfristige Fremdfinanzierungen zu einem dann möglichen niedrigeren Zins durchzuführen. In den vergangenen vier Jahren konnte der Neue Markt seine Position als führende europäische IPO-Plattform kontinuierlich ausbauen. Rund 45% des Emissionsvolumens an allen europäischen Wachstumsmärkten werden derzeit im deutschen Neuen Markt erzielt. 56 der 340 zur Zeit am Neuen Markt notierten Unternehmen haben ihren Sitz im Ausland.

Der Neue Markt ist im Gegensatz zum Amtlichen Handel und zum Geregelten Markt privatrechtlich organisiert, da für die Errichtung eines weiteren öffentlich-rechtlichen Marktsegmentes die börsengesetzlichen Voraussetzungen fehlen. Die Errichtung dieses Marktsegments ist in der Form realisiert, dass ein Unternehmen, welches die Zulassung zum Neuen Markt möchte, eine Zulassung zum Geregelten Markt der Frankfurter Wertpapierbörse beantragen und erhalten muss. Mit dem gleichzeitig zu stellenden Antrag auf Zulassung zum Neuen Markt verzichtet der Antragsteller auf die Aufnahme seiner Notierung im Geregelten Markt. Über die Zulassung zum Neuen Markt entscheidet der Vorstand der Deutschen Börse AG. Rechtlich basiert der Handel am Neuen Markt auf dem Regelwerk Neuer Markt. Der Neue Markt ist damit Geregelter Markt im Sinne von Art. 16 der Wertpapierdienstleistungsrichtlinie, § 2 Abs. 1 WpHG und Art. 1 der Insiderrichtlinie.

Der Antrag auf Zulassung zum Neuen Markt ist vom Emittenten zusammen mit einem Kreditinstitut, Finanzdienstleistungsinstitut oder einem nach § 53 Abs. 1 Satz 1 oder § 53 b Abs. 1 S. 1 KWG tätigen Unternehmen zu stellen. Das begleitende Institut oder Unternehmen muss an einer deutschen Wertpapierbörse mit dem Recht zur Teilnahme am Handel zugelassen sein und ein haftendes Eigenkapital von im Gegenwert von mindestens Euro 730.000 nachweisen.

Das Zulassungsverfahren entspricht grundsätzlich dem des Geregelten Marktes. Hinsichtlich des privatrechtlichen Teils der Zulassung zum Neuen Markt müssen sich die Interessenten vor der formellen Antragstellung Vertretern eines von der Deutschen Börse AG eingesetzten Gremiums vorstellen. Nach den Kriterien Wachstum und Innovation entscheidet dieses über die Zugehörigkeit zum Neuen Markt.

Unternehmen, die am Neuen Markt gelistet werden wollen, müssen die folgenden Zulassungsvoraussetzungen, die in Abschnitt 2 des Regelwerkes Neuer Markt normiert sind, erfüllen:

- Das emittierende Unternehmen soll 3 Jahre, muss aber mindestens ein Jahr als Unternehmen bestehen.
- Der Gesamtnennbetrag für die erstmalige Zulassung der Aktien muss mindestens Euro 250.000, die Mindeststückzahl der Aktien 100.000 betragen.
- Der voraussichtliche Kurswert der zu platzierenden Aktien muss mindestens Euro 5 Mio. betragen.
- Für die erstmalige Zulassung ist eine Kapitalerhöhung gegen Bareinlagen erforderlich, aus der mindestens 50% des zu platzierenden Emissionsvolumens stammen soll. Der die Erhöhung des Grundkapitals übersteigende Kapitalzufluss aus der Kapitalerhöhung muss in voller Höhe dem Emittenten zufließen. Hiermit wird sichergestellt, dass der gesamte Verkaufserlös der Aktien aus der Kapitalerhöhung dem Unternehmen und nicht den Aktionären zufließt.
- Die Anzahl der für den Streubesitz vorgesehenen Aktien sollte mindestens 20 Prozent, wenn möglich jedoch mehr als 25 Prozent betragen, um zusammen mit den Anforderungen hinsichtlich des Emissionsvolumens eine ausreichende Marktgängigkeit („Fungibilität“) der zugelassenen Aktien sicherzustellen.
- Die Altaktionäre müssen sich für zumindest sechs Monate verpflichten, keine Aktien zu verkaufen. Die Haltepflicht soll eine

Belastung der Kurse durch einen zu schnellen Zustrom einer großen Anzahl von Aktien verhindern.

- Bei der Erstemission sind nur Stammaktien zugelassen.
- Das Unternehmen ist verpflichtet, mindestens zwei Designated Sponsors zu benennen, die ihre Aufgabe für die Dauer von jeweils mindestens zwölf Monaten wahrnehmen.
- Der Emissionsprospekt ist nach internationalen Standards und grundsätzlich in Deutsch und Englisch zu erstellen.

Für die Zulassung selbst ist der Emissionsprospekt (so die Wortwahl der Deutschen Börse AG) oder der Verkaufsprospekt entscheidend. Er muss folgende Angaben enthalten:

- Detaillierte Darstellung der Vermögens-, Finanz- und Ertragslage sowie der Risikofaktoren, „die einen erheblichen negativen Einfluss auf die wirtschaftliche Lage des Emittenten haben oder dessen Geschäftserfolg gefährden können“.
- Bilanzen und GuV-Rechnungen für die letzten drei dem Zulassungsantrag vorausgegangenen Geschäftsjahre. Sie müssen nach IAS (International Accounting Standards) oder US-GAAP (United Staates General Accepted Accounting Principles) erstellt werden bzw. eine Überleitungsrechnung enthalten. Die Deutsche Börse AG kann den Emittenten ausnahmsweise für zwei Jahre von dieser Verpflichtung befreien. Liegt der Stichtag des letzten in den Prospekt aufgenommenen Jahresabschlusses zum Zeitpunkt des Antrags auf Zulassung mehr als vier Monate zurück, so ist dem Prospekt eine Zwischenübersicht beizufügen, deren Stichtag nicht länger als zwei Monate zurückliegen darf.
- Angaben über das Unternehmen, die Geschäftstätigkeit, Geschäftsführungs- und Aufsichtsorgane sowie Beteiligungsverhältnisse.
- Darlegung von wichtigen, den Geschäftsverlauf beeinflussenden Tatsachen, wie zum Beispiel Rechtsstreitigkeiten, Unterbrechungen der Geschäftstätigkeit in den letzten Jahren.
- Angaben zu den Einzelheiten der Kapitalmaßnahmen (Zeitablauf, Anzahl und Art der Aktien, Nettoerlös der Emission und Verwendungszweck).

Vor der Veröffentlichung wird der Prospekt durch den Zulassungsausschuss und die Deutsche Börse AG geprüft.

Die Anforderungen am Neuen Markt liegen damit über den Anforderungen im Geregelten Markt.

Folgeverpflichtungen entstehen für den Emittenten nachdem seine Aktien zugelassen sind. So muss er jede Änderung der Rechte der zugelassenen Aktien im Pflichtblatt bekannt geben. § 15 WpHG verpflichtet ihn über kursbeeinflussende Tatsachen unverzüglich die Geschäftsführung der Börse zu unterrichten. Weitere Folgepflichten sind:

- Die spätestens zwei Monate nach Quartalsende zu veröffentlichenden, in Deutsch und Englisch abgefassten standardisierten Quartalsberichte müssen erkennen lassen, wie sich die Geschäftstätigkeit entwickelt hat. Der jeweils nachfolgende Quartalsbericht schließt die vorangegangenen Zeiträume mit ein. Ein vierter Quartalsbericht entfällt zugunsten des Jahresabschlusses.

- Die Quartalsberichte müssen eine GuV-Rechnung, den zeitanteiligen Jahresüberschuss pro Aktie, die Anzahl der Mitarbeiter und eine Kapitalflussrechnung sowie entsprechende Vergleichszahlen aus dem Vorjahreszeitraum und eine Bilanz mit den Angaben aus der Schlussbilanz des vergangenen Geschäftsjahres enthalten.

- Der Termin der Hauptversammlung und Mitteilungen über die Gewinnausschüttung sind zu veröffentlichen.

- Der Jahresabschluss muss, wenn er rechtlich maßgeblich ist, zusätzlich zum Abschluss nach HGB, nach IAS oder US-GAAP erstellt werden, wobei eine Überleitungsrechnung der deutschen Rechnungslegung nach IAS oder US GAAP anerkannt wird. Der Jahresabschluss ist spätestens 3 Monate nach Ende des Geschäftsjahres vorzulegen.

- Mindestens einmal pro Jahr ist ein Unternehmenskalender zu erstellen, der die wichtigen Termine wie Hauptversammlung, eine Bilanzpressekonferenz oder eine Analystenveranstaltung enthält.

- Das Unternehmen anerkennt den Übernahmekodex der Börsensachverständigenkommisson beim Bundesfinanzministerium.

Der Emittent verpflichtet sich zur Veröffentlichung kursbeeinflussender Tatsachen nach § 15 WpHG in deutscher und englischer Sprache (Ad-hoc-Publizitätspflicht).

Meldepflichtig sind die jeweiligen Aktienbestände (an Aktien des Unternehmens) der einzelnen Mitglieder von Vorstand und Aufsichtsrat sowie diesbezügliche Aktienverkäufe.

Der Handel ist in Form eines hybriden Handelssystems organisiert, das die Elemente eines Auktionsmarktes mit dem Market-Maker Systems verbindet. Die Werte des Neuen Marktes haben beim Handel in Frankfurt mindestens zwei Designated Sponsors. Diese müssen für die von ihnen betreuten Werte mindestens für 80% der im Monat stattfindenden Auktionen im Gegenwert von mindestens 20.000 Euro Geld- und Briefkurse (An- und Verkauf) stellen. Der spread darf nicht mehr als 4 Prozent betragen. Dadurch können Marktteilnehmer darauf vertrauen, dass sie Aktien stets wieder verkaufen können. Für den Emittenten bedeutet diese Einrichtung, dass sein Wert keinen Preisabschlag angesichts mangelnder Fungibilität hinnehmen muss.

Zum 1.1.2001 hat die Deutsche Börse AG das Regelwerk Neuer Markt in einigen Punkten ergänzt. U. a. werden Verstöße gegen die Veröffentlichungspflicht der Quartalsberichte stärker als vorher geahndet. Seit dem 1.3.2001 wurden zusätzlich die schon seit dem 1.1.2001 neu geltenden Bestimmungen für meldepflichtige Wertpapiergeschäfte verschärft. So müssen Emittenten am Neuen Markt die Höhe der Beteiligung ihrer Organmitglieder im Verkaufsprospekt veröffentlichen. Transaktionen in eigenen Wertpapieren müssen im Quartalsbericht bzw. Jahresabschluss ausgewiesen werden. Darüber hinaus sind die Emittenten verpflichtet, Transaktionen ihrer Organmitglieder in eigenen Wertpapieren bis spätestens drei Tage nach Geschäftsabschluss an die Deutsche Börse AG zu melden.

Zur Durchsetzung dieser Neuerungen sind die Sanktionsmaßnahmen erweitert worden. Sie reichen von Abmahnungen bis hin zum Delisting. Das maximale Bußgeld wurde von 10.000 Euro auf 100.000 Euro angehoben. Zudem ist die Deutsche Börse berechtigt, verhängte Sanktionsmaßnahmen zu veröffentlichen. Diese Änderungen sollen die Transparenz über die Unternehmen am Neuen Markt erhöhen und dadurch den Anlegerschutz ergänzen. Bisher brachten die neuen Regeln nicht den gewünschten Erfolg, beispielhaft hierfür ist die Veröffentlichung der „Schwarzen Liste“ Ende März 2001 durch die Deutsche Börse AG. Hier waren die Namen derjenigen Unternehmen genannt, die die Frist zur Erstellung des Jahresabschlusses überschritten haben sollten. Bei der Zusammenstellung der Liste traten offensichtlich größere Pannen auf Seiten der Deutschen Börse AG auf mit dem Ergebnis, dass sich sowohl Unternehmen, die den Jahresabschluss längst fristgerecht eingereicht hatten, als auch Unternehmen, denen auf Antrag durch die Deutsche Börse Fristverlängerung gewährt worden war, auf dieser Liste wiederfanden. Auf Grund der verständlichen Aufregung der zu Unrecht genannten Unternehmen musste die Deutsche Börse AG wenige Stunden nach Erscheinen die Liste wieder zurückziehen. Doch auch die neuen Regelungen zu den mitteilungsbedürftigen Wertpapiergeschäften werden zum Teil als halbherzig und überarbeitungswürdig kritisiert. So wird zum Beispiel bemängelt, dass der Kreis der Meldepflichtigen nicht weit genug gefasst wurde, da potenzielle Insider keine Berücksichtigung gefunden haben. Auch die erst nachträglich zu meldenden Aktienverkäufe von Vorstand und Aufsichtsrat werden als nicht hinreichend erachtet, da die Signalwirkung solcher Verkäufe für die Anleger nach dem vollzogenen Abschluss völlig verpuffe. Es wird auf die entsprechenden US-amerikanischen Mitteilungspflichten verwiesen, wonach solche Verkäufe im Vorhinein unter Angabe des Zeitpunktes und des beabsichtigten Umfanges anzukündigen sind.

ff) SMAX

Am 26.4.1999 führte die Deutsche Börse AG ein neues Marktsegment an der Frankfurter Wertpapierbörse ein. Mit dem SMAX (Smallcaps Exchange) bietet die Deutsche Börse AG ein Qualitätssegment für kleinere in- und ausländische Aktiengesellschaften an, deren Aktien zum Amtlichen Handel oder Geregelten Markt der Frankfurter Wertpapierbörse zugelassen sind. Die Bezeichnung Smallcap umfasst Unternehmen mit einem Jahresumsatz von knapp 7 Mio. bis mehr als 5 Mrd. DM und einer Mitarbeiterzahl von 7 bis über 12.700[15]. Im Gegensatz zum Neuen Markt wird mit SMAX

15 *Zacharias*, Börseneinführung mittelständischer Unternehmen, S. 208.

denjenigen jungen Wachstumsunternehmen der Gang an die Börse geebnet, die erfolgreich im mittelständischen Bereich arbeiten, aber nicht die ernormen Wachstumspotenziale für den Neuen Markt bieten können. Die Teilnehmer dieses Segments verpflichten sich zur Erfüllung erhöhter Transparenz- und Publizitätskriterien gemäß internationaler Standards. Dadurch können sich kleinere Werte, die sich bereits als Standardwerte an der Börse qualifiziert haben, auf der Plattform des SMAX den Investoren präsentieren, ihren Bekanntheitsgrad steigern und so aus der Masse der Nebenwerte hervorstechen.

Innerhalb eines Jahres seit Einführung des SMAX hat sich nach Auskunft der Deutschen Börse AG der Umsatz in den mittlerweile 122 SMAX-Unternehmen verdreifacht und liegt bei 1,5 Mrd. Euro. Der Index sei in dieser Zeit um 25% gestiegen und habe den MDAX (14%) damit überholt. Mittlerweile sind bereits 5 SMAX-Unternehmen in den Midcap-Index MDAX aufgestiegen, da sie sich im SMAX-Segment vom Smallcap- zum Midcap-Unternehmen entwickeln konnten.

Die Teilnahme an SMAX erfolgt durch einen privatrechtlichen Vertrag zwischen dem Emittenten und der Deutschen Börse AG nach den SMAX-Teilnahmebedingungen. Ausgeschlossen von der Teilnahme an SMAX sind Unternehmen, deren Aktien zum Neuen Markt zugelassen sind sowie Unternehmen, die in den Aktienindizes DAX und MDAX vertreten sind. Voraussetzung ist allerdings die Zulassung zum Amtlichen Handel oder zum Geregelten Markt. Der Handel findet auch weiterhin in dem der Zulassung entsprechenden Segment Amtlicher Handel oder Geregelter Markt statt[16].

Die Teilnahme eines Emittenten an SMAX ist bei der Deutschen Börse AG zu beantragen, dem Antrag ist ein standardisiertes Unternehmensportrait beizufügen. Über die Zulassung zur Teilnahme an SMAX entscheidet der Vorstand der Deutschen Börse AG. Für die Teilnahme an SMAX wird ein jährliches Entgelt in Höhe von 7.500 Euro erhoben. Eine Kündigung der Teilnahme an SMAX ist für den Emittenten mit einer ordentlichen Kündigungsfrist von sechs Wochen jeweils zum dritten Freitag eines jeden Monats, der auf ein

16 *Zacharias*, Börseneinführung mittelständischer Unternehmen, S. 209.

Quartalsende fällt sowie ohne Einhaltung einer Frist bei Vorliegen eines wichtigen Grundes möglich. Die Deutsche Börse AG kann dem Emittenten gegenüber die Teilnahme mit einer Frist von einem Monat kündigen, wenn der Emittent Änderungen der SMAX-Teilnahmebedingungen widerspricht, sowie ohne Einhaltung einer Kündigungsfrist bei Vorliegen eines wichtigen Grundes.

Folgende Zulassungskriterien hat der Emittent zu erfüllen:

Die bisherigen Aktionäre des Emittenten müssen sich verpflichten, ihre Aktien für einen Zeitraum von mindestens sechs Monaten ab dem Datum der Teilnahme an SMAX zu halten.

Der Emittent muss mindestens einen Designated Sponsor nachweisen, der seine Aufgaben gemäß den Handelsbedingungen für Xetra wahrnimmt.

Die erforderliche Streuung der Aktien gilt als ausreichend, wenn mindestens 25% des Gesamtnennbetrages der Aktien vom Publikum erworben sind.

Der Emittent muss den Übernahmekodex sowie die Grundsätze für die Zuteilung von Aktienemissionen der Börsensachverständigenkommission beim Bundesministerium für Finanzen einhalten.

Die im Emissionsprospekt erforderlichen Angaben über Vermögens-, Finanz- und Ertragslage des Emittenten müssen für die Geschäftsjahre, die nach dem 31.12.2001 beginnen, IAS oder US-GAAP entsprechen.

Der Anteilsbesitz von Vorstand und Aufsichtsrat ist offen zu legen.

Die Folgepflichten für die SMAX Teilnehmer lassen sich wie folgt zusammenfassen:

Der Emittent ist zur Erstellung von Quartalsberichten verpflichtet, die nach dem 31.12.2001 auch in englischer Sprache abgefasst sein müssen und aus denen sich die Entwicklung der Geschäftstätigkeit ergeben muss. Der jeweils nachfolgende Quartalsbericht schließt die vorangegangenen Zeiträume mit ein. Ein vierter Quartalsbericht entfällt zugunsten des Jahresabschlusses. Die Berichte sind spätestens innerhalb von zwei Monaten nach Ende des Berichtszeitraumes vorzulegen.

Die Quartalsberichte müssen eine GuV-Rechnung, den zeitanteiligen Jahresüberschuss pro Aktie, die Anzahl der Mitarbeiter, eine Kapitalflussrechnung sowie die Ausschüttung von Zwischendividenden enthalten.

Jahresabschlüsse und Lageberichte für Geschäftsjahre, die nach dem 31.12.2001 beginnen, sind nach IAS oder US-GAAP zu erstellen.

Für den Emittenten gilt ein Veräußerungsverbot für seine Aktien für einen Zeitraum von 6 Monaten ab dem Datum der Teilnahme an SMAX.

Der Emittent ist zur Durchführung einer jährlichen Analystenveranstaltung verpflichtet.

Der Emittent ist zur Veröffentlichung kursbeeinflussender Tatsachen im Sinne von § 15 WpHG verpflichtet (Ad-hoc-Publizität).

IX. Index/Indizes

Zur Verdeutlichung der Kurs- bzw. Marktentwicklung in einem bestimmten Marktsegment wurden Gruppierungen von zusammengefassten Aktien geschaffen, die unter bestimmten Begriffen bekannt sind. Es handelt sich um die Bezeichnung von einem Index. Ein Index ist eine Kennzahl, die auf Grund von Durchschnittskursen einer bestimmten Reihe von Aktien ermittelt wird. In der Folge kann man leicht einen Gesamteindruck vom Marktgeschehen vermittelt bekommen und dies trotz vielfältiger und zum Teil stark voneinander abweichender Preisverläufe der einzelnen Werte. Indizes dienen zum einen als allgemeiner Börsenmaßstab, zum anderen als Grundlage für Anlageentscheidungen. Außerdem werden sie als Vergleichsmaßstab für die Bewertung von Portefeuilles und als Grundlage für derivate Instrumente eingesetzt.

Der bekannteste dieser Börsenbarometer ist der Dow Jones Index. Mr. Charles H. Dow betrieb im 19. Jahrhundert einen Finanzdienst und veröffentlichte ab 1897 zwei Indizes, von denen einer 20 Eisenbahngesellschaften und der andere 12 Industrieunternehmen erfasste. Für Amerika ist nach wie vor der Dow Jones Index, wenn auch mit anderen Werten, ein wichtiger Börsenbarometer. Aus Japan ist der Nikkei Index, in England der FTSE und in Frankreich der CAC 40 bekannt.

In Deutschland sind verschiedene Indizes bekannt. Die Indizes der Deutschen Börse werden als Performance- und als Kursindizes berechnet und veröffentlicht. Kursindizes messen die eigentliche Kursentwicklung und werden lediglich um die Erträge aus Bezugsrechten und Sonderzahlungen bereinigt. Bei den Performance-Indizes werden darüber hinaus sämtliche Erträge aus Dividenden- und Bonuszahlungen in das Indexportfolio reinvestiert. Dadurch werden marktfremde Einflussfaktoren eliminiert und nur Kursänderungen gezeigt, die auf dem Angebot an und der Nachfrage nach Aktien beruhen. Verglichen mit einem reinen Kursindex wird ein Performance Index sich daher immer ein wenig besser entwickeln.

Die Indexberechnung erfolgt aus den Preisen des Xetra-Systems der Deutschen Börse. Die Performance-Indizes sind als Realtime-Indizes konzipiert, wohingegen die Kursindizes einmal täglich zum Börsenschluss ermittelt werden.

Soweit möglich, sind die Indizes der Deutschen Börse auf das gleiche Datum, den 30.12.1987 basiert. Dadurch wird eine direkte Vergleichbarkeit verschiedener Indizes ermöglicht. Die Indizes des Neuen Marktes, der erst 1997 eingeführt worden ist, haben ihr Basisdatum am 30.12.1997.

Die Indizes der Deutschen Börse sind kapitalgewichtet. Das Gewicht einer Aktie bemisst sich nach Anzahl der zum Börsenhandel zugelassenen Aktien. Daher wird der Kurs einer Aktie der Allianz oder von DaimlerChrysler, die mit einem Anteil von ca. 10% im Index vertreten sind, 20 mal so hoch gewichtet, wie der Kurs z.B. einer Karstadt Aktie, die mit einem Gewicht von 0,5% im DAX enthalten ist. Je größer der Gewichtungsfaktor einer Aktiengesellschaft ist, desto stärker beeinflusst diese Aktie bei gleicher Kursveränderung den Wert des Index. Im Gegensatz dazu gewichtet z.B. der Dow Jones Index jede Aktie gleich, so dass keine Gewichtung nach der Größe und Marktkapitalisierung des Unternehmens erfolgt. Ein gleichgewichteter Index wie der Dow Jones reagiert auf prozentual gleich große Kursschwankungen der einzelnen Aktien gleich. Ab Juni 2002 werden die Titel der deutschen Indizes nach dem Streubesitz gewichtet, d. h. maßgeblich wird dann nicht mehr die Anzahl aller zum Handel zugelassenen Aktien sein, sondern nur noch die Anzahl der im Streubesitz befindlichen Aktien. Dies wird vor allem Auswirkungen auf Unternehmen mit hohem Staatsanteil oder mit überwiegenden Großaktionären haben.

Das bedeutendste deutsche Kursbarometer ist der Deutsche Aktienindex, kurz **DAX**. Dieser wurde 1987 durch die Deutsche Börse eingeführt und wird seit dem 1.7.1987 veröffentlicht.

Der DAX bildet das Segment der Blue Chips ab, also der größten und umsatzstärksten deutschen Unternehmen an der Frankfurter Wertpapierbörse. Er enthält 30 Werte, die im Amtlichen Handel oder im Geregelten Markt zugelassen sind. Der Performance-Index wird alle 15 Sekunden berechnet. Die Überprüfung der Indexzusammensetzung findet in der Regel jährlich mit Wirkung zum September statt. Der DAX ist die Basis für DAX-Futures, DAX-Optionen und Optionen auf DAX-Futures, die alle an der Eurex gehandelt werden.

Der **MDAX** besteht aus 70 Werten, die von ihrer Größe her unter denen des DAX liegen. Diese Werte werden in das Mid-Cap Segment eingeordnet, d.h. als Werte aus der „zweiten Reihe". Die Zusammenstellung des MDAX basiert auf den gleichen Kriterien wie beim DAX, d. h. die Unternehmen werden aus den deutschen Werten des Amtlichen Handels und des Geregelten Marktes ausgewählt. Der MDAX wird minütlich errechnet und publiziert. Das Chance/ Risiko Profil ist wie bei den Werten des DAX als durchschnittlich anzusehen. Die Zusammensetzung des MDAX wird in der Regel halbjährlich überprüft und angepaßt. Termine hierfür sind der März und der September.

Zusammen bilden die beiden Indizes DAX und MDAX das Indexportfolio des **DAX 100.** Auf Grund seiner Breite wird er als Gradmesser für die Börsenentwicklung geschätzt. Aus den Werten des DAX 100 berechnet und veröffentlicht die Deutsche Börse darüber neun Branchenindizes. Der Brancheneinteilung entsprechend erfolgt eine Berechnung für die Branchen Automobil und Verkehr, Banken, Bau, Chemie und Pharma, Eisen und Stahl, Elektro, Handel und Konsum, Maschinenbau, Versicherungen sowie Versorger. Die Performance-Indizes von DAX 100 und seiner Branchen werden minütlich berechnet.

Um in den DAX aufgenommen zu werden, müssen die Unternehmen bestimmte Voraussetzungen erfüllen. Im Allgemeinen muss die 35/35-Regel erfüllt sein, wonach ein Börsenwert sowohl nach der Marktkapitalisierung als auch nach dem Börsenumsatz zu den 35 bestplatzierten Unternehmen in der Rangliste gehört. Ein Titel, der eines der beiden Kriterien nicht mehr erfüllt, kann aus dem DAX herausgenommen werden. Für eine Aufnahme in den MDAX gilt in entsprechender Weise eine 110/110-Regel. Ferner gilt seit Mai 2000 eine einheitliche Streubesitzregelung für alle Indizes der Deutschen Börse, wonach eine DAX- und MDAX-Gesellschaft einen Free-Float-Anteil von mindestens 20% aufweisen müssen. Die Übergangsfrist für diese Regelung läuft bis 31.6.2001. Seit dem 1.1.2001 sind die Unternehmen des DAX und des MDAX zu erhöhter Transparenz und Publizität verpflichtet, indem sie Quartalsberichte zu erstellen und jährliche Analystenveranstaltungen durchzuführen haben. Ferner ist die Anerkennung des Übernahmekodex der Börsensachverständigenkommission Pflicht für alle im DAX und MDAX geführten Unternehmen.

Als Indizes für das Segment junger Wachstumsunternehmen Neuer Markt werden der **NEMAX All Share** und der **NEMAX 50** geführt. Der NEMAX All Share misst die Entwicklung aller am Neuen Markt zugelassenen Werte, zu denen sowohl deutsche als auch ausländische Unternehmen zählen. Er wird bei Neuaufnahmen und Löschungen am Neuen Markt entsprechend angepaßt. Am 1.7.1999 wurde der NEMAX 50 eingeführt, um das ständig wachsende Segment des Neuen Marktes für Investoren transparenter zu gestalten. Der NEMAX 50 umfasst die 50 liquidesten Werte des Neuen Marktes. Auswahlkriterium zur Aufnahme in den Index ist Marktkapitalisierung und Börsenumsatz. Wie beim MDAX findet die Überprüfung des Indexportfolios halbjährlich zum März und zum September statt. Die Performance-Indizes werden minütlich berechnet.

Im April 1999 hat die Deutsche Börse AG mit dem SMAX ein Qualitätssegment für in- und ausländische Smallcaps an der Frankfurter Wertpapierbörse gestartet. Damit ist auch diesbezüglich ein Index, der **SMAX All Share**-Index, gebildet worden. Die Gründe, warum die Frankfurter Börse den SMAX einführt, waren, dass bestimmte kleine Aktien vielversprechende Daten aufwiesen, jedoch wegen mangelnder Transparenz oder zu geringer Liquidität im Handel von Anlegern nicht beachtet wurden. Durch die Zuordnung zu einem Marktsegment will die Börse hier gegensteuern. Eine gleichzeitige Zugehörigkeit zum MDAX oder zum Neuen Markt ist für Werte des SMAX nicht möglich. Der SMAX All Share wird aus allen im Segment SMAX gelisteten Werten berechnet. Die Anpassung der Indexzusammensetzung findet unmittelbar nach Änderungen des Segmentes statt. Daneben setzt sich der Smallcap-Index **SDAX**, der seit Juni 1999 geführt wird, aus den 100 größten und umsatzstärksten deutschen Unternehmen des SMAX zusammen. Der SDAX schließt sich somit an den MDAX an. Die Anpassung des SDAX-Indexportfolios findet vierteljährlich im März, Juli, September und Dezember statt. SMAX All Share und SDAX werden als Performance-Indizes minütlich berechnet.

Daneben besteht noch der **CDAX**, wobei „C“ für „composite“ steht. Der CDAX umfasst alle deutschen Werte des Amtlichen Handels, des Geregelten Marktes und des Neuen Marktes. Er misst also die Entwicklung des gesamten deutschen Aktienmarktes und eignet sich somit gut zu Analysezwecken. Der CDAX ist in 19 Branchenindizes unterteilt, die jeweils nur branchenspezifische Aktien berücksichtigen. Durch diese Aufspaltung wird dem Marktteilnehmer die Möglichkeit gegeben, die Entwicklung einzelner Branchen untereinander zu vergleichen oder die Entwicklung einer Branche der Gesamtmarktentwicklung gegenüberzustellen. Außerdem eröffnet der CDAX den Vergleich von Entwicklungen von Einzelwerten in Bezug auf die Branchenentwicklung, z.B. der Daimler Crysler Aktie im Vergleich zum CDAX-Automobil. Schließlich ermöglicht er die Erkennung von Konjunkturanfälligkeit einer bestimmten Branche, indem eine Beobachtung der Branche über einen längeren Zeitraum gewährleistet wird. Der Performance-Index wird minütlich berechnet, die Branchenindizes einmal täglich mit den Preisen der Xetraschlussauktion. Das Indexset wird angepasst, sobald sich die Zusammensetzung der abgebildeten Marktsegmente ändert.

Schließlich gibt der Stand des **VDAX** an, welche Volatilität die Marktakteure innerhalb der nächsten 45 Tage für den DAX erwarten. Der Begriff der Volatilität bedeutet etwa soviel wie „Flatterhaftigkeit“ oder „Auf und Ab“ und bezeichnet gemeinhin das Schwankungsmaß der Variabilität von Wertpapierkursen, Zinssätzen und Devisen. Der VDAX wird minütlich errechnet und basiert auf den DAX-Optionspreisen und der damit impliziten Volatilität.

Die Einführung des Euro und der Wegfall des Währungsrisikos im Euroland haben zur Entstehung eines der attraktivsten Aktienmärkte der Welt geführt. Um den Anlegern eine Orientierungsgröße für den Euro-Aktienmarkt zu geben, wurde 1998 die Indexfamilie **Dow Jones STOXX^{SM}** gegründet. Herr über diese Indizis ist die STOXX Ltd., ein Gemeinschaftsunternehmen der Deutschen Börse AG, der SWX Swiss Exchange, der Paris Bourse^{SBF} SA sowie dem Unternehmen Dow Jones & Company. Regional werden die Indizes für den Euroraum (Euro STOXX) und Europa (STOXX) separat berechnet. Die Indizes werden als Kurs- und Performance-Index in Euro und US-$ berechnet und vom Dow-Jones-Verlag veröffentlicht. Als wichtigste STOXX-Indizes sind die nachfolgenden drei zu nennen:

- Dow Jones STOXX 50: umfasst die 50 wichtigsten Unternehmen aus 16 verschiedenen europäischen Aktienmärkten inklusive GB und der Schweiz.
- Dow Jones Euro STOXX 50: berücksichtigt die 50 wichtigsten Unternehmen aus den 11 Euro-Staaten.
- Dow Jones STOXX: enthält 600 Titel aus 19 Branchen, die zudem auch als separate Indizes (Benchmarkindizes) geführt werden.

Der Bewertungsmaßstab für die Gewichtung der Titel der STOXX-Indizes hat sich Ende des Jahres 2000 geändert. Wurden die Indizes bislang auf der Basis der gesamten Marktkapitalisierung gewichtet (Anzahl aller Aktien multipliziert mit dem Kurswert), wird die Gewichtung nunmehr nach dem Freefloat berechnet (Anzahl der freihandelbaren Aktien multiplizert mit dem Kurswert). Dies hatte gravierende Auswirkungen auf Unternehmen mit hohem Staatsanteil oder mit überwiegend Großaktionären, deren Bedeutung auf Grund dieser Neugewichtung an Bedeutung verloren hat.

Als Konkurrenz zu dem zuvor beschriebenen Euro Index hat die FTSE, ein Gemeinschaftsunternehmen der Londoner Börse und der Financial Times, den **FTSE-Euro-Stars** gestartet. Dieser Index umfasst die 29 größten Unternehmen der Euro-Länder, die sich wie folgt zusammensetzen: acht französische, sieben niederländische, drei spanische und drei italienische Unternehmen stehen neben acht deutschen Titeln. Hintergrund der Schaffung eines derartigen neuen Index ist das Bestreben, einen Referenz Index für die geplante Allianz von acht europäischen Aktienbörsen zu einem paneuropäischen Aktienmarkt zu schaffen.

Für die Beobachtung des Weltmarktes hat sich die Beachtung des Morgan Stanley Capital International **MSCI-Index** als üblicher Index erwiesen. Der Vergleich von nationalen Indizes wird gewöhnlich durch die unterschiedlichen Berechnungsmethoden, die verschiedene Gewichtung der Aktien, die unterschiedliche Art und Weise, wie Dividendenzahlungen, Kapitalerhöhungen u.s.w. bereinigt werden, und dem abweichenden Grad, mit dem die jeweiligen Aktienmärkte berücksichtigt werden, erheblich erschwert. Dies war der Anlass, einen einheitlichen Index für alle wirtschaftlich bedeutenden Länder weltweit zu berechnen. Die Aktien für die entsprechenden MSCI-Indizes werden so ausgewählt, dass die jeweiligen Marktstrukturen angemessen repräsentiert und ungefähr 60% des betreffenden Börsenkapitals erfasst werden. Es werden Unternehmen mit geringer, mittlerer und hoher Börsenkapitalisierung berücksichtigt. Schließlich erfolgt eine Aufnahme der Aktien nach Branchentypus.

Unabhängig von den verschiedenen Indizes gibt der Beta-Faktor Auskunft über die Frage, ob ein einzelner Wert ein volatilistischer Wert, also eine Aktie mit einer intensiven Kursbewegung ist. Der Beta-Faktor gibt an, ob eine einzelne Aktie in ihrer Eigendynamik bei Kursveränderungen stärkere bzw. schwächere Kursschwankungen durchläuft. Beta-Faktoren der Aktien werden aus der Beobachtung vergangener Kursbewegungen mit Hilfe statistischer Verfahren gewonnen. Ein Beta-Wert von 1 ist definiert als ein dem Indexverlauf genau entsprechender Kursschlag. Ein größerer Wert als 1 bedeutet, dass diese Aktie in der Vergangenheit Kursveränderungen zeigte, die intensiver waren als die jeweiligen Indexbewegungen. Ein Beta-Wert kleiner als 1 bedeutet somit einen schwächeren Ausschlag. Erfahrungsgemäß finden sich Aktien mit hohen Beta-Werten unter den marktbereiten Standardwerten, defensive Werte finden sich eher als Nebenwerte in den Bereichen Versorgung und Ernährung.

X. Emissionspreisfindung und Zuteilung

Im Folgenden werden die verschiedenen Methoden vorgestellt, nach denen sich der Preis einer Aktie bei der Börseneinführung berechnet.

Im Zusammenhang mit dem Thema Emissionspreis soll vorab kurz auf die Bedeutung des Börsenkurses eingegangen werden, die auf Grund neuerer höchstrichterlicher Rechtsprechung deutlich zugenommen hat. Das Bundesverfassungsgericht hat in seinem Beschluss vom 27.4.1999 entschieden, dass bei der Bemessung des Ausgleichs oder der Abfindung von Minderheitsaktionären bei Unternehmensübernahme oder -eingliederung der Börsenkurs mit zu berücksichtigen ist. Die bis dahin vorwiegende gerichtliche Praxis hat den Börsenwert bzw. -kurs bei der Bemessung von Abfindungsansprüchen nicht einbezogen, da diese Werte als zufällig und leicht manipulierbar und somit als untaugliche Bemessungsgrundlage angesehen wurden[1]. Zur Frage, in welcher Form der Börsenkurs bei der Bemessung von Ausgleichs- und Abfindungsansprüchen zu berücksichtigen ist, hat sich der Bundesgerichtshof in seinem Beschluss vom 12.3.2001 (Az.: II ZB 15/00) geäußert. Danach ist nicht der Börsenkurs zu einem bestimmte Stichtag maßgeblich, sondern ein Durchschnittswert der vorangegangenen drei Monate. Dieser Grundsatz soll nach Ansicht der BGH-Richter auch dann gelten, wenn Aktionäre bei der Verschmelzung ihres Unternehmens mit einem anderen Unternehmen neue Anteile bekommen. Die Deutsche Schutzvereinigung für Wertpapierbesitz (DSW) begrüßt grundsätzlich die durch diesen Beschluss geschaffene Rechtssicherheit für die Aktionäre. Gleichzeitig wird jedoch darauf verwiesen, dass der vom BGH festgelegte Zeitraum von drei Monaten zu kurz sei und auch das Übernahmegesetz für die Berechnung von Abfindungen von einem Zeitraum von sechs Monaten ausgehe[2].

Die Bestimmung des Emissionspreises („Pricing“) ist eine der wichtigsten, zugleich aber auch kompliziertesten Aufgaben im Rahmen

1 *Großfeld*, BB 2000, 261.

2 Handelsblatt vom 26.4.2001.

eines Going Public. Die Aktien sollen und müssen zu einem Preis am Markt untergebracht werden, der die Interessen des emittierenden Unternehmens im höchsten Maße befriedigt. Zum einen hat das Unternehmen das Interesse für den Unternehmensteil, der durch die Aktie repräsentiert wird, einen möglichst hohen Rücklauf im Sinne von erzielbarem Eigenkapital und damit einen hohen Kaufpreis zu erzielen. Zum anderen hat das Unternehmen insgesamt das Bedürfnis, den gesamten Block von Aktien, den es emittieren möchte, insgesamt am Markt unterzubringen, damit ein gefestigter Kurs des Unternehmens durch seinen Börsenpreis vorhanden ist. Es ist insgesamt das Problem zu bewältigen, wie viele Aktien mit welchem Volumen, zu welchem Preis, mit welchen Kosten am Markt untergebracht werden können. Der Emissionspreis hat aber auch Auswirkungen auf das Vermögen der Aktionäre. Während das Interesse der bisherigen Unternehmenseigentümer eher auf hohe Emissionspreise gerichtet ist, bevorzugen neu in das Unternehmen eintretende Investoren niedrige Emissionspreise. Es können daher anlässlich des Börsenganges Konflikte zwischen den neuen und den alten Aktionären auftreten[3]. Somit ist die Emissionspreisfindung immer auch ein Akt der Konsensfindung zwischen den Interessen der verschiedenen Gruppen.

1. Unternehmensbewertung als Grundlage der Preisfeststellung

Grundsätzlich ist davon auszugehen, dass die Aktie den prozentualen Wert des Unternehmens darstellt, den sie mit ihrem Nennkapital im Verhältnis zum Stammkapital hat. Soweit das Unternehmen einen höheren Wert hat als das Stammkapital nominell darstellt, repräsentiert die Aktie auch einen entsprechend höheren Wert. Es ist daher der Wert des Unternehmens zu ermitteln, um den Wert einer Aktie zu finden. Mit diesem Verständnis könnte es möglich sein, dass die klassischen Mittel der betriebswirtschaftlichen Unternehmensbewertung geeignet sein können, den richtigen Preis für die Aktie bzw. für den repräsentierten Vermögensanteil an dem Unter-

3 *Serfling/Pape/Kressin*, AG 1999, 289, 291.

nehmen erreichen. Die Methoden der Unternehmensbewertung sind jedoch nicht derart standardisiert, dass diese alle einen einheitlichen Ansatzpunkt finden. Zum einen kann davon ausgegangen werden, dass Unternehmensbewertung zweckgerichtet vorgenommen wird. Dies kann bedeuten, dass vorab nach dem Interesse desjenigen gefragt wird, der die Unternehmensbewertung in Auftrag gibt, um sodann festzustellen, welcher Wert für diesen Zweck der richtige ist. Der Käufer eines Unternehmens wird einen Maximalpreis versuchen zu begründen, den er aus seiner eigenen Unternehmenskonzeption nicht unterschreiten darf, während der Verkäufer eines Unternehmens einen Mindestpreis im Kopf hat, der seiner Vorstellung nach den Wert des Unternehmens repräsentiert. Dabei kann es vorkommen, dass der Minimalwert des Verkäufers von einem idealen Käufer ausgeht, der die Halbfertigprodukte oder Fertigprodukte des Unternehmens in einem gut organisierten Vertriebsnetz vertreiben kann, so dass sich die vermeintlichen Zukunftsaussichten aus den bisherigen Gewinnen sogar verbessern und ein sehr hoher Wert in Betracht kommt. Der Käufer wiederum hat das Problem, dass möglicherweise nur ein Teilprodukt des zu erwerbenden Unternehmens seinen Vorstellungen entspricht und er auf Grund dessen erhebliche Umstellungskosten befürchtet. Beide Ansätze betreffen nicht unmittelbar das typische Verhalten des Anlegers am Kapitalmarkt. Er stellt für die Bewertung allein auf das Unternehmen in seiner aktuellen Beschaffenheit ab; Ertragswert- und Substanzverfahren sowie insbesondere Mischformen aus beiden Varianten stellen somit für ihn die klassischen Verfahren zur Unternehmensbewertung dar. Weit verbreitet sind die Ertragswertmethoden, wie das Kurs-Gewinn-Verhältnis (KGV) und das IDW-Verfahren. Daneben ist das Discounted-Cash-Flow-Analysis (DCFA) zu benennen[4].

Die vorbezeichneten Berechnungsverfahren zur Feststellung eines Unternehmenswertes werden im Nachfolgenden wie folgt dargestellt:

4 Vgl. *Serfling/Pape/Kressin*, AG 1999, 294 ff.

a) Kurs-Gewinn-Verhältnis

Das Kurs-Gewinn-Verhältnis, auch als price-earnings-ratio (per) bezeichnet, ist ein Verfahren, welches auf einfachsten Kennziffernvergleichen beruht[5]. Es ergibt sich aus dem Verhältnis des Börsenkurses zum Gewinn der Aktie bzw. aus dem Verhältnis des Preises des Unternehmens zu dem Gewinn des Unternehmens. Das KGV wird berechnet, indem man den aktuellen Aktienkurs in Euro durch den Reingewinn pro Aktie, den die Aktiengesellschaft jährlich erzielt, dividiert und kann daher mathematisch wie folgt angegeben werden:

KGV = Preis des Unternehmens: Gewinn des Unternehmens bzw.

KGV = Börsenkurs: Gewinn je Aktie

Der Preis bzw. der Börsenkurs des Unternehmens bestimmt sich dementsprechend und lässt sich mathematisch wie folgt ausdrücken:

Preis des Unternehmens = KGV x Gewinn des Unternehmens

bzw. Börsenkurs = KGV x Gewinn je Aktie

Das KGV gibt an, mit dem Wievielfachen des erwarteten Unternehmensgewinns eine Aktie aktuell bewertet ist, bzw. den Betrag, den ein Investor für einen Euro Gewinn zu zahlen hat. Das KGV ist um so höher, je größer die Ertragskraft des Unternehmens ist, es spiegelt somit die langfristige Ertragserwartung des Unternehmens wieder. Der KGV ist daher ein gängiger Maßstab bei der Bewertung von Aktien.

Besonders leicht lässt sich diese Kennziffernmethode dann durchführen, wenn von dem betreffenden Unternehmen bereits an der Börse Notierungen vorhanden sind. Ungleich schwieriger wird es, wenn dem Unternehmen seine Erstemission bevorsteht. Für eine Vergleichsberechnung muss sodann auf börsennotierte Unternehmen der gleichen Branche zurückgegriffen oder vielleicht sogar Rückrechnungen aus den im Ausland notierten Unternehmen der gleichen Branche durchgeführt werden. Aus den so gewonnenen Informationen ist nach statistischen Ansatzpunkten ein Mittelwert zu bilden, der den Branchendurchschnitt darstellt. Aus diesem Bran-

5 Siehe auch *Löhr*, Börsengang, S. 155 f.

chendurchschnitt kann sehr grob wiederum der KGV für das betreffende Unternehmen rückgeschlossen werden. Bei derartigen Rückschlüssen muss berücksichtigt werden, ob das konkret zur Emission anstehende Unternehmen sodann eher über dem Branchendurchschnitt oder unterhalb des Branchendurchschnittes anzusiedeln ist, so dass eine weitere Angleichung vorgenommen werden muss. Soweit die Emissionsbanken bei der Ermittlung des Gewinns nach dem DVFA/SG Verfahren vorgehen, ist darauf hinzuweisen, dass die Deutsche Vereinigung für Finanzanalyse und Anlageberatung (DVFA) in Zusammenarbeit mit der Schmalenbach-Gesellschaft (SG) eine Kennzahl entwickelt hat, die unbeeinflusst von Sonderfaktoren und bilanzrechtlichen Spielräumen die Ertragskraft eines Unternehmens darstellen soll. Ansatzpunkt einer von beiden Unternehmen gemeinsam ermittelten Zahl war die Überlegung, dass, um einen erforderlichen Ertragsvergleich von Unternehmen untereinander durchführen zu können, der Jahresüberschuss um Sondereinflüsse oder dispositionsbedingte Aufwendungen und Erträge bereinigt werden muss. Mit den außerordentlichen Aufwendungen und Erträgen sind die gemeint, die bei der Gliederung der Gewinn- und Verlustrechnung nach dem HGB als solche in den speziellen Positionen bereits ausgewiesen werden.

Die ungewöhnlichen Aufwendungen und Erträge sind solche, die nicht in diesen Sonderpositionen der Gewinn- und Verlustrechnung enthalten sind, die für den Geschäftsbetrieb des Unternehmens dennoch ungewöhnliche Vorgänge sind. Hierzu gehören jedoch nicht Sachverhalte, die auf Grund unternehmenspolitischer Entscheidungen, wie z.B. Anlaufkosten für bestimmte neue Produkte, Forschungs- oder Entwicklungsaufwendungen oder Werbekampagnen vorgenommen werden. Soweit diese Vorgänge die Unternehmensstruktur tiefgreifend verändern, müssen sie bereinigt werden. Wenn von dispositionsbedingten Aufwendungen und Erträgen gesprochen wird, ist damit der Ansatzpunkt gemeint, dass die im Bilanzrecht ermöglichten Bewertungs- und Ermessensspielräume in vergleichbarer Weise bewertet werden müssen. Bereits diese grobe Darstellung zeigt, dass sich auch nach einem Ergebnis DVFA/SG weiterhin Restrisiken in der Bewertung des Kursgewinnverhältnisses nicht ausschließen lassen. Es ist insbesondere zu berichten, dass die Verantwortlichen im Unternehmen diese besonderen Ansatzpunkte oftmals anders sehen als die Analysten der emittierenden Bank. Ergänzend wird darauf aufmerksam gemacht, dass die wesentlichen Regelungen der Überarbeitung der seit 1996 geltenden Empfehlung der DVFA/SG in DB 1998, 2537 ff. veröffentlicht wurden. Die Bewertung des Good will wird beispielsweise verändert erfasst. Eine Verminderung der Gewinnerwartung gegenüber der alten Berechnungsmethode von durchschnittlich 12 bis 15% für die DAX Werte sei möglich[6].

b) IDW-Verfahren

Der Hauptfachausschuss des Instituts der Wirtschaftsprüfer hat die seit nunmehr 17 Jahren unveränderte HFA-Stellungnahme zur Durchführung von Unternehmensbewertungen grundlegend überarbeitet und am 28.6.2000 durch einen neuen IDW-Standard[7] ersetzt. Thematisch wurden die wesentlichen Entwicklungen der jüngsten Zeit aufgegriffen, insbesondere auch die Schwierigkeiten bei der Bewertung innovativer Unternehmen, die auf den Markt drängen, ohne eine lange eigene Historie zu besitzen. Hier war es erforderlich, den Schwerpunkt der Unternehmensbewertung von der Vergangenheitsanalyse verstärkt auf die Prognose zukünftiger Ausschüttungserwartungen zu verlegen. Der neue Standard hat neben der (bisher dominierenden) Ertragswert-Methode ausdrücklich auch die in den USA bevorzugt angewandte Discounted-Cash-Flow-Verfahren (DCF) als gleichwertig anerkannt. Neu ist, dass die persönlichen Ertragsteuern der Unternehmenseigner bereits bei der Ermittlung des objektivierten Wertes einbezogen werden, bei der Risikoberücksichtigung in der Bewertung finanzieller Überschüsse nicht mehr nach speziellen und allgemeinen Risiken unterschieden wird. Die Anwendung des Kapitalpreisbildungsmodell Capital Asset Pricing Model (CAPM) wird ausdrücklich unterstützt und dem Substanzwert wird grundsätzlich der direkte Bezug zu künftigen finanziellen Überschüssen und damit zur Ermittlung des Unternehmenswertes abgesprochen[8].

---

6 AG Report 7/99, R 274.

7 FN-IDW Nr. 8/2000.

8 *Feldhoff*, DB 2000, 1237.

Die Unternehmensbewertung nach dem IDW-Standard basiert auf der Überlegung, dass der Wert eines Unternehmens sich nach der Eigenschaft bestimmt, Einnahmeüberschüsse zu erwirtschaften, d. h. in dem Barwert der zu erwartenden zukünftigen finanziellen Überschüsse. Dieser wird auch als Zukunftserfolgswert bezeichnet. Denn nur dann bietet der Unternehmenswert den Eignern Informationen, die sie bei ihrer Entscheidung, z. B. für einen Verkauf nutzen können. Für die Ermittlung stehen nunmehr neben dem Ertragswert-Modell die unterschiedlichen DCF-Methoden zur Verfügung.

aa) Ertragswertverfahren

Das Ertragswertverfahren ermittelt den Unternehmenswert durch Diskontierung der den Unternehmenseignern künftig zufließenden finanziellen Überschüsse, die aus den künftigen handelsrechtlichen Erfolgen (Ertragsüberschussrechnung) abgeleitet werden[9]. Zunächst sind die Ertragsüberschüsse aus dem betriebsnotwendigen Vermögen zu ermitteln. Dafür erfolgt eine Bereinigung der Vergangenheitserfolgsrechnung, wobei Aufwendungen und Erträge des nicht betriebsnotwendigen Vermögens eleminiert werden, periodengerechte Erfolgsausweise bereinigt werden, personenbezogene und andere spezifische Erfolgsfaktoren bereinigt werden, Folgeänderungen vorgenommener Bereinigungen erfasst werden. Sodann wird eine Prognose hinsichtlich der künftigen finanziellen Überschüsse ausgehend von den Aufwands- und Ertragsplanungen des Unternehmens erstellt. Dabei werden Erfolgsanalysen der einzelnen Produkte/Produktbereiche sowie Analysen der Entwicklungstendenzen der Aufwendungen und Erträge im Einzelnen vorgenommen. Für die Beurteilung der zukünftigen Umsatzerlöse wird auf die betriebliche Umsatzplanung des Unternehmens zurückgegriffen, wobei zu berücksichtigen ist, ob sich gewisse branchenbezogene konjunkturelle Entwicklungen oder Trends abzeichnen und welche regelmäßig wiederkehrenden saisonalen Einflüsse vorliegen. Einzubeziehen in die Prognose sind ebenfalls die zu erwartenden Material- und Personalkosten, erforderliche Investitionskosten und sonstige zu erwartende Aufwendungen, zu denen auch die Ertragsteuern des Unternehmens zählen. Durch eine Prognose der Zinsaufwen-

9 7.2.1. IDW S 1.

dungen- und Erträge wird die Finanzierung des Unternehmens und ihre zukünftige Veränderung erfasst. Des Weiteren sind die persönlichen Ertragsteuern der Unternehmenseigner mindernd zu berücksichtigen.

Sodann ist der Wert der Überschüsse aus dem nicht betriebsbezogenen Vermögen zu ermitteln.

Die ermittelten finanziellen Überschüsse aus dem Unternehmen sind mit dem Kapitalisierungszinssatz auf den Bewertungsstichtag abzuzinsen. Zu unterscheiden ist an dieser Stelle der Kapitalisierungszinssatz bei der Ermittlung objektivierter Unternehmenswerte und bei der Ermittlung subjektiver Entscheidungswerte. Ersterer wird auf der Grundlage des landesüblichen Basiszinssatzes für eine (quasi-)risikofreie Kapitalanlage gebildet und um einen Risikozuschlag erhöht sowie um persönliche Ertragsteuern vermindert. Gegebenenfalls kann wachsenden finanziellen Überschüssen durch einen Wachstumsabschlag Rechnung getragen werden. Der Kapitalisierungszinssatz bei der Ermittlung subjektiver Entscheidungswerte richtet sich nach den individuellen Verhältnissen des Investors. In Betracht kommen z. B. die individuelle Renditeerwartung des Investors bei einer alternativen Investition, der Zinssatz zur Ablösung vorgesehener Kredite oder ein Zinssatz, der sich aus einer subjektiven Einschätzung der Komponenten Basiszinssatz/Risikozuschlag ableitet. Auch hier kann gegebenenfalls ein Wachstumsabschlag Berücksichtigung finden.

bb) Discounted Cash Flow

Die DCF-Verfahren bestimmen den Unternehmenswert durch Diskontierung von Cash flows[10]. Die Cash flows stellen erwartete Zahlungen an die Kapitalgeber dar. Je nach Verfahren sind sie unterschiedlich definiert. Nach dem Konzept der ausgewogenen Kapitalkosten (Weighted Average Cost of Capital, WAAC) und nach dem Konzept des angepassten Barwertes (Adjusted Present Value, APV) ermittelt sich der Marktwert des Eigenkapitals als Differenz aus einem Gesamtkapitalwert und dem Marktwert des Fremdkapitals, wobei von einer Bruttokapitalisierung ausgegangen wird. Nach dem

10 Berechnungsbeispiele bei *Löhr*, Börsengang, 146 ff.

Konzept der direkten Ermittlung des Wertes des Eigenkapitals (Equity-Ansatz[11]) wird der Marktwert des Eigenkapitals durch Abzinsung der um die Fremdkapitalkosten verminderten Cash flows mit der Rendite des Eigenkapitals berechnet, wobei von einer Nettokapitalisierung ausgegangen wird. Bei allen DCF-Verfahren sind die Steuerzahlungen der Unternehmenseigner von den Cash flows zu kürzen und bei der Ermittlung der jeweiligen Kapitalkostenansätze zu berücksichtigen. Alle drei Konzepte führen ungeachtet der unterschiedlichen Rechentechniken zu grundsätzlich übereinstimmenden Ergebnissen[12].

Bei dem WAAC-Ansatz wird zunächst der Gesamtkapitalwert ermittelt, indem die künftigen (prognostizierten) Cash flows vor Zinsen mit den Kapitalkosten diskontiert werden. Hierfür werden die zukünftigen Cash flows für einen Zeitraum von in der Regel 3 bis 7 Jahren ermittelt. Cash flows sind hierbei jene finanziellen Überschüsse, die allen Kapitalgebern nach Abzug der Unternehmenssteuern während des Prognosezeitraumes zufliessen. Darüber hinaus wird der Cash flow für die Zeit nach dem Prognosezeitraum als sogenannter Restwert ermittelt. Der Wert des nicht betriebsbezogenen Vermögens wird in den Gesamtkapitalwert einbezogen. Die gewogenen Kapitalkosten hängen von der Höhe der Eigen- und Fremdkapitalkosten sowie vom Verschuldungsgrad des Unternehmens ab. Die Fremdkapitalkosten errechnen sich als gewogener durchschnittlicher Kostensatz der einzelnen Fremdkapitalformen, die Ertragsteuern sind abzusetzen. Zur Bestimmung der Eigenkapitalkosten wird in aller Regel auf das Kapitalpreisbildungsmodell Capital Asset Pricing Model, (CAPM) zurückgegriffen. Danach entsprechen die Eigenkapitalkosten der Summe aus risikolosem Basiszinssatz und unternehmensindividueller Risikoprämie.

In einem zweiten Schritt wird der Gesamtkapitalwert in das Eigen- und das Fremdkapital aufgeteilt. Den Marktwert des Fremdkapitals erhält man, indem die Cash flows an die Fremdkapitalgeber mit einem das Risikopotenzial dieser Zahlungsströme widerspiegelnden Zinssatz dikontiert. Die Differenz aus Gesamtkapitalwert und

---

11 Vgl. hierzu die kritische Auseinandersetzung bei *Löhr*, BB 2001, 351 ff.
12 7.3.1., 7.3.5. IDW S 1.

Marktwert des Fremdkapitals entspricht dem Marktwert des Eigenkapitals.

Bei Zugrundelegung des APV-Ansatz wird von der Annahme eines ausschließlich eigenfinanzierten Unternehmens ausgegangen, d. h. es wird der Marktwert eines nicht verschuldeten Unternehmens errechnet. Zu diesem Wert wird der Wertbeitrag der Verschuldung addiert, wobei die Summe den Gesamtkapitalwert darstellt. Abzüglich des Marktwertes der Ansprüche der Fremdkapitalgeber erhält man den Wert des Eigenkapitals. Die Diskontierung der Cash flows erfolgt mit Eigenkapitalkosten eines unverschuldeten Unternehmens, die Diskontierung des Wertbeitrages der Verschuldung mit Fremdkapitalzinssatz.

Im Rahmen des Equity-Ansatzes werden die den Eigentümern zufließenden Überschüsse mit den Eigenkapitalkosten eines verschuldeten Unternehmens diskontiert. Die Netto-Cash-flows werden um die periodenspezifischen Zahlungen an die Fremdkapitalgeber gekürzt und mit dem Kapitalkostenansatz abgezinst.

In der Literatur ist der IDW S 1 bereits auf Kritik gestoßen. Es wird u. a. bemängelt, dass es durch die Orientierung des neuen IDW-Standards am objektivierten Unternehmenswert zu gravierenden Fehlbeurteilungen des Unternehmenswertes kommen kann, da die individuelle Grenzpreissituation von Käufer und Verkäufer missachtet und der Verkäufer z. B. bei der Abfindungsbemessung benachteiligt wird. Außerdem wird die alleinige Abstellung auf die Risikozuschlagsmethode im Rahmen der Herstellung der Risikoäquivalenz, die mit Hilfe des CAPM abzuleiten sei, kritisiert. Der IDW-Standard vernachlässige hierbei nicht nur die aus der Risikozuschlagsmethode folgende Ermittlungsproblematik, sondern auch die Fragwürdigkeit des CAPM-Konzeptes[13].

2. Preisfeststellungsverfahren

Die Bestimmung des Emissionspreises erfolgt auf der Grundlage des ermittelten Unternehmenswertes. Über das Ergebnis der rechnerischen Ermittlung des Unternehmenswertes hinaus wird der

13 *Hommel/Braun/Schmotz*, DB 2001, 341, 347; *Feldhoff*, DB 2000, 1239 f.

Emissionspreis von der konkreten Ausgestaltung des Emissionskonzeptes und den aktuellen Kapitalmarktbedingungen beeinflusst. Im Rahmen des Emissionskonzeptes werden Börsenplatz und Marktsegment sowie Platzierungsverfahren bestimmt.

a) Festpreisverfahren

Das Festpreisverfahren ist ein traditionelles Verfahren zur Platzierung von Wertpapieren, bei dem Emissionspreis vor Veröffentlichung des Verkaufsprospektes fest vereinbart ist. Diese Vereinbarung wird zwischen emittierendem Unternehmen und konsortialführender Bank getroffen, bei der sich die Bank verpflichtet, ein mengenmäßig bestimmtes Aktienpaket am Markt zu übernehmen bzw. im Zweifelsfall selbst zu bezahlen. Dabei hat die Bank die Möglichkeit, einen Gewinn dadurch zu erzielen, dass die Platzierung zu einem höheren Preis vorgenommen wird, als der, der dem Unternehmen zufließt. Der Emissionspreis wird anhand der Unternehmensbewertung unter Berücksichtigung der Börsenbewertung vergleichbarer Unternehmen sowie der allgemeinen Marktsituation ermittelt und sodann im Verkaufsprospekt veröffentlicht. Interessierte Anleger können innerhalb der Zeichnungsfrist ihre Kaufwünsche zu diesem Preis abgeben.

Das Festpreisverfahren war bis Mitte der neunziger Jahre das übliche Verfahren, nach denen Börsenemissionen in Deutschland durchgeführt wurden. Im Rahmen der Preisfestlegung zwischen Emittent und Bank reizten viele Unternehmen unter Ausnutzung des zwischen den Banken herrschenden Wettbewerbs um lukrative Emissionsmandate die Emissionspreise übertrieben nach oben aus. Dies führte oftmals dazu, dass der Kurs der betreffenden Aktien auf ein angemessenes Niveau korrigiert werden musste. Diese Entwicklung führte bei den Investoren zunehmend zu Unzufriedenheit und einem Vertrauensverlust in die Pricing-Qualitäten der Emissionsbanken.

b) Bookbuilding-Verfahren

Seit 1996 wird auf Grund der vorgehend geschilderten Situation vermehrt das Bookbuilding-Verfahren zur Ermittlung des Emissionspreises von Aktien genutzt. Von den 67 Unternehmen, die im Jahre 1998 erstmals an einer deutschen Börse notiert wurden, wählten lediglich zwei Unternehmen noch das Festpreisverfahren[14]. Auch im internationalen Bereich, wo die Emissionen ebenfalls platziert werden sollten, war es notwendig geworden, die Modalitäten insbesondere des amerikanischen Marktes zu übernehmen. Ein Ansatzpunkt des Bookbuilding-Verfahrens ist im Gegensatz zum Festpreisverfahren, dass die für die langfristige Performance wichtige Sicherung der Nachfrage auch im Sekundärmarkt integrativer Bestandteil dieses Verfahrens ist. Es ist dadurch gekennzeichnet, dass es die Interessen von Emittent und Investor ausgleicht, indem Großinvestoren in den Preisbildungsprozess eingebunden werden. Dabei ist die Berücksichtigung der aktuellen Kapitalmarktverhältnisse und der Nachfragesituation in wesentlich stärkerem Maße möglich als beim Festpreisverfahren[15].

Ein solches Bookbuilding-Verfahren verläuft in mehreren Teilabschnitten.

aa) Pre-Marketing Phase

Es gibt zunächst die Pre-Marketing-Phase, in welcher der Bekanntheitsgrad des emittierenden Unternehmens durch Pressekonferenzen, Research-Berichten und die sogenannte „Equity Story" an die Öffentlichkeit gebracht wird. Die „Equity Story" enthält wesentliche Informationen über die Unternehmensgeschichte und -aktivitäten, die relevanten Märkte, das Management, die strategische Ausrichtung und die Wettbewerbsposition des emittierenden Unternehmens. Dadurch wird es den potenziellen Investoren erleichtert, Chancen und Risiken der Emission einzuschätzen. In dieser Phase wird auf der Grundlage der Gespräche mit den institutionellen Anlegern der Preis im Sinne einer Preisspanne gemeinsam von Unternehmen und Konsortialbank festgelegt. Diese Preisspanne kann 10 bis 15 Prozent zwischen Minimal- und Maximalwert betragen[16]. In dieser Phase ist die substanzielle Arbeit im Sinne der Unternehmensstrukturierung durchgeführt worden. Das emittierende Unter-

14 *Zacharias*, Börseneinführung mittelständischer Unternehmen, S. 297.

15 *Weiler*, in: Volk, Going Public, S. 266.

16 *Weiler*, in: Volk, Going Public, S. 268.

nehmen kennt den eigenen Marktwert inzwischen und hat genaue Vorstellungen von einem möglichen Börsenpreis.

bb) Marketing Phase

In einer zweiten Phase wird die Preisspanne dem interessierten Markt bekannt gegeben. Investor-Relations-Aktivitäten werden im Sinne von Road Shows, Einzelgesprächen und Unternehmenspräsentationen sowohl durch die Konsortialbanken als auch durch das Unternehmen selbst durchgeführt. Die Marketing Phase entwickelt sich aus der Pre-Marketing Phase. Sie hat ihren ersten Ansatzpunkt, sobald das emittierende Unternehmen die Preisspanne, in welcher die Emission durchgeführt werden soll, benennen kann. Die Marketing Aktivitäten aus der vorherigen Phase werden auf Grundlage der Zahlen intensiviert. Road-Shows können je nach dem Volumen des emittierenden Unternehmens wörtlich verstanden werden oder sind lediglich kleine Gesprächskreise, die bei potenziellen Investorengruppen durchgeführt wurden[17].

cc) Order-Taking Phase

In einer dritten Phase findet eine Zusammenführung der seit der Marketing-Phase eingegangenen Zeichnungswünsche statt. Auch die Order-Taking-Phase entwickelt sich aus der Marketing Phase. Die Phase beginnt in dem Moment, in dem die emittierenden Konsortialbanken die von den interessierten Investoren ausgefüllten Orderformulare der Aktien erfassen und diese an den Konsortialführer zur Zusammenführung und Auswertung weitergeben. Bei diesem Konsortialführer – auch Lead-Manager oder Bookrunner genannt – wird das elektronische Orderbuch geführt. Die Zeichnungen im Orderformular erhalten insbesondere verbindliche Zusagen des Investors hinsichtlich der Preisvorstellung im Zusammenhang mit der Zeichnungsgröße, die Identität des Investors (Name und Nationalität), den Investortyp (Versicherung, Pensionskassen, Investmentfond), die Anlagestrategie (kurz-, mittel- oder langfristig). Durch diese Kenntnis kann das Unternehmen sehr klar erkennen, ob die Konkurrenz des emittierenden Unternehmens sich einkauft, oder ob

---

17 *Weiler*, in: Volk, Going Public, S. 268.

lediglich Kapital von kleinen Anlegern eingesammelt wird, die keinerlei Interesse an einer späteren Einflussnahme haben. Die Auswertung der Formulare ermöglicht es auch, langfristig orientierte Anleger bei der Wertpapierzuteilung gezielt zu bevorzugen. Durch geschickte Auswahl der künftigen Anleger kann auf eine stabile Kursentwicklung hingewirkt und Vertrauen in die faire Bewertung des Wertpapiers erzeugt werden.

dd) Pricing- und Zuteilungsphase

Die Phase Vier ist als Pricing- und Zuteilungsphase bezeichnet. Innerhalb dieser Phase wird basierend auf der zuvor durchgeführten Analyse der zusammengefassten Zeichnungswünsche der Emissionspreis konkret festgelegt. In Einzelfällen kann der Preis für Privatanleger von demjenigen für institutionelle Investoren abweichen. Die im Orderbook gesammelten Informationen können, sobald ein dem zu emittierenden Volumen adäquat gegenüberstehendes Investitionsvolumen erreicht ist, zur Verteilung gelangen. Im Rahmen der Zuteilung der Wertpapiere gibt der Bookrunner den Konsortialbanken vor, wieviele Titel jeweils den institutionellen Investoren weiterzuleiten sind (directed allocation). Auf diese Weise soll der vom Bookrunner angestrebte Investorenmix gewährleistet werden. Für Privatanleger stellt der Bookrunner eine bestimmte Menge zur Verfügung, aus der die Wertpapiere pauschal zugeteilt werden (free retention). Im Idealfall sind mit dieser Vorgehensweise alle Aktien zu einem bestmöglichen Preis bei einem überschießenden Anteil von Nachfragern verteilt.

Zum einen gehen die Konsortialbanken jedoch davon aus, dass bei den Erstzeichnungen eine Vielzahl von Aktionären sind, die unmittelbar nach Zuteilung die Aktien an den Markt zurückgeben wollen, weil sie darauf spekulieren, dass die Nachfrage der Aktien danach unmittelbar weiter steigt. Sie steigen lediglich in die Zuteilung ein, um diesen ersten Mitnahmeeffekt zu erzielen. Zum anderen kann es sein, dass sich das emittierende Bankenkonsortium diesen Effekt zu Nutze machen, aber keine eigenen Aktien zeichnen möchte. Die Konsortialbanken werden daher mit dem emittierenden Unternehmen einen Optionsvertrag in der Form durchführen, dass, wenn alle Aktien zu einem bestimmten Preis am Markt platziert werden können, die Konsortialbanken einen gewissen Mindestsatz, den sog. green shoe, nochmals zu den Originalkonditionen von dem Unternehmen erwerben können. Auf diese Weise soll die weitere Kursentwicklung nach der Aufnahme des Börsenhandels stabilisiert werden. In diesem Zusammenhang ist bei den Banken das sog. Overallotment zu beobachten. Die Banken überbuchen das ihnen zustehende Volumen, auf Grund der vereinbarten green-shoe-Option allerdings ohne hierdurch ein Risiko einzugehen. Hier wird der Effekt ausgenutzt, dass bei einer Überzeichnung der Aktien hinsichtlich des Volumens zusätzliche Aktien zur Verfügung stehen.

c) Auktionsverfahren

Daneben gibt es ein weiteres Verfahren zur Preisfindung. Es ist das Auktionsverfahren. Der Computer-Telefonie-Softwarehersteller TRIUS AG ist das erste deutsche Unternehmen, dass sich bei seinem Börsengang am 9.3.2000 zum Auktionsverfahren entschlossen hat. Begründet wird dieses Verfahren damit, dass beim Bookbuilding-Verfahren sog. Zeichnungsgewinne bei der ersten Notiz in sehr hohem Maße stattfinden. Das Gewinnpotenzial der Gesellschaft werde dabei nicht unbedingt ausreichend berücksichtigt. Im Auktionsverfahren fließen dagegen Substanz und Potenzial in den Preis ein. Ebenso wie beim Bookbuilding-Verfahren erfolgt die Angabe eine Preisspanne, die jedoch nur als Orientierung für die limitierten Kaufaufträge gedacht ist. Interessierte Investoren unterbreiten bei der Zeichnung ein limitiertes Preisangebot, das auch gestaffelt sein kann. Nach Ablauf der Zeichnungsfrist werden die Aktien solange zugeteilt, angefangen vom höchsten Gebot, bis das Emissionsvolumen verteilt ist. Der endgültige Emissionspreis richtet sich nach dem niedrigsten Gebot, zu dem noch eine Zuteilung erfolgen kann. Als positiver Faktor wird dabei gewertet, dass die Anleger gefordert sind, sich Gedanken über das emittierende Unternehmen zu machen, obgleich die Richtigkeit der gezogenen Schlussfolgerungen gerade bei privaten Anlegern in der Regel zweifelhaft sein wird[18].

18 *Schanz*, Börseneinführung, § 10 Rdnr. 40 ff.

3. Zuteilung

Mit der Zuteilung der Aktien an die Investoren kommt der rechtsverbindliche Kaufvertrag zwischen Investor und Konsortium zustande. Der Anleger ist rechtlich erst mit der Zuteilung an sein Angebot zum Kauf der Aktie gebunden, bis zu diesem Zeitpunkt kann er es modifizieren oder zurücknehmen. Umgekehrt besteht auf Seiten der Konsortialbanken keine Verpflichtung zur Annahme des Kaufangebots des Anlegers, ein Recht auf Zuteilung oder nur auf Gleichbehandlung mit anderen Anlegern gibt es nicht. Allerdings darf die Zuteilung durch die Konsortialbanken nicht willkürlich sein, sondern muss sachlichen Kriterien folgen[19]. Gerade im Falle von Überzeichnungen haben die Konsortialbanken große Freiräume bei der Zuteilung von Aktien, wobei oftmals die Zuteilungskriterien für die Anleger nicht nachvollziehbar waren. Dies hat häufig zu massiver Kritik geführt. Anfang Juni 2000 legte daraufhin die von der Bundesregierung beauftragte Börsensachverständigenkommission (BSK) die „Grundsätze für die Zuteilung von Aktienemissionen an Privatanleger" vor, die seit dem 1.7.2000 gelten und 18 Artikel umfassen. Diese Grundsätze sollen die Zuteilungen vor allem bei überzeichneten Emissionen transparenter machen und so das Vertrauen der Anleger stärken. Allerdings hat die BSK in Art. 12 ein Recht des Privatanlegers auf Zuteilung weiterhin verneint. Die wichtigsten Regelungen der Grundsätze sollen nachfolgend skizziert werden. Nach Art. 3 hat der Emittent vor Beginn der Zeichnungsfrist zu veröffentlichen, welche Vereinbarungen über das anzuwendende Zuteilungsverfahren bestehen bzw. für den Fall, dass noch kein bestimmtes Zuteilungsverfahren feststeht auch diese Tatsache. Gemäß Art. 4 hat der Emittent nach Abschluss der Zeichnungsfrist den prozentualen Anteil des Emissionsvolumens für Privatanleger, für Family-, Friends- und Mitarbeiter-Programme sowie das angewendete Zuteilungsverfahren mitzuteilen. Nach Art. 7 dürfen Konsortialmitglieder ihre Mitarbeiter bei der Zuteilung nicht besser stellen als Privatkunden. Nach den Regelungen von Art. 10 haben Wertpapierdienstleister, die nicht Mitglied eines Konsortiums sind darauf hinzuweisen, dass ein Zeichner bei ihnen wenig Chancen auf Zuteilung hat. In

19 *Schanz*, Börseneinführung, § 10 Rdnr. 47 f.

Art. 12 werden die im Anschluss an ein Bookbuildingverfahren zulässigen Zuteilungsmaßstäbe aufgezählt: Losverfahren, Zuteilung nach Ordergröße, nach einer bestimmten Quote, nach dem Zeitpunkt des Zeichnungsangebotes sowie nach anderen sachgerechten Kriterien. Für die Zuteilung nach einem Auktionsverfahren wurde die Bedienung nach der Höhe des angebotenen Kaufpreises festgelegt. Art. 14 bestimmt, dass der Green Shoe nach demselben Zuteilungsverfahren zu verteilen ist, wie die Aktien des ursprünglichen Emissionsvolumens. Gemäß Art. 17 soll die Einhaltung der Grundsätze von dem Bundesaufsichtsamt für Wertpapierhandel in Zusammenarbeit mit den Zulassungsstellen überwacht werden. Bestimmte Bevorzugungskriterien sind von der Rechtsprechung bereits untersagt worden. So hat das Landgericht Hamburg am 16.3.2000 auf Antrag der Zentrale gegen unlauteren Wettbewerb e. V. T-Online untersagt, diejenigen Kunden, die an einer Befragung im Internet teilnehmen bei der Aktienverteilung des bevorstehenden Börsenganges zu bevorzugen. In demselben Sinne urteilte auch das Landgericht Düsseldorf, das auf Antrag von AOL über dieses von T-Online angewendete Bevorzugungskriterium mit einer einstweiligen Verfügung reagierte[20].

Die klassischen Möglichkeiten, Aktien zu zeichnen, sind der Gang zur Filiale der Hausbank oder die telefonische Zeichnung ebenfalls bei der Bank. Eine weitere, neuere Methode der Aktienzeichnung bieten die sogenannten virtuellen Emissionshäuser. Es handelt sich dabei um Banken und Finanzdienstleister, die als Konsortialmitglieder einen Teil des emittierenden Volumens (für die Kunden i. d. R. kostengünstiger) über das Internet vertreiben[21]. Allerdings sind auch hier die Zuteilungskriterien zu beachten.

---

20 *Weber*, NJW 2000, 2061, 2068.

21 Handelsblatt v. 7./8.7.2000, 5.

XI. Wertpapierhandelsgesetz

Mit dem Gesetz über den Wertpapierhandel und zur Änderung börsenrechtlicher und wertpapierrechtlicher Vorschriften[1] ist das Wertpapierhandelsgesetz (WpHG) errichtet worden, durch das die EG-Insiderrichtlinie[2] sowie die EG-Transparenzrichtlinie[3] in deutsches Recht umgesetzt worden sind. Wesentlicher Inhalt ist das strafbewehrte Verbot von Insidergeschäften und die Verpflichtung zur Ad-hoc-Publizität von kursrelevanten Tatsachen.

Während die Insiderstrafbestimmungen seit dem 1.8.1994 gelten, sind die Vorschriften über die Ad-hoc-Publizität zum 1.1.1995 in Kraft getreten. Neu in Kraft getreten ist das Gesetz zur Umsetzung von EG-Richtlinien zur Harmonisierung bank- und wertpapieraufsichtsrechtlicher Vorschriften vom 22.10.1997[4]. Es beinhaltet in Art. 2 Änderungen des Wertpapierhandelsgesetzes, im Bereich der Insiderbestimmungen eine redaktionelle Anpassung, im Rahmen der Ad-hoc-Publizität insbesondere den Verzicht auf die Hinweisbekanntmachung im Bundesanzeiger. Weitere Änderungen beruhen auf Art. 3 des Dritten Finanzmarktförderungsgesetzes vom 24.3.1998, das zum 1.4.1998 in Kraft getreten ist[5]. Sie sehen u. a. eine Erleichterung für Auslandsemittenten vor, denen das Bundesaufsichtsamt für den Wertpapierhandel gestatten kann, die Mitteilung nach § 15 Abs. 2 WpHG gleichzeitig mit der Veröffentlichung nach § 15 Abs. 3 WpHG vorzunehmen (sog. Auslandsemittentenprivileg).

1. Insider-Recht

Die Definition eines Insiderpapiers ergibt sich aus § 12 WpHG. Dabei handelt es sich primär, aber nicht nur um die Papiere, die an einer inländischen Börse zum Handel zugelassen sind. Das sind die

1 Zweites Finanzmarktförderungsgesetz v. 26.7.1994, BGBl. I 1994, 1749 ff.
2 89/592/EWG v. 13.11.1989.
3 88/627/EWG v. 12.12.1988.
4 Sogen. Richtlinienumsetzungsgesetz, BGBl. I 1997, 2517 ff.
5 BGBl. I 1998, 536 ff.

mit amtlicher Notierung im Geregelten Markt sowie die an der deutschen Terminbörse zugelassenen Wertpapiere. Der Zulassung steht es gleich, wenn der Antrag auf Zulassung entweder gestellt oder öffentlich angekündigt wurde – Handel per Erscheinen[6]. Zu den Insiderpapieren zählen ebenfalls die Wertpapiere des Freiverkehrs, nicht jedoch die im außerbörslichen Telefonverkehr gehandelten Werte und die Werte des grauen Kapitalmarkts[7]. Nicht nur die in § 2 Abs. 2 WpHG definierten Wertpapiere werden als Insiderpapiere bezeichnet, sondern ebenfalls die in § 12 Abs. 2 WpHG aufgeführten Derivate. Ansonsten wäre es Insidern ein leichtes, das Verbot des Insiderhandels in Wertpapieren durch den Erwerb von Instrumenten zu umgehen, deren Preisbildung maßgeblich von der Kursentwicklung derjenigen Papiere beeinflusst wird, die oder auf deren Emittenten sich die vorhandenen Insiderinformationen beziehen[8].

Der Begriff des Insiders unterteilt sich in den Primär- und in den Sekundär-Insider. Der Sprachgebrauch geht zurück auf einen Entwurf zur Schaffung eines deutschen Insider-Rechts, dem Megede-Entwurf[9]. Zu den Primär-Insidern im Sinne des § 13 Abs. 1 WpHG gehört kumulativ, dass der Täter eines der personenbezogenen Merkmale der Nummern 1 bis 3 erfüllt und – als sachbezogenes Merkmal – Kenntnis von einer Insider-Tatsache hat. Zu den Primär-Insidern gehören die Mitglieder der Geschäftsführung, der Aufsichtsorgane sowie die persönlich haftenden Gesellschafter des Emittenten oder eines mit dem Emittenten verbundenen Unternehmens[10]. Daneben gehören die auf Grund einer Beteiligung am Kapital des Emittenten oder eines mit dem Emittenten verbundenen Unternehmens dazu[11]. Weiterhin fallen unter die Gruppe der Primär-Insider diejenigen, die auf Grund ihres Berufs, ihrer Tätigkeit oder ihrer Aufgabe bestimmungsgemäß Kenntnis von einer Insider-Tatsache genommen haben. Hierzu gehören insbesondere die Berater des Unternehmens,

6 Vgl. *Assmann/Schneider,* WpHG, § 12 Rdnr. 2.

7 *Assmann/Schneider*, WpHG, § 12 Rdnr. 4 und 5.

8 Vgl. *Assmann/Schneider,* WpHG, § 12 Rdnr. 7; Schäfer/*Schäfer,* WpHG, § 12 Rdnr. 20.

9 Vgl. *Assmann/Schneider*, WpHG, § 13 Rdnr. 1; vgl. *Volk*, BB 1999, 66.

10 Sogen. Organinsider, vgl. Schäfer/*Schäfer*, WpHG, § 13 Rdnr. 8.

11 Sogen. Beteiligungsinsider, vgl. Schäfer/*Schäfer*, WpHG, § 13 Rdnr. 19.

Steuerberater, Wirtschaftsprüfer, Rechtsanwälte, Emissionsberater oder die Banken[12].

Sekundär-Insider ist gemäß § 14 Abs. 2 WpHG derjenige, der Kenntnis von einer Insider-Tatsache hat, aber kein Primär-Insider im Sinne des § 13 Abs. 1 WpHG ist. Hier ist die Sekretärin zu nennen, die ein vertrauliches Gespräch mithört oder der Fahrer, der in Ausübung seines Berufs zufällig von der Insider-Tatsache erfährt.

Das Gesetz definiert in § 13 Abs. 1 WpHG die Insider-Tatsache als Tatsache, die nicht öffentlich bekannt ist und sich auf einen oder mehrere Emittenten von Insiderpapieren oder auf Insiderpapiere bezieht und geeignet ist, im Falle ihres öffentlichen Bekanntwerdens den Kurs der Insiderpapiere erheblich zu beeinflussen.

Tatsachen sind der äußeren Wahrnehmung zugängliche Geschehnisse oder Zustände der Außenwelt. Bloße Gerüchte[13], Meinungen oder ähnliches gehören nicht dazu. Zu beachten ist, dass das Tatbestandsmerkmal der Tatsache weitere Sachverhalte erfasst, als die publizitätspflichtige Tatsache nach § 15 WpHG. Es gibt daher Tatsachen, die zwar Insider-Tatsachen sind, aber noch nicht der Ad-hoc-Publizität unterliegen.

Eine Tatsache ist nur dann eine Insider-Tatsache, wenn sie nicht wirklich bekannt ist. Die Begründung des Regierungsentwurfs formuliert, dass eine Tatsache als öffentlich bekannt anzusehen sei, wenn es einer unbestimmten Anzahl von Personen möglich sei, von ihr Kenntnis zu nehmen. Dieser Definition liegt ein Konzept zugrunde, das als „Bereichsöffentlichkeit" in der Literatur bekannt ist[14]. Die Publikation der Information braucht damit nicht über die Massenmedien zu erfolgen, vielmehr genügt die Veröffentlichung der Insider-Tatsache bereits mittels allgemein zugänglicher Informationssysteme[15].

Insider-Tatsachen sind letztlich nur solche Tatsachen, welche darüber hinaus geeignet sind, im Falle ihres öffentlichen Bekanntwer-

12 Sogen. Berufsinsider, vgl. Schäfer/*Schäfer*, WpHG, § 13 Rdnr. 22.

13 Hess. VGH, BB 1999, 75 mit BB-Kommentar *Mennicke*.

14 Vgl. *Assmann/Schneider*, WpHG, § 13 Rdnr. 41; *Kümpel*, Bank- und Kapitalmarktrecht, Rdnr. 16.117, 16.120.

15 Begr. RegE Zweites Finanzmarktförderungsgesetz, BT-Drs. 12/6679, 46; *Kümpel*, Bank- und Kapitalmarktrecht, Rdnr. 16.107.

dens den Kurs des Papiers erheblich zu beeinflussen. Die Frage der Kurserheblichkeit ist sowohl vom Gesetzesentwurf, seiner Begründung und der Literatur als eine Frage betrachtet worden, die der Würdigung der Umstände des konkreten Einzelfalls unterliegt. Ob eine Tatsache geeignet ist, im Falle ihres öffentlichen Bekanntwerdens den Kurs des Papiers erheblich zu beeinflussen, ist einer objektiv-nachträglichen, auf den Zeitpunkt des Insider-Handelns bezogenen und die Umstände des Einzelfalls berücksichtigenden Prognose zu entnehmen. Dabei sind objektive Maßstäbe anzulegen[16]. Dennoch ist weiterhin unklar, ab welchem Schwellenwert davon ausgegangen werden kann. Einigkeit scheint zumindest dahingehend zu bestehen, dass jede zum Zeitpunkt der Vornahme des Insider-Geschäfts zu erwartende Kursänderung von mindestens 5% als erheblich betrachtet werden kann[17]. Das Erheblichkeitskriterium wurde auf den Schwellenwert zurückgeführt, der einen Kursmakler verpflichtet, auf Grund vorliegender Aufträge vorhersehbare Abweichungen vom zuletzt notierten Kurs mit einem Plus- oder Minuszusatz zu kennzeichnen. Dies ergibt sich aus § 8 Abs. 1 der Bedingungen für Geschäfte an den deutschen Wertpapierbörsen. Nach einer anderen Definition ist das Kursänderungspotenzial erheblich kursrelevant, wenn es die übliche Volatilität übersteigt. Generell, auch für marktbezogene Insider-Tatsachen, ist von einer erheblichen Kursrelevanz immer dann auszugehen, wenn sich aus der Sicht des handelnden Insiders der Verkauf oder der Erwerb des betroffenen Wertpapiers lohnt[18].

Der Verbotstatbestand ergibt sich aus § 14 Abs. 1 des WpHG. Der erste der dort aufgezählten drei Regelungsbereiche gilt für den Primär- und Sekundär-Insider, während die nachfolgenden zwei Regelungsbereiche für die Primär-Insider gelten. Beiden Insidern ist es nach § 14 Abs. 1 Nr. 1 WpHG verboten, die Kenntnis von einer Insider-Tatsache mit dem Ziel auszunutzen, durch Geschäfte mit dem entsprechenden Insiderpapier für sich oder einen anderen einen

16 Siehe *Loesche/Eichner/Stute*, AG 1999, 308 ff. zur rechnerischen Bestimmung der erheblichen Kursbeeinflussung.

17 Vgl. *Schruff/Nowak/Feinendegen,* BB 2001, 720 f; *Assmann/Schneider,* WpHG, § 13 Rdnr. 69; *Kümpel*, Bank- und Kapitalmarktrecht, Rdnr. 16.121.

18 Vgl. *Kümpel,* Bank- und Kapitalmarktrecht, Rdnr. 16.22; Schäfer/*Geibel*, WpHG, § 15 Rdnr. 96 ff.

wirtschaftlichen Vorteil zu erlangen. Dem Primär-Insider ist es darüber hinaus verboten, einem anderen eine Insider-Tatsache unbefugt mitzuteilen oder zugänglich zu machen oder einem anderen auf Grundlage seiner Insider-Kenntnis den Kauf oder Verkauf von Insiderpapieren zu empfehlen.

Ein Ausnutzen von Insider-Wissen liegt vor, wenn der Insider von seinem Wissensvorsprung in der Hoffnung Gebrauch macht, für sich oder einen anderen einen Vorteil zu erlangen, der als Verstoß gegen den Grundsatz der Chancengleichheit angesehen werden muss[19].

Eine Insider-Tatsache wird dann ausgenutzt, wenn in Kenntnis der Art oder des Umfangs einer Order, die im Fall ihres Bekanntwerdens geeignet ist, die Kursentwicklung von Insiderpapieren erheblich zu beeinflussen, Papiere dieser Art erworben oder veräußert werden, bevor der Auftrag öffentlich bekannt wird. Es handelt sich bei diesen Fällen um solche, die als Vor-, Mit- oder Gegenlaufen (auch als Front-Running) bezeichnet werden.

Werden Wertpapiere auch ohne Kenntnis von Insider-Tatsachen gehandelt, ist kein Ausnutzen gegeben. Schwer ist die Abgrenzung insoweit, als Makler, Market-Maker oder Fernsehkommentatoren zeitgleich zu ihren Empfehlungen Wertpapiere kaufen bzw. verkaufen. Hingegen stellt die Umsetzung einer eigenen unternehmerischen Entscheidung, die nicht durch anderweitig erlangtes Insider-Wissen beeinflusst ist, kein Ausnutzen dar. Bei einem Beteiligungserwerb schafft der Käufer erst durch seine Entscheidung die Insider-Tatsache. Die Verwirklichung dieser Entscheidung durch Käufer an der Börse stellt kein Ausnutzen der Tatsache, sondern die Ausführung der Entscheidung dar. Etwas anderes würde jedoch gelten, wenn innerhalb der Due Diligence-Prüfung Umstände bekannt werden, die einen Kauf oder Zukauf hervorrufen, der vorher nicht geplant war. Gleiches Beispiel gilt beim Rückkauf eigener Aktien am Markt.

Die Vorfeldtatbestände des § 14 Abs. 1 Nrn. 2 und 3 WpHG betreffen so den Primär-Insider. Diesem ist es verboten, eine Insider-Tatsache einem anderen unbefugt mitzuteilen oder zugänglich zu machen. Mit dieser Vorschrift wird Art. 3 a der EG-Insiderrichtlinie in

19 Vgl. *Assmann/Schneider*, WpHG, § 14 Rdnr. 25.

nationales Recht umgesetzt. Sinn des Weitervergabeverbots ist es, den ordnungsgemäßen Verlauf des Wertpapierhandels bereits in einem sehr frühen Stadium zu schützen. Eine Mitteilung einer Insider-Tatsache an einen anderen ist gegeben, wenn die Tatsache willentlich Gegenstand einer Information an einen oder mehrere Dritte ist. Dabei ist es unerheblich, ob dem Dritten erkennbar ist, dass es sich um eine Insider-Tatsache handelt[20]. Weiterhin darf die Information nicht unbefugt weitergegeben werden. Als Abwägungsgrundlage wird auf die in Art. 3a der EG-Insiderrichtlinie zu entnehmende Formel zurückgegriffen, derzufolge die in der Ausübung einer Arbeit, eines Berufs oder einer Aufgabe erfolgte Weitergabe einer Insider-Tatsache keine Verletzung des Weitergabeverbots darstellt. Unstreitig ist damit die gesetzlich vorgeschriebene Weitergabe von Informationen gedeckt. Denn insoweit ist sichergestellt, dass der Empfänger einer derartigen Insider-Tatsache wiederum als Primär-Insider durch die Verpflichtung des Wertpapierhandelsgesetzes verpflichtet ist. Demgegenüber ist die Weitergabe an Personen, die ihrerseits nicht dem Mitteilungs- und Empfehlungsverbot unterliegen, als unbefugt anzusehen, soweit keine Rechtfertigungsgründe vorliegen. Letztlich noch nicht entschieden ist, ob das Auskunftsrecht des Aktionärs in der Hauptversammlung nach § 131 Abs. 1 AktG Rechtfertigung für die Weitergabe von Insiderinformationen ist. Die Auskunft, die gleichzeitig Insider-Tatsache ist, wird jedoch für die Urteilsfindung des Aktionärs bei der Entlastung des Vorstands Entscheidungskriterium sein können. Die Bekanntgabe der Tatsache gegenüber der Hauptversammlung stellt jedoch noch keine Bereichsöffentlichkeit her. Es ist daher anzuführen, dass der Vorstand sich vor der Hauptversammlung vergewissern sollte, dass alle zu veröffentlichenden Insider-Tatsachen auch tatsächlich vorab veröffentlicht worden sind[21]. Soweit der Vorstand die Mitteilung von Insider-Tatsachen in der Hauptversammlung als einen Verstoß gegen §§ 38 Abs. 1 Nr. 2, 14 Abs. 1 Nr. 2 WpHG betrachtet und sich auf das Aussageverweigerungsrecht nach § 131 Abs. 3 Nr. 5 AktG beruft, wird er sich vergegenwärtigen müssen, dass er eine Ordnungswidrigkeit hinsichtlich der nicht rechtzeitigen Veröffentlichung einer nach

20 Vgl. *Assmann/Schneider*, WpHG, § 14 Rdnr. 42.
21 Vgl. *Assmann/Schneider*, WpHG, § 14 Rdnr. 50, 51.

dem Ad-hoc-Gesetz unterliegenden Insider-Tatsache nach §§ 39, 15 AktG zu verantworten hat.

Oftmals ergibt sich aus den Verträgen hinsichtlich eines Aktienpools die Verpflichtung, die einzelnen Inhaber von Aktienpools unverzüglich mit neuen Informationen zu versorgen. Diese Verpflichtung führt insbesondere bei Familiengesellschaften oftmals dazu, dass ein Aktienpool vor dem Bekanntwerden einer Tatsache versucht, eine Entscheidung herbeizuführen. Die Weitergabe innerhalb von Aktienpools ist nicht möglich, da insofern eine wettbewerbsverzerrende Bevorzugung stattfinden würde[22].

In gleicher Konsequenz kann eine Querinformation innerhalb eines Unternehmens/Konzerns über verschiedene Geschäftssparten hinweg im Sinne einer horizontalen Information nicht akzeptiert werden. Eine Aktiengesellschaft muss zur Vermeidung von Interessenkonflikten besondere organisatorische Maßnahmen, etwa in Gestalt von Chinese-Walls, treffen. Insbesondere bei dem Bestreben, Wertpapiere nur auf Geschäftssparten bezogen zu emittieren (Sparten – Spin off), muss eine derartige Trennung strikt durchgehalten werden. Die Weitergabe von Insider-Tatsachen an Journalisten, bzw. an die Presse ist eine befugte Weitergabe dann, wenn sie „an die Presse“ und nicht an einen einzelnen Journalisten erfolgt.

Nach der Statistik des Bundesamtes liegt im Jahr 2000 die erste rechtskräftige Verurteilung vor. Rechtskräftige Strafbefehle gab es wie folgt: 1995: 2; 1996: 4; 1997: 3; 1998: 4; 1999: 0; 2000: 0.

Die geringe Quote mag damit zusammenhängen, dass durch die Einschaltung von Auslandskonten die Kontrolle des Bundesaufsichtsamtes für Wertpapiere umgangen werden kann. Staaten, die nicht der EU angehören, erteilen den deutschen Aufsichtsbehörden häufig keine Auskunft. – Problematisch dürfte ebenfalls sein, dass die personelle Besetzung im Amt bei der Anzahl der Ad-hoc-Mitteilungen und die dadurch zu untersuchenden An- oder Verkäufe völlig überfordert wäre und daher nicht alle Untersuchungen vornehmen kann.

Prominent war der Fall des Börsenguru Egbert Prior, dem vorgeworfen wurde er habe im Rahmen des 3Sat Börsenspiels bestimmte

22 Vgl. *Assmann/Schneider*, WpHG, § 14 Rdnr. 54 b.

Werte empfohlen, die er vorher in sein eigenes Depot genommen hatte. Dieses wäre ein „Scalping" gewesen. Dieses Verfahren führte zu keiner Verurteilung. – Interesse erregte eine Durchsuchung des Bundesaufsichtsamtes für Wertpapierhandel bei den Vorständen der Foris AG im Sommer 2000. Nach dem Verkauf von 577580 Aktien der Gesellschaft witterte man einen Insider Handel. Tatsächlich wurde bei der Bank die Wertpapierkennung statt der Anzahl der Aktien eingegeben.

2. Ad-hoc-Publizität

Zu den wichtigsten Punkten des Wertpapierhandelsgesetzes gehört die Pflicht zur Ad-hoc-Publizität gem. § 15 WpHG. Sie geht auf die Umsetzung der Börsenzulassungs-Richtlinie der EG vom 17.4.1979 zurück. Hiernach muss der Emittent von Wertpapieren, die zum Handel an einer inländischen Börse zugelassen sind, unverzüglich alle neuen Tatsachen veröffentlichen, die in seinem Tätigkeitsbereich eingetreten und nicht öffentlich bekannt sind. Voraussetzung ist, dass die Tatsachen wegen ihrer Auswirkungen auf die Vermögens- und Finanzlage oder auf den allgemeinen Geschäftsverlauf des Emittenten geeignet sind, den Börsenpreis der zugelassenen Wertpapiere erheblich zu beeinflussen, oder – im Fall zugelassener Schuldverschreibungen – die Fähigkeit des Emittenten beeinträchtigen können, seinen Verpflichtungen nachzukommen.

Zweck der Ad-hoc-Publizitätspflicht ist es, einen identischen Informationsstand der Marktteilnehmer durch schnelle und gleichmäßige Unterrichtung des Marktes zu fördern, um so die Bildung unangemessener Börsenpreise auf Grund fehlerhafter oder unvollständiger Unterrichtung zu vermeiden[23]. Durch die Schaffung von mehr Transparenz dient sie damit im Interesse des gesamten Anlegerpublikums der Sicherung der Funktionsfähigkeit des Kapitalmarktes. Die Pflicht zur Ad-hoc-Publizität stellt gleichzeitig eine Präventivmaßnahme gegen den Missbrauch von Insiderinformationen dar, da die Ad-hoc-Veröffentlichung einer Insider-Tatsache den Charakter

---

23 Vgl. Beschlussempfehlung und Bericht des Finanzausschusses, BT-Drs. 12/7918, 102.

als Insiderinformation nimmt. Sie entzieht damit dem verbotenen Insiderhandel den Boden[24].

§ 15 Abs. 1 WpHG entspricht damit in etwa dem ehemaligen § 44 a BörsG. Es ist darauf hinzuweisen, dass die Verpflichtung nach § 44 b BörsG, nämlich die Veröffentlichung von Geschäftsberichten in jedem Vierteljahr, zum Teil auch mit dem Begriff Ad-hoc-Publizität umschrieben wird. Hier sollen jedoch lediglich die Voraussetzungen des § 15 Abs. 1 WpHG weiter dargestellt werden.

Umfasst werden von den Begriffsbestimmungen die Wertpapiere, die im Amtlichen Handel oder im Geregelten Markt zugelassen sind. Anders als im Rahmen der Insider-Bestimmung sind die in den Freiverkehr einbezogenen Wertpapiere nicht erfasst. Emittenten von Wertpapieren, die im Neuen Markt gehandelt werden, unterliegen dagegen der Publizitätspflicht, da ihre Wertpapiere gesetzlich zwingend im Geregelten Markt zugelassen sind. Das Regelwerk des Neuen Markts[25] weist auf die Anwendbarkeit des § 15 WpHG ausdrücklich hin.

Die Freistellung der in den Freiverkehr der inländischen Börsen eingezogenen Wertpapiere von der Ad-hoc-Publizität ist mit Rücksicht auf übergeordnete Marktbedürfnisse geschehen. Die Ausklammerung der Freiverkehrswerte war möglich, weil die Regelung der Ad-hoc-Publizität in Art. 7 EG-Insiderrichtlinie nur solche Wertpapiere erfasst, die in einem organisierten, von staatlicher Stelle reglementierten und überwachten Markt gehandelt werden konnten. Hieran fehlt es bei den Wertpapieren, die in den Freiverkehr an den Börsen einbezogen sind. Dieses ist durch die Neufassung des § 78 BörsG ausdrücklich klargestellt worden[26].

Vom Begriff her ist eine neue Tatsache ein Vorgang der Vergangenheit oder Gegenwart, der einer objektiven Klärung zugänglich ist. Meinungsäußerungen oder Auffassungen stellen dagegen keine Tatsachen dar. Trotz dieser einfachen Darstellung ergeben sich eine Reihe von Abgrenzungsproblemen. Das Verhältnis der Insider-Tat-

24 Vgl. Beschlussempfehlung und Bericht des Finanzausschusses, BT-Drs. 12/918, 96.

25 Abschnitt II, 7. 2. 12.

26 Begr. RegE 2. FFG, BT-Drs. 12/6679, 76.

sache zur Ad-hoc-Publizität wird wie folgt beantwortet: Jede Ad-hoc-Tatsache ist zugleich eine Insider-Tatsache, aber nicht jede Insider-Tatsache ist eine Ad-hoc-Tatsache. Ad-hoc-Tatsachen haben regelmäßig einen höheren Konkretisierungsgrad. Diese Auslegung ist verständlich, da Unternehmen nicht gezwungen werden sollen, durch vorzeitige Bekanntgabe selbst erarbeiteter Wettbewerbsvorsprünge dieselben preiszugeben. Unternehmensinterne Unternehmensplanungs- oder Entscheidungsprozesse können Insider-Tatsache sein, ohne dass eine Ad-hoc-Publizitätsverpflichtung gegeben ist. Dies ändert sich erst dann, wenn Entscheidungsprozesse innerhalb eines Unternehmens so weit gereift sind, dass ein endgültiger Beschluss dazu vorliegt. Hier wiederum muss unterschieden werden zwischen Beschlüssen, die als Vorstandsbeschlüsse bereits wirksam sind und denjenigen Beschlüssen, die erst durch die Zustimmung des Aufsichtsrats ihre Rechtskraft erhalten. Bei diesen mehrstufigen Entscheidungsprozessen gilt grundsätzlich, dass in Fällen, in denen der Aufsichtsrat zustimmen muss, erst nach der Zustimmung eine Tatsache vorliegt, die der Veröffentlichungsverpflichtung § 15 WpHG unterliegt. Eine Ausnahme ist dann zu machen, wenn die Entscheidung des Aufsichtsrats nicht mehr dem eigenen realen Ermessensspielraum unterliegt. Als Beispiele gelten hier die Zustimmungen zu dem einzig möglichen Sanierungsplan.

Differenziert betrachtet werden muss die Frage, wie es sich mit dem Jahresabschluss und den Zwischenberichten verhält. Bei beiden handelt es sich um reine Geschäftsführungsmaßnahmen, die nach § 111 Abs. 4 S. 1 AktG nicht dem Aufsichtsrat übertragen werden können. Obwohl der Aufsichtsrat sie feststellt, beinhaltet allein ihre Bestimmung durch den Vorstand die dem § 15 WpHG unterliegende Tatsache.

Unterstützung findet diese Ansicht durch die „Bekanntmachung zum Verhältnis von Regelpublizität und Ad-hoc-Publizität“ vom 9.7.1996[27]. Hier ist bereits weiter ausgeführt, dass, sobald das Ergebnis der Summierung der Tätigkeit des Unternehmens dem Vorstand oder dem sonst nach § 15 WpHG Verantwortlichen des Unternehmens zur Verfügung steht, es sich um eine zu veröffentlichende Tat-

27 BAnz. Nr. 133/1996, 8167.

sache handelt. Auch die Addition von einzelnen, nicht, der Veröffentlichungsverpflichtung unterliegenden Tatsachen kann dann zu einer Publizitätsobliegenheit führen, wenn die Summe der Einzeltatsachen, eine entsprechende Gewichtung erreicht. Dabei kommt es nicht nur auf die erfassten Buchungsvorgänge, sondern darüber hinaus auch auf die Bewertung von selbstentwickelten, wegen des Aktivierungsverbots buchhalterisch nicht erfassten Patente oder Großaufträge an. Im Hinblick auf die Vermögens- und Finanzlage des Unternehmens können daher Einzeltatsachen zusammen gewertet werden. In gleicher Art und Weise werden auch Verwaltungs- und Gerichtsverfahren als publizitätspflichtige Tatsachen gelten müssen, wenn sie in ihrer worst-case-Betrachtung den Umfang haben, eine Kursbeeinflussung vorzunehmen.

Nachfolgend aufgeführt werden die Inhalte von Ad-hoc-Veröffentlichungen, die nach Einführung der Ad-hoc-Publizitätsverpflichtung in den Jahren 1995 bis 1997 durchgeführt wurden[28].

„Abfindungsangebote, Abtretung von Forderungen, Änderung Geschäftsjahr, Auflösung der AG, Auflösung stiller Reserven, außerordentliche Erträge und Aufwendungen, Beherrschungs- und Gewinnabführungsverträge, Bestätigung von Übernahmegesprächen, Beteiligungskauf und -verkauf einschließlich Erhöhungen und Reduzierungen von Beteiligten, Börseneinführungen von Tochtergesellschaften, DVFA-Ergebnisse und Cash-flow-Rechnungen, Einführung neuer Produkte und Erschließung neuer Märkte, Entwicklung von Auftragseingängen und Kapazitätsauslastung, Erhöhung oder Reduzierung, Wiederaufnahme oder Ausfall der Dividendenzahlung, Finanzierungsmaßnahmen, Forderungsverzichte, Fusionen, Gerichtsverfahren, Großaufträge, Grundkapitalerhöhung und Grundkapitalherabsetzung, Investitionen, Kauf von Patenten, Kooperation, Korrektur von Ergebnisprognosen, Liquiditätsprobleme, Lizenzen, Mitteilungen zu Entscheidungen des Kartellamts, Mitteilungen zu Hauptversammlungen, Moratorium gem. § 46 a KWG, Personalveränderungen in Vorstand und Aufsichtsrat, Rationalisierungsmaßnahmen, Rückstellungen und Sonderabschreibungen, Strukturveränderungen, Umsatz- und Ergebnisabweichungen im

28 Bundesaufsichtsamt für den Wertpapierhandel, Insider-Handelsverbote und Ad-hoc-Publizität nach dem Wertpapierhandelsgesetz, 2. Aufl., S. 60.

Jahresbeschluss oder in Zwischenberichten gegenüber dem Vorjahreszeitraum, gegenüber der Vergangenheit getroffenen Prognosen durch das Unternehmen oder gegenüber im Markt bestehenden Erwartungen, Umwandlung der AG in eine GmbH, Verkaufseinstellung von Produkten, Verlust nach § 92 AktG und Veröffentlichung eines Sonderprüfungsberichts."

Darüber hinaus ist die Emittentenbezogenheit der Tatsache dahingehend zu verstehen, dass § 15 Abs. 1 S. 1 WpHG definiert, „in seinem Tätigkeitsbereich eingetreten". Mit diesem Wortlaut wird dem Umstand Rechnung getragen, dass es durchaus kurserhebliche Tatsachen gibt, die jedoch außerhalb der unternehmerischen Sphäre stehen. Derartige Tatsachen muss das Unternehmen nicht sammeln oder veröffentlichen.

Sonderprobleme entstehen bei einer Vermögensübernahme. Die übernommene Gesellschaft erfährt von der Tatsache. Die ist jedoch nicht in ihrer unternehmerischen Sphäre. Für die übernehmende Gesellschaft wird es oft an der Eignung zu erheblicher Kursbeeinflussung der Aktien fehlen, weil der Zukauf aus Sicht der übernehmenden Gesellschaft relativ gering ist. In den Fällen jedoch, in denen das Übernahmeangebot für die Bietergesellschaft potenziell kursrelevant ist, muss diese nach konkreter Entscheidung der Adhoc-Publizitätsverpflichtung nachkommen.

Die Tatsache darf bisher noch nicht öffentlich bekannt sein. Ausreichend ist jedoch die sog. Bereichsöffentlichkeit, d. h., es muss den Marktteilnehmern möglich sein, von der Tatsache Kenntnis zu nehmen. Die Tatsache muss im Weiteren auf die Vermögens- und Finanzlage oder auf den allgemeinen Geschäftsverlauf Auswirkungen haben. Nach den Berichten des Finanzausschusses des deutschen Bundestags[29] kann für die Auslegung dieses Merkmals auf die für den Lagebericht des Unternehmens geltenden handelsrechtlichen Grundsätze zurückgegriffen werden. Soweit daher das entsprechende Ereignis im Lagebericht eine Angabepflicht auslösen würde, ist das vorbezeichnete Merkmal zu bejahen. In hohem Maße mit Unsicherheit behaftet ist die Frage, ab wann die Eignung zu erheblicher Kursbeeinflussung einer Tatsache gegeben ist. Dies muss der Emit-

29 Vgl. BT-Drs. 12/7918.

tent unter Einbeziehung aller ihm zu diesem Zeitpunkt zur Verfügung stehenden Kenntnisse in einer Prognoseentscheidung werten und das Kursbeeinflussungspotenzial aus einer ex-ante Betrachtung beurteilen. Erster Anhaltspunkt kann sein, dass der Marktteilnehmer von einer erheblichen Kursbewegung ausgeht, wenn nach § 8 der Geschäftsbedingungen der deutschen Börse eine einfache Plus-/Minus-Ankündigung zu erfolgen hat, welches gegenwärtig bei 5% voraussichtlicher Kursabweichung gegeben ist. Zu bedenken ist jedoch, dass der Kurs eines Wertpapiers nicht nur von der Ankündigung selbst, sondern auch von dessen üblichen Kursschwankungsbereichen (Volatilität) geprägt ist. Die Erheblichkeitsschwelle wird bei kursstabilen Wertpapieren eher erreicht sein als bei Wertpapieren mit hoher Volatilität. Es wird daher vertreten, dass es naheliegend sein kann, nicht auf eine absolute Kursveränderung abzustellen, sondern auf die relative Veränderung zu vergleichbaren Wertpapieren oder sogar zum Marktindex[30].

Gemäß § 15 Abs. 2 S. 1 WpHG hat der Emittent die publizitätspflichtigen Sachverhalte noch vor ihrer Veröffentlichung dem Bundesaufsichtsamt und den inländischen Börsen mitzuteilen. Beim Bundesaufsichtsamt für Wertpapiere sind zudem Faxnummern und Telefonnummern eingerichtet worden[31]. Das Bundesaufsichtsamt für Wertpapierhandel wird weiter davon in Kenntnis gesetzt, welche Art der Veröffentlichung der Emittent zu wählen beabsichtigt. Ihm steht ein überregionales Börsenpflichtblatt oder ein elektronisches Informationsverbreitungssystem zur Verfügung. Weiterhin muss er angeben, wann die Veröffentlichung erfolgen wird, denn der Geschäftsführung der Börsen soll eine Vorlaufzeit von 20 bis 30 Minuten eingeräumt werden, um Zeit für eine Entscheidung über eine Kursaussetzung bzw. für eine gegebenenfalls erforderliche Rückfrage bei Emittenten zu haben.

Die Form der Veröffentlichung wird durch § 15 Abs. 3 WpHG geregelt. Dem Emittenten bleibt freigestellt, ob er ein Börsenpflichtblatt oder ein elektronisch betriebenes Informationsverbreitungssystem benutzt.

---

30 Bundesaufsichtsamt für den Wertpapierhandel, BT-Drs. 12/7918, 38.

31 Bekanntmachung zur Veröffentlichung und Mitteilung beeinflussender Tatsachen nach § 15 WpHG v. 7.12.1994, BAnz. Nr. 235/1994, 12193.

Dem Unternehmen wird die Möglichkeit, dieser Verpflichtung nachzukommen, dadurch erleichtert, dass die „Deutsche Gesellschaft für Ad-hoc-Publizität mbH" (DGAP) nach Beauftragung durch den Emittenten alle Mitteilungs- und Veröffentlichungsverpflichtungen übernimmt. Die Unterrichtung des breiten Anlegerpublikums, also nicht nur der Bereichsöffentlichkeit, erfolgt durch Veröffentlichung der DGAP-Meldungen seitens der News-Aktuell GmbH im Internet sowie durch Publizierungen weiterer Agenturen.

Ausländische Emittenten werden von den Rechtsordnungen ihrer Länder oft zu ähnlichen oder zu anderen Handlungsweisen verpflichtet. Es ist ausreichend, wenn Emittenten mit Sitz im Ausland die Veröffentlichung in englischer Sprache und die Veröffentlichung selbst zeitgleich mit den nach dem deutschen WpHG bestehenden Verpflichtungen durchführen. Ad-hoc-Mitteilungen während der laufenden Handelszeiten können dazu führen, dass die Börsenaufsicht den Kurs für einen Tag oder für eine geringere Zeitspanne aussetzt. Es wird daher für die Praxis empfohlen, die für den Tatsacheneintritt maßgeblichen Umstände, wie zum Beispiel eine Vorstandssitzung oder eine Aufsichtsratssitzung, so zu terminieren, dass die Mitteilung einer kursbeeinflussenden Tatsache gegebenenfalls den Börsen außerhalb der täglichen Handelszeit angezeigt werden kann. Die Frankfurter Wertpapierbörse, Präsenzbörse, hat Handelszeiten für den Amtlichen Handel, den Geregelten Markt, den Freiverkehr und den Neuen Markt von 9.00 Uhr bis 20.00 Uhr. § 15 Abs. 1 S. 2 WpHG regelt die Befreiung von der Ad-hoc-Publizitätsverpflichtung, vorausgesetzt die Veröffentlichung würde den berechtigten Interessen des Emittenten schaden.

In der Praxis hat die Ad-hoc-Publizitätsverpflichtung folgende Zahlen erreicht: 1995: 1.001; 1996: 1.058; 1997: 1.279; 1998: 1.856; 1999: 3.417; 2000: 5.693. Festzustellen ist, dass diese fast ausschließlich (2000: 5693 gesamt zu 5651) über elektronische Medien erfolgten.

XII. Kapitalerhöhungen

Nach Beschluss der Umwandlung eines Unternehmens beliebiger Rechtsform in die Aktiengesellschaft ist die Kapitalerhöhung das zentrale Thema.

Abzugrenzen ist von der im Folgenden angesprochenen Kapitalerhöhung das betriebswirtschaftliche Verständnis dahingehend, Kapital durch Aufnahme von Krediten zu beschaffen. Das Aktienrecht unterscheidet bei der Kapitalerhöhung zum einen die sog. nominelle Kapitalerhöhung, die durch Umformung von offenen Rücklagen in Nominalkapital erfolgt. Hierbei werden dem Unternehmen keine zusätzlichen Mittel zur Verfügung gestellt; es handelt sich lediglich um die Umstrukturierung des eigenen Kapitals im Rahmen der bilanziellen Betrachtungsweise. Zum anderen wird die Kapitalerhöhung dahingehend betrachtet, dass neues zusätzliches Kapital gegen Gewährung von Gesellschafteranteilen zugeführt werden soll. Lediglich mit der zweiten Kapitalerhöhung befasst sich die vorliegende Auseinandersetzung. Diese Form der Kapitalerhöhung differenziert zwischen der ordentlichen Kapitalerhöhung, der bedingten Kapitalerhöhung und dem genehmigten Kapital.

Hinzuweisen ist auf die Besonderheiten der Kapitalerhöhung zum Zwecke der Bedienung von Aktienoptionsplänen. Diese sind in dem entsprechenden Kapitel näher dargestellt und erläutert.

1. Ordentliche Kapitalerhöhung

Die ordentliche Kapitalerhöhung ist in §§ 182-191 AktG geregelt. Der Ablauf einer derartigen Kapitalerhöhung lässt sich in zwei Abschnitte gliedern: die Beschlussphase und die Durchführungsphase. In der Beschlussphase wird gemäß § 182 AktG in der Hauptversammlung ein Beschluss über die Erhöhung des Grundkapitals gegen Einlagen durch Ausgabe neuer Aktien gefasst. Gemäß § 184 AktG hat sodann der Vorstand zusammen mit dem Vorsitzenden des Aufsichtsrats diesen Beschluss beim Handelsregister anzumelden. In der Praxis[1] wird diese Anmeldung zusammen mit der Anmeldung

1 MüHBGesR/*Krieger,* Bd. 4, § 56 Rdnr. 52.

der durchgeführten Kapitalerhöhung gemäß § 188 Abs. 5 AktG kombiniert.

In der Durchführungsphase werden die neuen Aktien per Zeichnungsschein nach den Vorschriften des § 185 AktG gezeichnet und der Mindestbeitrag geleistet. Gemäß § 188 AktG wird sodann die Durchführung beim Handelsregister angemeldet und gemäß § 189 AktG wird festgestellt, dass mit der Eintragung der Durchführung die Erhöhung des Grundkapitals durchgeführt ist[2].

Das in § 186 Abs. 1 S. 1 AktG normierte Bezugsrecht gewährt den Altaktionären einen Schutz dahingehend, dass auch nach einer Kapitalerhöhung die Verhältnisse der Aktionäre in Bezug auf die Stimmrechts- und Beteiligungsquoten in gleichem Maße erhalten bleiben. Zum anderen kann den Altaktionären das Bezugsrecht bei entsprechendem Verzicht von den Neuaktionären abgekauft werden[3]. Das Bezugsrecht kann nicht durch Satzungsregelungen verändert werden, auch die Schaffung von bezugsrechtslosen Vorzugsaktien ist nicht möglich[4]. Das Bezugsrecht bezieht sich auf alle Aktiengattungen unabhängig davon, aus welcher Aktiengattung der Aktionär beteiligt ist; hiervon soll eine Ausnahme dann gelten, wenn gleichzeitig Stamm- und Vorzugsaktien ausgegeben werden und die Aktionäre der einen Gattung bei der anderen Gattung ausgeschlossen werden[5] Bei einer Börseneinführung kann Bezugsrechtsausschluss zulässig sein, wenn die erforderliche Aktienzahl nach § 9 BörsZulV nur so zur Verfügung gestellt werden kann[6].

Das Bezugsrecht kann nach § 186 Abs. 3 S. 1 AktG ganz oder zum Teil im Beschluss über die Erhöhung des Grundkapitals ausgeschlossen werden. Das Gesetz definiert weiter in § 186 Abs. 5 AktG, dass ein Ausschluss des Bezugsrechts dann nicht vorliegt, wenn die neuen Aktien insgesamt von einem Kreditinstitut übernommen werden und dieses Kreditinstitut den Aktionären die Aktien im gleichen Verhältnis wie beim Bezugsrecht anbietet. In einem solchen Fall

2 *Witt*, AG 2000, 345, 349 f.
3 MüHBGesR/*Krieger*, Bd. 4, § 56 Rdnr. 57.
4 MüHBGesR/*Krieger*, Bd. 4, § 56 Rdnr. 57.
5 Sog. gekreuzter Bezugsrechtsausschluss, vgl. LG München I, WM 1992, 1151, 1154; *Hüffer*, AktG, § 186 Rdnr. 30.
6 *Hüffer*, AktG, § 186 Rdnr. 31 m. w. N.

wird lediglich von einem formellen Ausschluss des Bezugsrechts gesprochen. Eine derartige Vorgehensweise dient der leichteren Emission der Aktien. In einem solchen Verfahren können die oben näher beschriebenen zwei Phasen der ordentlichen Kapitalerhöhung in einem Vorgang zusammengefasst werden, d. h., sowohl Beschlussfassung als auch Zeichnung und Durchführung der Kapitalerhöhung erfolgen in einer handelsregisterlichen Anmeldung. Ein materieller Bezugsrechtsausschluss ist beispielsweise erforderlich, wenn die jungen Aktien den Gegenwert beschaffen sollen, der notwendig ist, um z. Bsp. bei einem Zusammenschluss die Minderheitsaktionäre abzufinden oder bei Ausgaben von Belegschaftsaktien. Ein derartiger Bezugsrechtsausschluss ist sowohl von seinen formalen Voraussetzungen als auch von seiner materiellen Begründung gesetzlich streng gefasst. Der Vorstand hat gemäß § 186 Abs. 4 S. 2 AktG der Hauptversammlung einen schriftlichen Bericht über den Grund für den teilweisen oder auch vollständigen Ausschluss des Bezugsrechts vorzulegen. Materiell wurde im Kali & Salz-Urteil[7] festgestellt, dass der Ausschluss des Bezugsrechts im Interesse der Gesellschaft erforderlich und gegenüber den wiederstreitenden Interessen der Aktionäre gerechtfertigt sein muß. In der Holzmann-Entscheidung[8] soll die Interessenabwägung nicht nur vom Vorstand bei der Entscheidung über den Ausschluss des Bezugsrechts, sondern bereits bei der Ermächtigung des Vorstands zum Bezugsrechtsausschluss durch die Hauptversammlung, also bei dem Beschluss über die Schaffung des genehmigten Kapitals erforderlich sein. Der Anteilseigner solle vorher wissen, was mit den Mitteln aus dem Kapital künftig geschehe.

Mit der Einführung des § 186 Abs. 3 S. 4 AktG im Rahmen des Gesetzes zur Kleinen Aktiengesellschaft[9] wurde eine Erleichterung des Bezugsrechts geschaffen, da in der Vergangenheit sehr viele sog. dissentierende Kleinaktionäre die Kapitalerhöhung für börsennotierte Gesellschaften zu einem Rechtsabenteuer hatte werden lassen. Seit der Einführung dieser gesetzlichen Regelung besteht für die börsen-

7 BGHZ 71, 40 = BB 1978, 776; *Henze*, Aktienrecht – Höchstrichterliche Rechtsprechung, Rdnr. 832, 842 f., 855.

8 BGHZ 83, 319 = BB 1982, 1134.

9 Gesetz für kleine Aktiengesellschaften und zur Deregulierung des Aktienrechts vom 2.8.1994, BGBl. I, 1961.

notierten Aktiengesellschaften die Möglichkeit des Bezugsrechtsausschlusses, sofern die Kapitalerhöhung gegen Bareinlage 10% des Grundkapitals nicht überschreitet und der Ausgabebetrag den Börsenpreis nicht wesentlich unterschreitet. Mit dieser gesetzlichen Regelung wollte man die durch die Rechtsprechung erarbeiteten Gesichtspunkte gesetzlich fassen. Die börsennotierten Aktiengesellschaften werden also bei künftigen Kapitalerhöhungen die Tatbestandsmerkmale der vorbenannten Norm beachten müssen. Dies bedeutet, dass es sich um das Erfordernis einer Barkapitalerhöhung[10] handelt und nicht auf Sacheinlagen anwendbar ist. Sodann darf die Bareinlage 10% des Grundkapitals nicht überschreiten. Da von der Existenz eines Börsenpreises ausgegangen wird, kann es sich nur um börsennotierte Unternehmen handeln, auf die diese Norm anzuwenden ist. Die nicht wesentliche Unterschreitung des Börsenpreises wird bei einer Obergrenze von etwa 5% festgelegt, wobei 3% jedoch noch einen Regelfall darstellen[11].

2. Bedingte Kapitalerhöhung

Eine bedingte Kapitalerhöhung liegt nach § 192 Abs. 1 AktG vor, wenn durch Beschluss der Hauptversammlung eine Erhöhung des Grundkapitals durch Ausgabe neuer Aktien (Bezugsaktien) nur soweit durchgeführt werden soll, wie von einem Umtausch- oder Bezugsrecht Gebrauch gemacht wird[12]. Gemäß § 192 Abs. 2 AktG soll sie nur zu den nachfolgenden drei Zwecken beschlossen werden:

a) zur Gewährung von Umtausch- oder Bezugsrechten an Gläubiger von Wandelschuldverschreibungen;

b) zur Vorbereitung des Zusammenschlusses mehrerer Unternehmen;

c) zur Gewährung von Bezugsrechten an Arbeitnehmer und Mitglieder der Geschäftsführung der Gesellschaft oder eines verbundenen Unternehmens im Wege des Zustimmungs- oder Ermächtigungsbeschlusses.

---

10 OLG München, WM 1995, 60, 61.

11 Vgl. *Hüffer*, AktG, § 186 Rdnr. 39d.

12 *Witt*, AG 2000, 345, 349.

Wandelschuldverschreibungen sind nach § 229 AktG solche, bei denen den Gläubigern einer Schuldverschreibung ein Umtausch- oder Bezugsrecht auf Aktien eingeräumt wird. Das Umtauschrecht wird als Wandelanleihe, das Bezugsrecht als Optionsanleihe bezeichnet. Bei Wandelanleihen kann der Gläubiger diese innerhalb einer bestimmten Frist in junge Aktien umtauschen, nötigenfalls unter Zuzahlung eines Betrags. Dabei geht die Wandelschuldverschreibung unter; der Gläubiger wird zum Eigenkapitalgeber. Optionsanleihen dagegen gewähren dem Gläubiger das Recht, innerhalb einer bestimmten Frist zu einem bestimmten Kurs Aktien zu beziehen. Hier bleibt die Optionsanleihe auch nach Bezug der Aktien bis zur Tilgung bestehen. Die Gläubigerposition verbleibt und der Fremdkapitalgeber wird gleichzeitig zum Eigentümer. In der Praxis wird dieser Weg auch für Wandel- und Opitionsgenussrechte wegen der Zulässigkeit aus der analogen Anwendung des § 192 Abs. 2 Nr. 1 AktG genutzt[13]. Weiter gehören hierher die sog. Warrant Anleihen; bei diesen handelt es sich um Anleihen einer ausländischen Tochter, bei denen sich das Umtausch- oder Bezugsrecht auf Aktien der Muttergesellschaft richtet[14].

In § 192 Abs. 2 Nr. 2 AktG wird die bedingte Kapitalerhöhung geregelt um Unternehmenszusammenschlüsse vorzubereiten; als Alternative biete sich hierzu das genehmigte Kapital nach §§ 202 ff. AktG an. Darunter werden alle Unernehmensformen und Verbindungen im weitem Sinn verstanden soweit jedenfalls Aktien zur Durchführung benötigt werden[15].

Im Rahmen des § 192 Abs. 2 Nr. 3 AktG waren, bis der Gesetzgeber durch das KonTrAG die Norm verändert hat, Diskussionen über Arbeitnehmeraktien[16] und die Frage der Ausgabe nackter Optionen (naked warrants) Diskussionsstoff. Hinsichtlich der nunmehr hier anzusiedelnden Ausführungen zur Zulässigkeit von Stock Options wird auf das spezielle Kapitel in diesem Buch verweisen.

Der Ablauf einer Kapitalerhöhung mit bedingtem Kapital beginnt mit der Hauptversammlung, mit Ermächtigung des Vorstands zur

---

13 MüHBGesR/*Krieger*, Bd. 4, § 57 Rdnr. 4.

14 *Hüffer*, AktG, § 192 Rdnr. 10.

15 *Hüffer*, AktG, § 192 Rdnr. 14.

16 Vgl. *Hüffer*, AktG, § 192 Rdnr. 14.

Begebung von Wandelschuldverschreibungen, Kapitalerhöhung sowie Satzungsänderungen, §§ 192, 193, 221 AktG. Gemäß §§ 195, 181 AktG ist eine Eintragung der bedingten Kapitalerhöhung im Handelsregister vorzunehmen. Anschließend findet der Beschluss des Vorstands über die Ausgabe der Wandelschuldverschreibung im Sinne des § 221 Abs. 2 AktG statt. Das Zustimmungserfordernis des Aufsichtsrats ergibt sich aus § 211 Abs. 2 AktG.

Das Bezugsangebot des die Schuldverschreibung übernehmenden Kreditinstituts an die Aktionäre zur Wahrung des Bezugsrechts nach §§ 221 Abs. 4, 186 Abs. 5 AktG wird gefolgt von der Bekanntmachung des Bezugsangebots und der Bezugsrechtsausübung. Der Beschluss des Aufsichtsrats zur Anpassung der Satzung ist in §§ 200, 181 Abs. 1 AktG beschrieben, während die Eintragungen der im abgelaufenen Geschäftsjahr ausgegebenen Bezugsaktienzahl ins Handelsregister gemäß § 201 AktG einzutragen ist.

3. Genehmigtes Kapital

Bei der Kapitalerhöhung im Rahmen eines genehmigten Kapitals handelt es sich um die Erhöhung des Grundkapitals bis zu einer bestimmten Höhe durch Ausgabe neuer Aktien gegen Einlage gemäß §§ 202 ff. AktG. Im Rahmen dieser Form der Kapitalerhöhung steht der Verwendungszweck noch nicht fest. Ein derartiger Beschluss ermächtigt den Vorstand, für einen Zeitraum von maximal 5 Jahren nach Eintragung der Satzungsänderung eine Kapitalerhöhung durchzuführen. Hierzu ist kein weiterer Beschluss der Hauptversammlung notwendig. Dieses Instrument kann als Ersatz für nicht mögliche Vorratsaktien verstanden werden, mit denen sich ähnliche Ergebnisse hätten erzielen lassen[17]. Diese Kapitalerhöhung dient dem Zweck, schnell und flexibel neues Eigenkapital beschaffen zu können.

Nach § 202 Abs. 4 AktG kann die Satzung auch vorsehen, dass neue Aktien an Arbeitnehmer der Gesellschaft ausgegeben werden[18].

---

17 *Hüffer,* AktG, § 202 Rdnr. 1.

18 Sog. Belegschaftsaktien, vgl. *Hüffer,* AktG, § 202 Rdnr. 23.

Die genehmigte Kapitalerhöhung ist beschränkt auf die Hälfte des Grundkapitals, das zur Zeit der Ermächtigung vorhanden ist. Eine solche Bestimmung kann insbesondere bei zunächst kleinen, stark expandierenden Gesellschaften eine unerwünschte Beschränkung bedeuten. Hier kann mit dem genehmigten Kapital zugleich eine ordentliche Kapitalerhöhung vorgenommen werden. Soweit die ordentliche Kapitalerhöhung in einem einzigen Akt durchgeführt wird, Beschlussfassung und Durchführung also in einer einzigen Urkunde vorgenommen werden, kann das bedingte Kapital an der bereits durchgeführten ordentlichen Kapitalerhöhung einschließlich des vorhandenen Stammkapitals gemessen werden. Eine andere Lösung für dieses Problem wäre eine Hinzuführung von Kapital über den Weg einer vermögensverwaltenden GmbH, die im Wege des Umwandlungrechts sodann mit der expandierenden Aktiengesellschaft zusammengeführt wird.

Die Abläufe einer Kapitalerhöhung mit genehmigtem Kapital stellen sich wie folgt dar: Zunächst ermächtigt die Hauptversammlung den Vorstand nach §§ 202, 203 AktG, Kapitalerhöhung, Bezugsrechtsausschluss und Satzungsänderung vorzunehmen. Danach erfolgt ein schriftlicher Bericht des Vorstands über den Ausschluss des Bezugsrechts gemäß §§ 203 Abs. 1 und 2, 186 Abs. 4 S. 2 AktG. Gemäß §§ 202, 181 AktG wird die Eintragung der Satzungsänderung im Handelsregister durchgeführt. § 204 AktG regelt den Beschluss des Vorstands über die Ausnutzung des genehmigten Kapitals zur Kapitalerhöhung und die Festlegung der Ausgabebedingungen. Der Beschluss des Aufsichtsrats mit Zustimmung zur Kapitalerhöhung und Neufassung der Satzung ist in §§ 202 Abs. 2 S. 2, 204 Abs. 1 S. 2 i.V.m. § 79 Abs. 1 S. 2 AktG geregelt. Die Eintragung der Durchführung der Kapitalerhöhung und die Neufassung der Satzung ergibt sich aus §§ 203 Abs. 1, 188, 181 AktG.

Soweit sich die Ermächtigung des Vorstands auch auf Aktien bezieht, die Stimmrecht haben, kann in derartigen Situationen eine Verschiebung der Mehrheitsverhältnisse eintreten. Diese kann dadurch vermieden werden, dass lediglich stimmrechtslose Vorzugsaktien von der Ermächtigung erfasst sind.

4. Formular einer kombinierten ordentlichen Kapitalerhöhung mit einer genehmigten Kapitalerhöhung

Nachfolgend wird ein Beispielbeschluss vorgestellt, mit dem einem Unternehmen aus der Branche der neuen Medien eine maximale Kapitalerhöhung ermöglicht wurde[19]. Obwohl das Unternehmen bereits seit Jahren enorme Umsätze getätigt hatte, war eine Erhöhung des Kapitals bisher unterblieben. Nunmehr sollte in schnellen Schritten eine Kapitalerhöhung erfolgen, die, bei wirtschaftlich steigendem Erfolg, zunächst die alten Gesellschafter stärker an die Gesellschaft binden sollte. In der weiteren genehmigten Kapitalerhöhung sollten Mitarbeiter gebunden werden, die zuvor einen höheren, bei weitem aber noch nicht dem Unternehmenswert entsprechenden Preis zu zahlen hatten. Die genehmigte Kapitalerhöhung stand unter den Beschränkungen des § 202 Abs. 3 S. 1 AktG. Unmittelbar nach Durchführung der Kapitalerhöhungen werden weitere Kapitalerhöhungen zu einem teureren Emissionspreis erfolgen. Solange das Unternehmen nicht das Marktvolumen hat, um Aktien im Streubesitz zu verteilen, werden spekulative Anleger, die zwischenzeitlich an dem Wachstum profitieren wollen, möglicherweise mit stimmrechtslosen Vorzugsaktien bei der nächsten Kapitalerhöhung bedient.

In diesem Kapitalerhöhungsbeschluss ist noch als Währung die DM eingetragen. Die Kombination der Kapitalerhöhung, wie sie unter Punkt 1.) des Beschlusses erfolgt ist, kann problemlos gegen Euro umgetauscht werden. Gleichzeitig kann die Beschlussfassung, wie sie unter Punkt 4.) vorgenommen ist, weiter durchgeführt werden. Diese Texte sind sowohl in DM als auch in Euro logisch. Die Beschlussfassung unter Punkt 2.) „Stückaktien" ist logischerweise zwischen die beiden Beschlüsse gelegt worden. Zwingend ist jedoch eine Umstellung auf Stückaktien nicht.

---

19 Vgl. zur Satzungsänderung infolge von Kapitalerhöhung: *Cahn*, AG 2001, 181 ff.

a) Kapitalerhöhungsbeschluss

UR.-Nr.: ..../2001

Verhandelt zu Köln am 12.4.2001

Vor dem unterzeichneten Notar

Dr. Klaus Pferdmenges,
Westerwaldstraße 8, 50933 Köln

erschienen heute:

1. der Rechtsanwalt Sebastian Korts,
   geb. am 19.8.1957,
   geschäftsansässig Hültzstraße 26, 50933 Köln,

hier handelnd nicht in eigenem Namen, sondern als Bevollmächtigter für die nachbenannten acht Personen, auf Grund der Vollmachten vom 18.12.2001 und vom 23.1.2001, jeweils beurkundet von dem amtierenden Notar, die jeweils in Ausfertigung bei der heutigen Verhandlung vorgelegt wurden und von denen je eine beglaubigte Abschrift dieser Niederschrift beigefügt wird:

1. Herrn Rechtsanwalt Ingo Flück,
   geb. am 1.2.1930, Bonner Straße 12, 50933 Köln

2. Frau Rechtsanwältin Viktoria Cortez,
   geb. am 3.4.1965, Fürst-Pückler Straße 34, 50933 Köln

3. Herrn Wirtschaftsprüfer Felix Frohnhof,
   geb. am 5.6.1950, Haselnußweg 56, 50933 Köln

4. Herrn Rechtsanwalt Dieter Brunsmann,
   geb. am 7.8.1960, Hamburger Allee 78, 50933 Köln

5. Herrn Steuerberater Remo Landers,
   geb. am 9.10.1970, Rheinufer 91, 50933 Köln

6. Herrn Unternehmensberater Peter Berliner,
   geb. 1.1.1950, wohnhaft Marienschlossweg 1, 50933 Köln

7. Frau Sybille Strauch, Vermögensverwalterin,
   geb. 2.2.1965, wohnhaft Klever Straße 2, 50933 Köln
8. Frau Barbara Herstaller, Bankangestellte,
   geb. 5.5.1970, wohnhaft Eigelstein 5, 50933 Köln

Es erschienen weiter:

2. Herr Unternehmensberater Peter Berliner,
   geb. 1.1.1950, wohnhaft Marienschlossweg 1, 50933 Köln
3. Frau Sybille Strauch, Vermögensverwalterin,
   geb. 2.2.1965, wohnhaft Klever Straße 2, 50933 Köln
4. Herr Martin Dickermann, Rechtsanwalt,
   geb. 3.3.1950, wohnhaft Unter Kranenbäumen 3, 50933 Köln
5. Herr Bernd Cremer, Steuerberater,
   geb. 4.4.1960, wohnhaft Lindentalgürtel 4, 50933 Köln
6. Frau Barbara Herstaller, Bankangestellte,
   geb. 5.5.1970, wohnhaft Eigelstein 5, 50933 Köln

Die Erschienenen sind dem Notar persönlich bekannt. Die Erschienenen zu 2.) und 3.) sind die Vorstände der Aktiengesellschaft. Die Erschienenen zu 4.) bis 6.) sind die Aufsichtsräte der Aktiengesellschaft.

I.

Die Erschienenen zu 1.), 2.), 3.) und 6.) erklären:

Die *Berliner Beteiligungsgesellschaft bürgerlichen Rechts* bestehend aus den hier in der Urkunde von Rechtsanwalt Sebastian Korts vertretenen Gesellschaftern und den Erschienenen zu 2.), 3.) und 6.) hat sich mit Datum vom 1.2.2001 auf Grund einverständlichem Beschluss in der Form auseinandergesetzt, dass jeder der Gesellschafter statt eines BGB-Anteils an der *Berliner Beteiligungsgesellschaft bürgerlichen Rechts* nunmehr einen unmittelbaren Gesellschaftsanteil an der *Plantechnik Berliner Aktiengesellschaft* jeweils in Höhe von 10.000 Stammaktien als Stückaktien auf Namen lautend innehat. Diese Auseinandersetzung wurde in nichtnotarieller Urkunde festgehalten. In einer separaten Urkunde wurde der Wechsel in der Stellung der Aktionäre von dem Vorstand genehmigt. In einer weiteren separaten Urkunde wurde diese Genehmigung des Vorstands von dem Aufsichtsrat genehmigt. Dieser Wechsel in der Gesellschafterposition wurde dem Handelsregister durch die Vorstände noch nicht mitgeteilt. Von diesen drei Urkunden wird jeweils eine notariell beglaubigte Kopie dieser Urkunde zugefügt *(Anlagen 1-3)*.

II.

Der Notar beurkundete nunmehr auf Antrag der Erschienenen den Hergang der nachfolgenden außerordentlichen Hauptversammlung der

Plantechnik Berliner Aktiengesellschaft

mit dem Sitz in Köln.

sowie nachfolgende Erklärungen von Gesellschaftern und Vorstand und des nachstehend bestimmten Versammlungsleiters, wie folgt:

Unter Verzicht auf Einhaltung aller Form- und Fristvorschriften und Einberufungsförmlichkeiten halten die Erschienenen eine außerordentliche Hauptversammlung der

Plantechnik Berliner Aktiengesellschaft.

Der Erschienene zu 4.) als Vorsitzender des Aufsichtsrats eröffnete die Versammlung um 14:00 Uhr und übernahm den Vorsitz.

Dieser erklärte übereinstimmend mit den Erschienenen und vertretenen Aktionären:

Die Erschienenen zu 2.), 3.) und 6.) und die durch den Erschienenen zu 1) Vertretenen sind die einzigen Aktionäre der vorgenannten Aktiengesellschaft mit einem Grundkapital von Euro 80.000 (in Worten: Euro achtzigtausend). Hiervon halten sie in Form von Namensaktien, jeweils jeder der acht Aktionäre, 10.000 (in Worten: zehntausend) Aktien auf Namen als Stückaktien. Diese sind voll eingezahlt.

Diese Kapitalbeteiligung ergibt sich in Vollzug der Umwandlungsurkunde UR.-Nr. 71/01 des amtierenden Notars vom 23.1.2001. Ergänzend wird Bezug genommen auf die Urkunden die dieser Urkunde als *Anlage 1 bis 3* beigefügt sind. Die Namensaktien sind im Aktienregister der Gesellschaft eingetragen, das in dieser außerordentlichen Hauptversammlung zur Einsicht offenliegt.

Das Teilnehmerverzeichnis ist unter Beachtung der Vorschriften des § 129 Abs. 3 AktG erstellt; es wird zur heutigen außerordentlichen Hauptversammlung als *Anlage 4* zur Urkunde gegeben, nachdem es vor der ersten Abstimmung zur Einsicht für alle Teilnehmer ausgelegt sowie vom Versammlungsleiter unterzeichnet worden ist.

Der Versammlungsleiter stellte fest, dass gemäß dem als Anlage zur Urkunde genommenem Aktionärsverzeichnis sämtliche Aktionäre erschienen oder vertreten waren. Er hat die Ausfertigungen der notariellen Vollmachten überprüft. Er stellt weiter fest, dass das gesamte stimmberechtigte Kapital und damit auch das gesamte Grundkapital von Euro 80.000 (in Worten: Euro achtzigtausend) vertreten ist. Keine Aktie ist abgetreten oder Kreditinstituten übergeben. Die Aktiengesellschaft nimmt nicht am Börsenhandel teil und hat keinen Betriebsrat.

Der Versammlungsleiter stellte sodann die einzelnen Punkte der Tagesordnung zur Besprechung und Beschlussfassung:

1. Kapitalerhöhung

Die durch den Erschienenen zu 1.) vertretenen Aktionäre und die zu 2.) und 3.) und 6.) erschienenen Aktionäre beschließen einstimmig in offener Abstimmung durch Handzeichen, wie folgt:

Das Grundkapital der Gesellschaft von zur Zeit Euro 80.000 (in Worten: Euro achtzigtausend) wird gegen Bareinlagen um Euro 80.000 (in Worten: Euro achtzigtausend) erhöht durch Ausgabe 80.000 (in Worten: achtzigtausend) neuer auf Namen lautende Stammaktien als Stückaktien mit rückwirkender Gewinnberechtigung vom 1.1.2001 zum Ausgabebetrag von Euro 1 je Aktie.

Diese Aktien unterliegen den Satzungsbestimmungen des § 3 Abs. 3 bis 6 der Satzung, die wie folgt wiederholt werden:

(3) Die Namensaktien können nur mit Zustimmung des Vorstands übertragen werden. Der Vorstand hat die Zustimmung zu erteilen, wenn die Aktien auf bereits bestehende Aktionäre übertragen werden.

(4) Form und Inhalt der Aktienurkunden legt der Vorstand fest.

(5) Bei einer Kapitalerhöhung kann die Gewinnbeteiligung neuer Aktien abweichend von § 60 AktG geregelt werden, insbesondere können junge Aktien aus einer zukünftigen Kapitalerhöhung mit Vorzügen bei der Gewinnverteilung versehen werden.

(6) Das Recht auf Einzelverbriefung ist dadurch eingeschränkt, dass der Aktionär die Kosten der Einzelverbriefung trägt.

Der Vorstand ist ermächtigt, weitere Einzelheiten der Kapitalerhöhung und der Bedingung für die Ausgabe von Aktien und der Durchführung festzusetzen. Dazu gehört auch, die Festlegung der Bedingungen, zu denen nach Ablauf der für alle Aktionäre geltenden Bezugsfrist Aktionäre über ihr Bezugsrecht hinaus und Dritte die nicht gezeichneten Aktien ihrerseits zum beschlossenen Ausgabebetrag zeichnen und beziehen können.

Übernahmeberechtigt für je 1000 Stückaktien sind die bisherigen Aktionäre. Die Bezugsfrist wird drei Wochen betragen. Die Kosten der Ausgabe trägt die Gesellschaft.

Form und Inhalt der Aktienurkunden legt der Vorstand fest. Die Gewinnbeteiligung der neuen Aktien ist nicht abweichend von § 60 AktG geregelt.

Der Beschluss über die Höhe des Grundkapitals wird ungültig, wenn nicht bis zum Ablauf des 28.12.2001 neue Aktien im gesamten Nennbetrag der Erhöhung von Euro 80.000 (in Worten: Euro achtzigtausend) gezeichnet sind.

Nunmehr erklären die durch den Erschienenen zu 1.) vertretenen Aktionäre und die zu 2.) und 3.) und 6.) erschienenen Aktionäre, jeder für sich, die ausdrückliche Zustimmung zu dem zuvor gefassten Beschluss und verzichten auf Rechtsmittel zur Anfechtung dieses Beschlusses.

Gesetzlich zeichnungsberechtigt sind die bisherigen Aktionäre. Soweit diese Vorstände der Gesellschaft sind, vertritt der Aufsichtsrat die Gesellschaft.

Die Erschienenen zu 4.), 5.) und 6.) beschließen hiermit als Aufsichtsrat: Die Vorstandsmitglieder unterliegen hinsichtlich der soeben beschlossenen Kapitalerhöhung und hinsichtlich der Zeichnung und Übernahme von Aktien aus dieser Kapitalerhöhung keinen Besonderheiten. Sie sind ebenso zu behandeln, als wenn sie nicht Vorstände wären. Bereits jetzt stimmt der Aufsichtsrat einer möglichen Übernahme von Aktien durch die Vorstände zu.

Der Versammlungsleiter erklärt sodann:

Diese neuen Aktien haben die bisherigen Gesellschafter, wie sie in dieser Urkunde von dem Erschienenen zu 1.) vertreten werden und die Erschienenen zu 2.), 3.) und 6.)

und zwar mit je 1.000 (in Worten: eintausend) auf den Namen lautende Namensaktien als Stückaktien, das heißt, jeder Gesellschafter hat für sich je 1.000 Stückaktien übernommen. Die acht Zeichnungsscheine liegen dem Versammlungsleiter jeweils in doppelter gleichlautender Ausstellung vor.

Die vorbezeichneten Personen haben die Zeichnungsbeträge auf dem Konto 000007 der Plantechnik Berliner Aktiengesellschaft bei der Oppenhausener Bank Köln BLZ 007 700 00 zur freien Verfügung eingezahlt. Die Erschienenen zu 2.) und zu 3.) legen eine entsprechende Bestätigung der Bank nach §§ 36 Abs. 2, 54 Abs. 3 AktG vor, die als notariell beglaubigte Kopie als Anlage 4 zu dieser Urkunde genommen wird.

Der Versammlungsleiter erklärt: Damit ist die Kapitalerhöhung nicht nur beschlossen, sondern auch durchgeführt worden.

Nunmehr beschlossen die durch den Erschienenen zu 1.) vertretenen Aktionäre und die zu 2.) und 3.) und 6.) erschienenen Aktionäre einstimmig in offener Abstimmung durch Handzeichen, wie folgt:

§ 3 Abs. 1 S. 1 und S. 2 der Satzung der Plantechnik Berliner Aktiengesellschaft wird wie folgt verändert:

„Das Grundkapital der Gesellschaft beträgt Euro 160.000. Das Grundkapital zum Zeitpunkt des Formwechsels wird durch Formwechsel des bisherigen Rechtsträgers des Vermögens und der Verbindlichkeiten der Gesellschaft, der Plantechnik Berliner GmbH mit dem Sitz in Köln erbracht."

2. Satzungsänderung zum Sitz der Hauptversammlung

Sodann beschlossen die durch den Erschienenen zu 1.) vertretenen Aktionäre und die zu 2.) und 3.) und 6.) erschienenen Aktionäre einstimmig in offener Abstimmung durch Handzeichen, wie folgt:

§ 11 Abs. 1 S. 1 der Satzung wird ersetzt durch nachfolgenden Satz:

„Die Hauptversammlung findet innerhalb der ersten sechs Monate eines Geschäftsjahres am Sitz der Gesellschaft oder an dem Ort statt, an welchem ein börsenmäßiger Handel der Aktien der Gesellschaft stattfindet.“

3. Genehmigte Kapitalerhöhung

Nunmehr beschlossen die durch den Erschienenen zu 1.) vertretenen Aktionäre und die zu 2.) und 3.) und 6.) erschienenen Aktionäre einstimmig in offener Abstimmung durch Handzeichen, wie folgt:

Der Vorstand wird durch diese Hauptversammlung vom 12.4.2001 ermächtigt, in der Zeit bis zum 31.12.2002 das Grundkapital der Gesellschaft mit Zustimmung des Aufsichtsrats einmalig oder mehrfach um bis zu insgesamt Euro 80.000 durch Ausgabe achtzigtausend neuer auf Namen lautende Stammaktien als Stückaktien zu erhöhen und im Weiteren über Inhalt der Aktienrechte, den für die neuen Aktien zu zahlende Entgelt und die sonstigen Bedingungen der Aktienausgabe zu entscheiden (genehmigtes Kapital). Die Kapitalerhöhungen können gegen Bareinlagen erfolgen.

Diese Aktien unterliegen den Satzungsbestimmungen des § 3 Abs. 3 bis 6 der Satzung, die wie folgt wiederholt werden:

(3) Die Namensaktien können nur mit Zustimmung des Vorstands übertragen werden. Der Vorstand hat die Zustimmung zu erteilen, wenn die Aktien auf bereits bestehende Aktionäre übertragen werden.

(4) Form und Inhalt der Aktienurkunden legt der Vorstand fest.

(5) Bei einer Kapitalerhöhung kann die Gewinnbeteiligung neuer Aktien abweichend von § 60 AktG geregelt werden, insbesondere können junge Aktien aus einer zukünftigen Kapitalerhöhung mit Vorzügen bei der Gewinnverteilung versehen werden.

(6) Das Recht auf Einzelverbriefung ist dadurch eingeschränkt, dass der Aktionär die Kosten der Einzelverbriefung trägt.

Der Vorstand ist ermächtigt, weitere Einzelheiten der Kapitalerhöhung und der Bedingung für die Ausgabe von Aktien und der Durchführung festzusetzen. Dazu gehört auch die Festlegung der

Bedingungen, zu denen nach Ablauf der für alle Aktionäre geltenden Bezugsfrist Aktionäre über ihr Bezugsrecht hinaus und Dritte die nicht gezeichneten Aktien ihrerseits zum beschlossenen Ausgabebetrag zeichnen und beziehen können.

Übernahmeberechtigt für je 1.000 Stückaktien sind die bisherigen Aktionäre. Die Bezugsfrist wird drei Wochen betragen. Die Kosten der Ausgabe trägt die Gesellschaft.

Form und Inhalt der Aktienurkunden legt der Vorstand fest. Die Gewinnbeteiligung der neuen Aktien ist nicht abweichend von § 60 AktG geregelt.

Der Beschluss über die Höhe des Grundkapitals wird ungültig, wenn nicht bis zum Ablauf des 31.12.2002 neue Aktien im gesamten Nennbetrag der Erhöhung von Euro 80.000 (in Worten: Euro achtzigtausend) gezeichnet sind.

Nunmehr beschlossen die durch den Erschienenen zu 1.) vertretenen Aktionäre und die zu 2.) und 3.) und 6.) erschienenen Aktionäre einstimmig in offener Abstimmung durch Handzeichen, wie folgt:

§ 3 der Satzung wird um einen Absatz Nr. (7) mit nachfolgendem Wortlaut ergänzt:

„Der Vorstand wird durch die Hauptversammlung vom 12.4.2001 ermächtigt, in der Zeit bis zum 31.12.2002 das Grundkapital der Gesellschaft mit Zustimmung des Aufsichtsrats einmalig oder mehrfach um bis zu insgesamt Euro 80.000 durch Ausgabe achtzigtausend neuer auf Namen lautende Stammaktien als Stückaktien zu erhöhen und im Weiteren über Inhalt der Aktienrechte, den für die neuen Aktien zu zahlenden Entgelt und die sonstigen Bedingungen der Aktienausgabe zu entscheiden (genehmigtes Kapital). Die Kapitalerhöhungen können gegen Bareinlagen und/oder Sacheinlagen erfolgen."

Sodann erklären die Erschienenen zu 2.) und 3.): Wir sind der Vorstand der Gesellschaft. Wir beschließen hiermit gemeinschaftlich und einstimmig, vorbehaltlich der Zustimmung des Aufsichtsrats:

Das Grundkapital der Gesellschaft von zur Zeit eingetragenen Euro 80.000 (in Worten: Euro achtzigtausend) und weiteren gezeichneten und zur freien Verfügung des Vorstands stehenden Euro 80.000 (in

Worten: Euro achtzigtausend) aus der Kapitalerhöhung dieser Urkunde wird auf Grund der vorbeschlossenen Ermächtigung um weitere Euro 80.000 (in Worten: Euro achtzigtausend) auf insgesamt Euro 160.000 (in Worten: Euro einhundertsechzigtausend) gegen Bareinlagen erhöht. Ausgegeben werden achtzigtausend Stück Namensaktien als Stückaktien zum Ausgabebetrag von Euro 2 je Aktie. Die neuen Aktien werden mit Gewinnberechtigung ab dem 1.1.2001 ausgegeben. Die Kosten der Ausgabe trägt die Gesellschaft.

Übernahmeberechtigt für je 1.000 Stückaktien zum Ausgabebetrag von Euro 2 sind die bisherigen Aktionäre. Die Bezugsfrist wird drei Wochen betragen.

Gesetzlich zeichnungsberechtigt sind die bisherigen Aktionäre. Soweit diese Vorstände der Gesellschaft sind, vertritt der Aufsichtsrat die Gesellschaft.

Die Erschienenen zu 4.), 5.) und 6.) beschließen hiermit als Aufsichtsrat: Die Vorstandsmitglieder unterliegen hinsichtlich der soeben beschlossenen Kapitalerhöhung und hinsichtlich der Zeichnung und Übernahme von Aktien aus dieser Kapitalerhöhung keinen Besonderheiten. Sie sind ebenso zu behandeln, als wenn sie nicht Vorstände wären. Bereits jetzt stimmt der Aufsichtsrat einer möglichen Übernahme von Aktien durch die Vorstände zu.

Nunmehr erklären die durch den Erschienenen zu 1.) Vertretenen und die zu 2.), 3.) und 6.) erschienenen Aktionäre, jeder für sich, dass sie auf ihr gesetzliches Bezugsrecht verzichten. Sie verzichten weiter unwiderruflich auf die Anfechtung des Verzichtes ihres Bezugsrechtes und verzichten auf jede Form der Geltendmachung des gesetzlichen Bezugsrechtes.

Einstimmig beschließen nunmehr die durch den Erschienenen zu 1.) vertretenen Aktionäre und die zu 2.), 3.) und 6. erschienenen Aktionäre, die Erschienenen zu 2.) und 3.) gleichzeitig als gemeinschaftlichen einstimmigen Beschluss des Vorstands, dass für die Kapitalerhöhung übernahmeberechtigt sind alle bisherigen Aktionäre und die in der Anlage 5 zu dieser Urkunde benannten acht weiteren Personen für je 500 Stückaktien zum Ausgabebetrag von Euro 2. Die Anlage 5 wird zur Urkunde genommen.

Die Bezugsfrist wird drei Wochen betragen.

Die Erschienenen zu 4.), 5.) und 6.) als Aufsichtsrat der Gesellschaft fassen nachfolgenden Beschluss: Der Aufsichtsrat stimmt dem Entschluss des Vorstands, wie er in dieser Urkunde festgelegt ist, im Sinne der §§ 202 Abs. 3 S. 2 und 204 Abs. 1 S. 2 AktG zu.

Die Erschienenen zu 4.), 5.) und 6.) beschließen hiermit als Aufsichtsrat: Die Vorstandsmitglieder unterliegen hinsichtlich der soeben beschlossenen Bezugsrechtsregelung und hinsichtlich der Zeichnung und Übernahme von Aktien aus dieser Regelung keinen Besonderheiten. Sie sind ebenso zu behandeln, als wenn sie nicht Vorstände wären. Bereits jetzt stimmt der Aufsichtsrat einer möglichen Übernahme von Aktien durch die Vorstände zu.

III.

Der Versammlungsleiter stellte die Einstimmigkeit der Beschlüsse mit sämtlichen Stimmen der stimmrechtsfähigen 20.000 Namensaktien fest, indem er sie verkündete.

Die anwesenden oder vertretenen Aktionäre erklärten ihre Zustimmung für sämtliche von ihnen gehaltenen Namensaktien.

Der Versammlungsleiter schloss die Versammlung um 16:00 Uhr.

IV.

Wir wünschen zehn Ausfertigungen und acht beglaubigte Abschriften dieser Verhandlung.

Erforderliche Genehmigungen werden wirksam mit dem Eingang bei dem amtierenden Notar.

Sollte eine Bestimmung dieser Urkunde aus irgendeinem Grund nichtig oder sonst unwirksam sein oder werden, so soll der übrige Teil davon unberührt gelten. Die jeweils Beteiligten sind verpflichtet, mit der erforderlichen Form bei den erforderlichen Beschlüssen und Rechtshandlungen mitzuwirken, die zur Ersetzung bzw. Ergänzung der unwirksamen oder nichtigen Regelung erforderlich sind. Dabei ist diejenige zulässige Regelung zu vereinbaren, die dem am nächsten kommt, was die Beteiligten bei dieser Beurkundung nachweislich gewollt haben.

Sollten zum Vollzug dieser Urkunde im weitesten Sinne im Handelsregister Nachtragsbeschlüsse oder sonstige Versicherungen, Anmeldungen oder Erklärungen vom Registergericht angefordert werden, so ist unter Befreiung von den Beschränkungen des § 181 BGB

Herr Rechtsanwalt Sebastian Korts aus Köln, der Erschienene zu 1.),

ermächtigt, die entsprechenden Rechtshandlungen vorzunehmen. Für das Innenverhältnis wird vereinbart, dass von dieser Vollmacht nur vor dem amtierenden Notar oder seinem Vertreter im Amt Gebrauch gemacht werden darf.

Der amtierende Notar fertigte über den Verlauf dieser Versammlung diese Niederschrift. Sie wurde den Erschienenen vorgelesen, von ihnen genehmigt und von ihnen und dem Notar, wie folgt, eigenhändig unterschrieben:

b) Zeichnungsschein

In der außerordentlichen Hauptversammlung vom 12.4.2001 der

Plantechnik Berliner Aktiengesellschaft

mit dem Sitz in Köln ist beschlossen worden, das Grundkapital der Gesellschaft von bisher Euro 80.000 (in Worten: Euro achtzigtausend) um Euro 80.000 (in Worten: Euro achtzigtausend) auf Euro 160.000 (in Worten: Euro einhundertsechzigtausend) durch Ausgabe von 80.000 (in Worten: achtzigtausend) neuer, auf den Namen lautender Stammaktien als Stückaktien) durch Bareinzahlung zu erhöhen. Die neuen Aktien nehmen rückwirkend ab dem 1.1.2001 am Gewinn teil. Der Ausgabebetrag der neuen Aktien beträgt Euro 1 je Aktie, sie wird pari ausgegeben.

Diese Aktien unterliegen den Satzungsbestimmungen des § 3 Abs. 3 bis 6 der Satzung, die wie folgt wiederholt werden:

(3) Die Namensaktien können nur mit Zustimmung des Vorstands übertragen werden. Der Vorstand hat die Zustimmung zu erteilen, wenn die Aktien auf bereits bestehende Aktionäre übertragen werden.

(4) Form und Inhalt der Aktienurkunden legt der Vorstand fest.

(5) Bei einer Kapitalerhöhung kann die Gewinnbeteiligung neuer Aktien abweichend von § 60 AktG geregelt werden, insbesondere können junge Aktien aus einer zukünftigen Kapitalerhöhung mit Vorzügen bei der Gewinnverteilung versehen werden.

(6) Das Recht auf Einzelverbriefung ist dadurch eingeschränkt, dass der Aktionär die Kosten der Einzelverbriefung trägt.

Im Beschluss der Hauptversammlung wurden die Nebenverpflichtungen wie folgt festgelegt:

Der Vorstand ist ermächtigt, weitere Einzelheiten der Kapitalerhöhung, der Voraussetzungen für die Ausgabe von Aktien und der Durchführung festzusetzen. Dazu gehört auch die Festlegung der Bedingungen, zu denen nach Ablauf der für alle Aktionäre geltenden Bezugsfrist Aktionäre über ihr Bezugsrecht hinaus und Dritte die nicht gezeichneten Aktien ihrerseits zum beschlossenen Ausgabebetrag zeichnen und beziehen können.

Übernahmeberechtigt für je 1.000 Aktien sind die bisherigen Aktionäre. Die Bezugsfrist wird drei Wochen betragen. Die Kosten der Ausgabe trägt die Gesellschaft.

Form und Inhalt der Aktienurkunden legt der Vorstand fest. Die Gewinnbeteiligung der neuen Aktien ist nicht abweichend von § 60 AktG geregelt.

Der Beschluss über die Höhe des Grundkapitals wird ungültig, wenn nicht bis zum Ablauf des 12.5.2001 neue Aktien im gesamten Nennbetrag der Erhöhung von Euro 80.000 (in Worten: Euro achtzigtausend) gezeichnet sind.

Die Einzahlungen auf die neuen Aktien sind in voller Höhe dieses Ausgabebetrags bis zum 31.5.2001 in bar zu leisten.

Herr Unternehmensberater Peter Berliner, geb. am 1.1.1950, wohnhaft Marienschlossweg 1, 50933 Köln, ist unmittelbarer Bezugsberechtigter.

Er übernimmt 1.000 (in Worten: eintausend) neue Aktien zu den vorstehenden und im Beschluss der außerordentlichen Hauptversammlung niedergelegten Bedingungen.

Diese Zeichnung ist verbindlich. Sie wird unverbindlich, wenn die Durchführung der Erhöhung des Grundkapitals nicht bis zum 31.12.2002 in das Handelsregister eingetragen ist.

Für Herrn Peter Berliner unterzeichnet Herr Rechtsanwalt Sebastian Korts auf Grund notarieller Vollmacht Urk.-Nr. 4711/98 des Notars Klaus Pferdmenges aus Köln. Die Urkunde wird nicht beigefügt.

Köln, den 12.4.2001

XIII. Die Kosten der einzelnen Schritte

Grundsätzlich wird davon ausgegangen, dass 5-10% der Kosten des Emissionsvolumens als kalkulierbare Kosten zu berücksichtigen sind. Dabei ist ebenso deutlich, dass, je höher das Emissionsvolumen ist, desto geringer die prozentualen Kosten sind.

Hinsichtlich der Kosten lassen sich drei Rubriken unterscheiden. Es sind zum ersten die einmaligen Vorbereitungs- und Umwandlungskosten, zum zweiten die einmalig anfallenden Kosten der Börseneinführung und drittens die laufenden Kosten nach der Börseneinführung zu nennen.

1. Vorbereitungs- und Umwandlungskosten

Hier sind die Kosten zu berücksichtigen, die durch die Umstrukturierungsmaßnahme selbst entstehen. Sie werden im Regelfall vom Rechtsanwalt durchgeführt. Dieser wird im Zusammenhang mit dem steuerlichen Berater der Gesellschaft aus der Vielzahl der Möglichkeiten die steuerlich richtige Gesellschaftsform finden und die entsprechende Umwandlung vorbereiten. Im Weiteren sind hier die Notar- und Gerichtsgebühren zu nennen. Nach der Umwandlung sind regelmäßig der Bericht einer Wirtschaftsprüfung sowie die Kosten der Veröffentlichung in den Zeitungen zu berücksichtigen.

Sofern das Unternehmen lediglich im Sinne einer formwechselnden identitätswahrenden Umwandlung von einer GmbH in eine Aktiengesellschaft umgewandelt wird, kann man davon ausgehen, dass die Vorbereitungs- und Umwandlungskosten einen Gesamtbetrag von 25.000 Euro nicht unterschreiten. Für andere Unternehmen mit einem Emissionsvolumen von 25 Mio. Euro können Kosten in Höhe von 125.000 Euro anfallen; Unternehmen mit 100 Mio. Euro Emissionsvolumen haben hier bis zu 400.000 Euro zu veranschlagen.

Der Entwurf des Umwandlungsbeschlusses wird oftmals in Zusammenarbeit zwischen dem Rechtsanwalt und dem bisherigen Steuerberater des Hauses erfolgen. Hier sind durchaus Preisverhandlungen mit den beteiligten Beratern möglich. Es sind hier ebenso Festpreisvarianten wie Varianten mit einem Mindestbetrag und darauf aufbauenden Stundenhonoraren üblich.

Hinsichtlich der Frage, was die Eintragung in das Handelsregister kosten darf, ist grundsätzlich eine Gebührenberechnung nach § 26 Kostenordnung (KostO) anzustellen. Hinzuweisen ist, dass der EuGH in seinem Urteil vom 2.12.1997, Aktenzeichen: Rs C 188/95 „FANTASK“[1], entschieden hat, dass Eintragungsgebühren, die den tatsächlichen Kostenaufwand der Registergerichte übersteigen, gegen die EG-Gesellschaftssteuerrichtlinie vom 17.7.1969 (69/335 EWG) in der durch die Richtlinie 85/303 EWG vom 10.6.1985 geänderten Fassung verstoßen. Danach ist festgestellt, dass § 26 KostO insoweit gegen europäisches Gemeinschaftsrecht verstößt, als durch die Handelsregistereintragung Gebühren entstehen, die den tatsächlichen Aufwand der Gerichte übersteigen[2].

Es gibt derzeit noch keine verbindliche Aussage, mit welchem Umfang die Gerichte eine Handelsregistereintragung vornehmen. Es gibt Entscheidungen, die unter Berufung auf ältere Quellen den Aufwand für eine Richterstunde auf 250 Euro schätzen.

Das Justizministerium Baden-Württemberg hat in seinem Runderlass 5642/0015 vom 27.4.1998, der durch Erlass vom 2.6.1998 ergänzt worden ist[3], eine „provisorische Interimslösung auf Verwaltungsebene für die kostenrechtliche Behandlung laufender Handelsregisterverfahren bis zu der gebotenen gesetzlichen Neuregelung der Handelsregistergebühren durch den Bundesgesetzgeber getroffen“. Danach sollen grundsätzlich nur noch vorläufige Kostenrechnungen auf Grund vorläufiger Kostenansätze erstellt werden. Als „Hilfestellung“ für die Bemessung des berücksichtigungsfähigen Aufwands werden folgende „Erfahrungswerte“ genannt:

Sachgründung einer AG	500 DM
Bargründung einer GmbH	300 DM
Sachgründung einer GmbH	350 DM

1 WM 1998, 2391 ff.

2 BayObLG, ZIP 1999, 364; ZIP 1999, 359.

3 Vgl. ZIP 1998, 1246 ff.

Kapitalerhöhung (bar) einer AG	250 DM
Kapitalerhöhung (Sach) einer AG	300 DM
Kapitalerhöhung (bar) einer GmbH	170 DM
Kapitalerhöhung (Sach) einer GmbH	210 DM
Satzungsänderung einer AG	270 DM
Satzungsänderung einer GmbH	230 DM
Eintragung einer inländischen Zweigniederlassung	120 DM
Neueintragung oder Veränderung im HRA	270 DM

Die Bundesregierung will das Gebührensystem für das Handelsregister von Grund auf neu regeln. Diese geht aus einer Antwort auf eine parlamentarischen Anfrage hervor. Fest steht, dass bei den Landesjustizverwaltungen Erhebungen über den tatsächlichen Aufwand gemacht werden, die in einer Verordnung einfließen[4].

Hinsichtlich der Kosten für die Notargebühr ist weiterhin davon auszugehen, dass die Notare den Geschäftswert von Anmeldungen zum Handelsregister weiterhin nach § 26 KostO ermitteln. Die Regelungen der EG-Gesellschaftssteuerrichtlinie werden bisher noch nicht auf die Höhe der Notargebühren erstreckt.

Notargebühren fallen bei den Vorgängen nach dem Umwandlungsgesetz an für die Zustimmungsbeschlüsse der beteiligten Gesellschaften gemäß § 47 der KostO (20/10 Gebühr jeweils) und für die Vollzugsvorgänge – je nach Art des Vorgangs- durch Vertrag (20/10 Gebühr gem. § 36 Abs. 2 KostO) oder einseitige Gesellschaftserklärungen (§ 36 Abs. 1 KostO mit 10/10 Gebühr).

Grundlage für die Ermittlung des Geschäftswertes ist das Aktivvermögen des übertragenen Vermögens bzw. des übertragenden Rechtsträgers, ohne Abzug der Schulden. Ist eine Bilanz zugrunde zu legen, so ist deren Aktivsumme als Geschäftswert zu nehmen, wobei jedoch folgende Bilanzposten vom Notar auf Korrektur zu prüfen sind: – Gründstücke und Gebäude sind gem. § 19 Abs. 2 KostO mit dem gemeinen Wert anzusetzen, – der Posten „angefangene, noch nicht abgerechnete Arbeiten“ auf der Aktivseite ist in Höhe

4 Handelsblatt vom 3./4.11.2000.

der erhaltenen Anzahlungen zu saldieren, – Wertberichtigung, zumeist auf Forderungen, sind immer abzuziehen, nicht jedoch die Rechnungsabgrenzungsposten, – der Aktivposten „nicht durch Eigenkapital gedeckter Fehlbetrag" ist ebenfalls in Abzug zu setzen.

Ist die für eine Vermögensübertragung gewährte Gegenleistung – z.B. der Wert der im aufnehmenden Unternehmen gewährten Gesellschaftsanteile – höher als die berichtigten Bilanzaktiva, so ist der höhere Wert maßgeblich.

Zusätzliche Kapitalerhöhungen oder -herabsetzungen bei den beteiligten Unternehmen sind zusätzlich zu bewerten.

Für Beschlüsse nach § 47 KostO gilt eine Gebührenobergrenze von DM 10.000. Für Verträge und einseitige Erklärungen ist dagegen der Höchstwert für die Gebührenberechnung auf DM 10.000.000 festgelegt (§ 39 Abs. 4 KostO).

Daneben können Gebühren für die Beurkundung von Zustimmungserklärungen und Verzichtserklärungen der Gesellschafter entstehen, für die eine 10/10 Gebühr nach § 36 Abs. 1 KostO zu erheben ist. Der Geschäftswert für Zustimmungserklärungen bemisst sich entsprechend § 40 Abs. 2 KostO nach dem betroffenen Anteil des Gesellschafters, bei Verzichtserklärungen unter Anwendung von § 30 Abs. 1 KostO von einem auf etwa 10% reduzierten Geschäftswert.

Das Gesamtgebührenaufkommen kann positiv beeinflusst werden, indem man zusammengehörige Vorgänge zusammen beurkundet und mit den erforderlichen Zustimmungs- und Verzichtserklärungen in einer Urkunde zusammenfasst, um die Gebührenwohltat der Gegenstandsgleichheit nach § 44 Abs. 1 KostO zu erreichen.

Die Beurkundung kann durch ausländische Notare erfolgen. Der BGH hat in seiner Entscheidung vom 16.2.1981[5] ausgeführt, dass im Bereich des Gesellschaftsrechts das Beurkundungserfordernis durch einen ausländischen Notar erfüllt werden kann, soweit die ausländische Beurkundung der deutschen gleichwertig sei. Dies sei gegeben, wenn die ausländische Urkundsperson nach Vorbild und Stellung im Rechtsleben eine der Tätigkeit des deutschen Notars entsprechende

5 BGH, DB 1981, 983.

Funktion ausübt und für die Errichtung der Urkunde ein Verfahrensrecht zu beachten ist, das den tragenden Grundsätzen des deutschen Beurkundungsrechts entspricht[6]. Für einen österreichischen[7], einen schweizerischen[8] und einen niederländischen Notar[9] liegen entsprechende Urteile vor, die von einer Gleichwertigkeit ausgehen.

Das Bundesjustizministerium hat zu dieser Problematik wie folgt Stellung bezogen[10]: „Die von der Bundesnotarkammer vorgeschlagene Beschränkung von Beurkundungsmöglichkeiten auf deutsche Notare begegnet Bedenken. Die Formerfordernisse des deutschen Geschäftsrechts können unter bestimmten strengen Voraussetzungen, die einen Missbrauch weitgehend ausschließen, auch im Ausland erfüllt werden. Dieser von der Rechtsprechung entwickelte Grundsatz (z.B. BGHZ 80, 76,78 = DB 1981, 983) stellt einen Kompromiss dar zwischen der Forderung nach Erleichterungen im grenzüberschreitenden Rechtsverkehr, insbesondere der Schaffung eines einheitlichen europäischen Rechtsraumes, und der Wahrung der Warn-, Beweis-, Prüfungs- und Belehrungsfunktion der deutschen Formvorschriften. Es besteht kein Anlass, diesen Grundsatz zu ändern."

Neben den Gebühren für den Notar sind sodann die Gebühren für die Gründungsprüfung zu beachten. Das Umwandlungsgesetz geht davon aus, dass auch bei einer Umwandlung die Vorschriften der Gründung der Aktiengesellschaft vollständig anzuwenden sind. Dazu gehört eine umfangreiche Gründungsprüfung gemäß §§ 31 ff. AktG. Die derartige Gründungsprüfung wird üblicherweise von einem Wirtschaftsprüfer vorgenommen. Da der Gesetzgeber davon ausgeht, dass der Wirtschaftsprüfer durch Gerichtsbeschluss bestellt wird, wird das Gericht auch dessen Gebühren auf Antrag festsetzen. Im Regelfall wird die Gebühr des Wirtschaftsprüfers vorab vereinbart und auf eine Kostenfestsetzung verzichtet.

6 BGH, WM 1989, 643; DB 1981, 983.
7 BayObLG, DB 1977, 2320.
8 BGH, ZIP 1989, 1051; DB 1981, 1160.
9 OLG Düsseldorf, DB 1989, 569.
10 Quelle bei *Schaffland*, DB 1997, 864.

2. Kapitalerhöhungskosten

Unstreitig war bisher, dass die Kosten der Gründung einer Gesellschaft, sofern sie satzungsmäßig erfasst waren, als Kosten der Gesellschaft und damit als Betriebsausgaben abgezogen werden konnten.

Streitig war bisher geblieben, ob die Kostentragung durch die Gesellschaft anlässlich einer Umwandlung oder einer Kapitalerhöhung, als Betriebsausgabe anzusehen sind. Der BFH hat in seinem Urteil vom 19.1.2000 insoweit eine Position bezogen[11]. In dem vorbezeichneten Urteil hat der I. Senat entschieden, dass für die Kosten der Kapitalerhöhung das Veranlassungsprinzip gilt. Soweit die Gesellschaft die Kosten, die mit der eigentlichen Kapitalerhöhung zusammenhängen übernimmt, liegen deshalb Betriebsausgaben und damit keine verdeckten Gewinnausschüttungen vor, ohne das es einer besonderen Satzungsregelung über die Kostennahme bedürfe. Etwas anderes gelte lediglich für die Kosten, die auf die Übernahme der neuen Kapitalanteile durch die Gesellschafter zurückzuführen sind. Diese sind von den Gesellschaftern zu tragen. Der BFH unterscheidet deutlich zwischen den Kosten für die Gründung einer Gesellschaft und denen für eine Kapitalerhöhung. Eine analoge Anwendung der Regelung zur Gründung auf die Kapitalerhöhung ist daher nicht möglich. Insbesondere kann § 26 Abs. 2 AktG, der nach Ansicht des BFH einen für alle Kapitalgesellschaften verbindlichen Rechtsgrundsatz enthält, nicht auf die Kapitalerhöhung analog angewandt werden. § 26 Abs. 2 AktG betreffe ausschließlich den Vorgang der Gründung der Gesellschaft. Hier ist der Gläubigerschutz Ausgangspunkt der Überlegung. Diese Gläubigerschutzüberlegung ist mit der Vornahme der Gründung jedoch entfallen. Daher ist das Veranlassungsprinzip nach § 4 Abs. 4 EStG ausschlaggebend. Danach sind die Kosten von demjenigen zu tragen, in dessen Rechtssphäre sie verursacht worden sind. Kapitalerhöhungen sind als Maßnahme zur Ausdehnung des Geschäftsbetriebs und der hierfür erforderlichen Finanzierung in erster Linie betriebliche Vorgänge. Daher sind die Beurkundungs- und Eintragungskosten Kosten der Kapital-

11 BFH, BStBl. II 2000, 545.

gesellschaft. Kosten, die auf die Übernahme der Anteile zurückzuführen sind, sind Kosten der Gesellschafter/Aktionäre.

Hinsichtlich der Kosten der notariellen Beurkundung und der notwendigen Registereintragung der Kapitalerhöhung ist auf Entscheidungen des EuGH hinzuweisen[12]. Das Urteil aus 1999 lautet auszugsweise wie folgt: „Die Gebühren für die notarielle Beurkundung eines unter die Richtlinie 69/335/EWG des Rates vom 17.7.1969 betreffend die indirekten Steuern auf die Ansammlung von Kapital i.f.F der Richtlinie 85/303/EWG des Rates vom 10.6.1985 fallenden Rechtsgeschäfts sind in einem Rechtssystem, in dem der Notar Beamter ist und ein Teil dieser Gebühren dem Staat für die Finanzierung seiner Aufgaben zufließt, als Steuer im Sinne der Richtlinie anzusehen. Die Gebühren für die notarielle Beurkundung der Erhöhung des Kapitals sowie der Änderung der Firma und Verlegung des Sitzes einer Kapitalgesellschaft sind nach Art 10 lit c. Richtlinie 69/335/EWG i. d. F. der Richtlinie 85/303/EWG grundsätzlich verboten, wenn sie eine Steuer im Sinne dieser Richtlinie darstellen. Eine Abgabe für die notarielle Beurkundung der Erhöhung des Kapitals sowie die Änderung der Firma und der Verlegung des Sitzes einer Kapitalgesellschaft, ..., die ohne Obergrenze proportional zu dem gezeigten Nennkapital steigt, stellt keine Abgabe mit Gebührencharakter .... dar."

Hinzuweisen ist, dass es in Deutschland Formen des Notariats gibt, in denen der Notar Beamter ist. Dieser wendet die gleiche Gebühren(Kosten)ordnung an, wie die anderen Notariate. § 32 KostO hat ebenfalls keine Obergrenze, sondern erhöht bei ansteigendem Geschäftswert jeweils weiter. Eine Begrenzung kommt bei Rahmengebühren in Betracht, soweit im Sinne des § 34 KostO ein Höchstbetrag bestimmt ist. Im Urteil aus dem Jahr 2000 wird im Grunde die gleiche Aussage in Bezug auf die Gebühren für die Eintragung in ein nationales Register getätigt, in denen eine Kapitalerhöhung gesetzlich einzutragen ist. Für die Amtsnotare aus Baden(-Würtemberg) hat das Amtsgericht Mühlheim/Baden diese Frage dem EuGH vorgelegt[13].

12 EuGH, Urt. vom 29.9.1999, NJW 2000, 939, und Urt. vom 26.9.2000, ZIP 2000, 1891.

13 Berichtet durch *Lappe*, NJW 2001, 1253.

Weiter wird darüber diskutiert, ob nominelle Kapitalerhöhungen nicht mit ihrem Nennbetrag, sondern mit einem fiktiven Geschäftswert nach § 27 KostO anzuwenden sind[14]. Die Abgrenzung des § 26 KostO zwischen Geldbetragsanmeldungen und solchen ohne bestimmten Geldbetrag sei zumindest bei genehmigten Kapitalerhöhungen nicht überzeugend[15] und ist weiterer Diskussionsbeitrag[16].

Noch keine Entscheidung ist getroffen, inwieweit die Kosten für die Bewerbung (Investor Relations) der Kapitalerhöhung dieser zuzuordnen sind.

3. Börseneinführungskosten

Hinsichtlich des zweiten Kostenblocks, der Kosten für die Börseneinführung, sind die Druck- und Versandkosten des Verkaufsangebots, des Prospekts und der Aktienurkunden zu nennen.

Der Zulassungsantrag selbst muss im Bundesanzeiger und einem Börsenpflichtblatt abgedruckt werden. Dieses wird regelmäßig bis zu 5.000 Euro betragen. Soweit an mehreren Börsenplätzen der Handel durchgeführt werden soll, sind diese Kosten je Börsenplatz zu veranschlagen. Die Veröffentlichung des Verkaufsangebotes wird ca. 10.000 Euro kosten. Der Abdruck des gesamten Börsenprospektes ist mit ca. 6.000 Euro für den Bundesanzeiger und mit 20.000 Euro für ein Börsenpflichtblatt zu kalkulieren. Daneben sind die Kosten zu nennen, die eine entsprechende Anzeige im Handelsblatt verschlingt. Man geht daher grundsätzlich von Veröffentlichungskosten von ca. 25.000 Euro bis 100.000 Euro aus.

Die Erstellung des Verkaufsprospekts einschließlich der grafischen Aufbereitung wird einen Betrag von etwa 30.000 Euro verbrauchen; soweit eine englische Version für den Neuen Markt zu erstellen ist, werden weitere Übersetzungskosten hinzukommen.

14 *Lappe*, NJW 2000, 1148; *Lappe*, NJW 2001, 1253.

15 *Hirte*, Rpfleger 2001, 6.

16 *Lappe*, NJW 2001, 1253.

Derjenige, der sein Produkt, nämlich eine Aktie seines Hauses präsentieren möchte, muss diese Aktie am Markt erfolgversprechend darstellen. Dafür ist in erster Linie die Promotion-Arbeit einer Werbeagentur verantwortlich. Im Rahmen einer derartigen Öffentlichkeitsarbeit müssen Analystenveranstaltungen und Road-Shows durchgeführt und eine Vielzahl von Werbemaßnahmen einschließlich Werbegeschenke bei den Multiplikatoren eingesetzt werden. In diesem Zusammenhang sind auch Finanzanzeigen in verschiedenen Börsenpflichtmagazinen und Pseudo-Börsenmagazinen notwendig. Es werden Kosten anfallen für Pressearbeit, allgemeine Druckwerke zur Börseneinführung, Neugestaltung des Internet Auftritts des Unternehmens und die Erstellung eines Videos zum Unternehmen. Allein diese Blöcke können leicht Ausgaben in Höhe von 100.000 Euro beanspruchen. Weiter sind auf die Kosten der Anzeigenkampagne hinzuweisen. Diese können zwischen 100.000 Euro und 200.000 Euro geschätzt werden. Weiter fallen die Kosten für die Road-Show-Präsentation an. Hier kommt es darauf an, ob lediglich eine nationale Präsentation oder zumindest eine europäische Präsentation erfolgt. Für Letzteres können Kosten in Höhe von 30.000 Euro genannt werden. Soweit noch Städte in Nordamerika einbezogen werden (Dual Listing), können Kosten in Höhe von 100.000 Euro oder mehr entstehen.

Diese Schätzungen sind sehr zurückhaltend. Erfahrungsgemäß können diese Kosten leicht in den Bereich von 1 Mio. Euro gelangen. Nicht genannt wurde in diesem Bereich die Mehrarbeit, die innerhalb des Unternehmens selbst erbracht wird.

Börsengebühren fallen abhängig von der Höhe des Emissionsvolumens an[17]. Die Mindestgebühr für die Zulassung von Aktien und Investmentanteilen zum Amtlichen Handel beträgt 1.000 Euro und gilt für ein Emissionsvolumen von bis zu 5 Mio. Euro. Bis zu einem Volumen von 10 Mio. Euro erhöht sich die Gebühr um 400 Euro auf 1.400 Euro. Für jede weitere Erhöhung des Emissionsvolumens um jeweils 5 Mio. Euro erhöht sich die Gebühr um jeweils weitere 700 Euro, so dass bei Emissionen mit einem Emissionsvolumen von bis zu 25 Mio. Euro eine Gebühr in Höhe von 3.500 Euro zu zahlen ist. Ab einem Emissionsvolumen von 25 Mio. Euro beträgt der Erhö-

17 Vgl. Gebührenordnung der Frankfurter Wertpapierbörse FWB.

hungsbetrag für jede weiteren angefangenen 5 Mio. Euro jeweils weitere 500 Euro. Ab einem Emissionsvolumen von mehr als 50 Mio. Euro sind für jede weiteren angefangenen 10 Mio. Euro Emissionsvolumen jeweils weitere 500 Euro zu entrichten. Bei einem Emissionsvolumen von 100 Mio. Euro und mehr ist der jeweilige Erhöhungsbetrag von 500 Euro für jede weiteren angefangenen 50 Mio. Euro Emissionsvolumen zu zahlen. Die Prospektprüfungsgebühr beträgt 2.500 Euro und wird auf die zu entrichtende Zulassungsgebühr angerechnet.

Soweit zum Geregelten Markt eine Zulassung beantragt wird, fallen Gebühren nach derselben Staffelung mit 50%iger Höhe an. Faktisch hat beispielsweise eine Gesellschaft mit einem Emissionsvolumen von 50 Mio. Euro für die Zulassung zum Amtlichen Handel 6.000 Euro an Börsengebühren zu kalkulieren, während ein Unternehmen mit 200 Mio. Euro Emissionsvolumen ca. 9.500 Euro hierfür kalkulieren muss.

Eine Börseneinführung ohne eine Bank ist nicht denkbar. Auch diese wird in dem Budget zu berücksichtigen sein. Regelmäßig ist davon auszugehen, dass die Kosten der Bank den größten Block darstellen. Zum einen wird eine Platzierungsprovision für die Emission verlangt. Hier werden Beträge bis zu 4% vom Emissionsvolumen genannt. Für die eigentliche Börseneinführung einschließlich der Übernahme der Prospekthaftung verlangen die Banken üblicherweise 1% vom Nennbetrag der Aktien soweit die Platzierung im amtlichen Handel erfolgen soll. Beim geregelten Markt werden 0,75% und beim neuen Markt zwischen 0,75% und 1,00% gehandelt. Ein weiterer eigener Posten ist die Beratungsleistung der Banken, wie sie beispielsweise bei der Due Diligence Prüfung anfällt. Soweit die Bank einen eigenen Wirtschaftsprüfer einschaltet, um beispielsweise im Rahmen der Emissionspreisfindung die Preisspanne zu ermitteln, werden auch diese Kosten von den Honoraren der Bank getragen.

Daneben kommt für Zulassung und Handel am Neuen Markt ein jährliches pauschales Entgelt in Höhe von 7.500 Euro hinzu. Auch für die Teilnahme am SMAX ist eine jährliche Gebühr von 7.500 Euro zu zahlen.

Unabhängig von diesem Beratungsaufwand werden die Kosten für den Emissionsberater selbst genannt. Das ist derjenige, der mit den

Banken die Verhandlung über den Emissionspreis führt und im Übrigen der Gesellschaft bei der Entwicklung der Emissionsstrategie und des Emissionskonzeptes zur Seite steht. Dies wird oftmals der Rechtsanwalt sein, der bei der gesellschaftsrechtlichen Strukturierung des Gesamtunternehmens schon tätig war. Verbreitet sind hier aber auch Unternehmensberater, die sich auf dieses Geschäft spezialisiert haben. Hinsichtlich dieser Kosten ist anzumerken, dass hier Stunden- und Tageshonorare neben Festhonoraren oder Kombinationsmodellen vereinbart werden. Daneben wird oftmals ein Erfolgshonorar für eine besonders gute Platzierung oder einen besonders guten Preis vereinbart. Die Kosten dieser Emissionsberatung können durchaus im Bereich von 250.000 Euro bis 1 Mio. Euro angesetzt werden.

Überschlägig ist beispielsweise für die Beispielsgesellschaft mit 25 Mio. Euro Emissionsvolumen eine Spanne von 1,5 Mio. bis 2 Mio. Euro und für die Unternehmung mit 100 Mio. Euro Emissionsvolumen eine Spanne von 5 bis 7 Mio. Euro als Kosten der Börseneinführung zu nennen.

4. Folgekosten

Es entstehen die Folgekosten nach der Börseneinführung. Die Gesellschaft ist in der Rechtsform der Aktiengesellschaft verpflichtet, Hauptversammlungen durchzuführen. Nach den Regelungen der Börsenzulassung müssen Quartalsberichte zusätzlich erstellt werden. Der Jahresabschluss ist zwingend von einem Wirtschaftsprüfer zu testieren. Die Höhe dieser Gebühren sind im Einzelnen sehr schwankend. Soweit beispielsweise Bilanzierungsansätze nach IAS oder US-GAAP berücksichtigt werden müssen, können hier erhebliche Beträge zusammen kommen. Die Kosten einer Hauptversammlung hängen sehr davon ab, inwieweit das Unternehmen diese Hauptversammlung zum jährlichen Marketinginstrument ausbaut. Die Kosten des Wirtschaftsprüfers für den jährlichen Jahresabschluss werden in Abhängigkeit von der zu erbringenden Leistung gesehen. Insgesamt lassen sich diese Kosten äußerst schwer schätzen. Die benannten Beispielunternehmen gehen davon aus, dass bei einem Unternehmen mit 25 Mio. Euro Emissionsvolumen hier jährlich weitere 250.000 Euro, bei einem Unternehmen mit 100 Mio. Euro Emissionsvolumen weitere 500.000 Euro an Kosten entstehen.

Grundsätzlich ist anzumerken, dass diese Zahlen in der Vergangenheit sicherlich richtig gewesen sind. Dennoch wird auch diese Dienstleistung standardisiert und der Konkurrenzdruck ist größer geworden. Die Beratungsgesellschaften müssen effektiver arbeiten und bieten daher möglicherweise Programme an, bei denen auch kleine Einheiten in zeitlich gedrängter Form kostengünstiger angeboten werden können.

XIV. Mitarbeiterbeteiligungen

Für eine Mitarbeiterbeteiligung am Unternehmen lassen sich viele Argumente angeben[1]. Durch die Identifizierung des Mitarbeiters mit seinem Unternehmen steigert sich die Produktivität und damit die Ertragskraft des Unternehmens. Basierend darauf werden Unternehmen mit Mitarbeiterbeteiligungsmodellen zum Teil als wirtschaftlich stabiler eingestuft. Mitarbeiterbeteiligungen führen in verschiedenen Modellen zur Bilanzierung eines höheren bilanziellen Eigenkapitals. Dieser Effekt führt zu einem besseren Rating bei Banken. Ebenfalls kann eine Beteiligung dazu dienen, Mitarbeiter an das Unternehmen zu binden (goldene Handschellen). Ebenfalls sind Flexibilität bei der Lohnzahlung als Argument anzuführen.

Mitarbeiterbeteiligung lässt sich nach verschiedenen Kategorien unterteilen.

Eine Unterscheidung kann hinsichtlich der Form der Erfolgsbeteiligung durchgeführt werden. Eine Ertragsbeteiligung kann sich am Umsatz oder einer definierten Wertschöpfung ergeben. Eine Leistungsbeteiligung könnte eine Ersparnis der Kosten als Parameter ebenso wie die Steigerung der Produktivität zur Grundlage haben. Gewinnbeteiligungen können sich nach dem steuerlichen oder handelsrechtlichen Bilanzgewinn richten ebenso wie an Ausschüttungsgewinnen oder auch Substanzgewinnen.

Greift man die Kategorie des in der Bilanz erscheinenden Kapitals als Unterscheidungskriterium auf, so sind bei der Aktiengesellschaft die direkte Beteiligung als Aktionär auch über Stock Options eine Form. Eine andere Form ist eine indirekte Beteiligung über eine Mitarbeiterbeteiligungsgesellschaft.

Als eigenkapitalähnliche Beteiligung kommen Genussrechte oder stille Beteiligungen als typische oder atypische Beteiligungen in Betracht.

Darlehen, auch in der Form des Mitarbeiterdarlehen oder die Schuldverschreibung, sei es in Form der Optionsanleihe oder der

---

1 Vgl. die übersichtliche Darstellung zu möglichen Motivationen von Mitarbeiterbeteiligungen bei *v. Rosen*, Beteiligungssysteme für weite Mitarbeiterkreise, 10 ff.

Wandelanleihe, sind Fremdkapital. Die gewinnabhängige Auszahlung eines Bonus ist eigentlich schon keine Beteiligung mehr. Gleiches gilt für virtuelle Beteiligungen wie Phantom Stocks oder Stock Appreciation Rights.

Unterschiede bestehen in der Frage, welche Beteiligungsform rechtsformneutral ist und welche beispielsweise nur in Aktiengesellschaften eingesetzt werden können. Mitarbeiterdarlehen oder Beteiligungsgesellschaften passen auf alle Rechtsformen. Stille Beteiligungen sind bei Aktiengesellschaften nur in Verbindung mit einem Gewinnabführungsvertrag zu realisieren. Die Stock Options passen nur auf die Aktiengesellschaft. Virtuelle Beteiligungen lassen sich, da diese vertraglich sehr variabel sind, allen Rechtsformen anpassen.

Der Schwerpunkt der Darstellung wird auf der Darstellung der Stock Options liegen. Dennoch kann es sein, dass als Zwischenlösung andere Formen der Mitarbeiterbeteiligung realisiert werden sollen. Hierzu dient die nachfolgende kurze Darstellung als Orientierung.

1. Mitarbeiterdarlehen/partiarisches Darlehen

Mitarbeiterdarlehen können, soweit sie eine bestimmte Motivationswirkung erzeugen sollen, nur dann sinnvoll als Mitarbeiterbeteiligung eingestuft werden, soweit die Mitarbeiter für ihr Darlehen einen gewinnabhängigen Zins erhalten. Dieses partiarische Darlehen für dazu, dass der Mitarbeiter zumindest an den laufenden Gewinnen des Unternehmens, wenn auch nicht an den stillen Reserven, beteiligt wird[2]. Hinzuweisen ist darauf, dass das Mitarbeiterdarlehen gem. § 3 Abs. 1 KWG, der das Werksparkassenverbot nominiert, gem. § 1 Abs. 2 Nr. 6 SparPG[3] in Verbindung mit § 2 Abs. 1 des fünften Vermögensbildungsgesetz[4] durch eine Bankbürgschaft abgesichert sein muss.

Die Zinszahlungen an den kreditierenden Mitarbeiter sind übliche Betriebsausgaben. Diese rechtsformunabhängige Beteiligungsmöglichkeit löst im Regelfall jedoch keine nennenswerte Motivations-

2 *Ettinger*, Stock Options, S. 8 f.
3 BGBl. I 1982, S. 125.
4 BGBl. I 1994, S. 406.

wirkung aus. Da der Mitarbeiter, soweit kein Mindestzins vereinbart wurde, das Zinsrisiko vollständig trägt, wird er insbesondere bei expandierenden Firmen mit gewissem Risiko auf diese Anlage nicht gerne zurückgreifen.

2. Stille Beteiligung

Sehr differenziert ausgestaltet und mit vielen Varianten versehen ist die Beteiligung als stille Gesellschaft im Sinne der §§ 230 ff. HGB. Bei dieser handelt es sich um eine Innengesellschaft, die als Beteiligung je nach Ausgestaltung entweder als Eigenkapital oder als Fremdkapital darzustellen ist. Sie kann als typische stille Gesellschaft oder als atypische stille Gesellschaft gestaltet werden.

Bei der atypischen stillen Beteiligung trägt der still Beteiligte Mitunternehmerrisiko[5].

Diese Beteiligungsform hat, obwohl sie gerne als Instrument von Venture-Capital-Gesellschaften benutzt wird, bei Einsatz als Instrument der Mitarbeiterbeteiligung Nachteile. Bei der Gewerbesteuer ist der Gewinnanteil des stillen Gesellschafters, soweit dieser nicht seinerseits gewerblich tätig ist, nicht abzugsfähig. Weiterhin ist darauf hinzuweisen, dass die stille Beteiligung eine Mitunternehmerschaft vermittelt. Daher ist das Gehalt des beteiligten Arbeitnehmers nicht mehr für Gewerbesteuerzwecke abzugsfähig.

Soweit eine stille Beteiligung bei einer Aktiengesellschaft verwirklicht werden soll, ist darauf hinzuweisen, dass der Vertrag der stillen Beteiligung als Gewinnabführungsvertrag qualifiziert wird, der im Handelsregister einzutragen ist. Angesichts dieser Schwierigkeiten scheidet auch eine derartige Beteiligung jedenfalls für Gesellschafter in der Rechtsform der Aktiengesellschaft aus.

3. Genussrechte

Genussrechte begründen schuldrechtliche Ansprüche auf eine Geldzahlung wegen des Unternehmensgewinns. Ihr Vorteil ist, dass sie

5 *Ettinger*, Stock Options, S. 9 f.

flexibel ausgestaltet werden können, da sie keinerlei gesetzlicher Beschränkungen unterliegen. Jedoch fehlt in der Regel der Zusammenhang zwischen dem Genussrecht und der Entwicklung des Unternehmenswerts, das heißt, die Steigerung des Vermögensrechts muss nicht zwangsläufig auf der Leistung des Begünstigten basieren, so dass die erstrebte Motivationsförderung des Managements nicht zwingend durch Genussrechte gewährleistet ist. Genussrechte sind daher in der Praxis weitgehend vernachlässigt worden und werden als taugliches Instrument zur Steigerung des Shareholder Value verworfen.

4. Mitarbeiterbeteiligungsgesellschaft

Oftmals verwirklicht wird die Mitarbeiterbeteiligung dadurch, dass eine Gesellschaft der Mitarbeiter gegründet wird, die ihrerseits entweder die Aktien, die GmbH-Anteile oder auch eine persönliche Beteiligung an einem Unternehmen übernimmt.

Soweit die Beteiligungsgesellschaft als GmbH strukturiert wird, ist der Wechsel von Mitarbeitern in jeweils notarielle Urkunde sehr aufwendig. Eine Mitarbeiterbeteiligungs-GbR ist in dieser Beziehung einfacher, jedoch nur dann sinnvoller, wenn die Gesellschaft, an der der Mitarbeiter beteiligt ist, ihrerseits eine beschränkte Haftung aufweist. Die Hintereinanderschaltung von zwei Gesellschaften bürgerlichen Rechts scheint insbesondere aus Haftungsgründen oftmals nicht zu verwirklichen. In gleicher Weise ist die Mitarbeiterbeteiligungs AG oder Mitarbeiterbeteiligungskommanditgesellschaft auf Aktien denkbar. Hier entfällt insbesondere der Umstand der notariellen Übertragung von Gesellschaftsanteilen.

Gleichermaßen möglich ist die Kommanditbeteiligung, wobei das Stimmrecht stark einschränkbar ist.

Oftmals wird die Mitarbeiterbeteiligungsgesellschaft in der Form verwirklicht, dass der Unternehmer selbst an dieser Gesellschaft nochmals beteiligt ist. Dessen Beteiligung ist oftmals sogar dominierend, so dass er in der Lage ist, die Vertretung/Geschäftsführung der Mitarbeiterbeteiligungsgesellschaft selbst vorzunehmen oder sogar die satzungsverändernde Mehrheit hat. Mit diesem Kunstgriff wird ein Mitspracherecht in der eigentlichen Gesellschaft vermieden.

5. Stock Option Pläne (Aktienoptionspläne)

Aktienoptionspläne, sogenannte „Stock-Option-Plans“ für Führungskräfte von Kapitalgesellschaften, sind insbesondere in den USA bereits als leistungsorientiertes Entlohnungsmodell etabliert worden, in Deutschland ist eine lebhafte Diskussion um sie entbrannt. Ausgangspunkt dieser Modelle ist die Schlichtung des sogenannten „Principal-Agent-Konflikt“. Die Aktionäre (Prinzipalen) und die angestellten Manager (Agenten) verfolgen in der Regel widerstreitende Interessen. Während aus Sicht der Aktionäre die Manager auf eine Maximierung des Aktionärsvermögens (shareholder value) bedacht sein sollten, fehlt für die Führungskräfte nach herkömmlichen Entlohnungsmethoden oftmals der Anreiz leistungsorientiert zu arbeiten, da sie einem Dienstvertrag ähnlich arbeiten und in der Regel mit einem Festgeld entlohnt werden[6].

Diesem Widerstreit sollen die „Stock-Option-Plans“ Rechnung tragen. Danach werden Entlohnungsmodelle unter dem Gesichtspunkt entwickelt, dass Anreize (Incentives) für Führungskräfte geschaffen werden, einerseits das Aktionärsvermögen zu mehren und andererseits sich langfristig an das Unternehmen zu binden[7]. Beiden Seiten, den Prinzipalen und den Agenten bieten sich Vorteile. Für die Kapitalgesellschaft besteht dabei die Möglichkeit, die Liquidität der Gesellschaft nicht zu belasten und die Vergütung bei der Gewinn- und Verlustrechnung unberücksichtigt zu lassen. Zudem entsteht ein höherer Grad an Identifizierung des Managements mit dem Unternehmen, verbunden mit der Möglichkeit, qualifiziertes Personal langfristig an das Unternehmen zu binden. Primäres Ziel bleibt dabei natürlich die im Interesse aller Beteiligten stehende Wertsteigerung des Unternehmens (shareholder value)[8].

Das Management hingegen kann ohne oder nur mit geringfügigem eigenem Kapitaleinsatz am Börsenerfolg des Unternehmens partizipieren und mittelfristig regelmäßig eine wesentlich höhere Vergütung als durch bloße Festvergütung erreichen. Hierbei bleibt zu beachten, dass auch die Risikobereitschaft, im Unterschied zu einer

---

6 Vgl. *Kallmeyer*, AG 1999, S. 98.

7 *Bredow*, DStR 1998, S. 380.

8 *Weiß*, Aktienoptionspläne für Führungskräfte, S. 82 ff.

bloß werterhaltenden, konservativen Strategie, gesteigert werden kann, wenn die Optionen zwar nicht die einzige Quelle oder den überwiegenden Teil der Vergütung bedeuten, jedoch zumindest einen Teilposten des Einkommens darstellen. Die Optionen haben dann nur bei erheblichen Kurssteigerungen überhaupt einen Wert und können nur durch eine Anhebung des Bezugskurses die Risikofreudigkeit des Managements steigern[9]. Die Grundinteressen beider Seiten sind demnach nicht mehr konfliktbehaftet, sondern verlaufen im Gegenteil gleichförmig.

Shareholder Value ist das Schlagwort, unter dem die Aktionäre diesem Programm gerne zustimmen. Nur durch die Marktwertmaximierung des Unternehmens insgesamt kann der Wert der einzelnen Beteilligung steigen. Die wirtschaftliche Verbreitung dieser Programme in Deutschland wurde ausführlich untersucht und die gefundenen Unternehmenscharakteristika und Optionsplancharakteristika und weitere Daten analysiert und verdeutlicht[10]. 80% der am Neuen Markt gelisteten Unternehmen haben derartige Programme aufgelegt.

Neuerdings, auf Grund der Kursentwicklungen des gesamten Börsenmarktes, werden grundsätzlich Einwände gegen die Optionspläne erhoben. So besteht für das Management die Gefahr, wenn das Festgehalt zugunsten des Optionsrechts gekürzt wird, dass es ein erhebliches finanzielles Risiko übernimmt. Angesichts der Baisse der Börse, insbesondere am Neuen Markt in den vergangenen Monaten, sind viele Options-Millionäre wieder an den finanziellen Ausgangspunkt zurückgelangt. Besonders schmerzhaft sind diejenigen bedient, die im Vertrauen auf die Wertsteigerung des Unternehmenswertes Einbußen im Gehalt hingenommen haben. Dieses ist verloren. In Kreisen vieler Mitarbeiter heißt es wieder „cash is king“. – Im Gespräch sind wieder verstärkt kurzfristige Leistungsanreize in Form von Boni auf definierte Zwischenergebnisse als sichere Entlohnung. Diese richten sich nach definierten Zwischenzielen (balanced scorecards). Optionspläne werden als Ergänzung gesehen.

9 Vgl. *Winter*, Optionsprogramme in Deutschland, S. 15.
10 *Winter*, Optionsprogramme in Deutschland, S. 37 ff.

a) Wandelschuldverschreibungen

Vor Änderung des § 192 Abs. 2 Nr. 3 und Abs. 3 S. 1 AktG durch das KonTraG waren Stock Option Pläne für Mitglieder des Vorstandes in Form von reinen Ausgabe von Optionen „nackte Optionen – naked warrants" nicht zulässig. Es bestand und besteht gegenwärtig weiter der zulässige Zweck einer Kapitalerhöhung darin, Umtausch- oder Bezugsrechte an Gläubiger von Wandelschuldverschreibungen gemäß § 192 Abs. 2 Nr. 1 AktG zu gewähren. Die zu bedienenden Manager mussten zunächst Wandelschuldverschreibungen oder Optionsanleihen erwerben. Für die Erfüllung der so gewährten Umtauschrechte oder Bezugsrechte ist die bedingte Kapitalerhöhung zulässig. Daher war zunächst nach den gesetzlichen Regelungen des § 221 AktG eine Schuldverschreibung zu schaffen, die den Bezugsberechtigten angeboten wurde, wobei das Bezugsrecht der Aktionäre auf die Schuldverschreibung ausgeschlossen wurde. Dieser Bezugsrechtsauschluss richtete sich nach den § 221 Abs. 4 AktG in Verbindung mit § 186 AktG. Die tatsächliche Verbriefung des so geschaffenen Wertpapiers wurde nicht zwingend durchgeführt, sondern es wurde ein Wandeldarlehen ersetzt, wobei die Vorschrift des § 221 AktG anwendbar blieb. Dieser sehr aufwendige Weg war nicht ausreichend, um den Forderungen nach Optionsplänen nach amerikanischem Vorbild gerecht zu werden. Der Gesetzgeber hat darauf mit Änderungen im KonTraG reagiert und weitere Möglichkeiten geschaffen. Dieser Weg blieb im Gesetz jedoch erhalten.

Mitglieder des Vorstandes und des Aufsichtsrates waren Organe der Gesellschaft und nicht deren Arbeitnehmer; um sie in den Kreis der Bezugsberechtigten aufzunehmen, wurden Wandel- oder Optionsanleihen gebildet.

Der Schwerpunkt dieser Ausarbeitung wird nicht diesem Bereich zufallen[11]. Es sollen vielmehr die Gesichtspunkte untersucht werden, die nach der Veränderung durch das KonTraG möglich sind.

11 Vgl. hierzu die vertiefenden Ausführungen bei *Klahold*, Aktienoptionen als Vergütungselement, §§ 7, 76 ff.

b) Beschaffungsmöglichkeiten der Aktien

Die Aktien, die den Teilnehmern eines Aktienoptionsplanes zugesagt werden, müssen bei Ausübung der Option real vorhanden sein und den Mitarbeitern tatsächlich verschafft werden. Die Einnahme der Stillhalteposition, d.h. die Verpflichtung einzugehen die Aktien zu liefern, obwohl sie diese Aktien zum Zeitpunkt der Eingehung des Optionsvertrages noch nicht hat, scheint möglich zu sein[12].

Hinsichtlich der Möglichkeiten die Aktien zu beschaffen, bietet sich die Kapitalerhöhung in den drei gesetzlich vorgesehenen Wegen der ordentlichen Kapitalerhöhung gemäß § 182 ff. AktG, der bedingten Kapitalerhöhung gemäß § 192 ff. AktG und der genehmigten Kapitalerhöhung gemäß § 202 ff. AktG an.

Daneben kommt in Betracht, dass das Unternehmen den Erwerb eigener Aktien zur Weitergabe an die optierenden Mitarbeiter vorsieht oder, dieses findet sich oftmals in Familiengesellschaften, die Bereitstellung der Aktien durch Altaktionäre.

aa) Ordentliche Kapitalerhöhung

Soweit eine Kapitalerhöhung als Mittel der Kapitalbeschaffung ins Auge gefasst wird, ist zunächst die ordentliche Kapitalerhöhung gemäß §§ 182 ff. AktG zu untersuchen. Hier ist insbesondere auf das Problem der §§ 186 ff. AktG hinzuweisen. Den bisher an der Aktiengesellschaft beteiligten Aktionären steht ein gesetzliches Bezugsrecht zu. Dieses Bezugsrecht muss bei der ordentlichen Kapitalerhöhung ausgeschlossen werden. Hierzu bedarf es gemäß § 124 Abs. 1 AktG einer Tagesordnung und eines Berichts des Vorstandes mit entsprechender Begründung. Selbst wenn diese Formalie bearbeitet wurde, entsteht der Problempunkt, dass die Kapitalerhöhung erst dann eintreten soll, wenn die Aktien tatsächlich benötigt werden. Gerade dieses ist jedoch nicht exakt zu steuern. Der mindeste Gesichtspunkt, der zu beachten ist, ist der Zeitunterschied zwischen der Ausübung der Aktienoptionen durch die Mitarbeiter und der Realisierung der Kapitalerhöhung. Angesichts der Durchlaufzeiten für eine ordnungsgemäße Vorbereitung der Hauptversammlung mit der

12 *Schanz*, Börseneinführung, 595.

Ladungsfrist von mehr als einem Monat, scheint dieses Modell keine empfehlenswerte Alternative zur Durchführung einer Aktienbeschaffung zum Zwecke der Bedienung von AOP-Plänen zu sein.

bb) Genehmigte Kapitalerhöhung

Als weiterer Weg der Kapitalerhöhung ist die genehmigte Kapitalerhöhung gemäß §§ 202 ff. AktG zu sehen. In Absatz 4 der vorbezeichneten Norm ist ausdrücklich ausformuliert, dass die Satzung auch vorsehen kann, dass neue Aktien an Arbeitnehmer der Gesellschaft ausgegeben werden. Ein Ermächtigungsbeschluss nach der vorbezeichneten Norm reicht für 5 Jahre, danach muss die Kapitalerhöhung durchgeführt sein. – Einen Sonderpunkt bei der Beschaffung der Aktien im Wege einer genehmigten Kapitalerhöhung stellt § 204 Abs. 1 AktG dar. Nach dieser Norm entscheidet der Vorstand über sein Gehalt oder die Entscheidung ist im Ermächtigungsbeschluss der Hauptversammlung enthalten. Grundsätzlich ist jedoch zu beachten, dass nach § 78 AktG der Aufsichtsrat die Verantwortung für die Gehälter des Vorstandes trägt. Mit dieser Regelung entsteht eine Verschiebung der Verantwortlichkeiten für die Gehälter der Vorstände.

Da beim genehmigten Kapital das Bezugsrecht der Aktionäre nicht von vornherein ausgeschlossen ist, greifen die § 186 Abs. 3 und Abs. 4 AktG und die übrigen Anforderungen an den Bezugsrechtsausschluss.

In der Praxis wird nur von sehr wenigen Programmen berichtet, die diesen Weg zur Erlangung der Aktien gegangen sind[13].

cc) Bedingte Kapitalerhöhung

Als weitere Möglichkeit der Kapitalerhöhung kommt die bedingte Kapitalerhöhung gemäß §§ 192 ff. AktG in Betracht. Diese Norm beinhaltet grundsätzlich zwei Möglichkeiten, auf Grund derer ein AOP gestaltet werden kann, die näher untersucht werden müssen.

Zum einen ist noch immer der oben gezeigte Weg des § 192 Abs. 2 Nr. 1 AktG gegeben. Hier wird zur Gewährung von Umtausch- oder

13 *Winter*, Optionsprogramme in Deutschland, 19, berichtet über zwei Pläne.

Bezugsrechten an einen Gläubiger von Wandelschuldverschreibungen die Möglichkeit einer Kapitalerhöhung vorgesehen.

Die weitere Möglichkeit der Kapitalerhöhung als bedingte Kapitalerhöhung ergibt sich im Wege des § 192 Abs. 2 Nr. 3 AktG. Dieses ist vorgegeben zur Gewährung von Bezugsrechten an Arbeitnehmer und Mitglieder der Geschäftsführung der Gesellschaft oder eines verbundenen Unternehmens im Wege des Zustimmungs- oder Ermächtigungsbeschlusses. Die letztgenannte Möglichkeit der Kapitalbeschaffung ist durch das KontraG eingeführt worden. Es handelt sich hierbei um die gesetzliche Anerkennung der aus den USA bekannten Stock-Option als nackte Optionen. Zu beachten ist weiterhin, dass der Hauptversammlungsbeschluss nicht mehr ein Zustimmungs-, sondern ein Ermächtigungsbeschluss ist. Die Kapitalerhöhung darf höchstens 10% des Grundkapitals zum Zeitpunkt der Beschlussfassung erfassen. Eine tatsächliche Kapitalerhöhung findet nur bei Ausübung der Optionsrechte statt. Bei Optionsausübung kommt dann ein Begebungsvertrag zwischen der Gesellschaft und dem Mitarbeiter zustande gemäß § 198 Abs. 2 Satz 1 AktG, wobei es keiner Eintragung in das Handelsregister bedarf, vgl. § 200 AktG. Als vorteilhaft wird insbesondere angesehen, dass das Grundkapital mit der Ausgabe der Aktien unmittelbar erhöht wird.

Dieses Verfahren kann aber auch Nachteile mit sich bringen:

Auf das erhöhte Kapital ist künftig mehr Dividende zu zahlen, die Gesellschaft erleidet eine Einbuße in Höhe der Differenz zwischen Optionspreis und Börsenkurs zum Zeitpunkt der Optionsausübung. Dabei tritt ein Verwässerungseffekt[14] ein, d.h. die Aktie verliert an Wert, auf Grund eines zwischenzeitlichen Kursrückgangs, so dass im Endeffekt die Aktionäre die wirtschaftliche Belastung zu tragen haben. Auch ist hier zu beachten, dass die Aktionärsrechte durch den Bezugsrechtsausschluss beschnitten sind. Die Aktionäre werden daher solche Programme nur beschließen, wenn sie erwarten können, dass die erzielte Unternehmenswertsteigerung den Kapitalverwässerungseffekt übersteigt.

Um den Anteilseignern diese Kontrolle zu erleichtern, wurde deshalb die Transparenz über das bedingte Kapital, über die Inan-

14 *Kramarsch*, Aktienbasierte Managementvergütung, S. 103 „Dilution".

spruchnahme der Bezugsrechte und die Gesamtvergütung des Vorstandes erhöht[15].

dd) Rückkauf eigener Aktien

Neben den Kapitalerhöhungsmöglichkeiten ist der Rückkauf eigener Aktien der Gesellschaft eine Möglichkeit, die Aktienoptionspläne zu bedienen. Nach § 71 Abs. 1 Nr. 2, Abs. 2 S. 1 AktG ist der Aktiengesellschaft der Erwerb eigener Aktien zur Ausgabe an eigene Arbeitnehmer bis zu einer Höhe von 10% des Grundkapitals gestattet[16]. Für die Weitergabe an die Mitarbeiter ist gemäß § 71 Abs. 3 S. 2 AktG eine Ausgabefrist von einem Jahr nach dem Erwerb der Aktien vorgeschrieben.

Daneben können nach der Regelung des § 71 Abs. 1 Nr. 8 AktG Aktien für die Zwecke der Bedienung eines Optionsplanes beschafft werden. Hier gilt ebenfalls die 10% Grenze bezogen auf das Grundkapital. Es greift nicht die Frist ein, die eine Ausgabe von einem Jahr normiert. Der Rahmen ist vielmehr weiter, denn bereits im Vorfeld ist eine 18 Monate anhaltende Ermächtigung zum Kauf eingeplant; die Haltefrist selbst ist nicht limitiert.

Ein Unterscheidungskriterium ist, dass die Aktien aus der Beschaffung über Nr. 2 nicht für die Bedienung eines Aktienoptionsprogramms zu Gunsten des Vorstand eingesetzt werden dürfen, die aus der Beschaffung über Nr. 8 schon. Die nach § 71 Abs. 1 Nr. 8 AktG erworbenen Aktien können auch zu den Zwecken des § 71 Abs. 1 Nr. 2 AktG benannten Aktien für die Arbeitnehmer verwandt werden. Eine weitere Möglichkeit der Verwendung ist die Bedienung von Aktienoptionsprogrammen und sogenannte weitere Zwecke. Die Verwendungsmöglichkeit der eigenen Aktien zum Handel in eigenen Aktien ist nach § 71 Abs. 1 Nr. 8 S. 2 AktG ausgeschlossen.

Die steuerliche Behandlung für die Gesellschaft wird im BMF-Schreiben vom 2.12.1998[17] näher dargestellt. Der Erwerb stellt für die Gesellschaft eine Anschaffung dar und sodann beim verkaufen-

---

15 Vgl. § 160 Abs. 1 Nr. 3 und 5; § 285 Nr. 9 a HGB und Änderungen in der Börsenzulassungs-Verordnung – Artikel 6 des Entwurfs.

16 *Hillebrandt/Schremper*, BB 2000, 533, 534.

17 BStBl. I 1998, 1509.

den Aktionär ein Veräußerungsgeschäft. Zu beachten ist, dass der Einkauf von Aktien zu einem überhöhten Preis auch die Problematik einer vGA ergeben kann. Beim ehemaligen Aktionär ist die Regelung des § 23 EStG zu beachten.

Der Rückkauf einer Aktie ist bilanztechnisch dadurch darzustellen, dass eine Aktivierung im Umlaufvermögen gemäß den Regelungen des § 272 Abs. 1 S. 5 i. V. m. S. 2 HGB durchgeführt wird. Gleichzeitig wird eine Rücklage nach § 272 Abs. 4 HGB aktiviert. Für den Fall, dass ein Agio ausgestaltet wurde, führt dieser wie immer zu einer Rücklage nach § 272 Abs. 2 Nr. 1 HGB.

Der Erwerb eigener Aktien zur Begebung von Aktien an die Mitarbeiter gemäß § 71 Abs. 1 Nr. 2 AktG wird wohl in der Praxis nicht gewählt werden können. Danach ist ein Erwerb nur für Arbeitnehmer möglich. Die Ausdehnung auf Organmitglieder, die vor Einführung des KonTraG erörtert worden war und auch ins Gesetz aufgenommen werden sollte, hat sich nicht durchsetzen können. Die Bedenken rühren daher, dass der Eigenerwerb nach der Nummer 2 sich unabhängig von der Hauptversammlung vollzieht und Geschäftsführungshandlung ist. Somit bestünde die Gefahr, dass die Hauptversammlung ausgeschlossen wird. Zudem spricht auch die kurze Ausgabefrist von einem Jahr gemäß § 71 Abs. 3 S. 2 AktG gegen eine praktische Umsetzung, da Optionspläne ja gerade langfristig konzeptioniert sein sollen. Demnach ist ein Vorgehen über § 71 Abs. 1 Nr. 2 AktG allenfalls bei der Umsetzung von Mitarbeitermodellen unterhalb der Organmitgliederebene möglich.

Unternehmen, die über genügend Liquidität verfügen, können bereits bei der Optionsgewährung die entsprechende Anzahl an Aktien über die Beschaffungsmöglichkeit der Nr. 8 erwerben und bis zur Optionsausübung halten. Dadurch wird ein Kursrisiko ausgeschlossen. Anderenfalls besteht die Gefahr, dass bei negativer Börsenentwicklung die Optionsrechte nicht ausgeübt werden, und sich die Gesellschaft die Liquidität nur durch Verluste zurückholen kann. Die dadurch regelmäßig anfallende Fremdfinanzierung kann aber gegebenenfalls dadurch ausgeglichen werden, dass während der Laufzeit des Optionsrechts keine Dividende anfallen.

Vorteilhaft bei dieser Form zur Beschaffung von Aktien ist die Tatsache, dass im Zeitpunkt der Optionsausübung ein Aufwand der Gesellschaft anfällt, so dass eine Kapitalverwässerung zu Lasten der Altaktionäre nicht eintreten kann. Vielmehr werden die Altaktionäre beim Aktienrückkauf von einer Kurssteigerung profitieren, weil für die Laufzeit der Optionen der Gewinn pro Aktie gesteigert wird[18]. Vorteilhaft ist weiterhin, dass entstehende Kosten, beispielsweise in Form von Zinsen, steuerlich als Aufwand geltend gemacht werden können. Gleiches gilt für Kursverluste[19].

Ein für eine Vielzahl von Unternehmen zu beachtender Nachteil ist aber die erwähnte Tatsache, dass der Ankauf der Aktien über die Börse ein hohes Maß an Liquidität kostet. In der Regel ist die Einschaltung einer Bank erforderlich, um Fremdkapital aufzunehmen, was die jeweilige wirtschaftliche Situation eines Unternehmens nicht immer zulässt[20].

Hinzuweisen ist, dass für die Aktien, die nach § 71 Abs. 1 Nr. 2 AktG beschafft werden, sich oftmals der Sprachgebrauch der Belegschaftsaktie findet. Dieses ist jedoch nicht zwingend, da alle Optionsprogramme auch die Belegschaft mit ergreifen. Hinzuweisen ist in disem Zusammenhang auf die steuerliche Förderung über § 19 EStG, die hier gerne kombiniert wird, aber nicht zwingend zusammengehört.

ee) Bereitstellung von Aktien durch Altaktionäre

Denkbar ist weiterhin, dass Altaktionäre ihre Aktien den bezugsberechtigten Mitarbeitern zur Verfügung stellen. Hierbei handelt es sich um ein Modell, welches eher in kleinen, evtl. familienrechtlich organisierten Aktiengesellschaften zu finden ist. Die vertragliche Konstruktion ist entweder in der Form, dass der Bezugsberechtigte mit dem Altaktionär unmittelbar einen Vertrag schließt oder in der Form, dass sich der oder die Aktionäre, eventuell vertreten durch eine Poolgesellschaft, gegenüber der Gesellschaft verpflichten, dieser eine Leistung zu erbringen, die Lieferung von Aktien an den Bezugsberechtigten (Vertrag zugunsten Dritter), oder an die Gesellschaft, damit die Gesellschaft von ihrer vertraglichen Verpflichtung gegenüber dem Bezugsberechtigten freigestellt wird.

18 *Kallmeyer*, AG 1999, 97 ff.
19 *Peltzer*, AG 1996, 307, 309.
20 *Hillebrandt/Schremper*, BB 2000, S. 533, 537.

Die hier auftretenden Rechtsfragen sind, auch auf Grund der steuerlichen Implikationen, außerordentlich umfangreich, so dass hier lediglich der erfolgte Hinweis auf diese Form genügen muss. Allenfalls sei noch der Hinweis auf die Bilanzierung nach US-GAAP gegeben die die bilanzielle Darstellung der Stock Option allgemein wie die vorbeschriebene vertragliche Abwicklung darstellen.

c) Ausgestaltungspunkte eines Aktienoptionsplans

Aus den Regelungen des § 193 Abs. 2 Nr. 4 AktG ergeben sich die grundsätzlichen Positionen, die bei der Schaffung eines Aktienoptionsplanes festgelegt werden müssen. Diese Norm bezieht sich unmittelbar nur auf die bedingte Kapitalerhöhung. Es bestehen jedoch wenig Zweifel, die Voraussetzungen auch auf die Ausgestaltung von Aktienoptionsplänen nach den anderen geschilderten Beschaffungs- und Verwendungsmöglichkeiten anzuwenden.

aa) Zweck der Kapitalerhöhung

Der Zweck der Kapitalerhöhung ist die Bedienung des Aktienoptionsprogramms, welches in seinen wesentlichen Punkten dargelegt werden muss.

bb) Kreis der Bezugsberechtigten

Grundsätzlich sind die Arbeitnehmer die nach Gruppe oder Firmenstruktur benannt werden die Bezugsberechtigten der Option. Innerhalb der Möglichkeit des § 71 Abs. 1 Nr. 2 AktG waren auch die Ruheständler und Betriebsrentner enthalten. In der gegenwärtigen Praxis werden die Optionsprogramme derart angewandt, dass im Wesentlichen die Personen davon profitieren, die mit ihren Entscheidungen Einfluss auf den Geschäftsbetrieb nehmen können. Die Zielsetzung ist nicht darauf ausgerichtet, jedem Mitarbeiter sein Stück Unternehmen zukommen zu lassen. Neben den Mitarbeitern erfassen die Optionspläne regelmäßig die Vorstände selbst.

Erweitert ist die Möglichkeit, selbstständige Bezugsrechte auch auf Mitglieder der Geschäftsführung oder der leitenden Mitarbeiter eines verbundenen Unternehmens auszuweiten. So hat die Infineon AG Optionen für Mitarbeiter der Firma Siemens AG beschlossen.

Hintergrund ist der Umstand, dass die Vermarktung der Produkte im Wesentlichen über diese Firma erfolgt.

Die Bezugsberechtigung des Aufsichtsrates als Bezugsberechtigter der Kapitalerhöhung bleibt umstritten[21]. Diesbezüglich ist anzumerken, dass der Aufsichtsrat nach der Neuregelung nicht als Begünstigter genannt wird, obwohl dies der erste Entwurf des KonTraG vorsah. Dies wird zum Teil als unbillig empfunden, da die Tätigkeit beispielsweise des Aufsichtsratsvorsitzenden regelmäßig mit einem erhöhten Zeitaufwand verbunden ist, so dass eine Anbindung der Vergütung etwa an den Gewinn pro Aktie möglich wäre und auch dem Wortlaut und Sinn des § 113 Abs. 3 AktG nicht widersprechen würde[22]. Nach § 113 AktG entscheidet die Hauptversammlung über die an den Aufsichtsrat zu zahlende Vergütung. Hier kommen als Alternative zu den Aktienoptionen wegen der Liquiditätseinsparung beispielsweise Wandelschuldverschreibungen in Betracht, da insofern § 192 Abs. 2 Nr. 1 AktG keine Einschränkung hinsichtlich des Personenkreises enthält. Bezüglich der Einräumung von Bezugsrechten ist die Befugnis der Hauptversammlung nicht beschränkt. Es besteht für die Hauptversammlung keine Ermessensgrenze hinsichtlich der Art der Vergütung.

Hier kann sich auch ein Standortnachteil ergeben, weil beispielsweise in den Niederlanden Aufsichtsräte Aktienoptionen erhalten können. Auch bei kleineren Unternehmen in der Gründungsphase sind die Tätigkeitsfelder von Aufsichtsrat und Vorstand oft nicht eindeutig abgegrenzt, so dass der Ausschluss nicht gerechtfertigt ist. Es bleibt abzuwarten, ob angesichts der Kritik nicht noch eine Änderung vorgenommen wird.

Ebenso kann aus dem Schweigen der Gesetzesmaterialien der Schluss gezogen werden, dass beispielsweise auch externe Berater zum Kreis der Berücksichtigten gehören können[23].

---

21 *Klahold*, Aktienoptionen als Vergütungselement, S. 183; *Theisen*, DB 1999, 1665; *Zimmer*, DB 1999, 999.

22 *Zimmer*, NJW 1998, 3521 ff.

23 Vgl. zu diesem Problemkreis: *Zimmer*, DB 1999, 999 ff.

cc) Ausgabebetrag oder die Grundlagen nach denen sich dieser errechnet

Der Ausgabebetrag ist dabei der Preis, zu dem die Bezugsberechtigten ihre Optionen ausüben können[24]. Der Ausgabepreis muss durch die Festlegung von Grundlagen zu ermitteln sein, wozu beispielsweise der Börsenkurs am Tag der Hauptversammlung, am Tag des Vorstands- oder des Aufsichtsratsbeschlusses über die Begebung von Optionsrechten zugrunde gelegt werden können.

dd) Aufteilung der Bezugsrechte auf Mitglieder der Geschäftsführung und Arbeitnehmer

Je eine Gruppe bilden Vorstandsmitglieder der Aktiengesellschaft, Geschäftsführungsmitglieder verbundener Unternehmen und Arbeitnehmer der Aktiengesellschaft und mit ihr verbundener Unternehmen[25]. Die Arbeitnehmer sind zusammen genannt, bilden also eine Gruppe[26].

ee) Erfolgsziele

Anzugeben sind Erfolgsziele die erreicht sein müssen, bevor die Bezugsrechte ausgeübet werden dürfen. Dieser Begriff orientiert sich nicht zwingend am Börsenkurs sondern kann anderweitig definiert werden[27]. Nach § 193 Abs. 3 Nr. 4 AktG genügt die Anknüpfung an den Börsenkurs ohne zusätzlichen Erfolgsmaßstab, was im Einzelnen problematisch sein kann, aber zulässig ist[28].

Durch die Anbindung an einen Aktienindex, also die Ausrichtung an der relativen Performance (zum Beispiel Branchenindex, auch ausländischer Branchenunternehmen) kann vermieden werden, dass bei haussierender Börse und gleichzeitiger Unterperformance der

---

24 *Hüffer*, AktG, § 193 Rdnr. 6.
25 RegBegr. BT-Drucks. 13/9712, 23.
26 *Hüffer*, AktG, § 193 Rdnr. 9.
27 *Hüffer*, AktG § 193 Rdnr. 9; *Seibert* in Pellens, Unternehmenswertorientierte Unternehmensziele, 45.
28 OLG Stuttgart, AG 1998, 529, 532.

konkreten Gesellschaft das Management leistungslose Profite („windfall profits") einstreicht[29].

Gegen eine Anbindung an einen Branchenindex wird argumentiert, der wirtschaftlichen Realität entspreche es heutzutage vielmehr, dass die meisten Unternehmen breit diversifiziert sind, das heißt, sie sind nicht mehr notwendig bestimmten Branchen zuzuordnen, da die Geschäftsfelder variieren und sich überschneiden. Ein Branchenindex ist von daher oftmals nur schwer festzulegen. Außerdem könne so nicht berücksichtigt werden, dass gegebenenfalls auch die Konkurrenten erfolgreich an der Börse auftreten, wie beispielsweise die Kursentwicklungen in der Pharmaziebranche zum Teil zeigen. Hier würden die Manager dieser Branche kaum Zugewinne über ein, am Branchenindex orientiertes Optionsmodell machen können[30]. Soweit jedoch eine Branchenzugehörigkeit positiv festgestellt werden kann, sollte eine solche Indexierung vorgenommen werden, da sie der jeweils maßgerechte Maßstab für die Messung der relativen Performance ist. Andernfalls bieten sich auch die Möglichkeiten der Orientierung allgemeinen breit greifenden Indizes an[31].

Nach einer Studie der Humboldt Universität zu Berlin werden etwa ein Drittel der in Deutschland bereits eingeführten Modelle mit der Note „mangelhaft" bewertet, da Dividende und Bezugsrechte außer Acht gelassen wurden oder die Ausübungskurse an bestimmten Stichtagen berechnet werden sollen. Dies kann zur Folge haben, dass die Möglichkeit der vorherigen Manipulation des wirtschaftlichen Wertes besteht. Statt Stichtagen kann ein durchschnittlicher Kurs zu einem bestimmten Zeitraum herangezogen werden.

Denkbar sind insbesondere für Unternehmen, die noch nicht börsennotiert sind, Stock Option Modelle, welche Anknüpfungspunkte am Bilanzergebnis haben. Klassisch sind vergleichbar an der Bilanz orientierte Vergütungsinstrumente, die neben einem Festgehalt Bonus- oder Tantiemenzahlungen beinhalten. Es kann nicht ausgeschlossen werden, dass die wirtschaftliche Situation des Unter-

29 Begründung des Regierungsentwurfs vom 6.11.1997, BR-Drs. 872/97; in: *Ernst/Seibert/Stuckert*, KonTraG, 80; vgl. auch *Ettinger, Stock Option*s, 15; *Klahold,* Aktienoptionen als Vergütungselement, § 6, 63.

30 *Aha*, BB 1997, 2227.

31 Vgl. zu den Indizes Kapitel 9 in diesem Buch.

nehmens zwingend korrekt in der Bilanz widergespiegelt wird. Insbesondere besteht die Gefahr, dass der direkte Zusammenhang zur Entwicklung des Aktionärsvermögens, in erster Linie zum Marktwert eines börsenorientierten Unternehmens fehlen kann. So bestehen Manipulationsmöglichkeiten seitens des Managements beispielsweise durch Verschiebung von Aufwendungen oder Verzögerungen von dringenden Investitionen, die dann erst nach dem Stichtag, nach dem sich eine eventuelle Tantiemenzahlung bemisst, vorgenommen werden und so ein falsches Bild vom wirtschaftlichen Wert des Unternehmens vermitteln[32]. Ein solcher Ansatz vermag den oben dargestellten „Principal-Agent-Konflikt" nicht zu lösen.

Konkret kommen als Erfolgskontrolle für Unternehmen oder deren Geschäftsbereiche traditionelle Kennzahlen wie absolute Gewinngrößen, Umsatzrenditen, Eigen- und Gesamtkapitalrenditen, aber auch wertorientierte Kennzahlen wie der Discounted Cash Flow, Cash Flow Return of Investment und insbesondere der Economic Value Added (EVA) in Betracht. Alternativ kann statt des Geschäftsergebnisses auch der Cash flow als Berechnungsgröße herangezogen werden, sog. Cash Value Added (CVA).

Andere Performence Maßstäbe können dergestalt umgesetzt werden, dass der Aktienkurs relativ zu einer Benchmark gesetzt wird.

ff) Erwerbs- und Ausübungszeiträume und Wartezeit für die erstmalige Ausübung

Bezüglich einer Ausübung der Option ist zum einen die Wartefrist (vesting period) für die erstmalige Ausübung von mindestens zwei Jahren gemäß § 193 Abs. 2 Nr. 4 AktG zu beachten. In der Begründung der Bundesregierung wird ausgeführt, dass die Bundesregierung von einer sinnvollen Regel-Erstausübung nach drei Jahren ausgeht, die nur in besonderen Fällen, etwa bei besonders innovativen Unternehmen mit sehr kurzen Produktzyklen unterschritten werden sollte[33]. In der Begründung wird zudem darauf hingewiesen, dass, um die Ausnutzung von Insiderkenntnissen zu vermeiden, es festgelegt werden kann, dass die Optionen beispielsweise nur zu bestimm-

32 *Menichetti*, DB 1996, 1688 ff.

33 Begründung des Regierungsentwurfs vom 6.11.1997, BR-Drs. 872/97; in: *Ernst/Seibert/Stuckert*, KonTraG, 80; *Ettinger*, Stock Options, 38.

ten Zeiträumen ausgeübt werden können. Hier sind als Beispiele genannt drei Wochen nach Vorlage eines Geschäftsberichtes oder eines Zwischenberichtes oder einer Bilanzpressekonferenz[34]. Man spricht von Ausübungsfenstern[35].

Da Unternehmen die Mitarbeiter langfristig an sich binden wollen, kommen zunächst meist Vorschaltefristen hinzu, nach deren Ablauf der Mitarbeiter erstmals in den Genuss der Aktienoptionsprogramme kommen. Innerhalb der Programme sind Staffelungen bekannt, nach denen die längere Betriebszugehörigkeit die Höhe der Option beeinflusst. Darüber hinaus bestehen oftmals weitere Haltefristen für die neu erworbenen Aktien. Hier soll darauf hingewiesen werden, dass derartige Fristen sogar eine Art Verlustbeteiligung für den Fall einer nur kurzfristigen Gewinnstrategie begründen können. Konkret haben sich bisher in der Praxis überwiegend Ausübungsfristen von zwei bis drei Jahren als Wartezeit für die erstmalige Ausübung durchgesetzt[36].

gg) Extras

Des Weiteren ist daran zu denken, eine Gesamtvergütungsobergrenze festzulegen, um eine verdeckte Gewinnausschüttung zu vermeiden, weil ansonsten das lediglich steuerlich motivierte Gebot der Angemessenheit der Gesamtbezüge von Vorstandsmitgliedern, falls diese gleichzeitig Aktionäre der Gesellschaft sind, verletzt sein könnte. Ob diese Überlegungen, die rein steuerlich betrachtet in einer kleinen Gesellschaft ein Problem sein könnten, auch in größeren Gesellschaften noch greifen, insbesondere wenn Fremdvorstände mit gleichen Bedingungen antreten, wird wohl diskutiert werden müssen.

d) Steuerrechtliche Betrachtung

aa) Steuerrecht beim Empfänger der Option

Der Zufluss der Option beim Arbeitnehmer ist Arbeitslohn und unterliegt grundsätzlich der Lohnsteuer. Gemäß § 19 Abs. 1 Satz 1

34 Begründung des Regierungsentwurfs vom 6.11.1997, BR-Drs. 872/97; in: *Ernst/Seibert/Stuckert*, KonTraG, 80; *Ettinger*, Stock Options, 38, Fn. 59.

35 *Mechlem/Melms,* DB 1999, 1614.

36 Vgl. Nachweise bei *Weiß*, Aktienoptionspläne für Führungskräfte, Fn. 859.

Nr. 1 EStG und § 2 LStDVO müssen alle Einnahmen, die dem Arbeitnehmer für eine Beschäftigung gewährt werden, die im Zusammenhang mit einem Dienstverhältnis stehen, versteuert werden. Es wird auf die Sachbezüge gemäß § 8 Abs. 1 EStG hingewiesen.

Hinzuweisen ist auf den Gesichtspunkt, dass echte Aktienoptionen eigentlich wirtschaftlich dadurch erbracht werden, dass die Altaktionäre eine Verwässerung des Wertes ihrer Anteile hinnehmen. Aus wirtschaftlichen Gesichtspunkten ist es eine Leistung, die die Altaktionäre erbringen. Dennoch kann ausgeführt werden, dass bei einer derartigen Zahlung des Arbeitslohns durch Dritte der objektive Standpunkt des Arbeitnehmers als Ansatzpunkt genommen wird. Aus dessen Sicht ist die Gewährung der Option eine Frucht seiner Arbeitsleistung. Daher wird die Aktienoptionsgewährung als lohnsteuerrechtliche Leistung gesehen.

Eine Ausnahme gilt nur für die Aufsichtsräte, denn diese erzielen Einkünfte aus selbstständiger Arbeit gemäß § 18 Abs. 1 Nr. 3 EStG. Diese Aussage gilt selbst für den Arbeitnehmervertreter, wie das Urteil des BFH im Bundessteuerblatt 1972, Band 2, S. 810, zeigt.

Soweit fremden Dritten, etwa Beratern, Aktienoptionen eingeräumt werden, können diese als Einnahmen aus selbstständiger Arbeit oder als Gewerbebetrieb angesehen werden.

Ausgangspunkt einer steuerlichen Betrachtung muss die Tatsache sein, dass die Ausgabe von Aktienoptionen, sei sie entgeltlich oder verbilligt, Arbeitslohn im Sinne von § 19 EStG darstellt, wenn die Veranlassung für die Überlassung der Kapitalanteile im Dienstverhältnis seine Grundlage findet und durch die Überlassung ein geldwerter Vorteil zugewendet wird[37].

In diesem Zusammenhang muss beachtet werden, dass aus § 8 EStG folgt, dass als steuerpflichtige Einnahmen die Güter gelten, die in Geld oder Geldwerten bestehen und dem Arbeitnehmer zugeflossen sind.

Umstritten ist dabei, ob bereits die Einräumung einer Aktienoption ein geldwerter Vorteil im Sinne des § 8 EStG ist.

37 BFH vom 19.7.1996, AZ: VI R 19/96.

Nach der Rechtsprechung und Teilen der Literatur [38] gilt die Einräumung eines Optionsrechts noch nicht als Einkunft aus nichtselbstständiger Tätigkeit im Sinne des § 19 EStG, sondern lediglich als eine steuerfreie Gewinnchance, wenn die Optionen nicht handelbar sind. Dann ist eine objektive Bereicherung noch nicht gegeben. Erst die Ausübung der Optionsrechte begründet nach dieser Auffassung eine Steuerpflicht, da sich in diesem Zeitpunkt die zuvor eingeräumte Chance in einen geldwerten Vorteil wandelt. Besteuert wird dann die Differenz zwischen dem vertraglich zu zahlenden Basispreis und dem höheren Börsenkurs der Aktien zu diesem Zeitpunkt[39]. Dies gilt aber eben nur, wenn der Kurs der Aktie im Zeitpunkt der Ausübung der Option höher ist, als der in der Option festgelegte Preis.

Liquiditätsmäßig muss also der Einstandspreis an das Unternehmen gezahlt werden und der Gewinn muss an das Finanzamt gezahlt werden. Wenn jetzt noch eine Halteverpflichtung des Arbeitnehmers hinzukommt, so ist dieser Segen manchmal nicht zu bezahlen. Besonders eng wird dieser Umstand dadurch, dass der Arbeitgeber gezwungen ist, die Steuer auf den Optionsgewinn vom Arbeitseinkommen abzuhalten § 38 Abs. 3 EStG. Soweit das Monatseinkommen nicht reicht, muss der Arbeitnehmer dieses unmittelbar dem Arbeitgeber gemäß § 38 Abs. 4 EStG zurückzahlen. Entlastung findet sich allenfalls in der Anwendung der Fünftelregelung des § 34 EStG.

Eine andere Bewertung ist dann vorzunehmen, wenn die Option frei handelbar, d.h. ohne Einschränkung an Dritte veräußerbar ist. Wenn der Begünstigte die Option innerhalb der Spekulationsfrist des § 23 EStG nach der Optionseinräumung weiterveräußert, werden eingetretene Wertsteigerungen als sonstige Einkünfte im Sinne des § 22 Nr. 2 EStG erfasst.

---

38 BFH, Urteil vom 10.3.1972, BStBl. II 1972, 596; Urteil vom 21.3.1975, BStBl. 1975, 690; FG Baden-Württemberg, Urteil vom 24.6.1999, Az.: 10 K 464/96, Rev. beim BFH, Az.: VI R 129/99; FG Baden Württemberg, Urteil vom 5.11.1981, EFG 1982, 299; Schmidt/*Drenseck*, EStG, § 19 Rdnr. 50 zu Ankaufsrecht mit Fundstellen und Fundstellen der gegenteiligen Literatur; a. A. *Neyer*, BB 1999, 503; vgl. auch die kritische Auseinandersetzung bei *Kroschel*, BB 2000, 176 ff.

39 BFH-Urteil vom 4.4.1973, Az.: I R 130/71; BFH Urteil vom 7.7.1961, Az.: VI R 176/60.

Die Oberfinanzdirektion Berlin hat diesbezüglich in ihrer Verfügung vom 25.3.1999 mitgeteilt, dass maßgebend für diese Ansicht die fehlende „Marktgängigkeit" der Optionen sei. Marktgängigkeit setze die uneingeschränkte Veräußerbarkeit der Option an einem vorhandenen und für alle offenen Markt voraus. Keine uneingeschränkte Veräußerbarkeit sei anzunehmen, wenn der Arbeitgeber Stillhalter der Option ist und ein Vorkaufsrecht für sich oder einen Dritten vereinbart. In diesem Fall werde dem Arbeitnehmer nur eine nicht zum Zufluss führende Gewinnchance eingeräumt[40].

Demgegenüber wird in der Literatur zum Teil die Ansicht vertreten, dass die Einräumung des Optionsrechts selbst zu besteuern ist. Begründet wird dies damit, dass in der Einräumung der Option die Gewährung eines einseitig verpflichtenden Gestaltungsrechts liegt.

Nach dieser Auffassung ist es unerheblich, dass gemäß § 193 Abs. 2 Nr. 4 AktG das Optionsrecht frühestens nach zwei Jahren ausgeübt werden darf. Entscheidend sei die Wertung, dass ein Optionsrecht frei handelbar sei. Der höhere Wert der Aktie zum Zeitpunkt der Ausübung bleibe dann unberücksichtigt, da sich die Wertsteigerung der Aktie in der Privatsphäre des Arbeitnehmers vollziehe[41].

Nach dieser Ansicht, welche die Optionen bereits als Leistung in Geldeswert bewertet, stellt sich die Frage nach der Festlegung eines solchen Wertes. Hier hat die Bewertung nach den allgemeinen Grundsätzen, also nach dem sogenannten Endpreis am Abgabeort gemäß § 8 Abs. 2 EStG zu erfolgen, da die Optionen nach dieser Ansicht nicht unter die in § 19 Abs. 3 EStG genannten Vermögensbeteiligungen zu subsumieren sind.

Dabei können Probleme bei nicht börsennotierten Unternehmen auftauchen. Dazu wird ausgeführt, dass sich der Wert aus dem inneren Wert und dem Zeitwert ergibt.

Der innere Wert ergibt sich dabei aus der Differenz zwischen Basispreis, d.h. dem Wert zu dem der Käufer bei Ausübung seines Optionsrechtes den Basiswert kaufen kann und dem Kassakurs, d.h. dem Kurs der Aktie. Hingegen errechnet sich der Zeitwert aus der Diffe-

40 OFD Berlin, Verfügung vom 25.3.1999, St-423-S 2347-1/99 38.

41 *Haas/Pötschan*, DB 1998, 2138 ff; *Wagner*, Kapitalbeteiligung von Mitarbeitern und Führungskräften, Rdnr. 315-317.

renz zwischen dem Wert bzw. dem Kurs der Option selbst und dem inneren Wert. Für den Zeitwert ist entscheidend die Restlaufzeit der Option, sowie die Volatilität des Basiswertes. Unter dem Begriff der „Volatilität" wird das Maß verstanden, welches über einen bestimmten Zeitraum Ausmaß und Häufigkeit der Kursschwankungen einer Aktie widerspiegelt[42]. Die genaue Berechnung erfolgt dann nach der finanzwissenschaftlichen Methode über die „Black-Scholes-Formel"[43].

Nach einer neuen Auffassung innerhalb der Literatur kann die Frage des Zeitpunktes der Besteuerung irrelevant sein. Ausgangspunkt dieser Auffassung ist der Ansatz, dass die Optionen am Kapitalmarkt nachgebildet werden, dementsprechend faktisch gekauft und verkauft werden können und außerdem der Marktwert der Optionen bei der Anfangsbesteuerung die Steuerbemessungsgrundlage bildet[44].

Die Finanzverwaltungen behandeln die Einräumung eines Optionsrechts noch nicht als geldwerten Vorteil und damit als steuerlichen Arbeitslohn, es sei denn, dass die Option schon bei der Gewährung verkehrsfähig wäre, etwa am Kapitalmarkt gehandelt würde. Die Lohnsteuerpflicht tritt erst ein bei der Ausübung des Optionsrechts. Besteuert wird dann der Unterschiedsbetrag zwischen dem Kurswert der bezogenen Akien und dem Entgelt, welches der Arbeitnehmer für die Einräumung der Option bezahlt hat.

Der BFH hat sich nun erstmals zu der Frage, ob eine Anfangsbesteuerung oder eine Endbesteuerung vorzunehmen ist geäußert[45]. Ausgehend von dem Ansatzpunkt, dass die Steuer erst in dem Zeitpunkt entsteht, in dem der Arbeitslohn dem Arbeitnehmer zufließt (§ 38 Abs. 2 S. 2 i.V. § 11 Abs. 1 EStG) hat der I. Senat des BFH unter Berufung auf den IV. Senat des BFH weiter ausgeführt, dass für den Fall, dass ein Arbeitnehmer im Rahmen seines Arbeitsverhältnisses ein nicht handelbares Optionsrecht auf den späteren Erwerb von Aktien zu einem bestimmten Übernahmepreis eingeräumt wurde,

---

42 *Haas/Pötschan*, DB 1998, 2138.

43 *Black/Scholes*, Journal of Political, Vol. 81, 1973, 637.

44 *Jasper/Wangler*, Finanzbetrieb 1999, 113; vgl. hierzu auch *Kroschel*, BB 2000, 176, 178.

45 BFH Urteil vom 24.1.2001 I R 100/98, DB 2001, 1174; Urteil vom 24.1.2001 I R 119/98, DB 2001, 1176

als Arbeitslohn nicht der Wert des Optionsrechts bei dessen Gewährung, sondern die Differenz zwischen Kurswert und Übernahmepreis bei der Ausübung der Option anzusehen ist. Dass die Optionen in den entschiedenen Fällen vererblich waren, änderte die Einschätzung des BFH nicht. Keine Entscheidung ist damit für die handelbaren Optionen getroffen worden. Weiter führte der BFH aus, dass der Einwand, die Option lasse sich ungeachtet ihrer Nichtübertragbarkeit durch ein Gegengeschäft (ein sog. Opening und Closing Geschäft durch Eingehen einer Verpflichtung aus einer Put Option auf die Call Option) glattstellen, sei nicht tragfähig. Die bloße wirtschaftliche Glattstellung genügt nicht, da sie die endgültige Verwertung der Option nicht gewährleistet, diese wäre nur dann der Fall, wenn die Glattstellung die Aktienoption endgültig zum Erlöschen bringt. Dazu ist eine rechtliche Verknüpfung erforderlich, die außerhalb des Börsenhandels nicht möglich ist. Diese Argumentation ist in beiden Urteilen des BFH zu finden[46]. – Diese Urteile sind in der Literatur aufgeriffen worden[47]. Hier wird bei grundsätzlicher Zustimmung zu den Urteilen diskutiert, ob die Urteile Raum für beispielsweise die Frage offengelassen haben, ob auch der Ablauf der Sperrfrist als Zeitraum der Besteuerung in Betracht kommt.

In der internationalen Praxis wird verstärkt das Problem auftauchen, dass eine ausländische Konzernobergesellschaft direkt einem in Deutschland angestellten Manager eine Optionszusage macht. Hier verneint bisher die Rechtsprechung das Vorliegen von Arbeitslohn im Sinne des § 19 EStG, da weder ein unmittelbares, noch ein mittelbares Arbeitsverhältnis zwischen der Konzernobergesellschaft und dem begünstigten Manager vorliegt[48]. Die Rechtsprechung führt diesbezüglich weiterhin aus, es gäbe keinen kausalen Zusammenhang zwischen dem Vermögensvorteil der Konzernobergesellschaft und der Arbeitskraft zugunsten der deutschen Gesellschaft, bei welcher der Arbeitnehmer angestellt ist. Die ausländische Konzernobergesellschaft verfolge lediglich ein gesellschaftsrechtliches Konzernleitungsinteresse. Demnach sei die Arbeitsleistung nicht als ein Äquivalent der Optionszusage zu beurteilen.

46 Weitere Entscheidung BFH vom 20.6.01 DB 2001, S. 1861 ff. m.w.Hinweisen.

47 *Herzig, Lochmann,* DB 2001, 1436

48 BFH vom 21.2.1986, BStBl. II 1986, 768.

Die zuvor zitierten Urteile des BFH zur Festlegung des Besteuerungszeitpunktes hatten beide einen Sachverhalt wo dem Arbeitnehmer die Optionen von Seiten der ausländischen Konzernobergegesellschaft (England und USA) eingeräumt worden war. Dass die Optionseinräumung nicht durch den Arbeitgeber, sondern durch die Konzernobergesellschaft erfolgte, ist unbeachtlich, denn aus der Sicht des Arbeitnehmers stellen sich diese als Frucht seiner Arbeit für den Arbeitgeber dar und aus Sicht des Zuwendenden stehen sie in Zusammenhang mit dem Dienstverhältnis ist die gleichlautende Argumentationskette in beiden Urteilen.

Damit kommt die Rechtsprechung zu dem gleichen Ergebnis wie bereits von der Finanzverwaltung argumentiert[49].

Weiterhin bleibt steuerlich zu beachten, dass für den Fall, dass sich die Unternehmensleitung entschließt, den Erwerb von Belegschaftsaktien durch einen Firmenzuschuss nach § 19 a EStG zu verbilligen, dieser geldwerte Vorteil nur insoweit frei von Steuern oder Sozialabgaben bleibt, als er den halben Wert der angebotenen Beteiligung nicht überschreitet. Ein Firmenzuschuss zur Verbilligung der Belegschaftsaktien bleibt bis zur Höhe von 300 Euro pro Jahr und Mitarbeiter steuer- und sozialabgabenfrei.

Die politische Auseindersetzung um die zukünftig richtige nationale Besteuerung bleibt weiter offen.

Einerseits wird argumentiert, die Steuerreform subventioniere diese Entlohnung und dieses sei steuersystematisch bedenklich. Erleichterungen müssen daher nicht sein. Bereits gegenwärtig liege eine Privilegierung von Optionen vor, die zwischen 2001 und 2005 geschaffen werden. Der Steuersatz der Unternehmen liege ab 2001 bei etwa 38%. Der Steuersatz der Einkommensteuer falle dagegen erst langsam von 48,5% auf 42% im Jahr 2005. Bis dahin ergebe sich aus Sicht des Fiskus eine unterschiedlich hohe Steuer für den Teil der Unternehmensgewinne, die auf die Optionen anfalle. Die Optionsentlohnung sei steuerlich (bis zu 13,4%) günstiger als eine Barentlohnung für den vergleichbaren Zeitraum.

---

49 BMF Schreiben vom 27.9.1993, BStBl. I 1993, 814; vgl. FG Baden-Württemberg, Urteil vom 24.6.1999, Az.: 10 K 464/96, Rev. beim BFH VI R 129/99.

Andererseits hat in Rheinland-Pfalz Wirtschaftsminister Baukhage anlässlich der Länder Witschaftsministerkonferenz am 29.2.2001 in Mainz einen Antrag zur veränderten Besteuerung von Aktienoptionsplänen vorgelegt[50]. Die gegenwärtige Praxis sei international nicht wettbewerbsfähig. Zukünftig solle den Unternehmen ein Wahlrecht vorbehalten bleiben, ob sie die Besteuerung als Anfangs- oder als Endbesteuerung vornehmen wollen. Auch solle der Ansatz geprüft werden, die Steuer erst beim Verkauf der mit den Optionen erworbenen Aktien greifen zu lassen. Die Identifikationswirkung gehe verloren, wenn der Mitarbeiter die erworbenen Aktien unmittelbar verkaufen müsse, um die darauf lastende Steuer zu zahlen.

Es sei weiter nicht nachzuvollziehen, die Besteuerung der Aktien an der Frage der Handelbarkeit festzumachen; nicht handelbare Güter hätten einen Wert, der durch Schätzung ermittelt werden könne. Daher sei die Handelbarkeit kein Kriterium, die Endbesteuerung zu dem dann oftmals höheren Wert vorzunehmen.

Weiter wird diskutiert den Tarif zu entlasten. In Belgien würde bei der Anfangsbesteuerung mit einem Tarif von 7,5% auf den Kurswert der Aktien besteuert[51].

Im Rahmen des Halbeinkünfteverfahren wird gesehen, dass die Endbesteuerung eine Entlastung bringt, denn nunmehr wird nur die Hälfte des geldwerten Vorteils der Option lohnsteuerpflichtig und das mit der Option übernommene Risiko würde steuerlich angemessen honoriert.

Die Diskussionen gehen weiter um den Ansatzpunkt, die Besteuerung nicht nur als Einkünfte aus abhängiger Tätigkeit zu sehen, sondern es liege eine unternehmerische Risikoübernahme vor, die ebenfalls bewertet werden müsse. Die Optionen sollen allenfalls als sonstige Einkünfte im Rahmen des § 22 EStG besteuert werden. Da diese eine Haltefrist von 2 Jahren vorsehen, käme man hier zu einer Nullbesteuerung, rechnet der BDI vor.[52]

International wird von der OECD an einem Konzept zur Besteuerung von Aktienoptionen gearbeitet. Verschiedene Länder üben zu

50 Handelsblatt vom 27.2.2001, 5.

51 So der Vorschlag des BDI.

52 Handelsblatt vom 19.8.2000, 5.

verschiedenen Zeitpunkten die Besteuerung aus. Dies könne dazu führen, dass der Arbeitnehmer diese bis zu drei mal versteuern müsse. In diesen Fällen helfen selbst abgeschlossene Doppelbesteuerungen nicht sicher, da die verschiedenen Staaten mit unterschiedlicher Argumentation ein eigenes Besteuerungsrecht beanspruchen.

Die praktische Relevanz vieler Optionsprogramme sind durch die Kursstürze ad absurdum geführt. Weder bei SAP noch Daimler Chrysler nach Mirsologica noch bei Emprise Management Consulting waren die Optionen in diesem Frühjahr etwas wert. Andere kämpften sogar mit dem Insolvenzverwalter. Gewerkschaften warnen davor, notwendige Entlohnungen in Optionen umzuwandeln, dieses sei, soweit kein eigenes Vermögen vorhanden sei, existenzbedrohend[53].

bb) Steuerrecht beim Unternehmen/Bilanzierung von Optionsrechten

Eine handelsrechtliche oder steuerliche Bilanzierung von Stock Options ist bisher in Deutschland gesetzlich nicht geregelt worden.

In der Literatur ist umstritten, ob und wie Stock Options bilanziell erfasst werden[54].

Zum einen gibt es die Auffassung, die eine Behandlung nach US-GAAP (General Accepted Accounting Principles), genauer gesagt in Anlehnung an die Regelung des SFAS No. 123, vorschlägt[55]. Grund der reichhaltigen Auseinandersetzung mit dieser Methode ist, dass die börsennotierten Unternehmen im Rahmen der eigenen Bilanzierung sich dieser Methode bedienen dürfen. Nach der zitierten Regelung muss der Gesamtwert der zugesagten Stock Options als Personalaufwand, der gesondert in den Kapitalrücklagen gegenzubuchen ist, erfasst werden[56]. Zwar leistet das Unternehmen keine Zahlung an den Mitarbeiter, die Gewährung von Optionen stellt sich aber als Äquivalent zur Arbeitsleistung dar, so dass diese Arbeitsleistung bilanziell erfasst werden kann. Nach dieser Auffassung kann die Situation nicht anders beurteilt werden, als wenn eine di-

53 Handelsblatt vom 4.1.2001, 16.

54 *Vater*, DB 2000, 2178; vertiefend hierzu *Knoll*, BB 2000, 919 ff.

55 *Pellens/Crasselt*, DB 1998, 217, 222.

56 *Pellens/Crasselt*, DB 1998, 217 ff.

rekte Gehaltszahlung durch Aktionäre an Mitarbeiter für deren Arbeitsleistungen erfolgt und als Arbeitslohn des Unternehmens bei gleichzeitiger Einlage der Gehaltsmittel durch die Aktionäre eingebucht wird. Diesem Gedanken liegt die Überlegung zugrunde, den bei den Altaktionären entstehenden Verwässerungseffekt durch den Bezugsrechtsausschluss bilanziell darzustellen. Der Bezugsrechtsausschluss ist ein Verlust, durch den die Bezugsberechtigten entlohnt werden.

Für den Bewertungszeitpunkt soll auf den Zeitpunkt der Optionszusage abgestellt werden, nicht auf den Zeitpunkt, in dem die Option erstmals ausgeübt wird[57]. Als Bewertungsverfahren kommt nach den Regelungen des SFAS No. 123 das Black-Scholes und ein Binomialverfahren in Betracht[58]. Zeitlich soll sich sodann der Personalaufwand an der Dauer der Vertragslaufzeit der Optionen orientieren. Am Jahresende soll sodann ein aktiver Rechnungsabgrenzungsposten gebildet werden. Im Zeitpunkt der Optionsausübung wird sodann abschließend Kasse an gezeichnetes Kapital/Kapitalrücklage gebucht.

Nachträgliche Korrekturen sind nur möglich bei Verfall infolge Ausscheidens, nicht jedoch bei Wertänderungen.

Verfeinert werden kann dieses Modell dadurch, dass der innere Wert zum Bezugszeitpunkt auf „null" geschätzt werden könne, denn insoweit stehen sich Börsenkurs und Basispreis der Option gleich. Damit versickert die Darstellung der Option in der Bilanz. Faktisch nutzen eine Vielzahl von Unternehmen, die nach US-GAAP bilanzieren, die Möglichkeit, das Wahlrecht und die Vergütungskosten nach den Vorschriften des APB 25 zu ermitteln und damit die Kosten der aktienbasierten Vergütungen lediglich in einer Pro-forma Rechnung im Anhang zum Jahresbericht auszuweisen[59].

Soweit eine Gesellschaft einen Abschluss nach IAS durchführt, sollen die gleichen Bewertungssystematiken eingreifen. Es sei kein Grund ersichtlich, wertabhängige Vergütungsbestandteile anders zu behandeln, als andere Gewinn- und Erfolgsbeteiligungsmodelle (da-

57 *Pellens/Crasselt*, DB 1998, 217, 222.
58 *Vater*, DB 2000, 2178.
59 *Kramarsch*, Aktienbasierte Managementvergütung, 119.

zu IAS 19.17 ff), da in beiden Fällen die Verpflichtung aus vorgeleisteter Arbeit periodengerecht zu erfassen ist (IAS 19.21)[60].

Demgegenüber vertritt eine andere Auffassung, dass bei der Ausgabe von Stock Options nach HGB überhaupt nichts zu buchen sei und beim späteren Umtausch nur der dann eingezahlte Betrag in das gezeichnete Kapital und die Kapitalrücklage eingestellt werden müsse. Das deutsche Aktienrecht sei geprägt durch die strikte Trennung von Gesellschafts- und Gesellschafterebene, wobei die Ausgabe von Stock Options der Gesellschafterebene zuzuordnen sei und folglich nicht beim Unternehmen selbst erfasst würde[61]. Ersparte Aufwendungen sind weder als Ausgabe noch als Kosten anzusehen[62].

Nach anderen Ansichten wird unterschieden, ob ein Optionsrecht auf gesellschaftsrechtlicher Ebene ausgegeben wird, oder ob dieses auf betrieblicher Ebene erfolgt. Bei letzterer Version entstehe für die Gesellschaft eine Stillhalteverpflichtung, die auf betrieblicher Ebene aus dem Gesellschaftsvermögen bedient werden müsse. Die bilanzielle Erfassung sei zwingend, es wird aber differenziert, wie zu buchen sei, nach den Kriterien, wie die Aktien erworben werden und wann diese erworben werden[63], wobei es jedoch grundsätzlich zu Personalaufwand kommt.

Die Darstellung des Stock Option Planes im Anhang der Bilanz der Gesellschaft sei weiter notwendig[64]. Weiter wird darauf hingewiesen, dass gemäß § 55 BörsZulV die Pflicht besteht, im Zwischenbericht Informationen über den Aktienoptionsplan zu veröffentlichen.

Einigkeit besteht insoweit, als dass die Maßnahme der Beschaffung der Aktien, Kapitalerhöhung bzw. Aktienrückkauf sich bilanziell niederschlagen.

Ob diese Überlegungen alle in der Steuerbilanz wiederzufinden sind, bleibt fraglich. Nach Ansicht der Finanzverwaltung wird die Optionsprämie nicht von den Gesellschaftern geleistet, insofern kann keine Einlage entstehen. Soweit Arbeitnehmer auf einen Teil

---

60 Beck'scher Bilanzkommentar/*Förschle/Kofahl*, § 266 Rdnr. 296.
61 *Naumann*, DB 1998, 1428 f.
62 *Schanz*, Börseneinführung, Rdnr. 41.
63 *Vater*, DB 2000, 2116 ff.
64 *Vater*, DB 2000, 2181.

ihres Barlohns verzichten, handelt es sich um eine Optionsprämie, die zu einem Zugang zum EK 04 führt. Hinsichtlich dieser Auffassung muss auf die Änderung der Besteuerung, Aufgabe des Anrechnungsverfahrens und der entsprechenden Übergangsfristen verwiesen werden.

Kritisiert wird die Lösung nach US-GAAP deshalb, da schon bei der Bemessung des Personalaufwands zu berücksichtigen sei, dass nicht alle Berechtigten ihre Optionen ausüben werden, sondern vor Ablauf der Sperrfrist ausscheiden. Eine nachträgliche Buchung dürfe nach diesem Ansatz dann nicht mehr vorgenommen werden, da es keinen Zusammenhang mit der Arbeitsleistung des Arbeitnehmers gäbe.

Weiter wird ausgeführt, dass die Denkweise nicht mit dem aktienrechtlichen Trennungsprinzip zu vereinbaren sei; und auch andere aufwandswirksame Behandlungen der Optionen nicht in Betracht kommen[65].

e) Arbeitsrechtliche Gesichtspunkte der Aktienoptionspläne

In arbeitsrechtlicher Hinsicht ergeben sich hinsichtlich der Aktienoptionspläne Probleme sowohl im individuellen, als auch im kollektiven Arbeitsrecht[66].

aa) Einführung eines Aktienoptionsplans

Die Einführung einer Mitarbeiterbeteiligung ist mitbestimmungsfrei. Dazu gehören insbesondere die Gesichtspunkte des Ob und Wie, der Art der Beteiligung und des betroffenen Personenkreises, des zeitlichen und des finanziellen Rahmens. Gemäß § 87 Abs. 1 Nr. 8 und 10 Betriebsverfassungsgesetz (BetrVG) ist die Mitbestimmung des Betriebsrats bei der Ausgestaltung von Zusagen zu beachten. Gleichzeitig ist darauf hinzuweisen, dass der Betriebsrat nicht zuständig ist für Organe und leitende Angestellte gemäß § 5 Abs. 3 BetrVG. Allenfalls zu diskutieren ist eine Unterrichtung gemäß § 30 Nr. 1 Sprecher- und Ausschussgesetz. Hinzuweisen ist weiter auf

65 *Vater*, DB 2000, 2181.

66 Vgl. zu dieser Thematik: *Busch*, BB 2000, 1294 ff.

§ 106 Abs. 2 und 3, Nr. 10 BetrVG. Dieses betrifft die Unterrichtung des Wirtschaftsausschusses. Insofern dürften auch keine Probleme auftauchen, wenn sich ein Konzern mit ausländischer Obergesellschaft entschließt, für alle Gesellschaften Aktienoptionspläne einzuführen. Hier kann sich ein Betriebsrat mangels eines Mitbestimmungsrechts nicht gegen die Einführung als solche sperren.

bb) Die Zusageform eines Aktienoptionsplans

Die Zusage der Mitarbeiterbeteiligung kann unterschiedlich erfolgen. Sie ist einzelvertraglich möglich, wie dieses bei Organen und leitenden Angestellten immer der Fall sein wird. Sie kann als betriebliche Übung oder als Gesamtzusage ebenso wie als Betriebsvereinbarung durchgeführt werden. Bei letzterer handelt es sich um eine freiwillige Leistung nach § 88 Abs. 2 BetrVG. Letztlich kann die Zusage der Mitarbeiterbeteiligung im Tarifvertrag im Sinne eines Haustarifvertrages durchgeführt werden.

Die Möglichkeit einer freiwilligen Betriebsvereinbarung ergibt sich aus § 88 Nr. 3 BetrVG. Hiernach können Gegenstand einer freiwilligen Betriebsvereinbarung Maßnahmen zur Förderung der Vermögensbildung sein.

Die Mitbestimmung des Betriebsrates ist auch nicht etwa wegen des Tarifvorbehaltes gemäß der §§ 77 Abs. 3, 87 Abs. 1 BetrVG ausgeschlossen. Nach dem Inhalt dieser Regelungen scheiden Mitbestimmungsrechte des Betriebsrates aus, soweit tarifvertragliche Regelungen bestehen oder üblich sind.

Jedoch gibt es bisher keine Regelungen in Flächentarifverträgen bezüglich der Mitarbeiterbeteiligung. Auch die bisher in Tarifverträgen geregelte Gewährung vermögenswirksamer Leistungen nach den Regelungen des Vermögensbildungsgesetzes verdrängen nach herrschender Auffassung nicht betriebsverfassungsrechtliche Vereinbarungen hinsichtlich Belegschaftsaktien oder Aktienoptionsplänen[67].

Für Vorstandsmitglieder ist gemäß § 112 AktG ein Beschluss des Aufsichtsrates notwendig. Problematisch ist in diesem Zusammen-

---

67 *Baeck/Diller*, DB 199, 1406; *Fitting/Kaiser/Heither/Engels,* BetrVG, § 88 Rdnr. 20, 21.

hang die Tatsache, dass Aktienoptionspläne meist langfristig vereinbart werden, während der Aufsichtsrat den Vorstand nur für maximal fünf Jahre bestellen darf.

Es kommen grundsätzlich auch Haustarifverträge für den Abschluss eines Optionsprogramms in Betracht, wobei der einzelne Arbeitgeber Tarifvertragspartei sein kann, soweit er nicht im jeweiligen Arbeitgeberverband ist. Bezüglich der Arbeitgebereigenschaft gilt dabei Folgendes: Kapitalgesellschaften können als juristische Personen unbedenklich Arbeitgeber sein, während dies bezüglich der Personenhandelsgesellschaften umstritten ist. Bei einer Partnerschaftsgesellschaft wird man wegen der durch § 7 Abs. 2 des Partnerschaftsgesellschaftsgesetzes normierten Selbstständigkeit die Arbeitgebereigenschaft bejahen. Einer Konzernobergesellschaft kann die Arbeitgebereigenschaft zugesprochen werden, wenn die Arbeitnehmer, die bei den abhängigen Unternehmen tätig sind, ihr arbeitsvertraglich zugeordnet sind.

Allerdings darf eine kollektive Regelung lediglich das Recht, nicht die Pflicht auf Erwerb der Optionen beinhalten, wie sich aus der negativen Koalitionsfreiheit gemäß Art. 9 Abs. 3 des Grundgesetzes (GG) ergibt.

Zu beachten bleibt in diesem Zusammenhang, dass der Arbeitgeber bei einer einzelvertraglichen Regelung die Optionsrechte ausdrücklich als freiwillige Leistung kennzeichnen muss, um nicht die Bindungswirkung auf Grund betrieblicher Übung herbeizuführen. Eine solche Bindungswirkung, die einen Anspruch des Arbeitnehmers auslöst, entsteht nach der ständigen Rechtsprechung des BAG, wenn innerhalb eines Zeitraumes von drei aufeinander folgenden Jahren gleichförmig, d. h. im Ausmaß und der Höhe der Leistung gleichbleibend, Leistungen gewährt werden, die nicht im Arbeitsvertrag geregelt worden sind[68]. Dies gilt aber nur, wenn der Vorbehalt der Freiwilligkeit unterblieben ist.

cc) Verteilmodus auf Mitarbeitergruppen

Mitbestimmungspflichtig ist aber die Art und Weise der Verteilung der von der Aktiengesellschaft zur Verfügung gestellten Options-

68 BAG, DB 1963, 1191; *Baeck/Diller*, DB 1998, 1406 f.

rechte, hinsichtlich der Verteilungskriterien bezüglich der Firmenzuwendungen auf verschiedene Arbeitnehmergruppen und hinsichtlich der Durchführungsregelungen. Dies gilt insbesondere bezüglich der Fristen, die mit der Einführung von Optionsplänen oder der Begebung von Belegschaftsaktien verbunden sind.

Bei einem von einer ausländischen Obergesellschaft eingeführten Aktienoptionsprogramm ist hier zu beachten, dass zwar die Einführung selbst mitbestimmungsfrei ist, das „wie“ hingegen grundsätzlich mitbestimmungspflichtig. Hier kann das Unternehmen aber den Inhalt des von der Obergesellschaft beschlossenen Plan nicht mehr beeinflussen. Von daher ist das Unternehmen, wenn der Betriebsrat eine Änderung des Plans begehrt, befugt, damit zu drohen, dass der gesamte Plan nicht eingeführt wird. Dies ist keine Verletzung des Mitbestimmungsrechts des Betriebsrats gemäß § 87 Abs. 1 Nr. 10 BetrVG, da die Frage der Einführung eines solchen Plans mitbestimmungsfrei ist. Es bedarf deshalb erst gar keiner Anrufung der Einigungsstelle[69].

Problematisch kann bei der Gewährung von Aktienoptionen der arbeitsrechtliche Gleichbehandlungsgrundsatz sein. Dabei ist aber zu bedenken, dass hinsichtlich des Lohnes der Gleichheitsgrundsatz auf vertikaler Ebene keine Anwendung findet. Im Einzelnen gilt Folgendes:

Eine Differenzierung zwischen Teilzeit- und Vollzeitkräften ist unwirksam, wie sich aus § 2 BeschFG ergibt, der eine zwingende Regelung enthält. Allerdings darf im Verhältnis des zeitlichen Volumens entsprechend anteilig gekürzt werden[70]. Bezüglich der geringfügig Beschäftigten steht eine Klärung durch die Rechtsprechung noch aus. Arbeitnehmer, die sich im Mutterschutz oder Erziehungsurlaub befinden, dürften, auch wenn es eine Entscheidung der Rechtsprechung noch nicht gibt, wohl aus Aktienoptionsplänen ausgeschlossen werden. Sinn und Zweck dieser Pläne ist es, individuelle Leistungen zu honorieren, so dass eine entsprechende Differenzierung dann zulässig sein wird, wenn der Ausschluss der Betroffenen ausdrücklich geregelt worden ist.

---

69 *Baeck/Diller*, DB 1998, 1410 f.

70 *Baeck/Diller*, DB 1998, 1408.

Eine Differenzierung nach Betriebszugehörigkeit oder Hierarchieebenen ist zulässig. Innerhalb einer Führungsebene kann differenziert werden, wenn sachgerechte, leistungsbezogene Kriterien aufgestellt werden. Ein zulässiges Kriterium ist in diesem Zusammenhang beispielsweise die persönliche Leistung des einzelnen Mitarbeiters innerhalb eines bestimmten Zeitabschnittes.

Auch der Ausschluss von Auszubildenden und Aushilfskräften ist in diesem Zusammenhang zulässig.

Dies gilt auch auf Konzernebene, wo innerhalb der Konzerngesellschaften differenziert werden darf, da insoweit der Gleichbehandlungsgrundsatz keine Anwendung findet[71].

Bei Betrieben oder Betriebsteilen eines Unternehmens wird der sachliche Grund für die Differenzierung allerdings nur schwer zu finden sein. Hier ist zu verlangen, dass schon per se unterschiedliche Vergütungsstrukturen vorhanden sind, die dann auch eine unterschiedliche Behandlung bezüglich der Aktienoptionsrechte rechtfertigen würden.

dd) Ausschluss bzw. Verfall bei Kündigung

Problembehaftet sind auch die im Zusammenhang mit den Ausübungssperrzeiten regelmäßig vereinbarten Verfallfristen. Diese sind meist dergestalt vereinbart, dass sämtliche Optionsansprüche erlöschen, wenn das Anstellungsverhältnis vor Ablauf der Sperrfrist infolge einer Kündigung – gleichgültig, wer die Kündigung ausspricht – beendet wird[72].

Solche Verfallfristen kollidieren mit der grundgesetzlich geschützten Berufsfreiheit nach Art. 12 GG. In diesem Zusammenhang ist auch der Grundsatz der Vertragsautonomie nach § 305 BGB beschränkt. Der Arbeitgeber muss auf Grund seiner Fürsorgepflicht dem Arbeitnehmer gegenüber das Grundrecht auf freie Arbeitsplatzwahl beachten. Umfasst von der grundgesetzlichen Wertung ist auch der Schutz vor finanziellen Nachteilen, die mit einem Arbeitsplatzwechsel verbunden sind.

71 BAG, DB 1987, 693.
72 *Busch*, BB 2000, 1294, 1296.

Verfallfristen sind dennoch in bestimmtem zeitlichen Rahmen zulässig. So sieht schon das KonTraG in der Fassung des § 193 Abs. 2 Nr. 4 AktG einen Mindestzeitraum für die erstmalige Ausübung von zwei Jahren vor, so dass ein Ausscheiden innerhalb der Frist den Verlust der Optionsausübung mit sich bringt.[73]

Das Bundesarbeitsgericht hat grundsätzlich bezüglich Verfallfristen entschieden, dass diese jeweils im konkreten Einzelfall sachlich vertretbar sein müssen[74]. Dies hat zur Folge, dass es keine starren Kriterien gibt, jede konkrete Fallgestaltung im Einzelfall Gefahr läuft, gerichtlich nicht anerkannt zu werden. Anerkannte Kriterien, an denen sich Verfallklauseln messen lassen müssen, sind der mit der Gewährung des Optionsrechtes verbundene Zweck, die Dauer und die Erfolgsbeteiligung, die in einer Gesamtschau zu prüfen sind.

Bezüglich der Aktienoptionspläne liegt der Zweck in der langfristigen Bindung des Begünstigten einerseits und in der Erfolgsbeteiligung andererseits. Hier ist dann zu bedenken, dass im Unterschied etwa zu Erfolgsprämien Optionsgewährungen ohnehin mit einem Risiko behaftet sind, da die Kurssteigerung nicht im voraus feststeht, sondern unsicher ist. Die langfristige Bindung ist ein legitimer Zweck, der eine mehrjährige Bindung rechtfertigen kann[75]. Von daher dürften Verfallfristen bis zur Dauer von fünf Jahren rechtlich wirksam sein[76].

Auf jeden Fall muss die Verfallklausel zum Inhalt haben, dass bei Ausscheiden der volle Bezugspreis zurückgewährt wird. Eine Einbehaltung oder Kürzung ist unzulässig. Eine ähnliche Wertung muss auch bei der Ausgabe von Belegschaftsaktien beachtet werden. Soweit eine Klausel zum Inhalt hat, dass die Aktie bei Beendigung des Arbeitsverhältnisses zurückzuübertragen ist, ohne dass eine Vergütung gezahlt zu werden braucht oder diese unterhalb des Bezugspreises liegt, ist diese unwirksam. Der zur Rückgabe Verpflichtete hat einen Anspruch auf Rückgewährung des vollständigen Bezugspreises.

---

73 *Mechlem/Melms*, DB 2000, 1616.

74 BAG, DB 1972, 2114.

75 *Baeck/Diller*, DB 1998, 1408.

76 *Mechlem/Melms*, DB 2000, 1615; *Baeck/Diller*, DB 1998, 1408.

ee) Gerichtszuständigkeit

Die Gerichte für Arbeitssachen sind ausschließlich zuständig für bürgerliche Rechtsstreitigkeiten zwischen Arbeitnehmern und Arbeitgebern über Ansprüche, die mit dem Arbeitsverhältnis in rechtlichem oder unmittelbar wirtschaftlichem Zusammenhang stehen. Bezüglich der Stock-Optionmodelle ist die Zuständigkeit der Arbeitsgerichte dann anzunehmen, wenn die Beteiligung nicht zu marktüblichen Konditionen erfolgt oder nur im Hinblick auf das Arbeitsverhältnis gewährt wird.

Weitere arbeitsrechtliche Probleme im Zusammenhang mit „stock-option-plans“ sind bislang nicht bekannt, könnten aber auf Grund konkreter Fallgestaltungen auftauchen. Dies bleibt abzuwarten.

ff) acceleration clauses

Zu dem Komplex der regelungsnotwendigen Ansätze wird aus Sicht der Optionsnehmer oftmals die Einfügung von acceleration clauses erwünscht. Derartige Klauseln sind solche, die oft nur arbeitsrechtlich verankert sind. Sie stellen für das Management den Gesichtspunkt sicher, dass die einmal gewährte Option wirtschaftlich auch dann erhalten bleibt, wenn eine Umwandlung der Gesellschaft ansteht.

f) Insiderrechtliche Problematik

Insiderrechtliche Probleme können im Zusammenhang mit Stock Option Plänen auftauchen[77]. Da sich die Optionsprogramme im Wesentlichen an Organe oder zumindest an Mitarbeiter richten, die in hohem Maße für Entscheidungen im Unternehmen zuständig sind, kann in aller Regel davon ausgegangen werden, dass diese Personen Insider gemäß § 13 Abs. 1 Nr. 1 und 3 WpHG sind.

Differenziert betrachtet werden muss dagegen die Frage, ab wann bei einem Aktienoptionsplan die Papiere gemäß § 12 Abs. 2 WpHG als Insiderpapiere zu qualifizieren sind. Eindeutig zu beantworten ist

77 Schreiben des Bundesaufsichtsamtes für den Wertpapierhandel an die Vorstände der börsennotierten Aktiengesellschaften vom 1.10.1997; Schreiben des Bundesaufsichtsamtes für den Wertpapierhandel an die Vorstände der börsennotierten Aktiengesellschaften vom 28.7.1999.

jedenfalls, dass bei den synthetischen Aktienmodellen die Papiere niemals am Markt zugelassen sind und daher keine Insiderpapiere sein können.

Bei den anderen muss insofern unterschieden werden, in welchem zeitlichen Bereich der Aktienoptionsplan angesiedelt ist. Der Planungs- und Entscheidungsvorgang und der Beschaffungsvorgang sind insiderrechtlich noch ohne Relevanz, soweit der Plan aus Papieren bedient werden soll, die über genehmigtes oder bedingtes Kapital als Kapitalerhöhung beschafft werden sollen. Die Aktien sind zu jedem Zeitpunkt nicht insiderrechtlich relevant gemäß § 12 Abs. 1 S. 1 Nr. 1 WpHG notiert. Bei den Optionsrechten handelt es sich bis zum Zeitpunkt der Ausübung der Rechte bzw. der Zuteilung der Aktien noch nicht um Insiderpapiere[78].

Die Beschlussfassung kann jedoch eine Pflicht zur Ad-hoc-Publizität nach § 15 WpHG auslösen.

Soweit der Aktienoptionsplan über den Rückkauf eigener Aktien nach § 71 Abs. 1 S. 1 Nr. 8 AktG bedient werden soll, können bereits die Beschlüsse des Vorstandes und des Aufsichtsrates, die den Vorschlag an die Hauptversammlung enthalten, die Ermächtigung zum Aktienrückkauf zu ermöglichen, Insidertatsachen sein. Daher ist die Gesellschaft gehalten, den Beschluss der Hauptversammlung dem Bundesaufsichtsamt für den Wertpapierhandel mitzuteilen.

Problematisch wird eine Beurteilung im Sinne des Insiderrechtes dann, wenn die Options- oder Wandlungsrechte ausgeübt werden. In diesem Augenblick werden die jungen Aktien zugelassen bzw. ihre Zulassung wird beantragt. Damit liegt ein Insiderpapier vor. Fraglich bleibt, ob ein „Ausnutzen“ im Sinne des § 14 Abs. 1 Nr. 1 WpHG vorliegt. Die Ausübung der Option wäre im Regelfall auch ohne positive Insiderinformation erfolgt.

Verzichtet der Optionsberechtigte bei börsennotierten Papieren auf die Ausübung, sind insiderrechtliche Belange nicht berührt. Gegen das Erwerbs- oder Veräußerungsverbot des § 14 WpHG kann dann nicht verstoßen werden, da durch ein schlichtes Unterlassen keine der beiden im Gesetz normierten Handlungen vorgenommen werden kann.

---

78 *Fürhoff*, AG 1998, 84.

Erst zum Zeitpunkt der Veräußerung der erworbenen Aktien können insiderrechtliche Probleme verstärkt auftreten. Beim Veräußern in Kenntnis einer positiven Insidertatsache fehlt es am „Ausnutzen" der Tatsache gem. § 14 WpHG. Bei der Veräußerung in Kenntnis einer negativen Insidertatsache sind die Voraussetzungen des § 14 WpHG erfüllt. Hier wird der Begünstigte genauso behandelt wie der Aktionär[79]. Da dem Begünstigten nicht das Recht verwehrt werden soll die Aktien zu verkaufen, kann er einen weisungsfreien Dritten mit der Verwaltung betrauen. Innerhalb seiner Verwaltungsbefugnis steht dem Dritten dann auch das Recht zur Veräußerung zu.

Auch kann das Unternehmen selbst festlegen, dass eine Veräußerung nur zu bestimmten Zeiten vorgenommen werden darf, die dann sinnvollerweise unmittelbar auf die Veröffentlichung der Quartals- oder Halbjahresberichte oder nach einer Ad-hoc-Mitteilungen erfolgen sollte (sog. Handlungsfenster).

6. Belegschaftsaktien

Abzugrenzen und dennoch gleichzeitig in den Rahmen der Aktienoptionspläne zu integrieren ist die Möglichkeit der Schaffung von Belegschaftsaktien. Alle bisher benannten Aktien, die von Mitarbeitern im Rahmen von Aktienoptionsplänen gehalten werden, können allgemein als Belegschaftsaktien bezeichnet werden. Oftmals findet sich der Ausdruck wieder für die Aktien, die im Rahmen der Beschaffung des § 71 Abs. 1 Nr. 2 AktG beschafft und weitergegeben wurden. Im hier verwandten Sprachgebrauch sind Belegschaftsaktien jedoch solche, die im Rahmen des § 19 a EStG den Mitarbeitern durch das Unternehmen zugänglich gemacht werden[80]. Es handelt sich um den Kauf von verbilligten oder unentgeltlichen Unternehmensaktien. Dabei handelt es sich um die Möglichkeit, neben den Mitarbeitern auch Rentner oder Ruheständler mit zu integrieren. Die Organe der Gesellschaft sind jedoch regelmäßig ausgeschlossen.

Soweit die Aktien nicht unentgeltlich vergeben werden, ist als Nachteil anzumerken, dass es sich um einen sofortigen Kapitaleinsatz des

79 *Fürhoff*, AG 1998, 85; *Kühneberger/Keßler*, AG 1999, 461.

80 *Ettinger*, Stock-Options, S. 183, verweist auf die Kombinierbarkeit zusätzlich mit Jubiläumszuwendungen nach §§ 3 Nr. 52 EStG, 3 LStDV.

Aktionärs mit dem Risiko für den gegenwärtigen vollen Wert der Aktie handelt. Zwar kann seine Tätigkeit für das Unternehmen einen steuerfreien Wertzuwachs bei der Aktie erzeugen. Es ist jedoch fraglich, ob die gegenwärtigen steuerlichen Grenzen des § 19 a EStG die gewünschte Motivationswirkung bei dem Mitarbeiter erzeugen. Zum einen hat dieser eine Veräußerungssperre über 6 Jahre hinweg, zum anderen sind die Beträge, die innerhalb des § 19 a EStG gefördert werden, sehr klein.

Belegschaftsaktien sind vollwertige Aktien mit dem Recht der Anwesenheit in der Hauptversammlung und der Ausübung des Stimmrechts. Auch bei diesen Aktien ist grundsätzlich die Möglichkeit der Gestaltung über vinkulierte stimmrechtslose Vorzugsaktien gegeben. Aber selbst Letztere vermitteln weiter das Auskunftsrecht und das Anfechtungsrecht hinsichtlich der Beschlüsse der Hauptversammlung.

Der Arbeitnehmer hat den geldwerten Vorteil, den er durch den verbilligten Erwerb der Aktien erlangt, zu versteuern. Es wird der Unterschiedsbetrag zwischen dem Bezugskurs und dem tatsächlichen Kurswert versteuert. Für den Fall, dass es sich um keine börsennotierte Aktiengesellschaft handelt, ist der Wert nach dem Stuttgarter Verfahren zu betrachten. Ergänzend ist festzustellen, dass die steuerliche Förderung durch § 19 a EStG oftmals gekoppelt wird mit der Gewährung von vermögenswirksamen Leistungen. Diese Koppelung hat aus steuerlichen Gründen nur dann Sinn, soweit es sich um Arbeitnehmer mit geringen Einkünften handelt. Beim Unternehmen entsteht durch Überlassung der Aktien eine Betriebsausgabe in Höhe des Ausgabekurses, bei einer unentgeltlichen Überlassung in Höhe des Buchwertes der eigenen Aktien. Soweit die Aktien im Rahmen einer Kapitalerhöhung beschafft werden, gelten die zuvor getätigten Ausführungen.

Soweit die Aktien vom Unternehmer selbst zugewandt werden, kommt es auf die Gestaltung an. Möglich ist einerseits die Behandlung als Einlage in die Gesellschaft (als verdeckte Einlage) auf Grund einer Verpflichtung gegenüber der Gesellschaft und dort sodann wieder Betriebsausgabe in Form von Lohn. Für den Unternehmer kann eine Gewinnrealisierung gemäß §§ 15 oder 17 oder 23 EStG eintreten.

Als allgemeiner Aspekt zu den Belegschaftsaktien kann sicherlich gesagt werden, dass die Anreizfunktion sehr klein ist, jedoch auch eine preiswerte Einführung bei nur geringen Beratungskosten verursacht. Möglicherweise kann die Schaffung von Belegschaftsaktien in weiten Teilen der Arbeitnehmerschaft des Unternehmens parallel zu einem Aktienoptionsprogramm gesehen werden. Hierdurch würde die Motivation sicherlich in allen Gruppen der Arbeitnehmerschaft ermöglicht.

7. Virtuelle Beteiligungen / Blind-Stocks / synthetische Modelle Phantom Stock / Stock Appreciation Rights / Tracking Stock

Virtuelle Beteiligungen stellen sich als eine besondere Art der Tantiemenzahlung dar, ohne dass Aktien oder Aktienoptionen real bewilligt werden. Bei diesen Optionsrechten wird eine Verknüpfung zwischen den Kurswerten bei Vereinbarung und bei Ausübung hergestellt und die erreichte Kurssteigerung sodann in bar ausgezahlt, ohne dass ein Recht zum realen Aktienbezug eingeräumt wird[81]. Die entsprechende Bezeichnung aus der amerikanischen Gesetzgebung würde „performence share units" lauten.

Von Phantom Stocks wird gesprochen, wenn die vertragliche Gestaltung eines Programms der von virtuellen Aktien entspricht, während Stock Appreciation Rights der einer virtuellen Aktienoption gleichen. Bei Phantom Stocks nimmt der Berechtigte an der Kursentwicklung und gegebenenfalls an den Dividendenzahlungen teil, als ob er tatsächlich Aktien der Gesellschaft besitzen würde. Bei Stock Appreciation Rights wird dem Berechtigten das Recht gewährt, im Ausübungszeitpunkt eine Gehaltszahlung in Höhe des Aktienkurses abzüglich des zuvor vereinbarten Basispreises zu erlangen.

Der größte Vorteil dieser synthetischen Modelle ist es, dass keine Kapitalverwässerungseffekte eintreten können, das heißt der Wert

81 *Ettinger*, Stock Options, S. 11 f.

der Aktie wird nicht geschmälert[82]. In rechtlicher Hinsicht bedarf es bei diesen Modellen keines Hauptversammlungsbeschlusses mit den entsprechenden Wirksamkeitsrisiken, beispielsweise durch eine Anfechtung. Es wird vielmehr ein Rechtsverhältnis zwischen Management und Gesellschaft begründet, welches keinen aktienrechtlichen Beschränkungen unterliegt.

Dieses Modell sieht sich aber auch gewichtigen Einwänden ausgesetzt. Zwar wirken sich solche virtuellen Beteiligungen nicht auf das Eigenkapital des Konzerns aus, so dass auch keine Kapitalverwässerungseffekte entstehen können, die den Gewinn pro Aktie schmälern, jedoch mindert die Barvergütung bei Phantom-Stock Programmen die Liquidität der Gesellschaft, da sie sich direkt im Aufwand niederschlägt. Der Gewinn des Unternehmens wird demnach reduziert. Somit entfällt gleichzeitig die Zuführung von Eigenkapital. Weiter wird kritisch angemerkt, dass mit der Auszahlung das Modell verbraucht ist, denn es können keine Haltefristen vereinbart werden. Auf Seiten der Berechtigten entstehen keine Mitspracherechte oder sonstigen Gesellschafterrechte.

Einige konkrete Ausgestaltungen sahen sich dem Vorwurf ausgesetzt, dass die Ausübung der SAR an keine Leistungsanforderungen, wie beispielsweise Kurssteigerungen oder der Orientierung an Aktienindizes gebunden wurde, sondern sich lediglich am aktuellen Börsenwert orientierte. Windfall profits können somit nicht ausgeschlossen werden[83].

Ein großer Nachteil ist, dass die Liquiditätsbelastung des Unternehmens sehr hoch sein kann. Gerade bei Unternehmen im e-commerce-Bereich ist zu beobachten, dass die Werthaltigkeit des Unternehmens von außenstehenden Aktionären sehr hoch gesehen wird, obwohl das Unternehmen tatsächlich noch keine Umsätze, geschweige denn Gewinne erzielt hat. In einer solchen Situation ist das Unternehmen möglicherweise gezwungen, Optionen zu bedienen. Diese richten sich nach einem – möglicherweise nur vorübergehend – hohen Aktienkurs. Das Unternehmen hat jedoch keine Möglichkeit, aus eigenen internen betrieblichen Mitteln die Wertsteigerung, die die Aktie im Außenverhältnis erfahren hat, nachzubilden.

---

82 Vgl. *Pellens/Crasselt,* DB 1998, 218.

83 Vgl. *Federsen/Pohl,* AG 2001, 28; *Kau/Leverenz*, BB 1998, 2271.

Hier wird diskutiert, das Risiko der Kursdifferenz zwischen der Einräumung und der Ausübung des Optionsrechts im Wege eines Hedge-Geschäfts zu sichern. Die Rechtsprechung und die Literatur haben bedauerlicherweise noch keine Antwort auf die Frage gefunden, ob ein derartiges Hedge-Geschäft in seiner rechtlichen Einordnung einem Erwerb eigener Aktien gemäß § 71 AktG gleichsteht[84].

Eine aktuelle neue Variante der Mitarbeiterbeteiligung ist die Begebung von Optionen auf sogenannte „Tracking Stocks“[85]. Mittels Tracking Stocks wird das Aktienbusiness auf einzelne Geschäftsbereiche beschränkt. Interessant ist in diesem Zusammenhang die Möglichkeit, als eigenen Geschäftsbereich beispielsweise, wie mittlerweile in den USA aufkommend, die Internetsparte auszuklammern.

Die Unternehmen bringen dabei ihre e-commerce Sparte an die Börse. Die Aktionäre werden dann nicht am Gewinn des gesamten Unternehmens beteiligt, sondern nur am einzelnen Geschäftsbereich, der e-commerce Sparte. Dies setzt voraus, dass eine separate Rechnungslegung der Geschäftseinheit erfolgt.

Die wirtschaftliche Situation ähnelt dabei der, wie sie sich nach einer Unternehmensspaltung darstellt. Durch „Tracking Stock Optionen“ können zum einen die Mitarbeiter des Geschäftsbereichs erreicht werden, zum anderen können diese Optionen aber auch den Mitarbeitern des Mutterunternehmens angeboten werden, um diese für eine gute Zusammenarbeit mit den Kollegen dieses Geschäftsbereiches zu belohnen.

Virtuelle Programme werden oftmals durchgeführt mit einer Vielzahl von Zusatzbedingungen und Klauseln. Vergleichbar zu den realen Programmen wird eine Überperformance zu einem selbsterstellten Konkurrenzindex oder zu einem bereits vorhandenen, börsenmäßig verzeichneten Index als Ausübungsbedingung vereinbart. Zum Teil ist der Zukauf von Aktien notwendig, um an den virtuellen Programmen zu partizipieren. Teilweise wird die Betriebszugehörigkeit der Mitarbeiter als zusätzliches Kriterium eingebracht. Weiterhin wird eine Staffelung für Unternehmensgewinne gesehen. Bei

84 *Klahold*, Aktienoptionen als Vergütungsinstrument, S. 211.

85 Vgl. zu diesem Themenkreis auch *Sieger/Hasselbach*, BB 1999, 1277 ff.

steigenden Unternehmensgewinnen ist der Zuwachs der Optionsrechte in abnehmenden Punktzahlen gestaltet worden.

Die steuerliche Behandlung dieser virtuellen Programme sind im Rahmen der Jahresabschlüsse nicht berichtspflichtig. Dieses ergibt sich aus § 160 Abs. 1 Nr. 5 HGB in Verbindung mit § 192 Abs. 2 Nr. 3 AktG. Die Zahlungen stellen, für den Fall, dass sie durchgeführt werden, einen Gehaltsaufwand dar. Auch die virtuellen Kursgewinne sind Tantiemen. Soweit eine Dividendenschutzklausel in den virtuellen Programmen vereinbart wird, sind auch diese als Tantiemen zu sehen. Die virtuelle Beteiligung wird als Personalaufwand aktiviert, für die zu erwartende Inanspruchnahme wird in die Bilanz eine Verbindlichkeit eingestellt. Bei dem Teilnehmer der virtuellen Aktienoptionen handelt es sich um steuerpflichtigen Arbeitslohn bei Zufluss. Sie sind dem Bonus in hohem Maße vergleichbar.

8. Family & Friends Programme

Im Vorfeld von Börseneinführungen von Aktiengesellschaften sind oftmals erhebliche Potenziale von Aktien im Rahmen von sogenannten Family & Friends Programmen vergeben worden. Derartige Zuteilungsverfahren haben den Unmut der Zeichner auf sich gezogen, die letztendlich nicht an dem Zuteilungsergebnis beteiligt waren. Diskutiert wird weiter, ob die Aktionäre einer Muttergesellschaft ein Vorkaufsrecht an den Aktien eines Tochterunternehmens haben oder bekommen müssten. Ähnliches gilt auch für andere Unternehmen, die beispielsweise nur die bei ihnen bestehenden Kunden am Zuteilungsverfahren beteiligen.

Derartige Bevorzugungen von sogenannten Family & Friends-Mitgliedern sind von der Literatur und der Börsensachverständigenkommission beachtet und aufgegriffen worden. Eine Sachverständigeninitiative zur Verbesserung der Zuteilungsverfahren für Privatanleger bei Aktienemissionen ist von der Börsensachverständigenkommission vorgelegt worden.

Dabei handelt es sich nicht um eine gesetzliche Vorschrift, sondern lediglich um einen Vorschlag, der – ähnlich wie der Übernahmekodex – eben nicht gesetzlich geregelt ist. Darüber hinaus ist anzumerken, dass die einzelnen Mitglieder der Börsensachverständigenkommission selbst dem eigenem Vorschlag kritisch gegenüber stehen. Hier wird bemängelt, dass der Vorschlag selbst nicht weit genug geht. Praktische Ergebnisse sind noch nicht zu erkennen, die Entwicklungen bleiben abzuwarten.

9. Leveraged ESOP

Unter diesem Begriff wird eine besondere Ausgestaltung eines Aktienoptionsplans verstanden, bei der Mitarbeiter vermittels eines von der Aktiengesellschaft vergebenen Kredites schnell eine relativ große Anzahl von Aktien erwerben, um sie zu stimmberechtigten Aktionären zu machen. Diese Darlehen an die Mitarbeiter werden von Seiten der Aktiengesellschaft durch eine Put Option besichert[86].

10. Muster zur Ausgestaltung eines Aktienoptionsplans

Notarielle Beschlussfassung

Ein solcher Beschluss wird von der Hauptversammlung nach Vorschlag des Vorstandes und des Aufsichtsrates zur Ermächtigung des Vorstands, zum Erwerb eigener Aktien in notarieller Form niedergeschrieben[87].

…

Zu Punkt 7 der Tagesordnung:

Die Gesellschaft wird ermächtigt, eigene Aktien in einem Volumen von maximal bis zu 10% des Grundkapitals zu anderen Zwecken als dem Wertpapierhandel zu erwerben. Der Erwerb darf über die Börse oder mittels eines an alle Aktionäre gerichteten öffentlichen Kaufangebots erfolgen. Im Fall des Erwerbs über die Börse darf der Erwerbspreis den durchschnittlichen Kurs der Aktie an der Wertpa-

86 Ausführliche Darstellung von *Köhler,* in: Harrer, Mitarbeiterbeteiligungen und Stock-Option-Pläne, Rdnr. 649.

87 Vgl. ähnliche Muster in: MüVHB/*Hölters*, V. 61.

pierbörse in Frankfurt an den jeweils zehn vorangegangenen Börsentagen um nicht mehr als 8% über- oder unterschreiten. Bei einem öffentlichen Kaufangebot gilt Gleiches.

Der Vorstand wird ermächtigt, mit Zustimmung des Aufsichtsrates Aktien der Gesellschaft, die auf Grund dieser Ermächtigung erworben werden, neben der Veräußerung über die Börse diese zur Bedienung von Aktienoptionen für Mitglieder der Geschäftsleitung und Mitarbeiter gemäß dem in dieser Hauptversammlung beschlossenen Aktienoptionsplan einzusetzen. Das Bezugsrecht der Aktionäre auf die eigenen Aktien wird insoweit ausgeschlossen.

Der Vorstand wird ferner ermächtigt, die erworbenen eigenen Aktien mit Zustimmung des Aufsichtsrats ohne weiteren Hauptversammlungsbeschluss einzuziehen.

Diese Ermächtigung zum Erwerb eigener Aktien gilt bis zum …

Aktienoptionsvertrag[88]

Die..............................AG (Gesellschaft) und

Herr/Frau.........................(Bezugsberechtigter)

schließen folgen Aktienoptionsvertrag:

Präambel

Dieser Vertrag ergänzt den am.........................geschlossenen Anstellungsvertrag zwischen der...................................Gesellschaft und Herrn/Frau.......................... und wird dessen Bestandteil. Die Hauptversammlung hat die Einführung eines Aktienoptionsplans beschlossen Dieser Hauptversammlungsbeschluss wird diesem Aktienoptionsvertrag als wesentlicher Bestandteil beigefügt. Herr/Frau.......................... ist Bezugsberechtigter nach diesem Hauptversammlungsbeschluss.

88 Vgl. ähnliche Muster bei: *Harrer*, Mitarbeiterbeteiligungen und Stock-Option-Pläne, S. 210.

§ 1 Vertragsgegenstand Optionsrechtsgewährung

(1) Dem Bezugsberechtigten wird hiermit ohne Gegenleistung das Recht eingeräumt, ... Stück Namens-Stammaktien als Stückaktien zu dem nachfolgend definierten Preis (kann bereits feststehen; etwa der aktuelle Börsenkurs) zu erwerben.

(2) Der für jede Stammaktie zu zahlende Bezugspreis wird wie folgt ermittelt.

(Bei Erstemission: Der Bezugspreis entspricht dem Emissionskurs der Aktie. Dieser wird nur nach oben korrigiert, wenn innerhalb von fünf Tagen nach der Erstnotiz an jedem Tag ein Kurs erreicht wird, der über dem Ausgabekurs liegt. Dann wird von dem Durchschnitt dieser Kurse ein 20% Abschlag, bezogen auf die Erhöhung gegenüber dem Emissionskurs, genommen. Der so errechnete Wert ist der Basispreis.)

Der Bezugspreis entspricht dem durchschnittlichen Börsenkurs der Aktie der Gesellschaft in Frankfurt an den letzten zehn Handelstagen (Xetra Wert) vor Gewährung der Optionsrechte der Gesellschaft.

Oder

Als Optionspreis wird der Kurs zur Zeit der Optionsausübung bestimmt, der mit einem Performanceabschlag korrigiert wird. Dieser Performanceabschlag ist die bessere Wertentwicklung der Aktie im Vergleich zu der Entwicklung des DAX (oder eines anderen Referenzindex) in der gleichen Periode. Diese Besserentwicklung wird vom Optionspreis abgezogen[89].

Oder

Der zu zahlende Basispreis ist der Börsenkurs am Tag der heutigen Vertragsunterzeichnung multipliziert mit dem Faktor F. Der Faktor F bestimmt sich nach dem Verhältnis des Standes des deutschen Aktienindex DAX (oder geeigneter Referenzindex) zum Zeitpunkt der Einräumung der Option zum Stand des Referenzindex deutschen Aktienindex DAX zum Zeitpunkt der Ausübung der Option (DAX Ausübung) nach folgender Formel:

---

89 Vgl. *Aha*, BB 1997, 2226; *Claussen*, WM 1997, 1825 ff.

F = Referenzindex bei Ausübung / Referenzindex bei Optionseinräumung[90]

§ 2 Ausübungszeiträume/Optionsrechtsausübung

(1) Die Optionsrechte dürfen erstmalig im Jahr................(zwei/drei Jahre nach Unterzeichnung dieses Vertrages) ausgeübt werden. (Stückelung in Tranchen möglich)

(2) Die Ausübung kann jeweils beginnend mit dem Tag nach der quartalsmäßig veröffentlichten Zwischenbilanz drei Wochen lang ausgeübt werden.

(3) Die Optionsrechte können nur ausgeübt werden, wenn die Kursentwicklung der Aktie seit dem Ausgabetag des Bezugsrechts an fünf aufeinander folgenden Handelstagen vor Ausübung der Option die entsprechende Entwicklung des Referenzkurses um mindestens zwei Prozentpunkte übertrifft. Dieser Prozentsatz gilt für das erste Jahr des Ausübungszeitraums und steigt im zweiten und den folgenden Jahren des Ausübungszeitraums jeweils um einen halben Prozentpunkt.

(4) Die Ausübung geschieht gemäß § 198 Abs. 1 AktG gegenüber dem Vorstand der Gesellschaft, soweit der Vorstand die Option ausübt, gegenüber dem Vorsitzenden des Aufsichtsrats.

§ 3 Verfügungsverbot/Ausübungs- und Veräußerungsbeschränkungen

Der/Die Bezugsberechtigte darf über die Optionen keine Verfügungen treffen. Insbesondere sind die Optionen nicht übertragbar und unvererblich.

§ 4 Verkauf der Aktien

Die in Ausübung des Optionsrechts erworbenen Aktien dürfen erst nach einer Haltefrist von sechs Monaten weiterveräußert oder in sonstiger Weise darüber verfügt werden. Der Bezugsberechtigte in-

90 *Bredow*, DStR 1998, 381.

formiert die Gesellschaft schriftlich, ob er einen Tag vor Ablauf dieser Frist noch über die Aktien unbeschränkt verfügen darf.

§ 5 Verfall der Optionen

Endet das Anstellungsverhältnis innerhalb von zwei Jahren seit In-Kraft-Treten dieser Vereinbarung, so verfallen die Optionen. Der Grund der Beendigung ist ohne Belang.

§ 6 Steuerliche Behandlung

Die bei Ausübung der Optionen anfallenden Steuern sowie gegebenenfalls darauf entfallende Sozialabgaben führt die Gesellschaft entsprechend den gesetzlichen Vorschriften ab. Der Bezugsberechtigte ist verpflichtet, diesen Betrag der Gesellschaft zu erstatten. Die Gesellschaft ist berechtigt, dazu Einbehaltungen vom Gehalt bis zu 55% der Bruttovergütung vorzunehmen.

§ 7 Vertragskündigung

(1) Verletzt der Bezugsberechtigte Pflichten dieses Vertrages oder seines Organschafts-, Anstellungsverhältnisses, so kann die Gesellschaft diese Vereinbarung mit einer Frist von einem Monat kündigen. Mit Zugang einer schriftlichen Kündigung erlöschen die Optionsrechte.

(2) Das gleiche Recht steht der Gesellschaft zu, wenn die Zwangsvollstreckung von einem Gläubiger des/der Angestellten in die Rechte aus diesem Vertrag betrieben wird oder ein Vergleichs- oder Insolvenzverfahren eröffnet wird.

§ 8 Schriftform

Sämtliche Änderungen dieses Vertrages bedürfen der Schriftform.

§ 9 Vertragsungültigkeit, Ergänzende Auslegung

(1) Die Gültigkeit der Vertragsbestimmungen wird nicht durch die Ungültigkeit einzelner Teile dieses Vertrages berührt.

(2) Die unwirksame Regelung oder eine Lücke wird durch die Bestimmung ersetzt, die der Interessenlage der Parteien entspricht.

§ 10 Wirksamkeit des Vertrages

Dieser Vertrag tritt nur dann in Kraft, wenn die Hauptversammlung gemäß Beschluss vom..............unanfechtbar die Schaffung von bedingtem Kapital in Höhe von Euro gemäß § 192 Abs. 2 Nr. 3 AktG beschlossen hat.

§ 11 Laufzeit des Vertrages

Der Vertrag endet am........... Soweit der/die Angestellte bis zu diesem Zeitpunkt die Optionsrechte nicht ausgeübt hat, verfallen sie.

Unterschriften

Angestellte/Angestellter Aktiengesellschaft

XV. Glossar

Added Value: Wertzuwachs, der dadurch erzielt wird, dass Management-Know-How und Betreuung in das Unternehmen eingebracht werden.

Ad-hoc-Publizität: Verpflichtung des Emittenten durch das Wertpapierhandelsgesetz (WpHG) zur sofortigen Veröffentlichung kursrelevanter Nachrichten im Bereich des Unternehmens, die den Börsenkurs erheblich beeinflussen können. Dadurch sollen Insiderwissen und dessen wirtschaftliche Ausnutzung verhindert werden.

Access Point: Zugriffspunkt, über den Börsenteilnehmer in den elektronischen Systemen → Xetra und Eurex elektronisch Zugriff nehmen können.

Agency-Costs: Kosten, die bei Aktionären auf Grund des Verzichts des Managements auf aussichtsreiche Investitionen entstehen. Die geringe Risikobereitschaft des Managements resultiert dabei aus der Gefahr, sich vor den Aktionären rechtfertigen zu müssen, wenn sich das Investitionsrisiko realisiert. → Principal-Agent Theorie.

Agio: Aufgeld, ist die Differenz zwischen dem Nennwert und dem darüberliegenden Kurswert eines Wertpapiers. Gegensatz: → Disagio (Abgeld, Abschlag).

Akquisitionswährung: Zahlungsmittel für eine Unternehmensübernahme, wird vor allem im Zusammenhang mit der Verschmelzung zweier börsennotierter Unternehmen durch den Tausch ihrer Namensaktien verwendet.

Aktie: Urkunde über einen Besitzanteil am Grundkapital (Aktienkapital) einer AG. Die Urkunde verbrieft die Mitgliedschafts- und Vermögensrechte.

- Bei Namensaktien lautet die Urkunde auf den Namen des Aktieninhabers, der in das Aktienbuch der Gesellschaft eingetragen ist. Umschreibung meist nur mit Zustimmung der Gesellschaft möglich, dann vinkulierte Namensaktien. Eine Übertragung erfolgt durch Indossament.
- Inhaberaktien: auf den Inhaber lautende Aktie (Mehrzahl der deutschen Aktien). Übertragung erfolgt durch formlose Übereignung des Papiers (Einigung und Übergabe), daher für die Geldanlage besonders geeignet.
- Vorzugsaktien: besondere Gattung, die im Gegensatz zu den normalen Inhaberaktien, den Stammaktien, mit keinem Stimmrecht verbun-

den sind. Für diesen Nachteil sind sie mit besonderen, in der Satzung der AG festgelegten Vorrechten ausgestattet, z. B. Mindestdividende, Dividendenvorzug, kumulativer Dividendenanspruch.

- Berichtigungsaktien: fälschlich oft Gratisaktien genannt; sind neue Aktien aus einer Kapitalerhöhung aus Gesellschaftsmitteln. Sie werden den Aktionären der AG in einem bestimmten Verhältnis angeboten, ohne dass diese eine Gegenleistung erbringen müssen. Offene Rücklagen, an denen der Aktionär entsprechend seinen Aktien beteiligt ist, werden durch einen Passivtausch in Aktienkapital umgewandelt. Der Aktienkurs reduziert sich entsprechend dem Verhältnis bei den Kapitalerhöhungskonditionen. Nach vollzogener Kapitalerhöhung müssen alle auf die Aktie bezogenen Daten bereinigt werden.
- Nennwertlose Aktien: sind solche, die nach dem Gesetz über Stückaktien keinen Hinweis auf einen Nominalbetrag haben, sondern einen prozentualen Anteil am Grundkapital repräsentieren.

Aktienanalyse: eine systematische, nach bestimmten Kriterien erfolgende Untersuchung von AG und ihren Aktien. Die Aktienanalyse gliedert sich auf in die → Fundamentalanalyse (Untersuchung der Ertragskraft einer AG), in die Bewertungsanalyse (Untersuchung – ausgehend von den prognostizierten Ertragszahlen einer Aktie, ob sie im Verhältnis zu Alternativanlagemöglichkeiten interessant ist oder nicht) und in die Marktanalyse (d.h. z.B., welche Erwartungen Marktteilnehmer haben und welche Reaktionen sie bei Wirtschafts- bzw. Unternehmensnachrichten erwarten lassen). Ergänzt wird sie durch die markttechnische Analyse, die auf der Untersuchung der graphischen Darstellung von Aktienkursverläufen, Aktienumsätzen und bestimmten Aktienmarktstatistiken basiert.

Aktienindex: Abbildung der Bewertung eines Aktienportfolios.

Aktienrückkauf: → Rückkauf eigener Aktien.

Aktiv gemanagter Fond (XTF): Börslich gehandelter Investmentfond, dessen Zusammensetzung von einem Fondsmanager beobachtet, überprüft und je nach Marktsituation angepasst wird. Aktiv gemanagte Fonds werden von Fondgesellschaften emittiert und an der Deutschen Börse im Segment XTF gehandelt.

American Depositary Receipt (ADR): Aktienzertifikate von amerikanischen Banken über bei ihnen hinterlegte nichtamerikanische Aktien.

American Style Options: Option, die jederzeit während der Laufzeit ausgeübt werden kann. → European Style Options.

Amtliche Notiz: Kursnotierung von Wertpapieren, die zum Amtlichen Handel an der Börse zugelassen sind. Entweder werden die Kurse einmal während der Börsenzeit (→ Kassamarkt) festgesetzt, oder aber bei den Standardwerten mit großem Umsatzvolumen nach Bedarf fortlaufend (variabler Markt). Festgestellt werden sie von amtlichen Maklern und im amtlichen Kursblatt der Börse sowie im Wirtschaftsteil der Presse veröffentlicht.

Anleihen: Sammelbezeichnung für alle Schuldverschreibungen mit einem festen Zinssatz und vereinbarter Laufzeit. Anleihen sind langfristige Schuldaufnahmen am Kapitalmarkt durch öffentliche Stellen, Grundkreditanstalten und Unternehmungen. Sie verbriefen ein Gläubigerrecht und sind in Teilbeträge gestückelt. Je nach Schuldner unterscheidet man öffentliche Anleihen (Anleihen des Bundes, Länder, Städte, Bundespost und Bundesbahn), Industrieanleihen, Anleihen von Hypothekenbanken oder öffentlich-rechtlichen Kreditanstalten und DM-Auslandsanleihen.

Antizyklisches Verhalten: am Aktienmarkt ein gegen den allgemeinen Basistrend gerichtetes Anlegerverhalten.

Arbitrage: Nutzung der Preis-, Kurs- oder Zinsdifferenz eines Handelsobjektes an verschiedenen Börsenplätzen oder am Kassa- und Terminmarkt.

Asset Allocation: bezeichnet die Struktur der Kapitalbeteiligung einer Anlageform.

Asset Backed Securities (ABS): sind Anleihen, die durch einen Pool definierter Aktiva (z.B. Hypothekenforderungen) und andere Kredite eingebracht werden und von einer Finanzierungsgesellschaft der Anleihe-Emittentin verwaltet wird.

Asset Deal: Unternehmenskauf durch die Übertragung der Gesamtheit der Wirtschaftsgüter des Unternehmens, also der Aktiva und Passiva, im Wege der Singularsukzession. Dabei muss das Unternehmen entweder als Sachgesamtheit oder zumindest mit allen wesentlichen Bestandteilen verkauft werden. Gegensatz: → Share Deal.

Asset Stripping: Zerschlagung eines übernommenen Unternehmens durch den Verkauf von Vermögensgegenständen oder ganzen Teilbereichen.

At the Money: Optionen werden üblicherweise at the money gewährt, d. h. der → Strike Price entspricht dem Börsenkurs bei Optionsgewährung.

Auktionsprinzip: Handelsmechanismus an einer Börse, bei dem durch Sammlung und Berücksichtigung aller vorliegenden Orders → Liquidität konzentriert wird. Orders zum Kauf oder Verkauf werden in einem Orderbuch einander gegenüber gestellt, der Auktionspreis wird nach dem → Meistausführungsprinzip definiert. Gegensatz: → Market-Maker-Prinzip.

Auslandsanleihen: Emission von festverzinslichen Wertpapieren ausländischer Schuldner. Sie können auf D-Mark, Rechnungseinheiten oder jedes andere Zahlungsmittel lauten.

Avlanche-Effect: Lawinen-Effekt; Entwicklung der Beteiligungsverhältnisse zu Lasten des Vermögens der Alteigentümer, wenn die Mitarbeiter in unerwünschter Weise Einfluss auf die Unternehmensführung ausüben, mit der Gefahr der Beeinträchtigung des künftigen wirtschaftlichen Erfolgs des Unternehmens.

Avarage Rate Cap: Bezeichnung für einen Durchschnittszins, der aus der Ermittlung des arithmetischen Mittels mehrerer Zinssätze errechnet wird, die über einen definierten Zeitraum zu jeweils bestimmten Zeitpunkten erfasst worden sind.

Backend: → Frontend.

Back-End Plans: Basistypus einer → Poison Pill. Sie gewähren den Aktionären der Zielgesellschaft das Recht, eine bestimmte Menge an Aktien in Empfang gegen Verschuldungszertifikate der Gesellschaft zurückzugeben. Dabei übersteigt der Nennwert der Zertifikate (deutlich) den gegenwärtigen Kurswert der Aktie. Auch: Poison Dept.

Back-Office: Bezeichnung für das Büro eines Brokers oder einer Bank, in der die technische Abwicklung von Aktiengeschäften durchgeführt wird.

Bär: die übliche Bezeichnung für einen mit fallenden Kursen rechnenden Börsianer. Es wird bei einem insgesamt fallenden Markt von „Bear-Market“ gesprochen.

BAND: Business Angels Netzwerk Deutschland → Business Angels.

Baisse: stärkerer, meist länger andauernder Kursrückgang an der Börse. Gegensatz → Hausse.

Basic Earnings per Share (Basic EPS): Unverwässertes Ergebnis pro Aktie. Wird ermittelt im Verhältnis des Gewinns der Periode zur Anzahl der ausstehenden Stammaktien. → Diluted EPS

Bear Market: Bezeichnung für einen Markt, der mehrheitlich fallende Kursentwicklungen aufweist.

Beauty Contest: wörtlich übersetzt: Schönheitswettbewerb; bei diesem bemühen sich die Banken, den Konsortialvertrag des börsenwilligen Unternehmens zu erhalten. Sie präsentieren ihre Konzepte und Vorstellungen; ebenfalls gebräuchlicher Ausdruck für Anwaltsauswahl.

Benchmark: Referenz- bzw. Vergleichswert, der zur Beurteilung des Erfolges einer Anlage herangezogen werden kann, zumeist werden Indizes als Benchmark verwendet.

Benchmark Aktien: Bezeichnung für Aktien, die in puncto Risiko- und Renditepräferenz der ersten Kategorie (sog. → Blue Chips) zugeordnet werden. Diese Aktien sind i.d.R. sämtliche Titel, die den DAX repräsentieren.

Beta-Faktor: gibt die Beziehung der Kursentwicklung zwischen der Aktie und einem Index an. Auf Grund des Beta-Faktors lassen sich drei Gruppen von Aktien bilden: Aktien mit einem Beta-Faktor größer 1 bewegen sich in größeren Schwankungen als der Gesamtmarkt. Mit einem Beta-Faktor gleich 1 bewegen sich die Aktien gleich dem Gesamtmarkt und bei einem Beta-Faktor kleiner 1 bewegen sich die Aktien weniger stark als der Gesamtmarkt.

Bezugsrecht: das dem Aktionär zustehende unentziehbare Recht, bei einer Kapitalerhöhung einen seinem Anteil am bisherigen Aktienkapital entsprechenden Teil der neuen Aktien zu beziehen. Der Bezugskurs für die neuen Aktien liegt normalerweise unter dem Börsenkurs der alten Aktien. Der Landersische Wert des Bezugsrechts wird mittels der Bezugsrechtsformel

$$B = \frac{\text{Kurs der alten Aktie \% Bezugskurs neue Aktie \% Dividendennachteil}}{\text{Bezugsverhältnis} + 1}$$

ermittelt. Das Bezugsrecht wird an der Börse notiert und ist verkäuflich. Andererseits ist aber auch der Kauf möglich, um über seinen bisherigen Anteil neue Aktien beziehen zu können.

Blind Stocks → Phantom Stocks.

Block Periods: Festlegung von bestimmten Zeiträumen, in denen eine Ausübung der Aktienoption untersagt ist. → Closed Periods.

Blue Chips: Aktien erstklassiger, da substanz- und ertragsstarker Unternehmen. Im anglo-amerikanischen Bereich sind dies meist Papiere, die im Dow Jones Index erfasst werden.

Blue Chip Segment: Marktsegment mit ausschließlich erstklassigen Standardwerten.

Board of Directors: Gremium der von den Aktionären direkt gewählten Direktoren. Bei ihm liegt die Vergütungskompetenz im Vergütungsverfahren. Seine Entscheidung beruht auf der Empfehlung des → Compensation Committee.

Bogen: Wertpapierurkunde, die in Unterabschnitte (Zins- oder Dividendenscheine) eingeteilt ist. Sie müssen zur Zins- bzw. Dividendenzahlung vorgelegt werden.

Bond: Anleiheform, bei welcher sehr kleine Nennbeträge emittiert werden.

Bonus: eine neben der Dividende gewährte – meist – einmalige Vergütung (Sonderausschüttung), die den Aktionären zu besonderen Anlässen (u.a. gute Ertragslage, Jubiläum) gewährt wird.

Bookbuilding: ein Preisfeststellungsverfahren zur Börseneinführung, bei dem die Investoren im Rahmen einer vorgegebenen Preisspanne um ihre Order gebeten werden; durch die konsortialführende Bank wird ein Buch aufgebaut, in dem alle Zeichnungswünsche der Anleger einschließlich deren Preisvorstellungen erfasst werden.

Bottom-Up-Ansatz: Ausgehend von Kennzahlen aus der Finanzanalyse und aktuellen Meldungen des Unternehmens wird versucht, die Entwicklung des Kures vorweg zu nehmen. Vergleiche → Top-Down-Ansatz.

Bottomfishing: die Verhaltensweise, eine Aktie nach einer längeren Talfahrt preisgünstig zu kaufen (abzufischen).

Break-even-point: zu bestimmender Punkt, bei welchem ein Investment vorteilhaft wird.

Bridge-Financing: Überbrückungsfinanzierung, bei der aus Venture-Capital-Geldern den Aktiengesellschaften Kapital zur Finanzierung eines Börsengangs zur Verfügung gestellt wird, welches später nach erfolgtem Börsengang wieder zurückgezogen wird.

Broker: (Wertpapierbanken) Englische Bezeichnung für Makler an der amerikanischen und Londoner Börse. Sie sind allein berechtigt, Börsenaufträge der Banken und des Publikums anzunehmen und auszuführen.

Brokerage: ist eine → Courtage, die an den Broker zu entrichten ist.

Bull: die gebräuchliche Bezeichnung für ein mit steigenden Kursen rechnenden Börsianer. Das Sinnbild des Bullen wird so interpretiert, dass er mit seinen Hörnern immer von unten nach oben stößt. Der Gegensatz im Sinnbild ist der „Bär“, → Bear Market.

Burn-out Turnaround: Umfassende Restrukturierung eines Unternehmens bei einschneidenden wirtschaftlichen Problemen, geht i. d. R. einher mit der Einbringung von neuem Gesellschaftskapial durch Dritte und dadurch resultierender → Kapitalverwässerung.

Burn Rate: Zeit, in der das einem Unternehmen zur Verfügung gestellte Kapital aufgebraucht wird.

Business Angel: Privatinvestor, der ein Gründungsunternehmen mit Kapital und Management-Erfahrung unterstützt. Sein Engagement wird i. d. R. mit Unternehmensanteilen honoriert. Die Deutsche Börse AG und die Kreditanstalt für Wiederaufbau haben mit dem BAND (Business Angels Netzwerk Deutschland) ein Forum für die Vermittlung von Business-Angels an junge Unternehmer geschaffen.

Business Judgement Rule: Prinzip der weitgehenden richterlichen Zurückhaltung bei der Inhaltskontrolle von unbefangenen Managemententscheidungen durch das Gericht.

Call Option: bezeichnet einen Vertrag aus dem Optionsgeschäft, der den Käufer berechtigt, eine definierte Anzahl des Basiswertes zu einem festgelegten Kurs bis zu einem bestimmten oder an einem vorher bestimmten Zeitpunkt zu kaufen oder die Differenz zwischen dem Einkaufskurs und dem Kurs zum Zeitpunkt der Call Option zu liquidieren. Gegensatz: → Put Option. Siehe auch → Optionsscheine.

Candle-Charts: ursprünglich asiatische Methode der Aktienanalyse.

Cap: 1. eine Zinsausgleichsvereinbarung, die als eigenständiges Recht gehandelt wird; der Käufer zahlt eine Gebühr dafür, dass der Verkäufer die Differenz zwischen dem vereinbarten Zinssatz und dem Marktzinsniveau vergütet, sobald das Weltmarktzinsniveau den vereinbarten Zinssatz überschreitet.
2. Wert, der die Obergrenze angibt, bis zu der ein → Call-Optionsscheininhaber an der Differenz zwischen Ausübungspreis und aktuellem Kurswert für den Basiswert partizipiert.

Capital Gains: Veräußerungsgewinn, der durch den Verkauf von Unternehmensanteilen erzielt wird.

Capital Gains-Steuersatz: niedriger Steuersatz, mit dem die Differenz von Optionskaufpreis und Aktienverkaufspreis besteuert wurde, um den Anreiz zu schaffen, Aktien über längere Zeiträume zu halten. Siehe auch → Capital Gain.

Capped Warrants: Optionsscheine, bei denen die Gewinnhöhe begrenzt ist; wird die Gewinnhöhe überschritten, nimmt der Optionsscheininhaber an dieser nicht mehr teil.

Cash flow: Begriff aus der Finanzanalyse zur Beurteilung der Ertragskraft und der finanziellen Struktur eines Unternehmens. Unter cash flow versteht man die Höhe der selbsterwirtschafteten längerfristigen Finanzierungsmittel, d. h. Jahresüberschuss plus Abschreibungen auf Sachanlagen und Beteiligungen, Zuführung zu den langfristigen Rückstellungen einschl. Pensionsrückstellungen zzgl. außerordentliche Aufwendungen, abzüglich außerordentliche Erträge. Das charakteristische an dem cash flow ist die jederzeitige Disponierbarkeit durch die Unternehmensleistung.

Cash Settled: eine → Put oder → Call Option ist Cash Settled, wenn der Stillhalter die Differenz zwischen Markt- und Basispreis zu einem bestimmten Stichtag in bar schuldet. Der Einsatz einer Cash Settled Option, z.B. beim → Aktienrückkauf, führt nicht zum Erwerb eigener Anteile und wird daher zur Risikoabsicherung oder auf Grund seiner Finanzierungsfunktion vereinbart. Gegenteil: → Physically Settled.

Cash Settlement: Ausübung der Option und Bezug des Optionsgewinns in bar. Dabei werden die Aktien erworben und sofort wieder verkauft, so dass die Differenz als Barbetrag dem Ausübenden überwiesen werden kann.

Cashless Settlement: Auszahlung des errechneten Gewinns in Aktien. Die Transaktion stellt sich für den Betroffenen liquiditätsneutral dar und soll Aktienbesitz von Führungskräften forcieren.

CEO: → Chief Executive Officer.

Certificates of Deposit (CD): ist ein Depositenzertifikat, Geldmarktzertifikat, welches Termineinlagen verbrieft. Gegenüber der reinen Termineinlage zeichnet sich das Certificate of Deposit dadurch aus, dass es Sekundärmarktfähigkeit besitzt. In Deutschland sind diese als D-Mark-Einlagen-Zertifikate seit 1986 zulässig, sofern sie durch Kreditinstitute der Bundesrepublik Deutschland gegeben werden. Bis 1991 wurde darauf Börsenumsatzsteuer erhoben.

Change-in-Control-Provisions (CiC): Abfindungsleistungen zur Regelung und Absicherung im Zuge eines Wechsels in der Unternehmenskontrolle.

Charts: graphische Darstellung der Kursentwicklung von einzelnen Aktien, Branchen oder des gesamten Marktes. Sie dienen als Hilfsmittel für die Beurteilung der zukünftigen Kursentwicklung.

Cheapest-To-Deliver: bezeichnet die Lieferverpflichtung des Verkäufers im Handel mit Zins-Futures, wobei er die günstigste Anleihe der am → Kassamarkt verfügbaren wählen wird, um einen höchstmöglichen Nettogewinn bzw. geringstmöglichen Nettoverlust zu realisieren.

Chief Executive Officer (CEO) US-amerikanischer Manager, ähnlich einem Vorstandsvorsitzenden im deutschen Recht.

Chinese Wall: Organisation, die innerhalb einer Gesellschaft hergestellt wird, um einen horizontalen Austausch von Informationen zu vermeiden.

Circa-Auftrag: bezeichnet den limitierten Börsenauftrag, der mit dem Zusatz „circa" versehen ist und der dem Broker oder dem Makler erlaubt, auch abweichend vom limitierten Börsenauftrag zu handeln.

Clearing: ist der periodische Ausgleich von wechselseitigen gleichartigen Forderungen durch Aufrechnung; ursprünglich zwischen den am Geldmarkt praktizierenden Geschäftsbanken und der Zentralbank praktiziert; wird auch benutzt, um innerhalb einer Holding- oder Industrieunternehmung einen Ausgleich von Forderungen durchzuführen.

Cliff Vesting: Nach Ablauf der Sperrfrist kann die Option zu 100% ausgeübt werden. → Ratable Vesting.

Climax (CLX): Der Climax-Indikator geht davon aus, dass aus einer Anzahl den Markt repräsentierenden Aktien ein On-Balance-Volume-Wert errechnet wird. Sodann wird von der Anzahl derjenigen Aktien, die einen OBV-Überkauf-Höchstwert haben, die Anzahl der Aktien gezogen werden, die einen Tiefstwert haben. Aus einer derartigen charttechnischen Linie ergibt sich die Climax-Linie. Aus dieser Beurteilungslinie soll der Gesamtmarkt sich beurteilen lassen.

Closed Periods: Festlegung von bestimmten Zeiträumen, in denen eine Ausübung der Aktienoption untersagt ist. → Block Periods.

Closing: Übergabe- oder Abschlussstichtag.

Cold call: erster unvorbereiteter Anruf eines Händlers vom grauen Kapitalmarkt bei einem Opfer in dessen privater Sphäre.

Collar: ist die Differenz zwischen dem Höchst- und dem Mindestzinssatz bei einer → Floating Rate Note.

Compensation Committee: Vergütungsausschuss, der bei dem Verfahren der Vergütungsentscheidung von US Managern eine Empfehlung an das → Board of Directors abgibt. Grundlage dafür ist üblicherweise die Empfehlung des → CEO oder eines externen Vergütungsberaters.

Confidential Agreement: Vertraulichkeits- und Geheimhaltungsvereinbarungen, die schon im Vorfeld der Verhandlungen bei einem Unternehmensverkauf erstellt werden, auch Statement of Non-Disclosure.

Corporate Governance: effektive Mechanismen der Unternehmenssteuerung und Leistungskontrolle, die über die institutionellen Instrumente des deutschen Aktienrechts hinausgehen.

Courtage: Vermittlungsgebühr, die der Makler für die Vermittlung eines Wertpapiergeschäfts erhält. Die Courtagesätze sind in der Gebührenordnung der Börse einheitlich festgelegt. Im Amtlichen Handel betragen die Courtage-Sätze für Kursmakler bei Aktien 0,6 Promille des Kurswertes und bei Anleihen in Abhängigkeit vom Transaktionsvolumen 0,03 bis 0,75 Promille. Freie Makler haben meistens keine festen Courtagesätze.

Covered Warrants: gedeckte → Optionsscheine, die das Recht zum Bezug von Aktien verbriefen, die sich während der Laufzeit des Optionsscheines in einem gesondert gehaltenen Deckungsbestand befinden. Covered Warrants sind eine Untergruppe der → Naked Warrants, sie werden zumeist nicht von der jeweiligen Aktiengesellschaft selbst, sondern von einem Emissionshaus begeben. Grundsätzlich können alle Naked Warrants, die sich auf konkrete Vermögensgegenstände, wie etwa Aktien oder Anleihen beziehen, als Covered Warrants begeben werden. Bei der Ausübung von Covered Warrants bleibt das Eigenkapital der Aktiengesellschaft unverändert.

Creative Accounting: Ausnutzung der großen Gestaltungs- und Bewertungsspielräume des Bilanzrechts.

Cusip Number: in den USA heißt die Wertpapierkennnummer Cusip-Number. Sie besteht aus neun Stellen.

Daytrader: Als Daytrader wird der Börsianer bezeichnet, der Aktien oder andere Anlage-Papiere nur während eines Börsentages handelt.

Deferred Compensation: System der Bezugsumwandlung, bei der in steuerattraktiver Weise auf zukünftige Gehaltsbestandteile verzichtet wird, um diese in Ruhebezüge umzuwandeln. Die Auszahlung von Vergütungsanteilen wird (meist) in einen Ruhebezug umgewandelt oder von dem Erreichen weiterer Ziele durch den Mitarbeiter abhängig gemacht.

Defined Benefit: Prinzip der Versorgungszusage bei Pensionsfonds. Aus dem Fonds, der sich durch die Bildung von Pensionsrückstellungen ergibt, wird dem Arbeitnehmer eine bestimmte, originär definierte Leistung zugesagt. → Defined Contribution.

Defined Contribution: im Gegensatz zum → Defined Benefit, ist hier lediglich die Höhe des Beitrags zum Pensionsfonds fest definiert; die Höhe der daraus resultierenden Renten- oder Kapitalleistungen bleibt unbestimmt.

Depot: (Wertpapierkonto u. -lagerstelle) Einrichtung bei Kreditinstituten zur Verwaltung und Verwahrung von Wertpapieren (Gegenstück zum Konto im Geldverkehr).

Derivate: Hochliquide standardisierte Finanzinstrumente, deren Bewertung von der Preisentwicklung des zugrunde liegenden Finanztitels abhängt; wichtigste Beispiele sind → Optionen und → Futures. Derivate werden außerbörslich oder an einer Terminbörse gehandelt.

Designated Sponsor: Banken oder Finanzdienstleister an der Börse, die die Handelbarkeit des Wertes steigern, in dem sie auf Anfrage oder auf eigene Initiative verbindliche Kauf- und Verkaufsangebote (→ Quotes) für einen bestimmten Wert zur Verfügung stellen. Designated Sponsors sind ausschließlich auf → Xetra aktiv, für die Werte des Neuen Marktes und des SMAX ist die Beauftragung von Designated Sponsors Pflicht.

Diluted Earnings per Share (Diluted EPS): Verwässertes Ergebnis pro Aktie. Ermittelt im Verhältnis des Gewinns der Periode zur Anzahl der ausstehenden Stammaktien zuzüglich der Anzahl potenzieller Stammaktien. → Basic EPS.

Disagio: Unterschied zwischen dem Nennwert eines Wertpapiers und seinem niedrigen Kurs. Gegenteil: → Agio.

Disclosure: Publizität der Vergütung.

Discounted Cash Flow: Unternehmenswert, der sich nach dem Wert bestimmt, der für Investitionen und zur Ausschüttung an die Kapitalgeber zur Verfügung steht.

Diskontsatz: Zinssatz, den die Notenbank für den Rediskont von Wechseln durch Kreditinstitute zugrunde legt. Der Diskontsatz ist als klassisches Mittel der Notenbankpolitik anzusehen, womit das Zinsniveau beeinflusst und damit die Konjunktur gesteuert werden kann.

Diversifikation: Risikostreuung und -minderung durch die Anlage von Geld in eine Vielzahl verschiedener Wertpapiere. Wertpapierfonds basieren auf dem Prinzip der Diversifikation.

Divestiture: die Abtrennung von Konzerngesellschaften, die nicht mehr in das Wirtschaftskonzept des Konzerns passen.

Dividende: der Gewinnanteil der Aktionäre, der in der Hauptversammlung einer AG festgelegt wird. Sie setzt sich aus der Bardividende und der Steuergutschrift (für die anrechenbare Körperschaftsteuer) zusammen.

Dividendenabschlag: Kursminderung bei Aktien nach Trennung des fälligen Dividendenscheins.

Dividendenstripping: Umwandlung steuerpflichtiger Dividenden in möglichst steuerfreue Kursgewinne, vgl. § 50 c EStG.

Dividend Yield: Dividendenrendite.

Dual Listing: die nahezu zeitgleiche Parallelnotierung eines Unternehmens sowohl an der heimischen als auch an ausländischen Märkten, um die Vorteile der einzelnen Börsen und ihrer Anleger- bzw. Investorenkreise für sich zu nutzen.

Double Trigger: Definition des Wechsels in der Unternehmenskontrolle durch mehrere Ereignisse. Erst dann erfolgt die Ausschüttungen von Change-in-Control-Provisions an das Managment.

Due Diligence: die Due Diligence umfasst etwa die gebührende und im Verkehr erforderliche Sorgfalt bei der finanziellen, wirtschaftlichen und geschäftlichen Situation und Planung eines Unternehmens, die die Entscheidungsträger eines Unternehmens bei ihrer Willensbildung anzuwenden haben. Im Vorfeld eines Börsengangs oder einer Kapitalerhöhung ist sie Voraussetzung für die Erstellung eines Prospekts; bei einem Unternehmenskauf oder -verkauf hat sie tiefgreifenden Einfluss auf das gesamte Gewährleistungs-, Haftungs- und Beweissystem. Ziel ist immer, alle wichtigen unternehmensinternen Voraussetzungen, die Einfluss auf die zukünftige Geschäftstätigkeit haben können, sowie potenzielle Risiken erkennen zu können.

Duration: Kennzahl, zur Definition der durchschnittlichen Bindungsdauer einer Kapitalanlage (i.d.R. Wertpapieranlage) mit exakt festgelegtem Zahlungsstrom. Misst die mittlere künftige Zeitspanne, in der ein Anleger sein Vermögen gebunden hat, wenn er die Position bis zur Endfälligkeit behält oder im Portefeuille keine Umschichtung durchführt. Sie wird von den drei Komponenten Laufzeit, Nominalzins und Marktzinsniveau beeinflusst.

Duration, modifizierte (MD): demonstriert die Barwertänderung eines Investments (i.d.R. einer Schuldverschreibung) in Reaktion auf die Änderung des Marktzinssatzes.

Durations Matching: mathematisch abgeleitete Anlagestrategie zur optimalen Zusammenstellung eines Effektendepots (auch → Portfolio Selection).

DVFA: Deutsche Vereinigung für Finanzanalyse und Anlageberatung; ihr gehören Mitglieder aus dem Bankgewerbe, der Wirtschaft und der Publizistik an. Ziel der DVFA ist die Vereinheitlichung der analytischen Methoden in der Aktienanalyse sowie die Intensivierung der Wertpapierberatung.

Early Stage Financing: Instrument der → Venture-Capital-Finanzierung. Eigenkapitalzuführung an wachstumsträchtige Unternehmen in der Frühphase der Unternehmensentwicklung. Erfolgt i.d.R. zur Finanzierung der Konzeption bis zum Start der Produktion und Vermarktung.

Earnings before interest and taxes (EBIT): operatives Ergebnis vor Zinsen und Ertragssteuern. International verwendete Erfolgsgröße mit hoher Vergleichbarkeit, da außerordentliche Effekte ausgeschlossen werden, wie z.B. Verschuldensgrad des Unternehmens oder national divergierende Steuerbelastungen. Gilt als Maßstab für die Kapitaldienstfähigkeit und Ausschüttungskraft eines Unternehmens.

Earnings before interest, taxes, depreciation and amortization (Ebitda): operatives Ergebnis vor Zinsen, Ertragssteuern und Abschreibungen. Auch hier hohe Vergleichbarkeit der Erfolgsgröße durch Ausschluss außerordentlicher Effekte, wie z.B. Verschuldensgrad des Unternehmens oder national divergierende Steuerbelastungen.

Earnings per Share: Gewinn je Aktie. Errechnet sich aus dem Jahresüberschuss nach Steuern geteilt durch die Anzahl der ausgegebenen Aktien des Unternehmens. In Deutschland wird das um Sondereinflüsse bereinigte DVFA/SG-Ergebnis verwendet (→ Ergebnis je Aktie).

Earn Out Regelung: Vertragsklausel, nach der beim Unternehmenskauf der Kaufpreis weder beim Vertragsabschluss noch bei der Übergabe abschließend bestimmt wird. Die konkrete Höhe des Kaufpreises ist vielmehr von der Entwicklung des Unternehmens in der Folgezeit abhängig. Damit kann der unterschiedlichen Ertragserwartung der Parteien Rechnung getragen werden, z. B. infolge der Einführung neuer Produkte, Technologien oder Patente. Synonym: Contingent Price deal.

Electronic Banking: Dienstleistung von Banken, die Privat- und Geschäftskunden angeboten werden, um EDV-unterstützt Bankgeschäfte abzuwickeln (Telebanking).

Electronic Cash: im Handel angewandtes, bargeldloses, elektronisches Zahlungsverfahren auf Basis der EC-Karte oder Bankkundenkarte mit Geheimzahl. Im europäischen Ausland erfolgt das Angebot dieses Zahlungsservices unter der Bezeichnung electronic debit card (edc).

Emerging Markets: Bezeichnung für Aktienmärkte in Schwellenländern, vor allem in Osteuropa, Mittel- und Südostasien, Lateinamerika. Die International Finance Corp. (IFC) veröffentlicht verschiedene Aktienindizes für Entwicklungsmärkte.

Emerging Markets Investable Indexes: von der International Finance Corp. (IFC) veröffentlichte Indizes, die die Möglichkeit des Zugangs ausländischer Investoren zu den jeweiligen Märkten sowohl auf Länder- als auch auf Unternehmensebene beachten.

Emission: Ausgabe und Unterbringung von Wertpapieren auf dem Kapitalmarkt durch öffentlichen Verkauf.

Emissionsbank: → Konsortialbank.

Emissionskonsortium: Arbeitsgemeinschaft mehrerer Banken zur Übernahme, dem Verkauf oder der Erstplatzierung von Wertpapieren. Dabei koordiniert eine Bank als sog. Konsortialführer die gesamte Emission.

Emissionsvolumen: Anzahl der an außenstehende Aktionäre abgegebenen Aktien, multipliziert mit dem Emissionspreis.

Emissions-Standing: Anlagewürdigkeit eines Unternehmens in den Augen des Publikums, begründet auf dem Verhalten des Unternehmens sowie dessen speziellen Unternehmensfaktoren.

Employee Share Plans: Beteiligungsprogramm in Form von Aktienkaufprogrammen für Mitarbeiter. → Employee Stock Ownership Plans.

Employee Stock Ownership Plans (ESOP): Beteiligungsprogramm in Form von Aktienkaufprogrammen für Mitarbeiter. → Employee Share Plans.

Endogene Faktoren: Faktoren, die speziell das einzelne Unternehmen betreffen.

Equity: Begriff für Gesellschaftsanteile, insbesondere für Aktien.

Equity-linked Issue: → Optionsanleihe, Wandelanleihe.

Equity Story: Darstellung der Unternehmensgeschichte anhand von Produkten und Ergebnissen, um eine Emission zu platzieren.

Equity Swap: Verpflichtung zum Austausch von Zahlungen von festverzinslichen Zinsraten einerseits gegenüber Ausgleichszahlungen wegen Kursminderungen oder -steigerungen andererseits. Die gegenseitigen Zahlungsverpflichtungen werden regelmäßig verrechnet. Aktionäre werden durch Equity Swaps in die Lage versetzt, das Vermögensrecht aus der Aktie unter Beibehaltung ihrer Stimm- und Kontrollrechte gegen ein sichereres, d. h. festverzinsliches Finanzinstrument zu swappen. Da nur das Wertentwicklungsrisiko einer Aktie von dem Aktionär auf den Swap Partner verlagert wird, spricht man auch vom synthetischen Aktienerwerb.

Equity Sweeteners: Bezeichnung für Optionsrechte auf Aktien.

Equity Warrants: sie sind Aktien oder Anleihen beigegebene, abtrennbare und selbstständig handelbare → Optionsscheine, die grundsätzlich unter bestimmten Bedingungen das Recht zum Bezug von Aktien verbriefen.

Ergebnis je Aktie: zwecks Vereinheitlichung des Gewinnbegriffs hat die → DVFA eine Formel entwickelt, mit der die Gewinne von AG ermittelt werden (sog. DVFA/SG-Ergebnis). Hierbei wird der Jahresüberschuss von außerordentlichen, periodenfremden und aperiodischen Aufwendungen und Erträgen unter Berücksichtigung fiktiver Ertragsteuern bereinigt. Durch Division dieses Nettogewinns durch die Anzahl der Aktien ergibt sich das „Ergebnis je Aktie". → Earnings per Share.

Escrow-Deposit: Sicherheitsrücklage für eventuelle Schadensersatz- oder Gewährleistungsansprüche beim Unternehmenskauf, z. B. auf einem Notar-Anderkonto.

Eskomptieren: Bestimmte marktbeeinflussende oder kursbeeinflussende Faktoren werden in Kursen oftmals vorweg genommen. Oftmals wird im Hinblick auf eine sicher zu erwartende Zinssenkung der Kurs schon verändert. Die Zinssenkung wird eskomptiert.

Estimated Fair Value: Geschätzter Marktpreis der Option.

EuroBonds: Anleihen, die von internationalen Emissionskonsortien (Banken) emittiert und gleichzeitig in mehreren Ländern und in mehreren Währungen platziert werden. Das Wechselkursrisiko wird dadurch vermindert, indem der Anleiheschuldner wahlweise in einer der Währungen zurückzahlen kann.

Euro Commercial Paper (ECP): kurzfristige Schuldtitel, die von bonitätsmäßig erstklassigen Unternehmen am Euromarkt begeben werden. Im Gegensatz zu den in den USA üblichen Comercila Papers (US-Domestic-Commercial Papers) zeichnen sie sich durch eine stärkere Standardisierung in der Stückelung, längere Laufzeiten und keinem laufzeitbezogenen Zinssatz aus.

Euro Notes: am Euromarkt emittierte, kurzfristige Schuldtitel mit Laufzeiten von üblicherweise 1, 3, 6 und 12 Monaten. Ihre Verzinsung ist an den Geldmarkt-Referenzzinssatz gebunden. Ihre Emission erfolgt häufig im Zusammenhang mit komplexen → Euro Note Facilities.

Euro Note Facilities: Finanzinnovationen an internationalen Finanzmärkten, deren Kern eine Verknüpfung von Komponenten des Konsortialkredits mit denen der Anleihenfinanzierung darstellt. Die Finanzierungsform ist dadurch gekennzeichnet, dass nicht die Banken unmittelbar als Kapitalgeber fungieren, sondern dass sich der Kapitalnehmer im Rahmen von 5 bis 7 Jahren durch die Platzierung von Notes bis zu einer gewissen Obergrenze Mittel beschafft. Die Banken (Underwriter) stellen dem Kapitalnehmer eine Refinanzierungsgarantie zur Verfügung, indem sie sich verpflichten, die Notes zum vertraglich vereinbarten Zinssatz zu übernehmen (sog. Backup-Facilities) oder alternativ Buchkredite zur Verfügung zu stellen (Standby-Facilities), wenn die Platzierung am Primärmarkt nicht gelingt. Die Unterbringung der Notes am Primärmarkt übernimmt der Arrangeur zu einem Satz unterhalb des Höchstzinssatzes. Das Verfahren wiederholt sich im Bedarfsfalle jeweils mit Ablauf der Geldmarktpapiere, alle 3 bis 6 Monate (= Revolving Underwriting Facilities /RUF oder Note Issuance Facilities /NIF).

European Interbank Offered Rate (Euribor): seit dem 1.1.1999 repräsentativer Zinssatz der an der Währungsunion teilnehmenden Länder. Er ersetzt die nationalen Referenzzinssätze. Gewinnt an Bedeutung, da bei vielen Verträgen, Wertpapieren oder Derivaten zunehmend auf Referenzzinssätze Bezug genommen wird.

European Style Options: Die Option kann nur am Ende der Laufzeit ausgeübt werden (→ American Style Option).

Exercise Period: Festgelegte Ausübungsfrist der Option.

Exercise Price: Basispreis oder Ausübungspreis einer Option. Er bezeichnet den Preis, zu dem das der Option zugrunde liegende Basisobjekt – Aktien, Devisen, verzinsliche Wertpapiere – ge- oder verkauft werden kann.

Executive Compensation: Vergütung des Managments.

Exotic Options: Sammelbegriff für sämtliche Optionsvarianten, die nicht den klassisch strukturierten Optionen (Plain Vanilla Options) in den → Call- und → Put-Varianten zuzuordnen sind, z.B. → Range Options. Sie gehen durch komplexe Gestaltung auf bestimmte Marktgegebenheiten oder Investorenwünsche ein.

Face-to-Face-Geschäfte: außerbörslicher Handel mit Insider-Papieren.

Face value: Wert einer Anleihe oder eines anderen Investments zum Zeitpunkt seiner Fälligkeit.

Factoring: der gewerbsmäßige Ankauf und Geltendmachung von Forderungen anderer, zumeist verbunden mit der Führung der Debitorenbuchhaltung des die Forderung abtretenden Unternehmens. Factoring dient dabei dem abtretenden Unternehmen als Finanzierungsform, durch die sich das Unternehmen kurzfristig Liquidität verschaffen kann.

Fair Pricing Provisions: Verteidigungsform (sog. → Shark Repellent) gegen Hostile → Takeovers. Die Satzung gewährt allen Aktionären einen einheitlichen Preis je Aktie für den Fall eines Hostile Takeovers. Damit wird dem → Raider die Möglichkeit genommen, einen verbleibenden Anteil des Grundkapitals preiswert aus der Gesellschaft heraus zu drängen. Stimmt das Management jedoch einem Übernahmeversuch zu, verfällt die Klausel, da der Takeover mit der Zustimmung seinen feindlichen Charakter verliert. Im deutschen Recht unzulässig, da die Klausel ein Verstoß gegen Gleichbehandlungsgrundsatz ist und einen unwirksamen Vertrag zu Lasten Dritter darstellt.

Fair Value: arbitragefreier Preis eines Termininstruments (Option, → Optionsschein, → Futures und → Swaps).Wird anhand theoretischer Modellrechnungen bestimmt, um eine Bewertung in fair bewertete, über- bzw. unterbewertete Optionsscheine vornehmen zu können.

Fair Value Deviation: prozentuale Abweichung des Marktpreises eines Termininstruments von seinem → Fair Value.

Fat Cats: Gefahr der Übervergütung von Managern bzw. der Überzogenheit von Gehaltszahlungen, auch als „Bonus für die Bosse" bezeichnet.

First Round Bidding Instructions: Anweisung an die Kaufinteressenten für die erste Runde des Bietungsverfahrens beim Unternehmensverkauf.

First Unbinding Offer: vorläufiges und unverbindliches Angebot.

Flip-In Plans: Basistypus einer → Poison Pill, die von ihrer Struktur her mit dem → Flip-Over Plan identisch ist. Hier sind die Aktionäre nach Eintritt des → Triggering Events berechtigt, weitere Aktien der Gesellschaft zu einem Preis weit unter Kurswert zu beziehen.

Flip-Over Plans: Basistypus einer → Poison Pill. Sie bezeichnen das Tauschrecht des Aktionärs der Zielgesellschaft, seine Aktien gegen Anteile des → Raiders oder des Rechtsnachfolgers der Zielgesellschaft zu einem festgelegten Preis im Fall des Unternehmens-Raids einzutauschen. Für den Fall, dass der Raider eine Fusion vermeidet, sind auch Ausgestaltungen denkbar, wie die Festschreibung exzessiver Dividendenzahlungen, Transfer von Vermögensanteilen oder Erhöhung von Vorstandsbezügen etc.

Floater/Floating Rate Notes (FRN): Schuldverschreibungen mit einer Laufzeit von 5 bis 10 Jahren mit variablem Zins, der ca. alle 6 Monate an die Verhältnisse des Geldmarktes angepasst wird.

Floor: Zinsuntergrenze, die dem Floor-Käufer gegen Zahlung einer Prämie garantiert wird. Ihre Existenz garantiert den Investoren die Verzinsung der Anleihe im Verlauf einer Niedrigzinsphase auf einem festgeschriebenen Minimalniveau. Fällt der Zins an den einzelnen Zinslegungszeitpunkten für die nächste Zinsperiode unter diese Grenze, zahlt der Floor-Verkäufer automatisch den Differenzbetrag. Gegenteil: → Cap.

Auch Bezeichnung für einen → Optionsschein, Typ → European Style Option, der das Recht auf Zinsausgleichszahlung verbrieft. Die Zinsausgleichszahlung ergibt sich aus der Differenz, um die ein bestimmter Referenzzins an einem Stichtag unter einer festgelegten Zinsuntergrenze liegt.

Forward: Individuell ausgestaltetes, nicht börslich gehandeltes Termingeschäft, bei dem Art, Preis, Liefermenge und Fälligkeitszeitpunkt zwischen den Geschäftspartnern individuell vereinbart werden. Typische Geschäfte: Devisentermingeschäft, → Forward Rate Agreement. Im Gegensatz zur Option enthält der Forward feste Abnahme- bzw. Lieferverpflichtung.

Forward Rate Agreement (FRA): unbedingtes, außerbörsliches Zinstermingeschäft. Zwischen den Parteien wird im Voraus für einen bestimmten Betrag (Nominalbetrag) ein Zinssatz für eine in der Zukunft liegende Periode (Referenzperiode) vereinbart. Die Parteien verrechnen zum vertraglich vereinbarten Zeitpunkt die Differenz zwischen dem vereinbarten Zins und dem am Fälligkeitstag gültigen Zinssatz. FRA‘s ermöglichen damit die Begrenzung des Zinsänderungsrisikos ohne Einfluss auf die Liquiditätsposition (auch: → Future).

Free Float: der Anteil der Aktien einer AG, der gemessen an der Gesamtanzahl der ausgegebenen Aktien nicht in festem Besitz ist. Bei Zugehörigkeit zum SMAX-Segment muss der Anteil mindestens 20 % betragen.

Free-Rider-Problem: Trittbrettfahrer-Problematik; die Gefahr, dass einzelne Mitarbeiter ihren eigenen Arbeitseinsatz zurückfahren und den Fleiß der anderen ausnutzen.

Freiverkehr: Wertpapiere, die nicht zum Amtlichen Handel und zum Geregelten Markt zugelassen sind, werden im Freiverkehr gehandelt.

Frontend: Landerssystem auf der Seite des Börsenteilnehmers. Es stellt die Schnittstelle zwischen Teilnehmersystem und Börsensystem dar. Landerssystem auf der Gegenseite: Backend. Beispiele: Xetra MISS und Eurex User Device.

Front running: spezielle Art des Insiderhandels. Als Front running bezeichnet man den Kauf von Wertpapieren durch Anlageberater, Analysten oder Börsenhändler, bevor sie diese ihren Kunden zum Kauf empfehlen. Front running ist nach dem Wertpapierhandelsgesetz verboten.

Fully underwriten: die Bereitschaft der führenden Banken eines internationalen Kredit- oder Anleihekonsortiums (Arranger) am Euromarkt, den Gesamtbetrag des Kredites bzw. der Syndizierung, unabhängig vom Platzierungsergebnis, in voller Höhe zur Verfügung zu stellen.

Fundamentalanalyse: Grundlage einer nach analytischen Aspekten durchgeführten Aktienbewertung, mit der insbes. die bisherige und zukünftige Ertragskraft eines Unternehmens, einer Branche oder der gesamten Volkswirtschaft beurteilt wird.

Fungibilität: Austauschbarkeit von Waren, Devisen und Rechten wie z. B. Wertpapieren.

Futures: Sammelbezeichnung für spezifische Terminkontrakte, die hinsichtlich Kontraktgröße, Art, Qualität, Liefertermin und -ort standardisiert sind (fungible standardisierte → Forwards). Futures sind zu einem bestimmten zukünftigen Zeitpunkt ein dem Geld- und Kapitalmarkt, Edelmetall oder Devisenmarkt zugehöriges Handelsobjekt zum börsenmäßig festgesetzten Kurs zu liefern bzw. abzunehmen. Häufig ist anstelle der Erfüllung der Verpflichtung, z.B. durch körperliche Wertpapierabnahme, eine Ausgleichszahlung vereinbart.

Gap: (Kurslücke, Kurssprung) Sprungstelle im Verlauf eines Aktienkurses, die durch eine Neubewertung der Aktie entsteht.

Geld-Brief-Spanne: Differenz zwischen dem besten Kauf- und Verkaufskurs für ein Wertpapier zu einem bestimmten Punkt, wird üblicherweise in Prozent angegeben.

Genussschein: Urkunden, die kein Mitgliedschaftsrecht, sondern Genussrechte z. B. am Reingewinn verbriefen, wobei dem aber auch die Beteiligung an möglichen Verlusten gegenüberstehen können.

Globalisierung: Entstehung eines weltweiten internationalen Finanzmarktes, insbesondere für Wertpapiere, durch die fortschreitende Integration nationaler in die internationalen Finanzmärkte. Verbunden damit ist der tiefgreifende Strukturwandel im Bankengeschäft durch die zunehmende Verwendung vielfältiger innovativer Finanzinstrumente.

Going-Public: Öffnung einer Gesellschaft für neues Eigenkapital von außen – meist gleichgesetzt mit dem erstmaligen Börsengang eines Unternehmens. Ursprünglich bedeutet Going Public die Umwandlung einer Unternehmens (z. B. Personengesellschaft, GmbH) in eine Aktiengesellschaft, damit erhalten externe Kapitalgeber die Möglichkeit, in das Unternehmen zu investieren.

Golden Handcuffs: goldene Handschellen. Erreichen einer erheblichen Bindung von Mitarbeitern an das Unternehmen durch die Vereinbarung einer → Vesting Period, meist zwischen drei und sieben Jahren, in der über die Aktien nicht verfügt werden darf und innerhalb der man bei Unternehmensaustritt seine Aktien verliert.

Golden Parachutes: Regelung, nach der erhebliche „Entschädigungszahlungen" für den Fall einer unfreundlichen Übernahme vereinbart werden.

Good Bye Kiss: → Greenmail.

Greenmail: einfachste Form der Takeover-Verteidigung durch → Aktienrückkauf. Entspringt dem Wortspiel aus „green", der Farbe einer US Dollar Note und einer Verkürzung des Wortes „Blackmail" (dt.: Erpressung). Bezeichnung für das Auskaufen des → Raiders aus der (Ziel-) Gesellschaft durch die Zielgesellschaft über den Erwerb der von dem Raider gehaltenen Aktien zu einem den Börsenkurs übersteigenden Preis. Auch als „Good Bye Kiss" bezeichnet.

Greenshoe: Sondervereinbarung zwischen dem Emissionskonsortium und dem Emittenten im Rahmen eines → Bookbuilding-Verfahrens. Ist die Emission erfolgreich und überschreitet die Nachfrage das ursprünglich anvisierte → Emissionsvolumen, werden durch das → Emissionskonsortium Mehrzuteilungen durch Zugriff auf zusätzliche Aktien zu Originalkonditionen eingeräumt.

Hands-off-Management: passive Venture-Capital-Beteiligung. Im Gegensatz zum → Hands-on-Management greift der Investor nicht in die Unternehmensentscheidungen ein und beschränkt sich auf die Rolle des Kapitalgebers.

Hands-on-Management: aktive Venture-Capital-Beteiligung. Unterstützung des Managements durch die Venture-Capital-Gesellschaft bei strategischen Entscheidungen. Gegensatz: → Hand-off-Management.

Hausse: stärkeres und länger anhaltendes Anziehen aller oder einzelner Kurse. Gegenteil: → Baisse.

Hausse-Position: (auch Long Position oder Bull position) Anlagesituation, in der der Investor bereits Wertpapiere besitzt und mit steigenden Kursen rechnet. Gegensatz: → Short Position.

Hedge Fond: Investmentfond mit hoher Umschlaggeschwindigkeit der von ihnen gehaltenen Kapitalanlagen, die mit der Hilfe von Fremdkapital und unter Benutzung aller Spekulationsmöglichkeiten eine möglichst rasche und starke Vermehrung des Vermögens anstreben. Es wird eine hochspekulative Anlagepolitik unter gleichzeitiger Begrenzung des Verlustrisikos betrieben. Als Anlagegemeinschaften (Limited Partnerships) sind echte Hedge Fonds der KG deutschen Rechts ähnlich.

Hedge-Ratio: Maßgröße, die den Umfang der notwendigen Kontrakte definiert, die notwendig sind, um Kursänderungen der abzusichernden Basiswerte vollständig zu neutralisieren.

Hedging: Absicherung eines Portefeuilles, um ein vorhandenes Risiko durch die Übernahme eines zweiten, kompensatorischen Risikos auszugleichen. Hedging ist überall dort anwendbar, wo der Aufbau einer Gegenposition möglich ist, z.B. durch den kompensatorischen Abschluss von variablen und Festzinsgeschäften, um das Risiko der Zinssatzschwankungen auszugleichen.

High Flyer: Bezeichnung für eine Aktie, die als hoch spekulativ angesehen wird, da ihre Kursentwicklung unter dem Aspekt möglicher hoher Gewinnaussichten der Unternehmung betrachtet und nicht am derzeitigen Ertrag gemessen wird.

Highlander Plan: Im Gegensatz zur → Triple-Win Situation profitiert von diesem → Stock Option Plan nach dem Motto: „Es kann nur einen geben" lediglich einer der Beteiligten.

High-Yield-Bonds: Unternehmens- und Staatsanleihen von Ländern mit spezifischer Risikostruktur und daraus bedingtem Angebot von deutlich über dem Marktdurchschnitt liegenden Renditen.

IAS: International Accounting Standard. International anerkannte Regeln der IASC zur Führung der Handelsbücher und zur Erstellung von Jahresabschlüssen.

IASC: der freiwillige, private Zusammenschluss von über 100 Berufsverbänden aus 80 Ländern mit dem Ziel, Rechnungslegungsgrundsätze und -regeln (→ IAS), die bei der Aufstellung von Jahresabschlüssen beachtet werden sollen, zu formulieren, zu veröffentlichen und deren weltweite Akzeptanz zu fördern.

Incentives: besondere Leistungsprämien zur Mitarbeiterbelohnung und -motivation wie z.B. Auslandsreisen, Essen, Veranstaltungen.

Incentive Stock Option Plans: → Long-Term Incentives.

Initial Margin: Sicherheitsleistung, die bei der Aufnahme von Options- und → Futures-Geschäften von Käufer und Verkäufer zu hinterlegen sind (Ersteinschuss).

Initial Marketing Approach: erste Kontaktaufnahme der Mergers & Acquisition-Berater des Verkäufers zu den potentziellen Käufern oder Investoren.

Initial Offering Price: Erstausgabepreis.

Initial Public Offering (IPO): „erstes öffentliches Angebot", bedeutet, dass die Aktien eines Unternehmens im Zuge einer Kapitalerhöhung oder Umplatzierung zum ersten Mal am Aktienmarkt angeboten werden (→ Going Public). Mit einem IPO ist im Allgemeinen eine Börsenzulassung des Aktienkapitals und die Aufnahme der Börsennotierung verbunden.

Insider: Bezeichnung für Person, die auf Grund ihrer beruflichen Stellung oder sonstiger Verbindungen Zugang zu nicht öffentlichen Informationen über ein Unternehmen und damit einen Informationsvorsprung besitzt. Es wird dabei zwischen Primär-Insidern (Personen mit unmittelbarem Zugang zu Insider-Informationen) und Sekundär-Insidern (Personen mit indirektem Zugang zu Insider-Informationen) unterschieden. Die Ausnutzung von Insiderwissen zum eigenen wirtschaftlichen Vorteil bei Wertpapiergeschäften ist verboten.

Institutionelle Anleger: Anlegergruppe am Kapitalmarkt, die sich insbesondere aus Versicherungsgesellschaften, Pensionskassen, Vermögensverwaltungen und Kapitalgesellschaften zusammensetzt (sog. Finanz-Institutionen).

Interessenkäufe: Aufkäufe von Aktien eines bestimmten Unternehmens, z.B. zum Erwerb der Mehrheit.

In the money: ein Put ist in the money, wenn der vereinbarte → Strike Price größer ist als der aktuelle Marktwert der Bezugsgröße. Dabei lohnt sich der Verkauf der Bezugsgröße, also die Ausübung der → Put Option, solange, bis der aktuelle Marktwert den Strike Price erreicht.
→ Out of the Money.

Into-the-bargain-Option: Gratisoption; eine für die Optionsinhaber attraktive Ausgestaltung des Optionsplans durch unentgeltliche Optionsgewährung.

Intradayhandel: Intradayhandel bezeichnet die Vorgehensweise, Kursschwankungen innerhalb eines Tages zu nutzen. Es werden keine Wertpapiere über den Börsentag hinaus gehandelt.

Intrinsic Value: innerer Wert einer (Kauf-) Option. Errechnet sich aus der Differenz zwischen dem festgesetzten Strike Price und dem gegenwärtigen Wert bzw. Kurs.

Intrinsic Value Method: innerer Wert; Methode zur Optionsbewertung.

Investmentanteile: Bezeichnung von Anteilsscheinen am Vermögen eines → Investmentfonds. Der Wert bemisst sich nach dem augenblicklichen Wert der Kapitalanlagen (Wertpapiere, Immobilien, Barvermögen).

Investment Advisor: Anlageberater der Investmentfondsleitung; vielfach → Broker.

Investment Banking: Geschäftssparte des Bankgeschäftes. Es umfasst die Instrumente zur Kapitalmarktfinanzierung von Unternehmen, insbesondere Wertpapier- und Emissionsgeschäfte, sowie das Geschäftsfeld der Corporate Finance mit Mergers & Acquisitions, Finanzberatung, Projekt- und Langzeitfinanzierungen etc.

Investment Fonds: Sondervermögen einer Kapitalanlagegesellschaft. Das aus dem gegen Ausgabe von Anteilsscheinen eingelegte Geld der Anleger (Fondsvermögen) wird von Fachleuten angelegt und verwaltet. Die erzielten Erträge werden an die Anleger ausgeschüttet, bei einigen Fonds auch thesauriert (Thesaurierungs-Fonds).

Investmentgesellschaft: ein Unternehmen, welches den Geschäftszweck verfolgt, einen oder mehrere → Investment Fonds zu verwalten.

Investor Relations: Beziehungspflege und Kommunikation zwischen einer AG und ihren Aktionären, Anteilseignern oder Investoren mit dem Zweck der Imageverbesserung und der Steigerung des Bekanntheitsgrades seitens der AG.

Joint Venture: eine spezielle Form der zwischenbetrieblichen Kooperation, wobei sowohl die Durchführung eines einmaligen Vorhabens als auch die dauerhafte Zusammenarbeit an verschiedenen Projekten anvisiert werden kann. Die Bildung eines solchen Gemeinschaftsunternehmens geht i. d. R. mit der kapitalmäßigen Beteiligung der Unternehmen einher.

Junk Bonds: risikoreiche Anleihen. Junk Bonds sind hochverzinsliche Schuldverschreibungen, deren Schuldner geringe Bonität besitzt und als Ausgleich dafür dem Anleger eine höhere Rendite gewährt.

Kapitalverwässerung: durch eine Kapitalerhöhung verminderter innerer Wert einer Aktie. Durch die Ausgabe von Gratisaktien oder junger Aktien erhöht sich das Aktienkapital einer Gesellschaft bei gleichbleibendem Unternehmenswert. Dadurch vermindert sich der innere Wert einer Aktie und somit die Beteiligung eines Altaktionärs am Unternehmen. Um eine Kapitalverwässerung zu vermeiden, erhalten Altaktionäre → Bezugsrechte auf die zusätzlichen Aktien.

Kassamarkt: (auch Spotmarkt) Teilmarkt einer Börse, bei der die Erfüllung des Geschäfts – also Lieferung, Abnahme, Bezahlung – innerhalb von zwei Börsentagen nach Abschluss der Geschäfts erfolgen muss. Gegensatz: → Terminmarkt.

Kick Off: Beginn der Transaktion bei einem Unternehmenskauf.

Konsortialbank: Bank, die eine Wertpapieremission durchführt und u. a. auch für die Platzierung bei den Anlegern verantwortlich ist, übernimmt gemeinsam mit dem Emittenten die Prospekthaftung.

Kulisse: Börsenbezeichnung für den Berufshandel (→ Makler, Banken), die sich berufsmäßig für eigene Rechnung am Börsenhandel sowohl im amtlichen Handel als auch im Freiverkehr beteiligen.

Kupon: der einer Aktie oder einem festverzinslichen Wertpapier beigefügte Zins bzw. Dividendenschein, mit dem die fälligen Zinsen bzw. Dividenden empfangen werden.

Kursfeststellung: Festsetzung der amtlichen Kurse für alle zum amtlichen Handel an der Börse zugelassenen Wertpapiere. Sie erfolgt durch vereidigte amtliche Kursmakler, zumeist im Auftrage des Börsenvorstandes.

Kurs-Gewinn-Verhältnis, KGV: (Price-Earnings-Ratio, PER) Verhältnis des Kurses einer Aktie zu dem auf diese Aktie entfallenden Reingewinn der AG. Es gibt an, mit dem Wievielfachen des erwarteten Unternehmensgewinns eine Aktie aktuell bewertet ist, bzw. den Betrag, den ein Investor für einen Euro Gewinn zu zahlen hat.

Kurszusätze und -hinweise: bei der Kursnotierung im Präsenzhandel werden den Usancen entsprechend Kürzel verwendet, die Aufschluss über die Marktsituation der Papiere geben und darüber, ob und in welchem Umfang Aufträge ausgeführt werden konnten. Sie werden im amtl. Kursblatt u. in der Tagespresse veröffentlicht.

Zusätze:

b, bz, bez bezahlt: vorliegende Orders wurden ausgeführt, Angebot und Nachfrage waren ausgeglichen.

bG bezahlt Geld: die zum festgestellten Kurs limitierten Kaufaufträge wurden nicht vollständig ausgeführt; es bestand weitere Nachfrage.

bB bezahlt Brief: die zum festgestellten Kurs limitierten Verkaufsaufträge wurden nicht vollständig ausgeführt; es bestand weiteres Angebot.

ebB etwas bezahlt Brief: Die limitierten Verkaufsaufträge konnten zum festgestellten Kurs nur zu einem geringen Teil ausgeführt werden, es bestand weiter Angebot.

ebG etwas bezahlt Geld: Die limitierten Kaufaufträge konnten zum festgestellten Kurs nur zu einem geringen Teil ausgeführt werden, es bestand weitere Nachfrage.

ratG rationiert Geld: Die zum Kurs und darüber limitierten sowie die unlimitierten Kaufaufträge konnten nur beschränkt ausgeführt werden.

ratB rationiert Brief: Die zum Kurs und darüber limitierten sowie die unlimitierten Verkaufsaufträge konnten nur beschränkt ausgeführt werden.

*: Kleine Beträge konnten nicht gehandelt werden.

Hinweise:

G Geld: zu diesem Kurs bestand nur Nachfrage, Umsätze kamen nicht zustande.

B Brief: zu diesem Kurs bestand nur Angebot, Umsätze kamen nicht zustande.

– gestrichen: Ein Kurs wurde nicht festgestellt.

– G gestrichen Geld: Auf Grund nur Nachfrage konnte kein Kurs festgestellt werden.

– B gestrichen Brief: auf Grund nur Angebot konnte kein Kurs festgestellt werden.

– T gestrichen Taxe: Ein Kurs konnte nicht festgestellt werden; der Kurs ist geschätzt.

exD Ex Dividende: Erste Kursnotiz nach Abschlag der Dividende.

exBR Ex Bezugsrecht: Erste Kursnotiz nach Abschlag eines Bezugsrechts.

exZ ausgenommen Ziehung: Kurs versteht sich für die nicht ausgelosten Stücke.

Lame Duck Hypothesis: auch: Horizontproblem. Befürchtung, dass Manager kurz vor ihrem Ausscheiden aus dem Unternehmen langfristige Investitionen zugunsten erhöhter kurzfristiger Gewinne zurückfahren.

Lead Manager: Bezeichnung für den Manager oder → Konsortialführer (z.B. eine Bank), der einem Kredit- oder Anleihekonsortium vorsteht. Sein Verantwortungsbereich umfasst alle zentralen Fragen und Arbeiten im Zusammenhang mit der Emission. Er wird i. d. R. auch die Verpflichtung zur Übernahme und Platzierung im Falle ungenügender Zeichnung übernehmen.

Least Cost Provider: günstigster Anbieter.

Leerverkauf: Verkauf von Wertpapieren, Waren oder Devisen, die der Verkäufer noch nicht besitzt. Er spekuliert darauf, dass er die zu liefernden Wertpapiere oder Waren zum Erfüllungszeitpunkt unter seinem Verkaufspreis erwerben kann. Die Differenz zwischen Verkaufs- und Einkaufskurs verbleibt ihm je nach Lage als Gewinn oder Verlust.

Leverage Effekt: Hebelwirkung bei Optionsgeschäften. Der Wert gibt das Verhältnis an, zwischen der größten prozentualen Kursänderung einer Option und der sie auslösenden prozentualen Kursänderung der Aktie. Die Hebelwirkung ist immer größer als 1. Daraus folgt für Optionsgeschäfte mit übereinstimmender Anlagesumme, dass der absolute Gewinn/Verlust immer größer ist als bei Aktiengeschäften.

Letter of Intent (LOI): Erklärung der Absicht, zu einem bestimmten rechtsgeschäftlichen Ergebnis, z.B. einer Unternehmensübertragung, zu kommen. Der LOI schreibt – regelmäßig ohne rechtliche Bindungswirkung – ein bereits erreichtes Verhandlungsergebnis fest. Er beinhaltet jedoch schon eine derartige Verhaltensbindung der Parteien, dass ein Abweichen von dieser Vertragsgrundlage ohne triftigen Grund eine Vertrauenshaftung auslösen kann.

Leveraged Buy – Out (LBO): Kreditfinanzierter Kauf eines Unternehmens durch eine kleine Gruppe von außenstehenden oder i.d.R. betriebszugehörigen Investoren.

LIBOR: Das ist die Abkürzung für **L**ondon **I**nter **B**ank **O**ffered **R**ate. Kurzfristiger Geldmarktzinssatz, zu welchem eine Bank einer anderen Bank kurzfristige Einlagen überlässt oder Geldmarktkredite aufnimmt.

Life Time: Die Laufzeit der Option.

Limit: vom Auftraggeber bei Börsenaufträgen festgesetzte Preisgrenze, die bei einem Verkauf nicht unterschritten, bei einem Kauf nicht überschritten werden darf.

Line-of-Sight: Die Sicht der Verantwortlichkeit. Beschreibt den Grad der Umsetzung in der Organisation des Unternehmens.

Liquidität: Marktsituation, bei der ein Wertpapier jederzeit ver- und gekauft werden kann. Die Liquidität ist einerseits abhängig von der Anzahl der im Umlauf befindlichen Wertpapiere und andererseits von der Anzahl der Marktteilnehmer, die bereit sind, dieses zu kaufen oder zu verkaufen. Bei liquiden Wertpapieren gibt es ausreichend Angebot und Nachfrage, so dass der gleichzeitige Kauf und Verkauf eines Wertpapiers immer möglich ist.

Lock-Up Agreement: Verteidigungsoption gegen einen Hostile → Takeover bei der einem potenziellen → White Knight eine Kauf-Option eingeräumt wird, die entweder generell oder geknüpft an ein definitives Fusionsversprechen, im Fall eines Erfolges der feindlichen Übernahme, ausübungsfähig ist. Ist diese Kauf-Option auf besonders ertragreiche Unternehmensteile geknüpft, spricht man vom sog. Crown Jewels Lock-Up.

Lockup-Period: Frist, innerhalb derer Altaktionäre nach einer Emission ihre Aktien nicht verkaufen dürfen. Bei Unternehmen, die am Neuen Markt gelistet werden, beträgt diese Bindungsfrist sechs Monate.

Long Position: → Hausse-Position.

Long-Term Incentives (LTI) langfristige, größtenteils aktienbasierte, am nachhaltigen Unternehmenserfolg orientierte Vergütungsbestandteile. → Short-Term Incentives.

Makler:

- **amtlicher Kursmakler:** ein vereidigter Börsenmakler, der bei der amtlichen Feststellung der Wertpapierkurse auf der Grundlage von Kauf- und Verkaufsaufträgen Dritter mitwirkt und meist in begrenztem Maße Käufe und Verkäufe für eigene Rechnung abschließen darf
- **Freimakler:** Handelsmakler an den deutschen Wertpapierbörsen, die Börsengeschäfte zwischen zugelassenen Handelsadressen vermitteln und eigene Geschäfte abschließen. Ihre Zulassung erhalten sie vom Börsenvorstand.

Management Buy-In (MBI): die Übernahme eines Unternehmens durch ein fremdes, d.h. externes Management, welches die operative Geschäftsführung übernimmt. → Management Buy-Out.

Management Buy-Out (MBO): im Gegensatz zum → Management Buy-In, die Übernahme eines Unternehmens durch das bereits vorhandene und im Unternehmen tätige Management.

Margin: zur Abdeckung möglicher Preisschwankungen erfolgender Einschuss als Unterlage für die Sicherheit bei der Ausführung eines Termingeschäfts. Ein margin wird von Teilnehmern am Terminhandel verlangt.

Market Indexed Stock Option Plans: Optionen mit einem Basispreis/-wert, der sich entsprechend der Kursentwicklung des Marktes entwickelt.

Market-Maker: Marktteilnehmer, meist Banken oder Wertpapierhäuser, die die Verpflichtung übernehmen, einen verbindlichen Angebots- und Nachfragepreis (→ Quote) für ein Handelsobjekt zu stellen. Es wird ein Markt in diesen Titeln unterhalten, ohne dass der Market-Maker weiß, ob der Handelspartner kaufen oder verkaufen will. Damit soll für Marktliquidität, insbesondere bei umsatzschwachen Wertpapieren, gesorgt werden. An der Frankfurter Wertpapierbörse heißen die Market-Maker → Designated Sponsors. Gegensatz: → Auktionsprinzip.

Marktgängigkeit: die Fungibilität eines Wertpapiers; Unterscheidung zwischen Aktien mit breitem Markt = hohe Fungibilität und Aktien mit engem Markt = geringe Fungibilität.

Marktteilnehmer: Kreditinstitute, Finanzdienstleistungsinstitute, Börsenhändler, Kursmakler, Freimakler, die gewerblich mit Wertpapieren handeln und zur Teilnahme am Börsenhandel zugelassen sind.

Markt-to-Market: täglicher Bewertungsprozess von Eigenhandelspositionen einer Bank durch den Vergleich von aktuellem und Vortagesschlusskurs.

Medium Term Notes (MTN): Inhaberschuldverschreibungen, die als Daueremissionen, d.h. im Rahmen eines zeitlich nicht begrenzten Programmes, revolvierend emittiert werden können. Das Platzierungsrisiko trägt der Emittent, die Banken treten nur als Arrangeur und Händler, nicht aber als → Under-Writer auf.

Meistausführungsprinzip: Prinzip bei der Feststellung von Börsenkursen; dabei wird die Kurshöhe bestimmt, bei der der größte Umsatz zustande kommt.

Mergers & Acquisitions: Oberbegriff für alle Arten des Kaufs oder Verkaufs von Unternehmen oder Unternehmensteilen, ebenso die Fusion, Zusammenlegung oder Verschmelzung.

Mezzanine Money: Finanzierungsmittel, die die Lücke zwischen Fremd- und Eigenkapital bei einem → MBI/MBO schließen. In Deutschland gebräuchliche Formen von Mezzanine Money sind Gesellschafterdarlehen, Vorzugsaktien, Genussscheine, Stille Beteiligungen.

Mid Caps: Aktien von gut eingeführten Unternehmen mit einer mittelgroßen Marktkapitalisierung in Höhe von 250 Mio. bis 1000 Mio. Euro. In Deutschland werden alle Aktien aus dem DAX 100, die nicht zu den 30 DAX Werten gehören, in das Mid Cap Segment eingeordnet.

Monetarist: im Gegensatz zum Fundamentalisten ist der M. der Ansicht, dass die Aktien insbes. von der Liquidität im Wirtschaftskreislauf beeinflusst werden und nicht so sehr eine Funktion der Konjunkturentwicklung und der Unternehmenserträge sind.

Mortage: Hypothek.

Mortage Backed Securities: Wertpapiere, die durch einen Pool von Hypotheken gedeckt bzw. besichert sind.

Naked Position: Bezeichnung für eine ungedeckte Option oder eine offene Position, die nicht durch → Hedging gesichert ist.

Naked Warrants: Variante des → Optionsscheins, welche ohne Emission einer → Optionsanleihe zu einem bestimmten Preis (Kurs) begeben wird. Es repräsentiert ein selbstständiges Optionsrecht, das an der Börse gehandelt wird und steht nicht im Zusammenhang mit dem Finanzierungsvorhaben des Unternehmens (→ Covered Warrant). Emittiert werden Naked Warrants vor allem von Banken und Wertpapierhandelshäusern, wobei diese nicht Emittent des Basiswertes sein müssen.

Nennwert: (Nominalbetrag), der auf einem Wertpapier aufgedruckte Geldbetrag.

Netting: Aufrechnungsklausel im Rahmen eines sog. Master Agreements mit dem Ziel der Reduzierung des Adressenrisikos durch die Verrechnung gegenläufiger Positionen mit einem Vertragspartner zu einem Nettobetrag. Innerhalb von Konzernunternehmen kann Netting im Wege des Cash Management zur Aufrechnung von periodischen Forderungen und Verbindlichkeiten verwendet werden, um die effektiven Zahlungsströme und die daraus resultierenden Transferkosten zu reduzieren.

Neuer Markt: Der von der Deutschen Börse AG geschaffene Neue Markt soll als weiteres Börsensegment der Stärkung des Eigenkapitalmarktes für zukunftsweisende Wachstumsunternehmen dienen.

Non Qualified Stock Option Plans: (NQSOP); steuerlich in den USA nicht begünstigte Optionspläne. Führt zu einer höheren Besteuerung von Managern bei gleichzeitiger Überkompensation dieses Nachteils durch Steuerabzugsmöglichkeiten bei dem Unternehmen.

Officer: ein vom → Board of Directors direkt ernannter Topmanager.

Offshore-Fund: Investmentfonds mit Sitz im Ausland (→ Offshore Märkte) mit Vorteilen steuerlicher und aufsichtsrechtlicher Art.

Offshore-Märkte: Internationale Finanzplätze mit besonders vorteilhaften Standorteigenschaften wie die weitgehende Abstinenz notenbankpolitischer Maßnahmen, außerordentlich niedrige oder keine steuerlichen und aufsichtsrechtlichen Belastungen und ausgezeichnete Infrastruktur. Beispiel: London, Luxemburg, New York, Singapur, Nassau/Bahamas, Cayman Islands.

Old-Boys-Network: Bezeichnung für US-amerikanische Vergütungsausschüsse, in Anspielung auf die dort fehlende klare Trennung von Vorstand und Aufsichtsrat, wie sie im deutschen Aktienrecht exisitiert.

On-Top Incentives: Vergütungsbestandteil, der zusätzlich zu den bestehenden Vergütungselementen gewährt wird.

One-Way-Street: Optionen, die ausschließlich als verschleierte Gehaltserhöhung fungieren, d.h. der Begünstigte trägt kein Unternehmensrisiko bzw. verzichtet nicht zugunsten der Option auf Teile seines Fixgehalts.

Open Interest: Anzahl aller nach einer Börsensitzung offenen Kontrakt-Positionen. Das Open Interest ist der Indikator für die → Liquidität eines Marktes.

Optionsanleihe: festverzinsliche Schuldverschreibung mit anhängendem Optionsschein; verbrieft das Recht, innerhalb einer festgesetzten Frist Aktien zu einem bestimmten – vor Ausgabe der Emission festgelegten – Optionspreis zu beziehen. Der Emittent des Optionsscheines ist gleichzeitig der Emittent des Basiswertes. Optionsanleihen werden an einer Börse gehandelt und können amtlich notieren. Siehe auch → Optionsschein, → Naked Warrant.

Option-Exercise Prise: → Strike Price der Option.

Option-Grant Price: Aktueller Aktienpreis bei der Optionsgewährung.

Option Term: Laufzeit der Option.

Optionsgeschäft: seit 1970 in der Bundesrepublik wieder zugelassene Form des Wertpapier-Termingeschäfts. Gegen Zahlung einer Prämie erwirbt man das Recht, Wertpapiere innerhalb einer bestimmten Frist zu einem bestimmten Preis, dem Basispreis, zu kaufen oder zu verkaufen.

Optionsschein: Wertpapier, welches das Recht (Option), nicht aber die Pflicht verbrieft, eine bestimmte Menge eines zugrunde liegenden Basiswertes zu einem bestimmten Preis zu kaufen (→ Call) oder zu verkaufen

(→ Put). Es gibt zwei Arten von Optionsscheinen: Optionsscheine aus → Optionsanleihen (traditionelle Optionsscheine) und sogenannte → Naked Warrants.

Original Plans: Basistypus einer → Poison Pill. Im Fall eines Unternehmens-Raids berechtigen sie zum Tausch in Stammaktien des → Raiders oder des Rechtsnachfolgers der Zielgesellschaft, und zwar in einem wertmäßig derart gestalteten Verhältnis, das den eintauschenden Aktionär nach der Transaktion wertmäßig genauso stellt, wie er zuvor stand. Für den Raider besteht damit die Gefahr durch die Umtauschrechte der Aktionäre der Zielgesellschaft die Kontrolle über das eigene Unternehmen zu verlieren.

Out of the Money: Die Option ist out of the Money, wenn der aktuelle Kurs der Aktie unter dem Basispreis liegt. → In the Money.

Outperformance: relativ bessere Kursentwicklung einer bestimmten Aktie im Vergleich zu einer anderen Aktie oder einem Index.

Over-The-Counter-Market (OTC): Außerbörslicher Verhandlungsmarkt bzw. Freiverkehrsmarkt für Aktien und Anleihen; ist nicht lokalisiert und hat keine festen Handelszeiten.

Pac Man: Bezeichnung für eine Zielgesellschaft, die im Falle eines Hostile Takeover Versuchs zu dessen Abwehr ihrerseits eine feindliche Übernahme der sie bedrohenden Bietergesellschaft versucht. Ein Pac Man ist insbesondere bei wirtschaftlich äquivalenten Unternehmen anwendungsfähig und bietet sich wegen seiner psychologischen Wirkung auf Bieter und die Öffentlichkeit zur Abwehr an.

Pari: bedeutet, dass Nennwert und Kurswert eines Wertpapiers gleich sind.

Partiarisches Darlehen: Darlehen des Mitarbeiters an das Unternehmen, das nicht nach einem festen Zinssatz verzinst, sondern abhängig vom Unternehmensgewinn vergütet wird. Möglich ist auch eine Beteiligung am Liquidationserlös des Unternehmens.

Peer Group: Auswahl einer bestimmten Gruppe aus dem Gesamtmarkt mit einer vergleichbaren Situation wie der des eigenen Unternehmens zur Durchführung eines → Benchmarks.

Peer Performance Graph: Grafik, die nach dem → Performance Pay Principle die Unternehmensperformance darstellt.

Performance Abschlag: Korrektur des Basispreises bei Optionsausübung, die sich aus der besseren Entwicklung der Aktie im Vergleich zu der

Entwicklung des jeweiligen Benchmarking Index bzw. des Kurses des Vergleichsunternehmens errechnet.

Performance Accelerating Vesting: Definierte Erfolgsziele zur Ausübung der Option.

Performance Hurdles: Zielvorgaben; → Targets.

Performance Stock Option Plans: Aktienoptionspläne, deren Ausgestaltung die Einbeziehung von Erfolgszielen umfasst.

Performance Pay Principle: Vergütungsgrundsatz des → Compensation Committee. Regelungsziel ist die Information der Anleger über die Kriterien, die der Vergütungsausschuss bei der Beurteilung der Führungskräfte angelegt hat. Dabei sind zum einen die Performancekriterien für sämtliche Führungskräfte in allgemeiner Form aufzuführen, zum anderen erfolgt die eingehende Beschreibung der Vergütung des CEO unter Angabe sämtlicher quantitativer und qualitativer Performancekriterien, wie z.B. Marktanteil, Produkteffizienz, Aktienkurs, Produktqualität etc.

Performance Unit Plans: Berechtigung in Form von Beteiligungseinheiten zur Wertermittlung von Unternehmensbereichen.

Performance Vesting: Bei der Ausübung von → Long-Term Incentives ist die Ausübung der Option von dem Erreichen bestimmter Erfolgsziele abhängig.

Pep Pills: Verteidigungsstrategie gegen einen Hostile → Takeover. Sie definiert überdurchschnittliche Wachstumsziele für die Zielgesellschaft durch das Management, die mit Ablauf eines bestimmten Stichtages erfüllt sein müssen. Werden diese Ziele verfehlt (→ Triggering Event), steht den Aktionären der Gesellschaft die Zahlung einer vorher festgelegten Sonderdividende zu. Dadurch soll die Abschreckung des → Raiders erzielt werden.

Performance: Ertrag einer Kapitalanlage, d.h. der prozentuale Wertzuwachs eines einzelnen Wertpapiers, eines Wertpapierdepots oder eines → Investmentfonds.

Pfandbrief: festverzinsliches Wertpapier bestimmter Kreditinstitute (Hypothekenbanken, Sparkassen) zur Refinanzierung von Hypothekenkrediten. Pfandbriefe werden an der Börse amtlich gehandelt.

Phantom Stock: Bezeichnung des nicht real vorhandenen Aktienpaketes, welches im Rahmen einer stock-option Vereinbarung der Berechnung der Mitarbeiterbeteiligung dient. Die Wertentwicklung der fiktiven Aktien wird nach bestimmten Berechnungsmethoden, die nicht mit dem Aktienkurs korrelieren, ermittelt.

Physically Settled: eine → Put oder → Call Option ist Physically Settled, wenn sie auf die tatsächliche Lieferung der Bezugsgröße gerichtet ist. Gegenteil: → Cash Settled.

Platzierung: die Unterbringung, d. h. der Verkauf von neu emittierten Wertpapieren beim Publikum und bei institutionellen Anlegern.

Point of Sale (POS): Abwicklungspunkt der Kauf- und Verkaufsaktionen im Handel von Waren und Dienstleistungen.

Poison Pills: Abwehrmaßnahmen („Giftpillen") in Form einer Vielzahl an Rechten, die an die Stammaktien geknüpft sind und die sich gegen einen Unfriendly oder Hostile → Takeover richten. Sie sind in der Satzung des Zielunternehmens festgeschrieben. Ihre Aufnahme bedarf jedoch prinzipiell keiner Zustimmung der Hauptversammlung. In der Praxis zu findende Basistypen der Poison Pill: Original Plans, Flip-Over-Plans, Flip-In Plans, Back-End Plans bzw. Poison Dept und Voting Right Plans.

Pooling: Synonym für → Netting bei Konzernunternehmen.

Portfolio Selection: Theorie der optimalen Zusammenstellung eines Wertpapierdepots, wobei die Statistik und die Wahrscheinlichkeitstheorie die Grundlage des Modells bilden.

Portfolio Managment: Kapitalanlageentscheidung und Vermögensverwaltung im weitesten Sinne, insbesondere die Disposition über An- und Verkauf von Wertpapieren zur Steuerung und Zusammensetzung des Wertpapierdepots.

Pre Acquisition Audit: Analyse der rechtlichen und wirtschaftlichen Gegebenheiten und Expektanzen im Rahmen der → Due Dilligence.

Premium Priced Options: Optionen mit einem Basispreis/-wert über dem aktuellen Aktienkurs.

Price-Earning-Ratio (PER): → Kurs-Gewinn-Verhältnis.

Principal-Agent Konflikt: Aufeinandertreffen der unterschiedlichen Interessenlage von Anteilseignern/Aktionären („Principals") und Managern („Agents"). Sind die Principals an der Steigerung des Markt- bzw. Kurswertes ihrer Aktien interessiert, verfolgen Agents eigene, nicht unbedingt deckungsgleiche Interessen, wie z.B. die Maximierung ihrer Entlohnung.

Private Placement: Platzierungsverfahren, bei dem die Aktien- oder Anleiheemission nicht öffentlich, sondern direkt bei ausgewählten Investoren platziert wird.

Profit Sharing: Prozentuale Beteiligung von Führungskräften an der Wertschaffung des Unternehmens.

Proxy Statements: Informationsformulare, mit denen börsennotierte Unternehmen an die Securities Exchange Comission (SEC) berichten.

Put Option: Verkaufsoption, bei der der Erwerber die Berechtigung, nicht aber die Verpflichtung erwirbt, eine bestimmte Anzahl eines Handelsobjektes (Basisobjekt) zu einem festen Kurs oder Preis (Basis Preis/Strike Price) bis zu einem bestimmten oder an einem bestimmten Zeitpunkt zu verkaufen. Alternativ kann der Erwerber auch die Differenz zwischen dem Ausübungspreis der Option und dem Tagesendbewertungskurs des Basiswertes erhalten (Barausgleich). Für das Put Option Recht zahlt der Erwerber der Option dem Verkäufer eine Prämie. Gegensatz: → Call Option. Siehe auch → Optionsscheine.

Qualified Stock Option Plans Aktienoptionspläne, die einer besonderen steuerlichen Behandlung in den USA unterliegen. Die steuerliche Gestaltungsmöglichkeit der Qualified Stock Options ersetzte den → Capital-Gains-Steuersatz.

Quote: Verbindliche limitierte Kaufs- und Verkaufsorders, die ein → Designated Sponsor oder ein Optionsschein-Emittent in das elektronische Handelssystem → Xetra einstellt, um die → Liquidität in einem Wertpapier zu erhöhen.

Quote-Request: Elektronische Aufforderung an einen → Designated Sponsor oder einen Optionsschein-Emittenten, einen → Quote in das elektronische Handelssystem → Xetra einzustellen.

Range Warrant: → Optionsschein, bei dem der Inhaber einen Geldbetrag erhält, wenn der Kurs des Basiswerts an einem bestimmten Stichtag innerhalb einer bestimmten Bandbreite liegt.

Raider: „Unternehmensräuber" oder feindlicher Bieter. Bezeichnung für ein Unternehmen, das im Wege eines Unfriendly → Takeovers versucht, ein Zielunternehmen aufzukaufen.

Ratable Vesting: Bis zum Ablauf der Sperrfrist kann jedes Jahr nur ein bestimmter Prozentsatz der Option ausgeübt werden. → Cliff Vesting.

Rating: standardisierte Beurteilung der Bonität des Emittenten und seiner Schuldtitel in ein Klassifizierungssystem durch eine neutrale Ratingagentur oder der Redaktion international anerkannter Zeitschriften zur Eröffnung möglichst hoher Markttransparenz und Anlegerschutzes.

Remote Access: Fernzugang von Börsenteilnehmern zu einer Börse in einem anderen Land, wobei der Zugang i.d.R. mit einer Fernmitgliedschaft (Remote Membership) verbunden ist.

Repricing: „Zweite Chance" für Optionsinhaber. Durch die nachträgliche Korrektur der Optionsbedingungen wird den Begünstigten die Möglichkeit geschaffen, ihre Bezugsrechte trotz Verfehlung des ursprünglich vorgegebenen Zielkurses gewinnbringend auszuüben.

Repurchase Agreement: auch Repo-Geschäft; Rückkaufsvereinbarung, die im Rahmen eines Wertpapier- oder Wertpapierpensionsgeschäfts getroffen wird.

Restricted Share Plans (RSP): die bedingte Aktienüberlassung an Mitarbeiter als Vergütungsbestandteil, die gratis oder verbilligt erfolgt. Die Verfügungsbefugnis über die Aktien wird von dem Erreichen bestimmter Ziele abhängig gemacht.

Restricted Stocks: Belegschaftsaktien.

Retail Banking: Filialgeschäft der Kreditinstitute mit Privatkunden und kleineren Firmen einschließlich ergänzender Vertriebswege.

Return of Investment (ROI): Kennziffer, die aus dem Quotienten von Periodengewinn und investiertem Kapital der betreffenden Sparte gebildet wird. Eine höhere ROI-Kennziffer bedeutet dabei eine bessere Managementleistung.

Return on Equity (ROE): die ROE-Rate stellt die Ertragslage eines Unternehmens oder Kreditinstitutes dar, indem sie den Jahresüberschuss ins Verhältnis zum eingesetzten Eigenkapital setzt.

Reverse Convertible Bonds: Aktienanleihen, bei denen sich der Emittent das Recht vorbehält, dem Anleger statt der Rückzahlung der Anleihe zum Nominalbetrag eine von vornherein festgelegte Stückzahl einer Aktie zu liefern. Der Emittent wird die Aktien nur dann liefern, wenn deren Wert geringer ist als der Nominalwert der zu tilgenden Anleihe. Der Anleger wird bei dieser Art der Aktienanleihe durch einen über dem marktüblichen Zinsniveau liegenden Zinssatz honoriert. In Zeiten von niedrigen Zinsen kann der Anleger damit eine über dem allgemeinen Marktniveau liegende Verzinsung seines Kapitals erwirtschaften.

Reward: Oberbegriff für (Mitarbeiter-) Gratifikation.

Risk-Free-Rate: Risikofreier Zinssatz.

Roadshow: Präsentation des Unternehmens seiner → Equity-Story vor einer Emission an wichtigen Finanzplätzen, um das Unternehmen institutionellen Investoren vorzustellen und für die Aktie oder Anleihe zu werben.

Roll-over-Kredit: mittel- bis langfristige Kreditform, die entweder als Festkredit oder als Kreditlinie eingeräumt wird. Als Finanzierungsform vor allem am Euromarkt üblich. Durch eine periodische Zinsanpassung – meist im 6-Monats-Rhythmus – wird das sich ergebende Zinssatzänderungsrisiko der Banken auf den Endkreditnehmer abgewälzt.

Rücknahmepreis: Preis, zu dem Investmentanteile von der Kapitalanlagegesellschaft zurückgenommen werden. Er wird auf der Basis des Inventarwertes errechnet.

Rückkauf eigener Aktien: Kauf von Unternehmensanteilen an einer Börse durch die Aktiengesellschaft selbst; war bis vor kurzem in Deutschland nur in Ausnahmefällen erlaubt. Durch das KonTraG können seit Mai 1998 Unternehmen bis zu 10% ihrer eigenen Aktien über die Börse zurückkaufen. Sie tun dies, um z. B. überflüssiges Kapital anzulegen oder um eine feindliche Übernahme zu erschweren. Durch den Rückkauf steigt zumeist der Aktienkurs, da sich wegen der geringeren Stückzahl der Gewinn pro Aktie erhöht.

Sale and Purchase Agreement (S&PA): Unternehmenskaufvertrag.

Same-Day-Settlement (SDS): Abwicklungszyklus im elektronischen Wertpapierhandel für Aufträge, die noch am gleichen Tag mit dem Geschäftspartner reguliert werden können. Das Verfahren praktiziert die Deutsche Kassenverein AG für Aufträge, die bis 10 Uhr beleglos über Terminal oder Datenübertragung erteilt und vom Empfänger vor der Ausführung bestätigt werden.

Scalping: Form des Ausnutzens von Insiderwissen. Der Handelnde hat den Vorteil, eine bestimmte Empfehlung für den Kauf oder Verkauf eines Insiderpapieres abzugeben, seinerseits aber von der Publikation seiner Empfehlung durch gewinnbringende Wertpapiergeschäfte zu profitieren. Die Strategie des Scalpings besteht darin, dass sich der Empfehlende vor der Abgabe seiner Kaufempfehlung mit den fraglichen Wertpapieren eindeckt, um diese nach der Veröffentlichung der Empfehlung und den dadurch bedingten Kursanstieg gewinnbringend zu veräußern. Entgegen dem neueren Schrifttum unterfällt das Scalping nach h. M. nicht dem Insiderhandelsverbot (§ 14 Abs. 1 Nr. 1 WpHG). Die Empfehlung als Bestandteil des Scalpings kann jedoch als Börsenbetrug qualifiziert werden (§ 88 BörsG).

Secondary Offering: Zweitplatzierung; erneutes Angebot zum Kauf von bereits an der Börse zugelassenen und/oder Unterbringung von bereits im Umlauf befindlichen Aktien oder Wertpapieren. Üblicherweise zur Streuung und Umplatzierung von Aktienbeständen aus Großaktionärs-, Familien- oder sonstigem Gruppenbesitz.

Securities and Exchange Commission (SEC): US-amerikanische Wertpapier- und Börsenaufsichtsbehörde mit weitreichenden Kontroll- und Sanktionsbefugnissen.

Securitization: Zertifizierung oder Verbriefung von Kredit- und Einlagepositionen zwecks Handelbarkeit.

Sell-Out: das mit starken Kursstürzen verbundene, panikartige Verkaufen an der Börse.

Senior Dept: Oberbegriff für nicht nachrangige Mittel in einer Akquisitionsfinanzierung. Im engeren Sinne bezogen auf Sicherheiten erstrangiger Finanzierungslinien.

Settlement: bezeichnet die Erfüllung eines Börsengeschäftes, d.h. den Abschluss, die Abwicklung und die Erfüllung. Settlement Day ist der Tag des formalen Geschäftsabschlusses oder der Tag der wertstellungsmäßigen Geschäftserfüllung. Beim → Cash-Settlement erfolgt der Differenzausgleich in Geld, beim → Physical Settlement die Lieferung des Basiswertes. Im Futures- und Optionshandel wird zur Kontraktbewertung der Settlement vom clearing house am Ende des Börsentags festgesetzt.

Share Deal: der Unternehmenskauf durch den Erwerb der gesellschaftlichen Beteiligung selbst. Die gesellschaftliche Beteiligung des Verkäufers stellt den unmittelbaren rechtlichen Kaufgegenstand dar (Rechtskauf), so dass die Identität des Unternehmens unberührt bleibt. Gegensatz: → Asset Deal.

Shareholder: Aktionär oder Anteilhaber; Synonym: stockholder.

Shareholder Value: Konzept der Unternehmensführung mit der vorrangigen Ausrichtung auf die Aktionärsinteressen. Der Unternehmenserfolg wird nicht an dem handelsrechtlichen Gewinn gemessen. Ziel ist vielmehr, den Marktwert des Eigenkapitals zu maximieren und durch die Befriedigung der Renditeerwartungen der Eigenkapitalgeber zur Vergrößerung des Aktionärsvermögens beizutragen.

Share Settlement: Aktienerwerb, bei dem unter Bezahlung des → Strike Price an den Aussteller der Option die Aktien erworben werden.

Shark Repellents: Abwehrmaßnahmen gegen einen Unfriendly oder Hostile → Takeover, die der Vorstand des Zielunternehmens durch Satzungsänderung beschließt, um der Übernahme zu entgehen. In den USA kennt man diese Verteidigungsform in drei Ausprägungsformen: Fair Pricing Provisions, Supermajority Provisions und Staggered Board Provisions.

Short Position: Anlagesituation, die mit dem Verkauf eines noch nicht im Besitz des Verkäufers befindlichen Wertpapiers beginnt (→ Leerverkauf) und durch den erst daran anschließenden Kauf abgeschlossen wird. Vor dem Kauf befindet sich der Verkäufer in einer Short Position mit diesem Papier. Gegensatz: → Hausse-Position (Long Position).

Short-Term Incentives (STI): kurzfristige, meist unterjährige und variable Zielgröße für die Vergütung. → Long-Term Incentives.

Single Trigger: Ein Wechsel in der Unternehmenskontrolle (CiC) durch ein einziges Ereignis. Single Trigger werden als Chance des Managments für → Windfall Profits bewertet. → Double Trigger.

Small Cap: Aktien von Unternehmen mit einer Marktkapitalisierung von unter 250 Mio. Euro.

Spesen: bei Kauf und Verkauf von Wertpapieren über die Börse entstehen Kosten durch die Maklergebühr und die Bankprovision.

Spezialwerte: Aktien von kleineren Gesellschaften mit nicht allzu großem Markt; die Notierung erfolgt nur an einem oder wenigen Börsenplätzen.

Spin-off: Abspaltung eines Unternehmensteils durch Ausgliederung, Neugründung oder Buy out einer Gesellschaft oder der Verkauf von Konzernteilen bzw. -töchtern. Erfolgt meist im Zusammenhang mit einem Börsengang. Synonym: Splitt-Off.

Split/Splitting: Teilung von Aktien, deren Börsenkurs zu stark gestiegen ist, in zwei oder mehrere Teile. Erreicht wird dadurch eine höhere Stückzahl und ein dem Splitting entsprechender niedrigerer Kurs, der zum Kauf der Aktie anregen soll.

Spot Price: Aktueller Tageskurs eines Wertpapiers.

Spread:

1. Prämiengeschäft im US-Wertpapierhandel, bei dem der Prämienzahler das Recht erhält, an einem vereinbarten Termin zu einem höheren Kurs abzunehmen oder zu einem niedrigeren Kurs zu liefern.

2. Am Euromarkt verwendete Bezeichnung für die Differenz zwischen zwei Zinssätzen, absolut oder in Prozent.

3. Die Differenz zwischen Ankaufs- und Verkaufspreisen eines → Market Makers.

4. Bezeichnung für einen Aufschlag auf einen bestimmten Kreditzinssatz, z.B. Spread von % über → LIBOR.

5. Im Terminhandel bezeichnet Spread die Differenz zwischen → Geld- und Briefkurs.

6. Ferner: Zinsmarge; Bonifikation zugunsten einer Bank; Provision im Konsortialgeschäft.

Squeeze-out: Herausdrängen einer kleinen Gruppe von Aktionären aus der Gesellschaft durch deren Barabfindung.

Staggered Board Provisions: Verteidigungsform (sog. → Shark Repellent) gegen Hostile → Takeovers. Es soll verhindert werden, dass der → Raider nach erfolgreichem Raid den Vorstand zügig auswechselt und dadurch den Schlüssel zur effektiven Kontrolle der Gesellschaft gewinnt. Daher werden durch Satzungsbestimmung die 12 Direktoren einer amerikanischen Gesellschaft (Staggered Board) in drei Klassen zu je vier Direktoren eingeteilt, von denen in aufeinanderfolgenden Hauptversammlungen jeweils nur eine Klasse ersetzt werden kann. Diese Strukturveränderung in Form einer Verlängerung und diskontinuierlichen Anordnung von Amtsintervallen sorgt dafür, dass der Raider nur jeweils ein Drittel des Vorstands direkt ersetzen kann, die Kontrolle über den gesamten Vorstand jedoch erst nach zwei weiteren Hauptversammlungen erhält.

Stakeholder Value: Konzept der Unternehmensführung, das sich, im Gegensatz zum Sharehoder Value Prinzip, nicht nur am Aktionärsinteresse, sondern auch an den Interessen und Wertvorstellungen anderer mit einem Unternehmen verbundener Gruppen (z. B. Mitarbeitern, Kunden, Lieferanten etc.) orientiert.

Standardwerte: im Gegensatz zu den Spezialwerten Aktien einer Publikumsgesellschaft, die variabel gehandelt werden und hohen Börsenumsatz haben.

Start Up: Junges Unternehmen.

Statement of Non-Disclosure: → Confidential Agreement.

Stock Appreciation Rights (SAR): Optionen, die dem Inhaber das Recht zum Bezug von Aktien eröffnen oder ihm das Recht auf eine Ausgleichszahlung in Höhe der Differenz zwischen Emissions- und Börsenkurs einräumen. Möglich ist auch das Recht auf den Erhalt eines anderen, ex ante festgelegten Titels zu vereinbaren.

Stock Dilution: Verwässerung; Eine Reduzierung des Gewinns pro Aktie durch die Umwandlung von → Bezugsrechten. Die Ausgabe neuer Aktien findet dann unter Ausschluss der Altaktionäre statt.

Stock-Options-Plan: Beteiligungsmodell in Form eines Aktienbezugsrechts, welches i.d.R. dem Management die Option zum Bezug von Aktien der Gesellschaft zu Vorzugskonditionen einräumt.

Stock-Picking: Strategie bei der Aktienanlage. Es werden spezielle, einzelne Werte erworben, bei denen davon ausgegangen wird, dass sie sich besser als der Gesamtmarkt entwickeln.

Stop-loss Order: Verkaufsauftrag, der ausgeführt wird, sobald der aktuelle Aktienkurs bei nachgebender Kursentwicklung einen vom Anleger bestimmten Mindestkurs erreicht oder unterschritten hat. Bereits erzielte Gewinne sollen so weitgehend gesichert und mögliche Verluste beschränkt werden.

Straddle Option: Option, die zum Kauf oder Verkauf innerhalb eines bestimmten Zeitraumes berechtigt.

Straight-Through-Processing: Verkettung von Prozessen bei der Abwicklung von Finanztransaktionen ohne manuellen Eingriff.

Streubesitz: ist dann gegeben, wenn sich die Aktien einer Gesellschaft nicht in wenigen Händen, sondern in Besitz vieler Aktionäre befinden.

Strike Price: Basispreis oder exercise price; Optionspreis bei Ausübung der Option.

Stripped Bonds: Anleihen, bei denen das Recht auf die Kapitalrückzahlung (Wertpapiermantel) von dem Zinskupon getrennt wurde und nur dieser gehandelt wird. Der Käufer des Stripped Bonds erwirbt ökonomisch gesehen einen → Zerobond, da ihm keine laufende Verzinsung zufließt.

Structured Finance: Oberbegriff für Finanzierungsformen mit einem hohen Maß an Individualität, die sich vom standardisierten Firmenkundenkreditgeschäft abgrenzen.

Summary Compensation Table: Auf Grund der Regeln über die Publizität der Vergütung sind die Daten der Managementvergütung in einer besonderen Tabelle aufzuführen, um einen schnelleren Überblick über sämtlichen relevanten Vergütungsdaten zu haben. Dabei sind jeweils einzeln die Vergütung des → CEO und die weiteren vier bestbezahlten Manager anzugeben.

Supermajority Provisions: Verteidigungsform (sog. Shark Repellent) gegen Hostile → Takeovers. Da das US amerikanische Aktienrecht Aktionären bereits auf Grund einfacher Mehrheiten des Grundkapitals die effektive Kontrolle über die Gesellschaft gewährleistet, bestimmen Superiority Provisions für bestimmte Transaktionen entsprechend höhere Mehrheiten, regelmäßig zwischen 66 und 90 %. Um diese Klauseln nicht zum Bumerang für die Geschäftsleitung werden zu lassen, gibt es sog. Escape Clauses, die dem Management gestatten, jederzeit auf die Notwendigkeit von einfachen Mehrheiten (Simple Majority) umzuschwenken.

Swaps: Tauschoperationen im Devisenhandel. Bei einem Swap-Geschäft stellt ein Partner dem anderen sofort Devisen zur Verfügung (→ Kassageschäft) und vereinbart gleichzeitig den Rückkauf zu festem Termin und Kurs (→ Termingeschäft). Swap-Geschäfte kommen zur Kurssicherung in Betracht, die einen zweimaligen Valutatransfer erfordern: der Kapitalimporteur erhält Fremdvaluta, investiert in eigener Währung und muss in Fremdwährung tilgen; der Kapitalexporteur erwirbt Fremdvaluta und erhält nach Beendigung der Investition Fremdvaluta. Im Bereich der Strukturierung im Unternehmensverkauf der Tausch von Unternehmensteilen gegen kernbereichsbezogene Betriebe.

Swaption: Option auf einen → Swap. Vereinbarung, mit der der Käufer gegen Zahlung einer Optionsprämie das Recht auf die Durchführung eines bereits fixierten Swaps erhält.

Swift: Society for Worldwide Interbank Financial Telecommunication. System der Banken Europas und Nordamerikas zur Beschleunigung und Standardisierung des internationalen Zahlungs- und Wertpapierverkehrs.

Synthetischer Aktienerwerb: → Equity Swaps.

Tafelgeschäft: Zug um Zug Geschäft; hier erfolgt am Schalter eines Kreditinstitutes eine Leistung und Gegenleistung sofort; ohne Einschaltung eines Wertpapierdepots werden effektive Wertpapierstücke gegen Barzahlung ausgehändigt (bzw. zurückgenommen).

Take-Out-Phase: Deinvestition des Investitionsbetrages aus einer → venture-capital-Anlage. Erfolgt nach ca. 5 – 8 Jahren mit der erhofften Realisation eines Gewinnes.

Takeover: Kauf oder Übernahme eines Unternehmens durch ein anderes Unternehmen zur Nutzung und Beherrschung der Ressourcen des erworbenen Unternehmens. Von einem Friendly oder Solicited Takeover spricht man, wenn der Unternehmenserwerb im Einvernehmen mit dem Management des Zielunternehmens erfolgt. Im Gegensatz dazu erfolgt beim Unfriendly oder Hostile Takeover der Versuch die Aktien des Zielunternehmens gegen den Willen des Management zu übernehmen, indem den Anteilseignern ein deutlich über dem Börsenkurs liegender Preis geboten wird.

Takeover Bid: öffentliches Übernahmeangebot direkt an die Aktionäre des zu übernehmenden Unternehmens. Darin legt der Übernahmeinteressent die Anzahl von Anteilen am Grundkapital der Zielgesellschaft fest, die von ihm bis zu einem bestimmten Zeitpunkt zu einem bestimmten, grundsätzlich über der Börsennotierung liegenden Angebotspreis erworben werden sollen. Synonym: Tender Offer.

Targets: Zielvorgaben, die erreicht werden müssen, bevor die Option ausgeübt werden darf (Erfolgsziele).

Technische Aktienanalyse: mit Hilfe von Kursdiagrammen, sog. → Charts, werden Aktienkursprognosen abgegeben, die die fundamentalen und monetären Gegebenheiten ganz außer acht lassen. Gegensatz: → Fundamentalanalyse.

Tender Issue: Verfahren zur Erstplatzierung von Wertpapieren. Als Ausgabekurs wird den Zeichnern lediglich ein bestimmter Mindestkurs ausgegeben. Gebote zu höheren Kursen können abgegeben werden. Ausgehend vom höchsten zum niedrigsten Gebot erfolgt dann die Zuteilung des gesamten Emissionsvolumens.

Tender Offer: → Takeover Bid.

Terminmarkt: Teilmarkt einer Börse, auf dem → Derivate, vor allem Optionen (→ Optionsschein) und → Futures gehandelt werde. Charakteristisch ist das zeitliche Auseinanderfallen von Verpflichtungs- und Erfüllungsgeschäft, denn bei Vertragsabschluss muss weder der Käufer die liquiden Mittel, noch der Verkäufer die gehandelten Güter besitzen. Der weltweit größte Terminmarkt ist die Eurex. Gegensatz: → Kassamarkt.

Tick: kleinste mögliche Preisänderung bei Geschäften an Termin- oder Kassabörsen. Die Höhe richtet sich nach den Kontrakt- bzw. Geschäftsbedingungen.

Timing: Engl. Ausdruck, Bezeichnung für den geeignetsten Zeitpunkt zum Kauf bzw. Verkauf von Wertpapieren.

Time Value: Zeitwert einer Option, d.h. der wirtschaftliche Wert der Rechtsposition, während einer bestimmten Zeit eine Aktie zu einem festen Preis kaufen zu können.

Top-Down-Prinzip: im Rahmen der vertikalen Linienverantwortung ist derjenige, der Aufgaben delegiert, für das Fehlverhalten der beauftragten

Person als Garant verantwortlich, sofern ihn ein Auswahl-, Aufsichts- oder Organisationsverschulden trifft. Diese Verantwortung trifft alle Mitarbeiter, die mit eigener Entscheidungs- oder Weisungsbefugnis ausgestattet sind und zwar angefangen von der Unternehmensleitung (Top) bis nach unten über alle nachgeordneten Unternehmensebenen hinweg (Down).

Total Compensation Cost: Die gesamten Vergütungskosten.

Total Market Value: Marktwert des Unternehmens.

Tournament Theorie: Theorie, nach der die → CEO-Gehälter als extravagante Preise einer Karrierelotterie angesehen werden.

Track Record: der anhand von statistischen Daten ermittelte Leistungs- oder Erfolgsnachweis einer Bank, eines Vermögensverwalters o. ä.

Tracking Stocks: Aktien, deren Dividendenanspruch sich nach dem gesondert ermittelten Gewinn eines bestimmten Unternehmenssegments bzw. einer besonderen Sparte richtet.

Trading Windows: Handelsfenster; bezeichnet das Festlegen von bestimmten Zeiträumen, in der die Option ausgeübt werden darf.

Triggering Event: genau festgelegtes Ereignis im Rahmen des Unternehmensübernahmeversuches, bei dessen Eintritt oder Vorliegen die Wirkung der Poison Pills eintritt. Meist wird dabei auf das feindliche Übernahmeangebot oder das Überschreiten einer festgelegten Marke der Beteiligung an dem Grundkapital abgestellt.

Tripple-Win Situation: Ausgewogen strukturierter Stock Option Plan, von dem alle Beteiligten – das Unternehmen, das Managment und die Aktionäre – profitieren.

True and Fair View: Wiedergabe der tatsächlichen wirtschaftlichen Verhältnisse des Unternehmens.

Underlying: Bezugs- oder Basiswert im Optionshandel.

Underwater Pricing: Missbräuchliche Absenkung oder Anpassung der Ausübungskriterien der Option bei deren Nichterreichung zu Gunsten des Vorstands.

Under Writer/Underwriting: Beteiligung von Banken an einer Emission, wobei diese die Verpflichtung übernehmen, für den Fall, dass eine Platzierung bei dem Publikum nicht gelingt, einen bestimmten Teil der Emission selbst zu übernehmen. Dabei sind Preis und Quote für die Übernahme und Platzierung im Voraus bestimmt worden.

Upstream Garantie: schwache Sicherungsform durch eine unter dem Käufer eines Unternehmens stehende Konzerngesellschaft, z.B. einer inländischen Tochtergesellschaft für eine ausländische Muttergesellschaft, um dem inländischen Vertragspartner zusätzliche Sicherheit zu gewähren.

US-GAAP: General Accepted Accounting Principles. Amerikanische Normen für die Rechnungslegung von Unternehmen.

Value-at-risk-Konzept: Berechnung des Verlustpotenzials eines Wertpapiers, die sich aus Preisänderungen der Handelsposition ergibt. Die Berechnung erfolgt auf der Basis marktorientierter Preisänderungen und unter der Annahme einer bestimmten Wahrscheinlichkeit.

Valuta:

1. Bezeichnung des internationalen Geldhandels für das Währungsgeld eines Landes.

2. Wertstellung eines Postens auf einem Konto.

Valuta-Papiere: Wertpapiere, die auf eine ausländische Währung lauten.

Value-Based-Management: wertorientierte Vergütungssysteme beruhend auf internen Werten oder externen Wertbezügen wie eigene Aktien oder Anbringung an beliebigen Aktienindex.

Venture Capital: (dt: Wagniskapital) Form der Eigenkapitalzuführung an wachstumsträchtige, eher klein bis mittelständische Unternehmen in Form einer Kombination von Risikokapitalbereitstellung und unternehmerischer Betreuung durch venture-capital-Unternehmen. Zur Risikokapitalbereitstellung legt das venture-capital-Unternehmen einen Fond auf, den es bei institutionellen Anlegern wie Großunternehmen, Versicherungen, aber auch Banken, zu platzieren sucht. Charakteristisch verhält sich das venture-capital-Unternehmen nicht wie ein stiller Gesellschafter, sondern behält sich die Einflussnahme auf unternehmerische Entscheidungen vor.

Vesting Periods: Sperrfristen; mögliche Wartefrist, die auf die Einräumung von → Long Term Incentives folgen können und in denen dann keine Ausübung möglich ist.

Volatilität: Maßstab für die Schwankungsbreite und damit für das Kursrisiko von Aktien- und Devisenkursen sowie Zinssätzen. Die Berechnung erfolgt durch die auf ein Jahr bezogene Standardabweichung der relativen Kursdifferenzen. Als Kennzahl wird vielfach → Beta verwandt.

Vorbörse: Vor der offiziellen Börsenzeit findet unter Banken bereits ein Wertpapierhandel statt, der – je nach Situation recht ausgeprägt sein kann. Der Handel nach der offiziellen Börsenzeit wird Nachbörse bezeichnet.

Voting Right Plans: Basistypus einer → Poison Pill. Das Verfahren beinhaltet die Ausgabe von Vorzugspapieren mit Super Voting Rights an die Stammaktionäre in Form einer Dividendenausschüttung. Hegt ein Aktionär feindliche Absichten, erlöschen die Stimmrechte seiner Vorzugspapiere.

Wachstumsaktien: sind Aktien von Unternehmen, die in Zukunft hohe Umsatz- und Ertragszahlen erwarten lassen, wie dies z. B. in der Elektronik der Fall ist. Sie zeichnen sich durch hohe → Kurs-Gewinn-Verhältnisse und niedrige Dividendenrenditen aus.

Wandelanleihe: Form der Schuldverschreibung, wobei dem Inhaber neben der Verzinsung innerhalb einer im Anleihevertrag bestimmten Frist das Recht eingeräumt wird, die Anleihe in einem bestimmten Verhältnis und/oder Preis in Aktien zu wandeln.

Weighted Average Cost of Capital (WACC): Berechnung eines gewichteten Durchschnittskapitalkostensatzes. Dabei werden die Kosten des Eigen- bzw. Fremdkapitals anteilig der Kapitalstruktur berücksichtigt.

White Knight: aus der Märchenwelt entliehene Analogie für einen Investor, dessen Übernahmeangebot mit Zustimmung des Unternehmensmanagements den Anteilseignern eines Unternehmens unterbreitet wird. Mit Einschaltung eines White Knight gibt das Unternehmen zwangsläufig seine Unabhängigkeit auf. Gegenteil: Black Knight.

White Knight Redemption Clauses: zeitlich unbestimmte Klauseln, die bei Vorliegen eines Friendly → Takeovers die „giftige Wirkung" der → Poison Pills beseitigen.

White Squire: Verteidigungsmaßnahme gegen Hostile → Takeovers durch den Erwerb einer Minderheitsbeteiligung an der Zielgesellschaft durch einen dem amtierenden Management freundlich gesonnenen Aktionär, wobei effektiv die Beteiligung in Höhe der Sperrminorität angestrebt wird.

Wholesale Banking: Bankgeschäfte mit großen Firmenkunden, dem Staat oder anderen großen Institutionen.

Windfall Profits: Mitnahmegewinne; positive Kursentwicklung der Unternehmensaktie, die nicht auf den guten Managementleistungen beruhen, sondern aus externen Faktoren wie z. B. einem allgemein günstigen Konjunkturverlauf resultieren. Gegenteil: → Windfall Losses.

Windfall Losses: Gegenteil von → Windfall Profits.

Window Dressing: Bilanzkosmetik. Maßnahmen, die im Hinblick auf einen Bilanzstichtag vorgenommen werden, um dem Bilanzleser ein möglichst günstiges Bild von der Unternehmung zu vermitteln.

Worste Case Loss: ungünstigste mögliche Preisentwicklung.

Xetra: Elektronisches Handelssystem für den → Kassamarkt. Kauf- und Verkaufsaufträge lizensierter Händler werden von jedem beliebigen Standort weltweit börsentäglich von 09:00 bis 20:00 Uhr in einem zentralen Computer gegenübergestellt und bei Übereinstimmung automatisch ausgeführt.

Xetra Live: Informationsbildschirm, der den Einblick ins Xetra-Orderbuch ermöglicht. Hier findet der Nutzer in Echtzeit die fünf besten zu diesem Zeitpunkt handelbaren Kaufs- und Verkaufsangebote sowie den letzten, ersten, niedrigsten und höchsten Preis des aktuellen Tages und den letzten Preis des Vortages. Das Investmentportal NeuerMarkt.com ist der erste Partner, über den die Deutsche Börse Xetra Live anbietet.

XTF Exchange Traded Funds: Marktsegment der Deutschen Börse AG für fortlaufend handelbare Investmentfondsanteile.

Yankee Bonds: US-$-Anleihen von ausländischen Emittenten, die in den USA emittiert werden.

Yield Curve: Zinsertragskurve. Sie gibt die Rendite von Anleihen in Abhängigkeit von deren Endfälligkeit wieder.

Zero-Bonds: Anleihe, für die während der Laufzeit keine Zinsen ausgezahlt werden. Der Ertrag des Investors besteht in dem Unterschiedsbetrag zwischen dem Ausgabe- oder Kaufkurs und dem Einlösungs- oder Verkaufskurs.

Zyklische Werte: Aktien von Unternehmen, deren Gewinnentwicklung auf Grund ihrer ausgeprägten Konjunkturabhängigkeit erheblichen Schwankungen unterliegt. Die Börse nimmt angesichts der schwierig zu prognostizierenden Ertragsperspektiven Bewertungsabschläge vor. Daher werden zyklische Aktien mit niedrigeren, unter dem Marktdurchschnitt liegenden → Kurs-Gewinn-Verhältnissen bewertet.

Die Sprache der Anlaysten (Handelsblatt vom 10./11.11.2000, Seite 10)

Kategorien für Bank	**Aktien-empfehlung**	**Definition**	**Zeithorizont**
Deutsche Bank	1. Strong Buy	sehr gute Kaufgelegenheit; Aktie signifikant besser als der Markt	aktuell
	2. Buy	Aktie im Vergleich zum Markt mind. 10 % besser	12 Monate
	3. Market perform	Aktie im Gleichklang mit dem Markt, d. h. im Vergleich zum Markt +/- 10 %	12 Monate
	4. Under-perform	Aktie im Vergleich zum Markt mind. 10 % schlechter	12 Monate
Dresdner KB	1. Kaufen	Aktie im Vergleich zum Index mind. 10 % besser	12 Monate
	2. Aufsto-cken	Aktie im Vergleich zum Index weniger als 10 % besser	12 Monate
	3. Halten	Aktie im Gleichklang mit dem Index	12 Monate
	4. Reduzie-ren	Aktie im Vergleich zum Index bis zu 10 % schlechter	12 Monate
	5. Verkaufen	Aktie im Vergleich zum Index mind. 10 % schlechter	12 Monate
Goldman Sachs	1. Recom-mended f. Purchase List	Aktie im Vergleich zum Index mehr als 10 % besser	6-18 Monate
	2. Trading Buy	Aktie im Vergleich zum Index mehr als 10 % besser	0-6 Monate
	3. Market Out-performer	Aktie im Vergleich zum Index mehr als 5 % besser	6-18 Monate
	4. Market Performer	Aktie im Gleichklang mit dem Index	6-18 Monate
	5. Market Under-performer	Aktie im Vergleich zum Index mehr als 5 % schlechter	6-18 Monate

Kategorien für Bank	**Aktien-empfehlung**	**Definition**	**Zeithorizont**
J. P. Morgan	1. Buy	Aktie im Vergleich zum Gesamtmarkt um mind. 5 % besser	12 Monate
	2. Long-Term Buy	Aktie im Vergleich zum Gesamtmarkt besser	über 12 Monate
	3. Market Performer	Aktie im Gleichklang mit dem Gesamtmarkt	12 Monate
	4. Market Under-performer	Aktie im Vergleich zum Gesamtmarkt mind. 5 % schlechter	12 Monate
Merrill Lynch	1. Buy	Aktie mit besonders interes-santem Wertsteigerungspoten-zial	a) mittelfr.: 0-12 Mon. b) langfr.: mehr als 12 Mon.
	2. Accumu-late	Aktie mit intessantem Wertsteigerungspotenzial	a) mittelfr.: 0-12 Mon. b) langfr.: mehr als 12 Mon.
	3. Neutral	Aktie mit begrenztem Wertsteigerungspotenzial	a) mittelfr.: 0-12 Mon. b) langfr.: mehr als 12 Mon.
	4. Reduce	Titel hat Rückschlagpotenzial	a) mittelfr.: 0-12 Mon. b) langfr.: mehr als 12 Mon.
	5. Sell	Titel hat hohes Rückschlagpotenzial	a) mittelfr.: 0-12 Mon. b) langfr.: mehr als 12 Mon.

XVI. Literaturverzeichnis

Aha, Christof	Ausgewählte Gestaltungsmöglichkeiten bei Aktienoptionsplänen, BB 1997, 2225 ff.
Assmann, Heinz-Dieter/ Schneider, Uwe H.	Wertpapierhandelsgesetz, 2. Auflage, Köln 1999
Baeck, Ulrich/Diller, Martin	Arbeitsrechtliche Probleme bei Aktienoptionen und Belegschaftsaktien, DB 1998, 1405 ff.
Baumann, Horst	Die Vereinigungs- und Berufsfreiheit der juristischen Person, BB 1997, 2281 ff.
Baumbach, Adolf/ Hopt, Klaus J.	Handelsgesetzbuch Kommentar, 30. Aufl. München 2000
Beck'scher Bilanzkommentar	Handels- und Steuerrecht, §§ 238 bis 339 HGB, 4. Aufl. München 1999, zit.: Beck'scher Bilanzkommentar/Bearbeiter
Black/Scholes	Journal of Political, Vol. 81, 1973
Bödefeld, Axel	Die steuerliche Behandlung von Mischformen des europäischen Gesellschaftsrechts am Beispiel der Plc. & Co KGaA in Festschrift für Albert J. Rädler, 33 ff.
Bredow, Günther M.	Mustervereinbarungen zu Aktienoptionsplänen für das Management und leitende Angestellte (Stock Option Plans), DStR 1998
Bungert, Hartwin	Delisting und Hauptversammlung, BB 2000, 53 ff.
Busch, Ralf	Aktienoptionspläne – arbeitsrechtliche Fragen, BB 2000, 1294 ff.
Cahn, Andreas	Die Anpassung der Satzung der Aktiengesellschaft an Kapitalerhöhungen, AG 2001, 181 ff.
Claussen, Carsten P.	Wie ändert das KonTraG das Aktiengesetz? BB 1998, 177 ff.

ders.	Hauptversammlung und Internet, AG 2001, 161 ff.
ders.	Aktionoptionen – Bereicherung des Kapitalmarktes, WM 1997, 1825 ff.
Ernst, Christoph/Seibert, Ulrich/Stuckert, Fritz	KonTraG, KapAEG, StückAG, EuroEG, Düsseldorf 1998
Ettinger, Jochen	Stock-Options: gesellschaftsrechtliche Rahmenbedingungen und einkommensteuerliche Behandlung von Aktienoptionen als Vergütungsbestandteil, Augsburg 1999
Feddersen, Dieter/Pohl, Marcus	Die Praxis der Mitarbeiterbeteiligung seit Einführung des KonTraG, AG 2001, 26 ff.
Feldhoff, Patricia	Der neue IDW-Standard zur Unternehmensbewertung: Ein Fortschritt?, DB 2000, 1237 ff.
Fischer, Michael	Die Besteuerung der KGaA und ihrer Gesellschafter, DStR 1997, 1519 ff.
Fitting, Karl/Kaiser, Heinrich/Heither, Friedrich/Engels, Gerd	Betriebsverfassungsgesetz mit Wahlordnung, Handkommentar, 19. Aufl.München 1998
Freudenberg, Götz/Sorg, Martin H.	Die KGaA mit beschränkter Haftung (GmbH & Co. KGaA), Heidelberg 1999
Fürhoff, Jens	Insiderrechtliche Behandlung von Aktienoptionsprogrammen und Management Buy-outs, AG 1998, 83 ff.
Geyrhalter, Volker/Haß, Detlef	Der EURO in der Wirtschaftspraxis, Heidelberg 1999
Giese, Arlette/Rabenhorst, Dirk/Schindler, Joachim	Erleichterungen bei der Rechnungslegung, Prüfung und Offenlegung von Konzerngesellschaften, BB 2001, 511 ff.
Goedecke, Claus/Heuser, Friederike	NaStraG: Erster Schritt zur Öffnung des Aktienrechts für moderne Kommunikationstechniken, BB 2001, 369 ff.
Goette, Wulf	Anmerkung zum Beschluss des BGH vom 24.2.1992, DStR 1997, 1014 f.

Graf, Walther — Neue Strafbarkeitsrisiken für den Wirtschaftsprüfer durch das KonTraG, BB 2001, 562 ff.

Großfeld, Bernhard — Börsenkurs und Unternehmenswert, BB 2000, 261 ff.

Grumann, Marc-Olaf/ Soehlke, Raphael — Namensaktie und Hauptversammlung – Die Änderungen des Aktiengesetzes durch das NaStraG im Zusammenhang mit der Vorbereitung und Durchführung von Hauptversammlungen, DB 2001, 576 ff.

Haas, Werner/ Pötschan, Hermann — Ausgabe von Aktienoptionen an Arbeitnehmer und deren lohnsteuerliche Behandlung, DB 1998, 2138 ff.

Haase, Karsten — Die Vorteile der GmbH oder der GmbH & Co. KGaA in gesellschaftsrechtlicher Sicht, GmbHR 1997, 917 ff.

Hakenberg, Michael — Das Euro-Einführungsgesetz, BB 1998, 1491 ff.

Harrer, Herbert (Hrsg.) — Mitarbeiterbeteiligungen und Stock-Option-Pläne, München 2000

Heidenhain, Martin/ Meister, Burkhardt W. (Hrsg.) — Münchener Vertragshandbuch, Bd. 1, Gesellschaftsrecht, 5. Aufl. München 2000, zit.: MüVHB/Bearbeiter

Heider, Karsten — Einführung der nennwertlosen Aktie in Deutschland anlässlich der Umstellung des Gesellschaftsrechts auf den Euro, AG 1998, 1 ff.

Hein, Thomas — Zulässigkeit einer GmbH als persönlich haftende Gesellschafterin einer KGaA, WuB II B, § 278 AktG 1.97

Heintzen, Markus — Zur Verfassungsmäßigkeit von § 292 a Abs. 2 Nr. 2 a) HGB, BB 1999, 1050 ff.

Hennerkes, Brun-Hagen/ Lorz, Rainer — Roma locuta causa finita: Die GmbH & Co. KGaA ist zulässig, DB 1997, 1388 ff.

Henze, Hartwig — Aktienrecht – Höchstrichterliche Rechtsprechung, 4. Auflage Köln 2000

Herfs, Achim	Die Kapitalgesellschaft & Co. KGaA als Rechtsformoptimierung für mittelständische Unternehmen, WiB 1997, 668 ff.
Hillebrandt, Franca/ Schremper, Ralf	Analyse des Gleichbehandlungsgrundsatzes beim Rückkauf von Vorzugsaktien, BB 2001, 533 ff.
Hirte, Heribert	Kosten der genehmigten Kapitalerhöhung, Rpfleger 2001, 6 ff.
Hoffmann-Becking, Michael (Hrsg.)	Münchner Handbuch des Gesellschaftsrechts, 2. Aufl. München 1999 zit.: MüHB-GesR/Bearbeiter, Bd.
Hommel, Michael/Braun, Inga/Schmotz, Thomas	Neue Wege in der Unternehmensbewertung?, DB 2001, 341 ff.
Hommelhoff, Peter	Die neue Position des Abschlussprüfers im Kraftfeld der aktienrechtlichen Organisationsverfassung (Teil I) BB 1998, 2567 ff.
ders.	Die neue Position des Abschlussprüfers im Kraftfeld der aktienrechtlichen Organisationsverfassung (Teil II) BB 1998, 2625 ff.
Hüffer, Uwe	Aktiengesetz, Kommentar, 4. Auflage, München 1999
Hüther, Mario	Namensaktien, Internet und die Zukunft der Stimmrechtsvertretung, AG 2001, 68 ff.
Jasper, Thomas/ Wangler, Clemens	Irrelevanz der steuerlichen Behandlung von Stock Options beim Begünstigten, Finanzbetrieb 1999, 113 ff.
Kallmeyer, Harald	Aktienoptionspläne für Führungskräfte im Konzern, AG 1999, 97 ff.
ders.	Neutralitätspflicht des Vorstandes und Entscheidungsbefugnis der Hauptversammlung im Übernahmerecht, AG 2000, 553 f.
Kau, Wolfgang/ Leverenz, Niklas	Mitarbeiterbeteiligung und leistungsgerechte Vergütung durch Aktien-Options-Pläne, BB 1998, 2269 ff.

Kirchner, Christian/ Ehricke, Ulrich — Funktionsdefizite des Übernahmekodex der Börsensachverständigenkommission, AG 1998, 105 ff.

Kirchner, Christian — Neutralitäts- und Stillhaltepflicht des Vorstandes der Zielgesellschaft im Übernahmerecht, AG 1999, 481 ff.

Klahold, Christoph — Aktienoptionen als Vergütungselement, Frankfurt am Main 1999

Knoll, Leonhard/ Köhler/Scholand — Mitarbeiteroptionen und Gewinn pro Aktie nach US-GAAP, BB 2000, 919 ff.

Kopp, Beate — Stückaktie und Euro-Umstellung, BB 1998, 701 ff.

Körner, Marita — Die Neuregelung der Übernahmekontrolle nach deutschem und europäischem Recht – insbesondere zur Neutralitätspflicht des Vorstandes, DB 2001, 367 ff.

Korts, Petra/Korts, Sebastian — Die Kleine Aktiengesellschaft, Heidelberg, 3. Auflage 2000

Kramarsch, Michael H. — Aktienbasierte Managementvergütung, Stuttgart 2000

Kroschel, Jörg — Zum Zeitpunkt der Besteuerung von Arbeitnehmer-Aktienoptionen, BB 2000, 176 ff.

Kühneberger, Manfred/ Keßler, Jürgen — Stock option incentives – betriebswirtschaftliche und rechtliche Probleme eines anreizkompatiblen Vergütungssystems, AG 1999, 453 ff.

Kümpel, Siegfried — Bank- und Kapitalmarktrecht, 2. Aufl. Köln 2000

Ladwig, Peter/Motte, Frank — Die GmbH & Co. KGaA nach der Zulassung durch den BGH – die neue Rechtsform für den Mittelstand? DStR 1997, 1539 ff.

Lappe, Friedrich — Die Entwicklung des Gerichts- und Notarkostenrechts im Jahr 2000, NJW 2001, 1248 ff.

ders.	Die Entwicklung des Gerichts- und Notarkostenrechts im Jahr 1999, NJW 2000, 1148 ff.
Lingemann, Stefan/ Wasmann, Dirk	Mehr Kontrolle und Transparenz im Aktienrecht: Das KonTraG tritt in Kraft, BB 1998, 853 ff.
Löhr, Andreas	Börsengang, Stuttgart 2000
Löhr, Dirk	Bewertung von Kapitalgesellschaften mit dem Zukunftserfolgswert – Auswirkungen des Steuersenkungsgesetzes, BB 2001, 351 ff.
Loesche, Marco/ Eichner, Gerrit/ Stute, Winfried	Die Berechnung von Erheblichkeitsgrenzen in den Insiderhandelsverboten des WpHG, AG 1999, 308 ff.
Lutter, Marcus (Hrsg.)	Umwandlungsgesetz, Kommentar, 2. Aufl. Köln 2000, zit.: Lutter/Bearbeiter, UmwG, Bd.
Mechlem, Hans-Peter/ Melms, Christopher	Verfall- und Rückzahlungsklauseln bei Aktienoptionsplänen, DB 2000, 1614 ff.
Meixner, Rüdiger	Das Dritte Finanzmarktförderungsgesetz – Kapitalmarktrecht in stetigem Wandel NJW 1998, 1896 ff.
Menichetti, Marco J.	Aktien-Optionsprogramme für das Top-Management – mit kritischer Analyse aktueller Beispiele, DB 1996, 1688 ff.
Naumann, Thomas K./ Pellens, Bernhardt	Zur Bilanzierung von Stock Options, DB 1998, 1428 ff.
Neyer, Wolfgang	Arbeitnehmer-Aktienoptionen bei grenzüberschreitender Tätigkeit, BB 1999, 503 ff.
Noack, Ulrich	Namensaktie und Aktienregister: Einsatz für Investor Relations und Produktmarketin, DB 2001, 27 ff.
Pellens, Bernhard (Hrsg.)	Unternehmenswertorientierte Entlohnungssysteme, Stuttgart 1998
Pellens, Bernhard/ Crasselt, Nils	Bilanzierung von Stock Options, DB 1998, 217 ff.

Peltzer, Martin	Steuer- und Rechtsfragen bei der Mitarbeiterbeteiligung und der Einräumung von Aktienoptionen (Stock Options), AG 1996, 307 ff.
Priester, Hans-Joachim	Die Kommanditgesellschaft auf Aktien ohne natürlichen Komplementär, ZHR 160 (1996), 250 ff.
ders.	Neue Regelungen zur Nachgründung – Die Entschärfung des § 52 AktG, DB 2001, 467 ff.
Rosen von, Rüdiger (Hrsg.)	Beteiligungssysteme für breite Mitarbeiterkreise: Ergebnisse einer Umfrage-Vorabversion für die Presse, 6.12.2000, Studien des Deutschen Aktieninstituts, Heft 13, Frankfurt am Main 2001
Schäfer, Frank A. (Hrsg.)	Wertpapierhandelsgesetz, Börsengesetz mit BörsZulV, Verkaufsprospektgesetz mit VerkProspV, Kommentar, Stuttgart u. a. 1999, zit.: Schäfer/Bearbeiter, Gesetz
Schaffland, Hans-Jürgen	Verschmelzung von Genossenschaften und Notarkosten insbesondere bei Auslandsbeurkunden, DB 1997, 863 f.
Schanz, Kay-Michael	Börseneinführung: Recht und Praxis des Börsengangs, München 2000
Schaumburg, Harald/ Schulte, Christoph	Die KGaA: Recht und Steuern in der Praxis, Köln 2000
Schilling, Wolf Ulrich	Die GmbH & Co. KGaA zwischen Unternehmergeist und Aktionärs- bzw. Anlegerschutz, BB 1998, 1905 ff.
Schmidt, Ludwig	Einkommenssteuergesetz, Kommentar, 20. Aufl. München 2001, zit.: Schmidt/ Bearbeiter, EStG
Schmidt, Wolfgang/ Levedag, Christian	Die KGaA nach dem BGH-Beschluss vom 24.2.1997, Grundprofil und Einsatzfelder einer hybriden Rechtsform, Information StW 1997, 749 ff.

Schruff, Wienand/ Nowak, Eric/ Feinendegen, Stefan	Ad-hoc-Publizitätspflicht des Jahresergebnisses gemäß § 15 WpHG: Wann muss veröffentlicht werden? BB 2001, 719 ff.
Schwedhelm, Rolf	Die Unternehmensumwandlung Köln, 3. Auflage 1999
Schwennicke, Andreas	Der Ausschuss der Verbriefung der Aktien bei der kleinen Aktiengesellschaft, AG 2001, 118 ff.
Seibert, Ulrich/Kiem, Roger	Handbuch der kleinen AG, 4. Auflage, Köln 2000, zit.: Seibert/Kiem/Bearbeiter, Handbuch der kleinen AG
Serfling, Klaus/ Pape, Ullrich/ Kressin, Thomas	Emissionspreisfindung und Under-pricing im Rahmen des Börsengangs junger Wachstumsunternehmen AG 1999, 289
Sethe, Rolf	Die personalistische Kapitalgesellschaft mit Börsenzugang: Die reformierte KGaA als Mittel zur Verbesserung der Eigenkapitalausstattung deutscher Unternehmen, Köln 1996
Sieger, Jürgen J./ Hasselbach, Kai	„Tracking Stock" im deutschen Aktienrecht, BB 1999, 1277 ff.
Streck, Michael	Körperschaftsteuergesetz, 4. Auflage München 1995
Strieder, Thomas	Die Genossenschaft als persönlich haftender Gesellschafter einer KGaA, BB 1998, 2276 ff.
Strieder, Thomas/ Habel, Michael	Zulässigkeit einer GmbH & Co. KGaA, BB 1997, 1375 ff.
Theisen, Manuel René	Zusammensetzung und Struktur der Vergütungen für den Aufsichtsrat nach dem KonTraG, DB 1999, 1665 ff.
Ulmer, Peter (Hrsg.)	Die GmbH & Co KGaA nach dem Beschluss BGHZ 134, 392 mit Beiträgen von Peter Hommelhoff und Hans-Christoph Ihrig/Michael Schlitt, Heidelberg 1998, zit.: Bearbeiter in: Ulmer, Die GmbH & Co KGaA nach dem Beschluss BGHZ 134, 392

Vater, Hendrik	Bilanzielle und körperschaftssteuerliche Behandlung von Stock Options, DB 2000, 2177 ff.
Vetter, Eberhard	Squeeze-out nur durch Hauptversammlungsbeschluss? DB 2001, 743 ff.
Volk, Gerrit (HrsG.)	Going Public: der Gang an die Börse, 2. Auflage Stuttgart 1998, zit.: Bearbeiter in: Volk, Going Public
Wagner, Klaus-R.	Kapitalbeteiligung von Mitarbeitern und Führungskräften: Möglichkeiten, Chancen, Visionen, Heidelberg 1999
Weber, Martin	Die Entwicklung des Kapitalmarktrechts 1998-2000: Organisation, Emission und Vertrieb, NJW 2000, 2061 ff.
Wichert, Joachim	Die GmbH & Co. KGaA nach dem Beschluss BGHZ 134, 392, AG 2000, 268 ff.
Weiß, Daniel M.	Aktienoptionspläne für Führungskräfte, Köln 1999
Wiese, Götz Tobias/ Demisch, Dominik	Unternehmensführung bei feindlichen Übernahmeangeboten, DB 2001, 849 ff.
Wieselhuber & Partner (Hrsg.)	Börseneinführung mit Erfolg, Wiesbaden 1996, zit.: Bearbeiter in: Wieselhuber, Börseneinführung mit Erfolg
Winter, Stefan	Ergebnisbericht des Forschungsprojektes: Optionsprogramme in Deutschland, Universität Würzburg (nicht veröffentlicht)
Witt, Carl-Heinz	Mehrheitsregelnde Satzungsklauseln und Kapitalveränderungsbeschlüsse, AG 2000, 345 ff.
Zacharias, Erwin	Börseneinführung mittelständischer Unternehmen: rechtliche und wirtschaftliche Grundlagen sowie strategische Konzepte bei der Vorbereitung und bei der Durchführung des Going Public, 2. Auflage Bielefeld 2000

Zimmer, Daniel — Das Gesetz zur Kontrolle und Transparenz im Unternehmensbereich, NJW 1998, 3521 ff.

Zimmer, Lutz — Die Ausgabe von Optionsrechten an Mitglieder des Aufsichtsrats und externe Berater, DB 1999, 999 ff.

XVII. Sachregister